Lehrbücher

des

Deutschen Reichsrechtes.

VII.

Das Deutsche Reichsstrafrecht

von

Franz Eduard von Liszt.

Berlin und Leipzig.
Verlag von J. Guttentag.
(D. Collin.)
1881.

Das
Deutsche Reichsstrafrecht

auf Grund

des Reichsstrafgesetzbuchs und der übrigen strafrechtlichen Reichsgesetze

unter

Berücksichtigung der Rechtsprechung des Reichsgerichts

systematisch dargestellt

von

Dr. Franz Eduard von Liszt,
o. ö. Professor der Rechte in Gießen.

Berlin und Leipzig.
Verlag von J. Guttentag.
(D. Collin.)
1881.

Vorwort.

Das nachstehende „kurzgefaßte“ Lehrbuch ist zur Einführung in das Studium des Reichsstrafrechtes bestimmt. Es soll die Benützung umfangreicherer Werke nicht überflüssig machen, sondern ermöglichen und erleichtern. Es wendet sich an den Studenten, der an die Theorie des Strafrechtes herantritt, und an den Praktiker, der bei ihr Rat sucht und Lösung für die Fragen des täglichen Lebens. Dem einen wie dem andern soll das kleine Buch den Weg weisen, nicht ihn ans Ziel führen.

Aber gerade weil das Buch nicht mehr sein will als Wegweiser in's Strafrecht, mußte sein Verfasser manches ernster nehmen, als es sonst wohl zu geschehen pflegt. Gerade die erste Einführung muß eine streng wissenschaftliche sein, d. h. sie muß mit klaren schneidigen Begriffen arbeiten und diese in ein geschlossenes System bringen. Jene Begriffe und dieses System zu gewinnen, schien mir Hauptaufgabe nicht nur, sondern Existenzberechtigung des Buches. Daß ich dabei meine eigenen Wege gegangen, wird mir wohl kaum verargt werden können; daß mir selbst das System nicht völlig genügt, brauche ich demjenigen gegenüber, der auf gleichem Felde gearbeitet hat, nicht zu bemerken.

Die strafrechtlichen Nebengesetze heranzuziehen, ist für ein noch so kurz gefaßtes Lehrbuch des Reichsstrafrechtes einfach unerläßlich. Freilich stehe ich mit dieser Ansicht ziemlich allein da; aber ich halte ihre Richtigkeit für so unbestreitbar, daß ich ihre Begründung mit Beruhigung dem unausbleiblichen Entwickelungsgang unserer Wissenschaft überlasse.

Die Entscheidungen des Reichsgerichtes sind bis in die letzten Tage des Druckes eingehend berücksichtigt worden. Nicht nur deßhalb, weil diese Rücksichtnahme die praktische Brauchbarkeit des Buches erhöht; sondern darum, weil der innere Wert der Reichsgerichts-Entscheidungen es verlangt. Der höchste deutsche Gerichtshof hat gethan, was die meisten seiner partikulären Vorgänger zu thun sich scheuten: er ist herangetreten, so oft Gelegenheit sich bot, an die von den Theoretikern aufgeworfenen Fragen; er hat Stellung genommen zu ihnen und ihre Lösung versucht. Und das ist ein Verdienst, das nicht hoch genug angeschlagen werden kann. Dabei bleibt der Theorie das Recht der Kritik; ich habe dem Reichsgericht gegenüber oft von demselben Gebrauch gemacht, und wollte gerade deßhalb die eben ausgesprochene Bemerkung nicht unterdrücken.

Noch manche Eigentümlichkeit des „Lehrbuchs", das in den wichtigsten Fragen statt der Begründung Resultate geben muß, würde der Rechtfertigung bedürfen.

Der Raum eines Vorwortes gestattet es nicht. Möge das Wohlwollen der Leser die Kürze und Lückenhaftigkeit der Darstellung erläutern und ergänzen.

Gießen, November 1880.

Liszt.

Inhaltsverzeichnis.

Einleitung.

I. Die Grundbegriffe.

II. Das Strafgesetz.

Allgemeiner Teil.

Erstes Buch.

Das Verbrechen.

A.

I. Begriff und Einteilung.

Seite

III. Gegen das Vermögen.

A. Gegen das Eigentum.

B. Gegen Okkupationsrechte.

C. Gegen obligatorische Ansprüche.

D. Strafbare Handlungen gegen das Vermögen überhaupt.

IV. Verletzung der Individualrechte.

Seite

Drittes Buch.

Strafbare Handlungen gegen uneigentliche Rechtsgüter (durch die Art des Angriffes charakterisierte Delikte).

I. Strafbare Handlungen an Geld.

II. Strafbare Handlungen an Urkunden.

III. Strafbare Handlungen gegen die Religion.

IV. Strafbare Handlungen an Personenstand und Ehe.

V. Strafbare Handlungen gegen die Sittlichkeit.

VI. Die Amtsdelikte.

Seite

Viertes Buch.

Strafbare Handlungen gegen das Gemeinwesen.

I. Gegen Bestand und Sicherheit des Staates.

II. Gegen die Staatsgewalt und ihre Organe.

Abkürzungen.

Abs. = Absatz.
Anm. = Anmerkung.
E. siehe RGR.
GA. = (Goltdammer's) Archiv für gemeines deutsches und für preußisches Strafrecht.
Ges. = Gesetz.
GS. = Gerichtssaal, Zeitschrift f. Strafrecht und Strafprozeß (v. Schwarze).
HR. = v. Holtzendorff's Rechtslexikon, 3. Aufl.
Liszt Preßrecht = Liszt, das deutsche Reichspreßrecht. Berlin 1880.
R. siehe RGR.
RGR. = Entscheidung des Reichsgerichts; citiert sowohl nach der von den Mitgliedern der Reichsanwaltschaft als nach der von Mitgliedern des Reichsgerichts herausgegebenen Sammlung; erstere ist mit R., letztere mit E. bezeichnet, bei beiden ist Datum der Entscheidung, Nummer des Bandes und Seitenzahl angeführt.
RStGB. = Reichsstrafgesetzbuch.
StrPO. = Strafprozeßordnung.
Vdg. = Verordnung.
Vgl. = Vergleiche.

Druckfehler.

S. 9 Zeile 11 von oben lies zweimal: Verbote statt Gebote.
S. 39 letzte Zeile ist einzufügen: 54a. Ges. vom 25. März 1880, betreffend die Schiffsmeldungen bei den Konsulaten des deutschen Reichs.
S. 142 Zeile 19 von oben lies: Handlungen statt folgen.
S. 189 Zeile 22 nach Vollstreckung einzufügen: der.
S. 237 Anm. 4 Zeile 3 lies vorhersehen statt vorhergesehen.
S. 356 am Ende anzufügen: (StGB. §. 152).
S. 359 Zeile 6 von oben lies §. 270 statt §. 269.

Der von den Amtsdelikten handelnde §. 92 ist wiederholt irrigerseits als §. 93 citiert.

Einleitung.

I. Die Grundbegriffe.

§. 1.
Das Strafrecht.

I. Strafrecht im subjektiven Sinne ist Recht zu strafen, jus puniendi. Dieses Recht steht nicht nur dem Staate, sondern innerhalb der vom Staate gezogenen allerdings sehr eng gesteckten Grenzen auch dem Einzelindividuum (in Haus und Schule) sowie den verschiedensten Gruppen von Einzelindividuen zu (Kirchen, Vereinen und Gesellschaften, Vertretungs-Körpern usw.). Wir haben es in dieser Schrift nur mit dem staatlichen Strafrecht zu thun.

Aber giebt es ein staatliches Straf-Recht? Kann von einem Recht, als der, von der rechtsetzenden Gewalt gewährten und gewährleisteten Willensmacht dort gesprochen werden, wo der Träger der gewährten Willensmacht zugleich der Gewährende ist? Paßt der Begriff des subjektiven Rechtes überhaupt auf die Willensmacht des Staates?

Die Beseitigung dieses Einwandes ist von grundlegender Bedeutung.

Die an sich schrankenlose, der juristischen Fassung spottende Strafgewalt des Staates wird zum staatlichen Strafrechte durch Selbstbeschränkung. Die rechtsetzende

Gewalt setzt sich selber Recht, indem sie Voraussetzung und Inhalt ihrer Bethätigung normirt. Das staatliche Strafrecht im subjectiven Sinne ist die rechtlich begrenzte Strafgewalt des Staates. Und der Inbegriff jener Rechtssätze, durch welche die Ausübung der an sich unbeschränkten Strafgewalt des Staates nach Voraussetzung und Inhalt begrenzt wird, bildet das **Strafrecht im objektiven Sinne.**

II. Damit gewinnen wir zwei weitere Grundbegriffe. Durch die Bestimmung der Voraussetzungen, an deren Vorliegen der Staat die Ausübung seiner Strafgewalt knüpft, entsteht der Begriff des Verbrechens; durch die Bestimmung dieser Ausübung nach Maß und Inhalt der Begriff der Strafe (im jurist. Sinne). Die Klarlegung beider Begriffe bildet die Hauptaufgabe des allgemeinen Theils der Strafrechtswissenschaft; während dem besonderen Theile die Darstellung der einzelnen Verbrechen und der an dieselben geknüpften Strafen zufällt.

In den folgenden Paragraphen soll durch kurze, aber zusammenhängende Entwicklung der beiden Begriffe — Verbrechen und Strafe — die Grundlage für die eigentliche Darstellung gewonnen werden.[1]

§. 2.

Die Strafe.

I. Staat und Recht sind um der Menschen willen da.

[1] Vgl. dazu insbes. Binding die Normen; Thon Rechtsnorm und subjektives Recht; Ihering der Zweck im Recht; sowie überhaupt die durch diese Werke hervorgerufene Literatur. Aus jüngster Zeit Hertz das Unrecht und die allgem. Lehren des Strafrechts.

Das Recht bezweckt den Schutz derjenigen Interessen, zu deren Schutz und Förderung die Einzelnen zur staatlichen Gemeinschaft zusammengetreten sind; wir können diese vom Recht, dem Gesammtwillen der Gemeinschaft, geschützten Interessen als Rechtsgüter bezeichnen. Das Recht erreicht seinen Zweck, Rechtsgüterschutz zu sein, durch den Zwang in der doppelten Form: des direkten physischen Zwanges, der unmittelbaren Gewalt einerseits; andererseits des indirekten psychischen Zwanges, der Motivation.

Auf dem Gebiete des Strafrechtes tritt uns der Zwang entgegen in der Gestalt der Strafe. Die Strafe ist staatlicher Zwang zum Zwecke des Rechtsgüterschutzes. Und zwar ist sie Rechtsgüterschutz durch Rechtsgüterverletzung; indem sie bestimmte Rechtsgüter, deren Träger der Verbrecher ist, schmälert oder vernichtet, sichert sie die Rechtsgüter der übrigen. Das ist der konstante Bestandtheil, der wesenhafte Kern aller jener nach Zeit und Volk wechselnden Erscheinungsformen, welche die Strafe im Laufe der geschichtlichen Entwickelung angenommen hat.

II. Die Strafe erreicht ihren Zweck — Rechtsgüterschutz zu sein — auf zweifachem Wege.

1. Als mittelbarer Zwang oder Motivation durch Vermehrung und Kräftigung der den Einzelnen vom Verbrechen abhaltenden Motive; und zwar indem

a) die Androhung der Strafe abhaltend (abschreckend und warnend) wirkt;

b) der Vollzug der Strafe die Wirkung der Androhung, dem bestraften wie allen anderen gegenüber, sichert oder potenzirt (Spezial- und Generalprävention);

c) der Vollzug der Strafe unter günstigen Umständen

das labil gewordene sittliche Gleichgewicht des Verbrechers zu einem stabilen macht (Besserung).

2. Als unmittelbarer Zwang oder physische Gewalt durch dauernde oder vorübergehende Sequestrirung des Verbrechers (Sicherung).

III. Art und Maß der Strafe hat sich daher lediglich nach dem im Einzelfalle angestrebten Ziele zu richten. Die Strafe muß eine andere sein nach Inhalt und Umfang, wenn sie präveniren, eine andere wenn sie bessern, eine andere wenn sie sichern soll. Allerdings huldigt die moderne Strafgesetzgebung nur selten und meist unbewußt diesem Gedanken; sie behandelt den unverbesserlichen Gewohnheitsdieb und den reuezerknirschten Gelegenheitsverbrecher nach derselben Schablone.

Aber die scharfe Betonung des Zweckmomentes im Recht überhaupt und in der Strafe insbesondere findet immer zahlreichere und immer bedeutendere Anhänger. Und die Zeit ist hoffentlich in nicht allzu ferner Zukunft vorüber, in welcher die Forderung, daß die Staatsgewalt nicht ziel- und zwecklos die Rechtsgüter der Rechtsgenossen vernichte, als rationalistischer Dilettantismus abgefertigt werden kann.

Einer weiteren Rechtfertigung der Strafe, als des Nachweises ihrer Tauglichkeit zum Zwecke und ihrer Unentbehrlichkeit bedarf es nicht. Wer dem Staate den Nachweis seiner Berechtigung zu strafen auferlegt, verkennt, daß der Begriff des Rechtes aus dem des Staates abzuleiten ist und nicht umgekehrt, daß das Recht im subjektiven Sinne ein Wollen-Dürfen ist, und die Grenzen des Dürfens vom Staate bestimmt werden.

Die eben besprochene Auffassung der Strafe entrückt das Strafrecht dem Streite über die menschliche Willensfreiheit.

Sie setzt nicht Freiheit des Wollens, sondern Bestimmbarkeit durch Motive voraus, und diese wird von keiner Seite geleugnet. Die Strafe ist nach ihr nicht nur verträglich mit dem Determinismus, der auch die menschliche Handlung dem allgemeinen Kausalgesetze unterwirft, sondern erhält erst durch ihn ihre feste praktische Grundlage. Denn gerade wenn die Handlung notwendiges Produkt ihrer Faktoren ist, gerade wenn sie, dem Kräfteparallelogramme gemäß, notwendig in der Richtung des stärksten Motives erfolgt, kann durch Einführung neuer Faktoren in der Gestalt neuer Motive, sowie durch Verstärkung der in den gegebenen Faktoren vorhandenen motivirenden Kraft die Richtung der Handlung bestimmt werden.[1]

§. 3.

Die Norm.

I. Wir haben als einen der Wege, auf welchen die Strafe ihren Zweck, den Schutz der Rechtsgüter, erreicht, die Androhung der Strafe bezeichnet. Der Gesetzgeber verbietet oder gebietet bei Strafe gewisse Handlungen, deren Vornahme oder Unterlassung einen Angriff auf die zu schützenden Rechtsgüter in sich schließt; er verstärkt die motivirende Kraft seiner Imperative durch das Gewicht der Strafdrohung. Lösen wir die Strafdrohung aus, so erhalten wir einen einfachen, sei es negativen, sei es positiven Imperativ. Diesen, den Strafrechtssätzen zu Grunde liegenden, der Strafdrohung entkleideten, staatlichen Imperativ nennen wir die Norm. Die Norm gehört durchaus nicht nur dem

---

[1] Vgl. unten §. 25 die Lehre von der Zurechnungsfähigkeit. Dazu Hertz das Unrecht usw. I S. 119 ff.

Gebiete des Strafrechtes an; sie spielt aber allerdings hier ihre bedeutendste Rolle. Ohne klare Erkenntnis der Funktionen, welche die Norm auf dem Gebiete des Strafrechtes zu erfüllen hat, ist tieferes Verständniß des Strafrechtes selbst kaum möglich. Es ist Binding's bleibendes Verdienst, nicht zuerst aber am bestimmtesten und konsequentesten die Bedeutung der Norm betont zu haben.

II. Wir haben an dieser Stelle zuerst das Verhältnis der Normen zu den zu schützenden Rechtsgütern ins Auge zu fassen.

1. Der Gesetzgeber kann sich damit begnügen, ein bestimmtes Interesse einfach unter seinen Rechtsschutz zu stellen, es zu einem Rechtsgute zu erklären. Er verbietet dadurch — nicht notwendig bei Strafe — jede gegen das Rechtsgut gerichtete, wie immer geartete, Handlung. So entstehen die allgemeinen, immer negativen Normen: Du sollst nicht töten, an fremdem Eigentum Dich nicht vergreifen, die Ehre Deines Mitbürgers nicht verletzen usw.

2. Der Gesetzgeber kann aber auch gewisse, von ihm bestimmt bezeichnete Handlungen verbieten, weil ihre Vornahme regelmäßig, wenn auch nicht immer, eine Verletzung oder Gefährdung des zu schützenden Rechtsgutes im Gefolge hat. Dann ist diese Handlung verboten, auch wenn sie im konkreten Falle die regelmäßige Wirkung nicht nach sich zieht. So ist der Handel mit Gift ohne polizeiliche Erlaubnis (StGB. §. 367 Nr. 3) im Interesse der körperlichen Sicherheit verboten auch dann, wenn der Handeltreibende durch die von ihm ergriffenen Vorsichtsmaßregeln jede Gefahr im konkreten Falle ausgeschlossen hat. Auch einzelne der sog. gemeingefährlichen Delikte — so z. B. die Brunnenvergiftung des §. 324 StGB. — gehören in diese Gruppe.

Binding nennt diese Normen treffend Ungehorsamsverbote. Wenn wir die unter 1 besprochenen allgemeinen Normen als erste allgemeine Umwallung des Rechtsgutes, als Hauptwall uns vorstellen wollen, so können wir die Normen der zweiten Gruppe mit Ravelins vergleichen, die über den Hauptwall an einzelnen Stellen vorspringen.

3. Der Gesetzgeber gebietet endlich einzelne bestimmte Handlungen, weil ihre Unterlassung regelmäßig, wenn auch nicht immer, eine Verletzung oder Gefährdung des Rechtsgutes in sich birgt: Gehorsamsgebote nach Binding. Bei unserem Bilde bleibend, könnten wir vielleicht von detachirten Forts sprechen. Der letzte Abschnitt des StGB.'s, die strafrechtlichen Nebengesetze des Reichs, sowie die Polizeistrafgesetzgebung der Länder bieten zahlreiche Beispiele. Man denke an das Gebot des Raupens, des Reinigens der Schornsteine, den Impfzwang, die Verpflichtung zur Desinfektion bei Eisenbahnviehtransporten usw. Es sei ausdrücklich betont, daß auch diese Gebote negative Bedeutung haben, nicht zur Förderung, sondern zum Schutze der Rechtsgüter da sind.

4. Es geschieht aber auch häufig, daß der Gesetzgeber mehrere Rechtsgüter durch eine und dieselbe Norm schützt. Aus dem bisher Gesagten geht zur Genüge hervor, daß dies nur durch Normen geschehen kann, die den unter 2 und 3 besprochenen Gruppen angehören. Besondere Beachtung verdienen hier diejenigen Normen, durch welche der Gesetzgeber sich gegen gewisse Arten des Angriffes wendet, ohne der Richtung des Angriffes auf ein bestimmtes Rechtsgut begriffliche Bedeutung beizulegen. So sind Münzfälschung oder Urkundenfälschung verboten, weil sie an Münzen und Urkunden, diesen wichtigen Trägern des rechtlichen Ver-

kehrs, begangen, nach den verschiedensten Richtungen hin störend in die Rechtsgüterwelt eingreifen. So sind durch das Verbot von Brandstiftung und Ueberschwemmung, also durch je *eine* Norm, Leben *und* Eigentum geschützt.

III. *Umfang der imperativen Kraft der Normen.*

1. Normwidrig ist jeder der Norm widersprechende Zustand, ohne Rücksicht auf die Ursachen, die ihn herbeigeführt haben: das schuldhafte *Unrecht* wie das schuldlose *Nicht-Recht* (vgl. unten §. 17 III), und innerhalb des ersteren die *vorsätzliche* wie die *fahrlässige* Uebertretung der Norm. *Es gibt keine besonderen Fahrlässigkeits-Normen* (vgl. unten §. 29). Und zwar gilt dieser Satz gleichmäßig für alle Normen-Gruppen. Dabei sei schon hier betont (vgl. unten §. 4 I), daß mit der Normwidrigkeit die Strafbarkeit verbunden sein *kann*, nicht muß.

2. Normwidrig ist aber nicht nur die Herbeiführung (bez. Hinderung) des Zustandes selbst, dessen Herbeiführung die Norm verbietet (bez. gebietet), sondern jede Veränderung der Außenwelt, welche die *Gefahr* des Uebertretenwerdens der Norm in sich schließt. Der Begriff der Gefahr, in jüngster Zeit lebhaft angegriffen (von Hertz) ist für das Strafrecht unentbehrlich; er ist aber auch, sobald wir seine Entstehung im Auge behalten, ein durchaus wissenschaftlicher juristisch faßbarer Begriff. Wir nennen — immer im Hinblicke auf einen bestimmten Erfolg — Gefährdung[1] jenen

[1] Feste Terminologie ist unerläßlich. Ich nehme Gefährdung als *größere* Gefahr. Gefahr würde vorliegen, wenn auch nur in einem kleinen Perzentsatze von Fällen, Gefährdung dann, wenn sagen wir in über 50 % der Fälle der Erfolg einzutreten pflegte.

Zustand, der nach unserer Erfahrung in der Mehrzahl der Fälle zum Erfolge führt. Bei genügender Induktion könnten wir die Größe der Gefahr sogar ziffermäßig (in Perzenten) bestimmen. Ist es sicher geworden, daß der Erfolg nicht eintreten werde — der aus dem Fenster des 3. Stockes Gestürzte ist ohne schwere Verletzung unten angekommen — so können wir, uns in einen früheren Zeitpunkt zurückversetzend, die in diesem vorhandene Gefahr beurteilen. Wir werden diesem Begriffe wiederholt begegnen. Hier genügt die Bemerkung, daß es besondere Gefährdungsgebote nicht giebt, daß sie in den Verletzungsgeboten mit enthalten sind (a. A. Binding). Das hindert den Gesetzgeber nicht (unten §. 4 I), nur die Verletzung, das wirkliche Uebertretensein der Norm, mit Strafe zu belegen.

3. Aber die imperative Kraft der Norm greift noch weiter. Normwidrig, eine Uebertretung der Norm, ist jede auf Verletzung der Norm gerichtete Handlung ohne Rücksicht auf ihren Erfolg. Die versuchte Normübertretung ist Normübertretung, mag sie auch vom Gesetzgeber nicht mit Strafe bedroht sein. Die Normwidrigkeit des Versuches einer Normübertretung folgt aus der Existenz dieser Norm. Mit a. W.: es giebt keine besonderen, den Versuch verbietenden Normen und es bedarf keiner solchen (vgl. unten §. 32).

§. 4.

Das Verbrechen.

Formell betrachtet, ist Verbrechen jener Thatbestand, an welchen das objektive Recht den Eintritt der Strafe als Rechtsfolge knüpft. Wir haben hier zunächst das Wesen dieser Thatbestände und dann den Grund festzustellen, aus welchem der Gesetzgeber gerade gewisse Thatbestände zu Voraussetzungen für den Eintritt seiner Strafgewalt erklärt.

I. Jedes Verbrechen erscheint zunächst als eine Uebertretung des der Strafdrohung zu Grunde liegenden Imperativs. Die schuldhafte Uebertretung einer staatlichen Norm nennen wir (mit Binding) **Delikt.** Jedes Verbrechen ist also Delikt und muß alle Merkmale desselben an sich tragen. Aber noch ein Merkmal mehr: **Verbrechen** ist das mit Strafe belegte Delikt. Nicht jedes Delikt ist mithin Verbrechen.[1]

1. In weitaus den meisten Fällen bedroht der Gesetzgeber vielmehr nur die durch irgend einen Umstand qualifizirte Normübertretung mit Strafe. So ist jede Kuppelei Delikt, aber nur die gewohnheitsmäßig oder aus Eigennutz begangene ist Verbrechen (StGB. §. 180).

2. In anderen Fällen muß zu der Normübertretung die Erfüllung einer weiteren, ganz außerhalb dieser liegenden Bedingung hinzutreten, um die Strafbarkeit des Deliktes herbeizuführen: so der Antrag des Verletzten, oder die Verbürgung der Gegenseitigkeit (StGB. §§. 102, 103); Strafdrohung einer auswärtigen Gesetzgebung (StGB. §. 4 Nr. 3); Auflösung oder Scheidung einer Ehe (StGB. §§. 170, 172, 238); Oeffentlichkeit der Verübung (StGB. §. 183 u. A.) usw. Es sind dieß die doppelt bedingten Strafdrohungen, wie Binding sie genannt hat.

3. Insbesondere aber ist der Umstand ins Auge zu fassen, daß an die Uebertretungen einer und derselben Norm je nach der verschiedenen Qualifikation der Uebertretung verschiedene Straffolgen geknüpft sein können, so daß dem einen

[1] Zum Folgenden vgl. Binding Normen.

Delikte vielleicht eine ganze Reihe von Verbrechen korrespondirt. So bildet das Recht aus dem Delikt der Tötung folgende Verbrechen: Mord, Todschlag, Tötung auf Verlangen, Kindesmord, fahrlässige Tötung, Tötung im Zweikampf, im Raufhandel, bei Gelegenheit eines Verbrechens, Körperverletzung mit tötlichem Ausgange usw.

II. So kann also die Norm, die dem Strafgesetze zu Grunde liegt, eine von diesem losgelöste Existenz führen, ihre eigene Geschichte haben. Sie kann da sein, lange ehe ein Strafgesetz existirt; aber ihr Untergang zieht auch das Strafgesetz mit sich.

Am deutlichsten vielleicht tritt diese Unabhängigkeit hervor in den sog. Blankettstrafgesetzen nach Binding („blinde" Strafdrohungen nennt sie Heinze). Es sind jene, in welchen der Gesetzgeber eine Strafe knüpft an die Uebertretung einer Norm, die von einer anderen Gewalt erlassen ist oder erlassen werden soll. Beispiele bieten StGB. §§. 145, 327 u. A. mehr.

III. Und nun fragen wir uns: Warum knüpft der Gesetzgeber an gewisse Delikte die Strafe als Rechtsfolge? Diese Frage schließt zwei Unterfragen in sich. Eine negative: warum nur an gewisse Delikte? eine positive: warum gerade an diese gewissen Delikte? Und da jedes Verbrechen Delikt ist, so können wir die Frage auch so stellen: Wodurch unterscheidet sich das mit Strafe belegte Delikt (das sog. kriminelle Unrecht) von dem nicht mit Strafe belegten (dem sog. civilen Unrecht)?[2]

1. Die Strafe ist Rechtsgüterschutz durch Rechtsgüter-

---

[2] Vgl. insbes. Merkel krim. Abhandlungen 1867; die übrige Literatur bei Meyer Lehrb. S. 1 Note 1.

verletzung. Der Schutz den sie gewährt, ist theuer erkauft.[3] Der Staat schneidet in sein eigenes Fleisch, um seine Rechtsgüter zu wahren. Die Strafe ist, war und wird sein ein Uebel nicht nur für den Betroffenen, sondern auch für die Gemeinschaft. Nur dann also und nur soweit wird diese eigentümliche Art des Rechtsgüterschutzes gerechtfertigt, d. h. dem Interesse der Gemeinschaft entsprechend sein, wenn sie und soweit sie unbedingt notwendig ist zum Schutze der bedrohten Rechtsgüter. Sie ist das äußerste Mittel, die ultima ratio des Staates. Daher die von jeher, wenn auch nicht immer bewußt, hervortretende Tendenz der Gesetzgebung, das Gebiet des mit Strafe belegten Unrechts auf das möglich kleinste Maß einzuengen.

2. Die Grenzen dieses Gebietes aber werden bestimmt durch die Gefährlichkeit der einzelnen Delikte. Wolgemerkt: durch ihre Gefährlichkeit in abstrakto nicht in konkreto. Verbrechen ist „die von Seiten der Gesetzgebung konstatirte Gefährdung der Lebensbedingungen der Gesellschaft" (Jhering, Zweck im Recht). Der Gesetzgeber verbietet jedes Delikt, aber nur das gefährliche verbietet er bei Strafe.

Die Gefährlichkeit kann liegen:

a) In der Unersetzlichkeit des angegriffenen Rechtsgutes (das Leben, die Geschlechtsehre des Weibes).

b) In dem Werte des Rechtsgutes für die betr. Rechtsgemeinschaft; richtiger, in der (häufig sehr subjektiven) Wertschätzung durch die rechtsetzenden Faktoren. Man denke an die verschiedene Ausbildung des Strafrechts im theokratischen und im Kriegerstaate, in der despotischen Monarchie

---

[3] Wahlberg krimin. u. nationalökon. Gesichtspunkte. 1872.

und dem republikanischen Gemeinwesen, im Agrikultur- und im Industriestaate usw.

c) In der Art des Angriffes. Von den beiden Hauptarten: Trug und Gewalt, fraus und vis, tritt bald die eine, bald die andere, je nach Volkscharakter und Zeitverhältnissen, als die gefährlichere in den Vordergrund. Man vergleiche das Verhältnis des Raubes zum Diebstal nach altdeutscher und nach moderner Auffassung.

d) In der Häufigkeit des Angriffes. Das Ueberhandnehmen gewisser Delikte (Fälschung von Nahrungsmitteln, sozial-demokratische Umtriebe, Wucher usw.) kann die Gesetzgebung veranlassen, den strafenden Arm zu erheben. Nur mag sie Eines dabei nicht vergessen: die Strafe bedeutet in diesem Falle symptomatische Behandlung eines tieferliegenden sozialen Leidens; und diese ist auf die Dauer erfolglos, wenn sich mit ihr nicht die Bekämpfung der Krankheitsursache verbindet. Hebung des Volkswohlstandes und der Volksbildung, freiheitliche Einrichtungen, die das Interesse des Einzelnen mit dem der Gesammtheit inniger verknüpfen, Entfaltung all' der positiven Kräfte, die der Staatsverwaltung in so reichem Maße zur Verfügung stehen: sie allein können die Krankheitsursache beseitigen und mit ihr die Symptome.

3. Aus dem Gesagten folgt die durch die Geschichte auf das Glänzendste bestätigte Konsequenz, daß die Grenzlinie zwischen dem kriminellen und dem civilen Unrechte nicht durch aprioristische Konstruktion gefunden und gezogen werden kann; daß sie vielmehr eine durch wechselnde Faktoren bestimmte und darum schwankende sein muß. Diese Ansicht, zu der sich Geib, Wahlberg, Merkel, Heinze, Binding, Geyer, Thon, Ihering, Dahn u. A. bekennen, ist eine der schönsten Errungenschaften der modernen Strafrechtswissenschaft.

§. 5.

Ursächlicher Zusammenhang von Verbrechen und Strafe.

I. Wir haben die Strafe aufgefaßt als die bewußte und durch die Zweckvorstellung bestimmte Reaktion des Staates gegen das Verbrechen. Wir haben das Zweckmoment auch in den Begriff der Strafe hineingetragen. Bestätigt sich diese Ansicht, wenn wir die Geschichte der Strafe befragen?

Die Geschichte giebt uns nach meinem Dafürhalten keinen Anlaß, unsere Ansicht irgendwie zu ändern. Wol aber gewährt sie uns auf unsere Frage einen tiefen, viel zu wenig beachteten Einblick in die Entstehung und in die Entwicklung der Strafe.

Das, was sie heute ist, war die Strafe nicht immer. Sie war — und nicht nur in der Urgeschichte der Menschheit — blinde, instinktartige Reaktion gegen äußere Störung der Lebensbedingungen des Einzelnen oder der bereits vorhandenen Gruppen von Einzelindividuen. Sie ruht in ihren letzten Wurzeln auf dem Rachetrieb (dem ressentiment Dühring's),[1] der nur eine besondere Form des Selbsterhaltungstriebes ist. Nichts liegt ihr in diesem Stadium ferner, als Bestimmbarkeit durch die Zweckvorstellung. Die in unseren Tagen so beliebten Analogien mit der Thierwelt liegen nahe genug; der genetische Zusammenhang mit ihnen mag dahingestellt bleiben. Und auf verwandte Erscheinungen in der anorganischen Natur zurückgreifen,[2] hieße mit Worten, nicht mit Begriffen operieren. —

---

[1] Kursus der Philosophie. 1875.

[2] Schütze Lehrbuch (Elastizität).

Aber wie im Laufe der Entwicklung des Einzelindividuums die (unwillkürliche) Reflexbewegung sich umsetzt in eine willkürliche, d. h. bewußte und durch Vorstellungen bestimmte Bewegung, so ist die Aeußerung des Rachetriebes durch eine allmählige Summirung von quantitativen Differenzen zu einem qualitativ Anderen, zur modernen Strafe geworden. Wer die Möglichkeit einer solchen Differenzirung leugnet, verkennt eine der wichtigsten Konsequenzen der Entwicklungslehre.

Wie diese Entwicklung vor sich gegangen, von Stufe zu Stufe; wie das eigene Interesse zur Zügelung des Rachetriebes zwingt, wie durch die werdende und erstarkende Staatsgewalt die Privatrache in immer engere Grenzen gebannt und endlich durch die staatliche Reaktion ersetzt wird; wie die staatliche Strafgewalt durch Selbstbeschränkung sich in das Strafrecht des Staates umsetzt; wie durch die vorangehende Drohung der Strafe, durch Ausbildung eines vielgliedrigen Strafensystems, durch rationellen Strafvollzug das Zweckmoment in der Strafe zu immer weiterer und immer stärkerer Herrschaft gelangt: das hat nicht unser Lehrbuch, das hat die noch nicht geschriebene Geschichte der Strafe zu schildern. An dieser Stelle genügt der einfache Hinweis auf den Ursprung der Strafe und die allmälige Wandlung ihres Charakters. Das Lehrbuch hat es wie bisher, so auch fortan nur mit der Strafe in der heutigen Gestalt zu thun.

II. Die vorgetragene Ansicht ist weit davon entfernt, allgemein anerkannt zu sein; kaum weniger weit davon entfernt, auf allgemeine Anerkennung zu rechnen. Herrscht doch in wenigen Disziplinen geringere Uebereinstimmung in Bezug auf Methode und Ausgangspunkt, als auf dem Gebiete der allgemeinen Rechtslehre, die berufen ist, an Stelle der „Rechtsphilosophie" zu treten.

Man pflegt die Untersuchungen über Ursprung und Wesen der Strafe in nicht ganz passender Weise als Strafrechtstheorien zu bezeichnen. Ihre Zahl ist überaus groß. Seit Plato und Aristoteles haben Philosophen und Juristen an ihnen mit einer gewissen Vorliebe gearbeitet; den englisch-französischen Rationalismus der Aufklärungsperiode beschäftigen sie nicht weniger als die Spekulation zur Blüthezeit der deutschen Philosophie. Und in der That ist eine theoretische oder praktische Handhabung des Strafrechtes ebensowenig wie die legislative Gestaltung desselben möglich ohne Stellungnahme zu den hier aufgeworfenen Fragen.

Im folgenden Paragraphen soll eine kurze Uebersicht über die wichtigsten Strafrechtstheorien gegeben werden. Wenige Worte werden genügen, um unsere Stellung ihnen gegenüber zu beleuchten; zu eingehender Kritik ist hier nicht der Ort.[3]

§. 6.

Die Strafrechtstheorien.[1]

I. Zweckmäßigkeitstheorien (auch relative Interessen- oder Nutzungstheorien). Die Strafe ist ihnen Mittel zum Zweck, zur Bekämpfung der Verbrechen und damit zum

[3] Treffliche Darstellungen bei Berner Lehrbuch, Heinze in H. H. I, Wächter Beilagen, Binding Grundriß. Bei letzterem S. 91 Litteraturangaben. Dazu etwa noch Jellinek die sozial-ethische Bedeutung von Recht, Unrecht, Strafe. 1878.

[1] Ich schließe mich in Bezug auf die Einteilung der Strafrechtstheorien größtenteils an Heinze an. Bei diesem siehe die Gründe gegen die gewöhnliche Einteilung in absolute, relative und gemischte Theorien.

Schutze der Rechtsordnung; mit der Unentbehrlichkeit und Tauglichkeit des Mittels ist ihnen die Rechtfertigung des staatlichen Strafrechts gegeben. Punitur ne peccetur; der Dieb wird gehängt, nicht weil er gestohlen hat, sondern damit nicht gestohlen werde. Einig in diesem Grundgedanken, weichen die hieher gehörigen Theorien von einander ab in Bezug auf die Funktion, die sie der Strafe zuweisen.

1. Nach der alten, heute allgemein aufgegebenen, Abschreckungstheorie ist es die Vollziehung der Strafe, welche, durch ihre abschreckende Wirkung auf die Gesammtheit der Staatsbürger der künftigen Begehung von Verbrechen entgegenwirken soll.

2. Dagegen will die Theorie des psychischen Zwanges dasselbe Ziel durch die Androhung der Strafe erreichen. Die von dem Gesetze wachzurufende Vorstellung des den Verbrecher erwartenden Strafübels soll der Vorstellung der Lust, welche sich der Begehrende von der Begehung des Verbrechens verspricht, gegenübertreten, das zu dem Verbrechen treibende Motiv soll durch ein Gegenmotiv von gleicher Stärke in seiner motivirenden Kraft gehemmt werden. Schon von Aristoteles angedeutet, von Hobbes (de cive 1643, Leviathan 1651) vollständig entwickelt, von Sonnenfels und anderen Schriftstellern der Aufklärungszeit vertreten, hat dieser Gedanke in Anselm Feuerbach (1775—1833) den glänzendsten und einflußreichsten Vorkämpfer gefunden, so daß die Theorie selbst wol als die Feuerbach'sche bezeichnet wird.

Eine Abart derselben ist die Warnungstheorie Bauer's (1830), nach welcher sich die Strafdrohung nicht nur an die sinnliche, sondern auch an die sittliche Natur des Menschen wendet.

3. Die Special-Präventions-Theorie, die Grolman (1799) aufgestellt hat, verlegt das Schwergewicht wieder in die Vollziehung der Strafe, will aber durch die Bestrafung des Einen nicht die Uebrigen, sondern diesen selbst von künftiger Begehung strafbarer Handlungen abhalten, seinen verbrecherischen Willen unter das Gesetz beugen.

4. Dasselbe Ziel, aber auf anderem Wege, verfolgt die Besserungstheorie, die, neben Stelzer, Ahrens, Groos, Schleiermacher u. A., insbesondere der vor Kurzem verstorbene Röder in einer Reihe von Schriften verteidigt hat. Sie bezweckt Verhütung künftiger Verbrechen durch die Besserung des Verbrechers bei Vollstreckung der Strafe. Die Reform des Strafvollzuges, insbesondere des Gefängniswesens, ist zum guten Theile den Anhängern der Besserungstheorie zu danken.

Es ist das große Verdienst der Zweckmäßigkeitstheorien, das Zweckmoment in der Strafe betont zu haben. Sie kranken aber an einem doppelten Fehler. Sie verkennen einerseits den historischen Ursprung, andrerseits die moderne Gestaltung der Strafe, die es möglich macht, auf verschiedenem Wege dasselbe Ziel anzustreben.

II. Die Rechtstheorien suchen das staatliche jus puniendi zu rechtfertigen, indem sie dasselbe einer der vorhandenen Rechtsfiguren, einem der allgemein anerkannten Rechtssätze, unterordnen. Dies vereinigt sie zu einer gemeinsamen Gruppe, mögen sie auch sonst den Zweckmäßigkeitstheorien oder den unter IV zu besprechenden Vereinigungstheorien nahe stehen. Es ist den Rechtstheorien nicht gelungen, über schiefe Analogien hinauszukommen. Von allen Theorien haben sie den geringsten Werth.

1. Die Vertragstheorie, von Hobbes, Beccaria,

Rousseau, Fichte u. A. vertreten, leitet das staatliche Recht zu strafen ab aus einem Vertragsverhältnisse. Durch den „Bürgervertrag“ in seinen beiden Bestandteilen wird die Grenze für den Gebrauch der individuellen Freiheit bestimmt und gegenseitiger Schutz der Rechte zugesichert. Wer den Bürgervertrag bricht, verliert die durch diesen ihm zugesicherten Rechte und müßte aus der Rechtsgemeinschaft ausgeschlossen werden, hätte er nicht in dem zu dem Bürgervertrage hinzutretenden „Abbüßungsvertrag“ das Recht erlangt, durch Abbüßung einer Strafe sich des Lebens in der Gesellschaft wieder fähig zu machen.

2. Nach der Notwehr- oder Verteidigungstheorie, als deren Anhänger Schulze (1813), Martin, sowie eine Reihe von französischen und italienischen Schriftstellern zu nennen sind, leitet der Staat sein Strafrecht ab aus der durch jedes Verbrechen erzeugten fortwirkenden Gefährdung seiner Rechtsordnung, und dem durch diesen Zustand begründeten Notrechte, das Fortbestehen des Staates gegen jene Gefahr zu sichern.

3. Die Vergütungs- oder Wiederherstellungstheorie Welcker's (1790—1869) sieht den Zweck der Strafe in der Wiederaufhebung des durch das Verbrechen verursachten intellektuellen Schadens (so, wie der civile Ersatz die Beseitigung des bewirkten materiellen Schadens bezweckt), und den Rechtsgrund derselben einerseits in der Verpflichtung jedes Rechtsgenossen die von ihm bewirkte Rechtsverletzung wieder gutzumachen, andrerseits in dem Rechte und der Pflicht der Staatsgewalt, die Bürger eventuell zwangsweise zur Erfüllung dieser Rechtspflicht anzuhalten.

Eine — wenig gelungene — Umarbeitung der Welcker'schen Ausführungen ist Hepp's „Theorie der bürgerlichen

Gerechtigkeit" (1843—5). Auch in Wächter's Ansichten (Beilage 17) ist der Einfluß Welcker's unverkennbar.

III. Die Notwendigkeitstheorien (Vergeltungs- oder Gerechtigkeitstheorien). Sie stimmen alle darin überein, daß die Strafe nicht eine vom Staate willkürlich mit dem Verbrechen verknüpfte politische Maßregel, sondern notwendige Folge des Verbrechens ist; daß sie ganz abgesehen von ihrer etwaigen Zweckmäßigkeit eintreten muß; daß gestraft wird, weil verbrochen worden und nicht damit nicht verbrochen werde, und daß mithin die Vergangenheit und nicht die Zukunft Eintritt, Art und Maß der Strafe bestimme. Die Vergeltungstheorien gruppiren sich je nach der verschiedenen Begründung dieser ihnen gemeinsamen Auffassung.

1. Die Strafe ist ein Postulat der Vernunft, das Strafgesetz ein kategorischer Imperativ; Maßstab für Qualität und Quantität der Strafe das jus talionis. So Kant (Kritik der praktischen Vernunft 1788 und Metaphys. Anfangsgründe der Rechtslehre 1799). Ihm folgen C. S. Zachariae (1805) und Henke (1811) in dem vergeblichen Bemühen, Umfang und Inhalt der von dem Vergeltungsprinzipe geforderten Strafe nach anderen für das praktische Leben verwertbareren Grundsätzen zu bestimmen.

2. Nach Herbart (allgem. praktische Philosophie 1808), dem sich Geyer anschließt, ist die Strafe eine ästhetische Notwendigkeit, begründet in unserem Mißfallen am Streite, an der durch das Verbrechen hervorgerufenen Ungleichheit; Rückgang des gleichen Quantums Weh' von dem Verletzten auf den Verletzer, also Wiederherstellung der gestörten Gleichheit ist Wesen und Zweck der Strafe.

3. Die Strafe als dialektische Notwendigkeit. Nach Hegel (Grundlinien der Philosophie des Rechts 1821) ist die

Strafe die Vernichtung des Verbrechens durch die begriffliche Macht des Rechts. Das Recht ist ihm das verwirklichte Reich der Vernunft, die äußere Existenz des vernünftigen Wesens des Willens. Das Verbrechen, als die Negation des Rechts, ist demnach in sich nichtig, denn der rechtswidrige Wille ist im Widerspruche mit sich selbst. Die Strafe aber ist die Offenbarung dieser Nichtigkeit des Verbrechens, die Konstatirung seiner Scheinexistenz; die Strafe ist Negation der Negation des Rechts (als Negation des Verbrechens), mithin die Position, die Wiederherstellung des Rechts. Hegel's Theorie ist von bestimmendem Einflusse gewesen auf Manche der bedeutendsten Kriminalisten, insbesondere auf Köstlin, Luden, Hälschner und Berner; aber auch in v. Bar's Reprobationstheorie (Grundlagen des Strafrechts 1869), Heinze's Leistungstheorie, Kitz's Rescissionstheorie (1874) lassen sich die Einwirkungen Hegel'scher Grundgedanken nachweisen.

4. Die Strafe als göttliches Gebot. Nach Stahl (Philosophie des Rechts) und Anderen ist der Staat dazu von Gott gesetzt, um die äußere ethische Ordnung auf Erden zu handhaben. Kraft dieser Vollmacht übt er die Strafgerechtigkeit, stellt er dem Verbrechen gegenüber die Herrlichkeit des Staates, auf dem der Abglanz der Gottheit ruht, wieder her durch die Niederwerfung desjenigen, der sich gegen die ethische Ordnung empörte.

5. Scheinbar im diametralen Gegensatze zu den bisherigen Theorien und doch im innersten Kerne mit ihnen nahe verwandt ist die Ansicht derjenigen, welche die Strafe als Naturnotwendigkeit, als eine, kraft eines Naturgesetzes eintretende, notwendige Folge des Verbrechens betrachten. Der geistvollste Vertreter dieser Theorie ist Düh-

ring (Kursus der Philosophie 1875 S. 219—243); ob auch Schütze (Lehrbuch) hieher zu rechnen, ist zweifelhaft. Dühring führt die Strafe zurück auf das ressentiment, den Rachetrieb, der, Ausfluß des Selbsterhaltungstriebes, nicht nur den Menschen zur Reaktion gegen Störungen seiner Integrität treibt.

Mit Dühring stimmt die in diesem Lehrbuche vorgetragene Ansicht in dem Ausgangspunkte überein; sie betont jedoch im Gegensatze zu Dühring die im Laufe der Entwicklung vor sich gegangene Umgestaltung der Strafe. Herbart's Auffassung weicht bei genauerer Betrachtung nicht wesentlich von der Dühring's ab. Hegel verleiht den Begriffen eine Realität, die sie nicht besitzen; Kant und Stahl stützen ihre Theorien auf unbewiesene und unbeweisbare Fundamentalsätze.

IV. Eine letzte Gruppe, die der gemischten, synkretistischen oder Vereinigungstheorien sucht nach der Versöhnung der Gegensätze, nach einer Verschmelzung der widerstrebenden Anschauungen. Aus den überaus zalreichen, hieher gehörenden Theorien können nur einzelne hervorgehoben werden.

1. Nach Berner (Lehrbuch) ist die Strafe Vergeltung, also notwendige Folge des Verbrechens. Aber die von der Gerechtigkeit geforderte Strafe liegt zwischen einem Maximum und einem Minimum, innerhalb dessen die von den Zweckmäßigkeitstheorien betonten Zwecke der Strafe Berücksichtigung finden können und müssen. Berner's Ansicht beruht, wie bereits wiederholt nachgewiesen, auf einem Sophisma: sie operiert einmal mit dem Gattungsbegriff des Deliktes, und dann mit dem konkreten Delikt. Letzterem kann vom Stand-

punkte der Gerechtigkeitstheorien aus immer nur eine, absolut bestimmte Strafe entsprechen.

2. Merkel (Krimin. Abhandlungen I) läßt die menschlichen Interessen als Werkzeuge im Dienste einer höheren sittlichen Weltordnung fungieren; ohne es zu wissen und zu wollen, vollstreckt die von praktischen Gesichtspunkten ausgehende menschliche Strafgerechtigkeit die Gebote des Rechts und der Notwendigkeit. Merkel hat seine Auffassung mehr angedeutet als ausgeführt. Sie imponiert durch die Großartigkeit ihrer Weltanschauung, entzieht sich aber jeder Beurteilung durch den in der Zweckvorstellung befangenen Menschengeist.

3. Binding (in Grünhut's Zeitschrift 1877 und in seinem Grundriß §. 70) trennt Strafrecht und Strafpflicht des Staates. Ersteres ist ihm nur ein verwandeltes Recht auf Gehorsam gegen den Delinquenten, gerichtet auf Genugthuung für das Irreparable im Delikte. Das Strafrecht ist also notwendige Folge des Deliktes; nicht aber die Strafpflicht. Diese tritt nur ein, wenn das Uebel der Nichtbestrafung für den Staat noch größer wäre als das Uebel der Bestrafung, wenn die Bewährung der Autorität der verletzten Gesetze notwendig wird. Aber Binding's Ansicht ist keine Lösung, sondern eine Verschiebung des Problems. Woher der Staat das Recht nimmt, Normen aufzustellen und Gehorsam zu heischen, warum dieses staatliche Recht auf Gehorsam sich gerade in die Strafe verwandelt, wird uns nicht gesagt.

4. Die Vereinigung der Gegensätze ist vielmehr nur möglich durch Zurückführung derselben auf verschiedene Entwicklungsstufen desselben Betrachtungsobjektes. Darum ist die einzige Vereinigungstheorie, deren Methode als die

richtige bezeichnet werden muß, die Abegg's (in seinen Strafrechtstheorien 1835 und an anderen Orten). Auch er geht von der instinktmäßigen Rache aus, wie wir; aber ihm ist das später sich entwickelnde Zweckmoment in der Strafe nur Vorstufe für die Anerkennung der Idee der Gerechtigkeit. Abegg's Theorie wird widerlegt durch den ganzen Gang der Entwicklungsgeschichte der Menschheit, so weit wir ihn überblicken können: überall liegt der Fortschritt darin, daß der Naturtrieb wie die Naturkraft dem Zwecke dienstbar gemacht wird. Klarheit des Zieles und zweckentsprechende Auswahl der Mittel sind der Maßstab jeglichen Fortschrittes.

II. Das Strafgesetz.

§. 7.

1. Das Strafgesetz als Quelle des Strafrechts.

I. Die einzige Quelle des heutigen deutschen Strafrechtes ist das Strafgesetz. Alle Rechtssätze, deren Inbegriff das Strafrecht im obj. Sinne bildet, gehören dem gesetzten Rechte an. Gesetz ist der durch das verfassungsmäßige Zusammenwirken der gesetzgebenden Faktoren erklärte, in der verfassungsgemäßen Form verkündete Wille der Gesammtheit.[1] Ob ein Gesetz in diesem Sinne vorliegt, hat der Richter selbständig zu prüfen.[2]

Strafrecht ist der Inbegriff der Rechtssätze über Voraussetzung und Inhalt der staatlichen Strafgewalt. Wenn das Strafgesetz einzige Quelle des Strafrechtes ist, so heißt das:

---

[1] Vgl. RVerf. Artt. 2, 5, 17.

[2] Lit. bei Windscheid Pandekt. §. 14. A. A. Zorn Staatsr. S. 116.

die beiden Fragen, ob und wie zu strafen ist, haben wir ausschließlich aus dem Gesetze zu beantworten. Das, nichts anderes und nicht mehr, sagt die seit der Aufklärungsperiode in den Strafgesetzbüchern immer wiederkehrende Rechtsregel: nullum crimen sine lege, nulla poena sine lege (RStGB. §. 2 Abs. 1).

II. Für die Auslegung der Strafrechtssätze[3] gelten die allgemeinen, auf allen Gebieten des Rechts zur Anwendung kommenden Regeln.[4] Die Beantwortung der vielbesprochenen Frage nach der Zulässigkeit der Analogie auf dem Gebiete des Strafrechts hängt davon ab, welchen Begriff man mit diesem Worte verknüpft. Zweierlei ist zu unterscheiden. 1. Die Entwicklung eines Rechtssatzes aus dem Zusammenhange der übrigen, also das Auffinden eines schon vorhandenen, aber nicht unmittelbar und nicht ausdrücklich ausgesprochenen Rechtssatzes. Will man dies (Gesetzes-)Analogie nennen, so unterliegt die unbeschränkte Zulässigkeit derselben auch auf dem Gebiete des Strafrechts keinem Zweifel. 2. Das Aufstellen eines neuen weder unmittelbar noch mittelbar ausgesprochenen Rechtssatzes, der dem Grundgedanken des Gesetzgebers entspricht und sich dem System der übrigen Rechtssätze anpaßt; also die Ausfüllung einer Lücke im Gesetze und zwar dem Geiste desselben entsprechend. Die Zulassung der Analogie in diesem Sinne widerspricht dem unter I besprochenen Grundsatze. Wissenschaft und Praxis können Straf-Rechtssätze auffinden, nicht schaffen. Dabei mag zugegeben werden, daß die Scheidung beider Operationen im einzelnen Falle schwierig werden kann.

---

[3] Lit. bei Binding Grundriß S. 61.

[4] Beispiel einer authent. Interpretation (des §. 28 Nr. 3 Sozialist.Ges.) in dem Ges. v. 31. Mai 1880 RGB. Nr. 12.

III. Gesetz ist der erklärte Wille der Gesammtheit; nicht der nicht erklärte Wille, und nicht die nichtgewollte Erklärung. Die Erklärung erfolgt nicht durch die Publikation (a. A. Binding), sondern durch die Abstimmung Seitens des Reichstages und Bundesrates, durch die Ausfertigung seitens des Kaisers.

Darnach haben wir die sog. Redaktionsversehen zu beurteilen.[5] Von Redaktionsversehen spricht man, wenn der erklärte Wille selbst auf einem Irrtume beruht. Da das Erklärte gewollt und das Gewollte erklärt ist, liegt ein die Rechtsgenossen bindendes Gesetz vor, das nur durch Gesetz wieder beseitigt werden kann.[6] Verschieden davon ist die Nichtübereinstimmung zwischen dem Texte der Kundmachung und jenem der sanktionirten Beschlüsse.[7] Die irrtümlich kundgemachte Bestimmung ist nicht Gesetz, aber auch nicht der zwar sanktionirte aber nicht kundgemachte Beschluß.[8] Doch kann durch eine neue berichtigende Publikation diesem Mangel abgeholfen werden.

Aus dem Gesagten folgt, daß die sog. „Materialien" der Gesetze insbes. Motive und Kammerverhandlungen nur mit äußerster Vorsicht als Interpretationsmittel verwertet werden können. Sie sind nicht erklärter Wille der Gesammtheit, sondern geben uns im günstigsten Falle die Beweggründe, welche einzelne Mitglieder des einen der gesetzgebenden Faktoren zu ihrer Willenserklärung bestimmt haben.

---

[5] Lit. bei Binding Grundriß S. 41.

[6] Die Novelle v. 26. Febr. 1876 hat eine Anzahl solcher RV. beseitigt.

[7] Der Ausdruck „Druckfehler" ist zur Bezeichnung dieser Fälle zu eng.

[8] A. A. Binding Grundr. S. 42.

IV. Unter den Strafrechtssätzen selbst können wir zwei **Gruppen** unterscheiden.

Die **erste** — wir können sie die der **eigentlichen** Strafrechtssätze nennen — knüpft an das Verbrechen die Strafe. Die hieher gehörenden Rechtssätze sind demnach **zweiteilig**: sie bestehen aus dem **Thatbestande** einerseits, also der Voraussetzung, an deren Vorliegen der Eintritt der staatlichen Strafgewalt gebunden ist, und aus der **Strafe** andrerseits, die als Rechtsfolge für den Eintritt jener Voraussetzung angedroht ist.

Den Rechtsätzen der zweiten Gruppe fehlt jene **Zweiteilung**. Sie enthalten die näheren Erläuterungen der eigentlichen Strafrechtssätze. Sie sind passend **begriffsentwickelnde** Rechtssätze[9] genannt worden. Sie verknüpfen nicht Thatbestand und Rechtsfolge, hören aber darum nicht auf, Rechtssätze zu sein.

2. Die Reichsstrafgesetzgebung.

§. 8.

Das Reichsstrafgesetzbuch.

Seine Entstehungsgeschichte.

Die einheitliche Strafgesetzgebung war eine der ersten Gaben, welche das deutsche Volk dem wiedererstandenen deutschen Reiche zu danken hatte. Aber keine von jenen Gaben, wie sie der Liebling des Glücks, mühe- und arbeitslos aus den Händen der launenhaften Göttin empfängt; die Frucht, welche das sich erfüllende Geschick in überraschend kurzer Frist zur Reife brachte, war das Resultat harter

[9] Vgl. überhaupt **Windscheid** §. 27.

hundertjähriger Arbeit, an der sich die Besten des Volkes mit ihren besten Kräften betheiligt hatten.

I. Das alte gemeine deutsche Strafrecht, auf der peinlichen Ger.Ordg. Karl's V (1532) beruhend, durch Theorie und Praxis, zum kleinsten Teile durch die Gesetzgebung, weiter gebildet, war seit der zweiten Hälfte des 18. Jahrhunderts in sich zusammengebrochen. Die einzelnen deutschen Staaten nahmen die gesetzgebende Thätigkeit auf, für welche das Reich zu schwach und zu träge gewesen. Um 1750 ungefähr beginnt die Periode der Partikulargesetzgebung auf dem Gebiete des Strafrechts.[1]

Dem von Baiern 1751 gegebenen Beispiele folgend scheiden die beiden größten deutschen Staaten, erst Oesterreich (1768, 1787, 1803), dann Preußen (1794) noch im Laufe des 18. Jahrhundertes aus dem Herrschaftsgebiete des gemeinen Strafrechtes aus. Einen neuen Anstoß zu einer lebhaften und andauernden auf Kodifikation des Strafrechtes abzielenden Bewegung in den verschiedenen deutschen Staaten gaben das von Feuerbach entworfene bairische StGB. von 1813 einerseits, der in den Rheinländern eingeführte code pénal von 1810 andrerseits. In rascher Aufeinanderfolge erscheinen in den 3 Dezennien von 1838 bis 1869 die Gesetzbücher von Sachsen 1838, Württemberg 1839, Braunschweig und Hannover 1840, Hessen-Darmstadt 1841, Baden 1845, Thüringen 1850, Preußen 1851, Sachsen 1855, Baiern 1861, Sachsen 1868, Hamburg 1869. Oesterreich hatte sich 1852 damit begnügt, sein StGB. von

[1] Vollständige Uebersichten bei Binding die gemeinen deutschen Strafgesetzbücher. 2. Aufl. 1877; Wächter Beilagen zu Vorlesungen über d. StR. 1877; Berner Strafgesetzgebung in Deutschland v. 1751 bis zur Gegenwart. 1867.

1803 der reaktionären Zeitströmung anzupassen. Das weiteste Geltungsgebiet hatte das preuß. StGB. von 1851 gewonnen, welches der Gesetzgebung von Oldenburg (1858) und jener von Lübeck (1863) zu Grunde gelegt, 1852 in den Hohenzollern'schen Fürstenthümern, 1855 in Waldeck, 1867 in den neu erworbenen Gebietsteilen eingeführt worden war. Gemeines Recht hatte sich nur in den beiden Mecklenburg, in Lauenburg, Schaumburg-Lippe und Bremen erhalten. Neben ihm waren im Jahre 1869 zehn verschiedene Partikularstrafgesetzbücher auf deutschem Gebiete in Geltung.

II. Die an die Partikulargesetzgebung gewendete Arbeit war keine vergebliche. Ohne sie wäre das Reichsstrafrecht nicht in so kurzer Zeit geschaffen worden. Immer und immer wieder wurden die Grundsätze des Strafrechts geprüft, die Forderungen der Wissenschaft mit den Ergebnissen der Praxis verglichen, das Strafensystem ausgebildet, die Technik vervollkommnet. Allmählich sammelte sich ein Schatz von gemeinsamen Anschauungen, ein materiell-gemeines deutsches Strafrecht, die langsam gewonnene aber sichere Grundlage für ein gemeinsames Gesetzbuch.

Wiederholte Anläufe zu einem solchen scheiterten. Die von einzelnen Personen ausgearbeiteten Entwürfe (K. S. Zachariae 1826, v. Strombeck 1829, Krug 1857, v. Kräwel 1862) fanden wenig Beachtung; der §. 64 der Reichsverfassung vom 28. März 1849 veranlaßte das preußische Justizministerium zur Herstellung eines Entwurfes (1849), der, den rasch sich verschiebenden Zeitverhältnissen zum Opfer fallend, bis auf wenige Exemplare, ohne ausgegeben zu werden, wieder eingestampft wurde. Auch der von Baiern in Verbindung mit mehreren anderen Regierungen im Jahre 1859 beim Bundestage gestellte Antrag, die Möglichkeit und Nützlichkeit einer gemeinsamen Civil- und Kriminalgesetzgebung zu erörtern, hatte kein anderes Resultat, als daß der Ausschußbericht vom 12. August 1861 das Vorhandensein eines „sehr dringenden Bedürfnisses“ nach einem allg. deutschen StGB. in Abrede stellte.

III. Es scheint, daß dieselbe Ansicht in den maßgebenden Kreisen noch herrschte, als der Entwurf einer Norddeutschen Bundesverfassung aufgestellt wurde. Der Art. 4 Nr. 13, welcher Civilprozeßordnung und Konkursverfahren, Wechsel- und Handelsrecht der gemeinsamen Gesetzgebung unterstellte, erwähnte das Strafrecht nicht. Es ist ein bleibendes Verdienst Lasker's, durch ein von ihm gestelltes und von dem konstituirenden Reichstage angenommenes Amendement die Einbeziehung des Strafrechts in das Gebiet der gemeinsamen Gesetzgebung veranlaßt zu haben (Art. 4 Nr. 13 der Bundesverf. vom 26. Juli 1867).

In kurzer Frist kam die Angelegenheit in Fluß. Auf Grund eines von den Abgeordneten Wagner und Planck gestellten Antrages beschloß der Reichstag am 18. April 1868, „den Bundeskanzler aufzufordern, Entwürfe eines gemeinsamen Strafrechtes und eines gemeinsamen Strafprozesses, sowie der dadurch bedingten Vorschriften der Gerichtsorganisation baldthunlichst vorbereiten und dem Reichstage vorlegen zu lassen.“ Nachdem der Bundesrat am 5. Juni 1868 diesem Beschlusse beigetreten war, ersuchte der Bundeskanzler in dem Schreiben vom 17. Juni 1868 den preußischen Justizminister Dr. Leonhardt, die Ausarbeitung des Entwurfs eines Strafgesetzbuches zu veranlassen.

1. Die Ausarbeitung wurde dem damaligen Geheimen Oberjustizrathe Dr. Friedberg übertragen; Gerichtsassessor Dr. Rubo und Kreisrichter Rüdorff wurden als Hülfs-

arbeiter beigeordnet. Am 31. Juli 1869 konnte der von Friedberg ausgearbeitete Entwurf (Entwurf I) dem Bundeskanzler überreicht und gleichzeitig veröffentlicht werden. Sehr wertvolle Motive und (vier) Anlagen (Zusammenstellung strafrechtlicher Bestimmungen aus deutschen und außerdeutschen Gesetzgebungen; Todesstrafe; Fragen aus dem Gebiete der gerichtlichen Medizin; höchste Dauer zeitiger Zuchthausstrafe) waren ihm beigegeben. Der Entwurf schloß sich an das preußische StGB. von 1851 als Vorbild an, aber nicht ohne dasselbe in einigen wichtigen Materien wesentlich zu verbessern.

2. Zur Prüfung des Entwurfes trat eine vom Bundesrate schon am 3. Juli 1869 gewählte Kommission von 7 Mitgliedern am 1. Oktober 1869 in Berlin zusammen. Sie bestand aus Leonhardt als Vorsitzendem, Friedberg als Referenten, Generalstaatsanwalt Dr. v. Schwarze (Dresden) als stellvertretendem Vorsitzenden, Senator Dr. Donandt (Bremen), Rechtsanwalt Justizrath Dr. Dorn (Berlin), Appellationsgerichtsrath Bürgers (Köln), Oberappellationsgerichtsrath Dr. Budde (Rostock). Rubo und Rüdorff waren zu Schriftführern ernannt worden.

Die „Theoretiker", von welchen keiner der Kommission beigezogen worden war, beteiligten sich durch handschriftlich überreichte oder gedruckte Gutachen an dem nationalen Werke; so Anschütz, Beseler (handschriftliche Mitteilungen), Berner, Binding, Geyer, Häberlin, Hälschner, Heinze, John, H. Meyer (gedruckte Gutachten, vgl. Rüdorff Komm. S. 22), Merkel, Gessler, Seeger (Verhandlungen des 9. deutschen Juristentags).

Nach 43 Sitzungen beendete die Kommission ihre Beratung am 31. Dezember 1869, und überreichte am selben

Tage den gedruckten Entwurf (**Entwurf III**) dem Bundeskanzler (ohne Motive). Der Entwurf wurde nicht veröffentlicht, aber einzelnen Fachmännern zugeschickt. Heinze, Vollert, Wächter (Rüdorff Komm. S. 23) veröffentlichten wertvolle Besprechungen desselben.

3. Der von der Kommission festgestellte Entwurf wurde nunmehr vom Bundesrate in der Zeit vom 4. bis 11. Februar 1870 einer kurzen Beratung unterzogen, aus welcher er mit wenigen Abänderungen (so erhielt §. 2 Einf.Ges. seine jetzige Fassung) als **Entwurf III** hervorging.

Am 14. Februar 1870 wurde der Entwurf dem Reichstage vorgelegt. Die 4 Anlagen des Entwurfes I und die von Friedberg und v. Schwarze theilweise umgearbeiteten Motive zu diesem waren beigelegt. Leonhardt und Friedberg wurden von Seite der Regierungen mit der Vertretung des Entwurfes beauftragt.

Die erste „Lesung" fand am 22. Februar statt. Der Antrag v. Schwarze, den Entwurf einer Kommission von 21 Mitgliedern zu überweisen, wurde verworfen, und auf Antrag des Abgeordneten Albrecht beschlossen, den ersten (allgem.) Teil sowie die Abschn. 1—7 des zweiten Teils (hauptsächlich die politischen Delikte) durch Plenarberatung zu erledigen, und nur die übrigen Abschnitte 8—29 des zweiten Theiles einer kommissionellen Vorberatung zu unterziehen.

Am 28. Februar begann die zweite Lesung, die am 8. April 1870 zu Ende geführt wurde.

Hervorzuheben wäre die große Debatte über die Todesstrafe, deren Beseitigung mit 118—81 Stimmen beschlossen wurde.

Für den Beginn der 3. Lesung war der 21. Mai 1870

angesetzt worden. Hier erklärte Justizminister Leonhardt im Auftrage der verbündeten Regierungen, daß diese von der Rücknahme mehrerer der in 2. Lesung gefaßten Beschlüsse das Zustandekommen des Gesetzes abhängig machten. In erster Linie handelte es sich um die Wiederherstellung der Todesstrafe. Das von Planck eingebrachte Amendement: „in denjenigen Bundesstaaten, in welchen die Todesstrafe gesetzlich bereits abgeschafft ist, bewendet es hiebei“ führte zunächst zu einer Vertagung der weiteren Beratung, und dann (22. Mai) zu einem Beschlusse des Bundesrates, welcher das Amendement als die einheitliche Rechtsbildung in einem der wichtigsten Punkte beeinträchtigend für unannehmbar erklärte.

Am 23. Mai wurden die Beratungen wieder aufgenommen. Planck zog sein Amendement zurück; nach einer großen Rede des Bundeskanzlers wurde die Wiederherstellung der Todesstrafe mit 127 gegen 110 Stimmen beschlossen. Das Gesetz selbst gelangte mit den vom Bundesrate gewünschten Abänderungen am 25. Mai zur Annahme, erhielt am selben Tage die Genehmigung des Bundesrates, am 31. Mai 1870 mit dem Einführungsgesetze die Ausfertigung des Bundesoberhauptes, und wurde in der am 8. Juni 1870 ausgegebenen Nr. 16 des RGBl. als StGB. für den norddeutschen Bund publiziert. Der Beginn seiner Wirksamkeit wurde auf den 1. Januar 1871 festgesetzt.

IV. Noch war jener Termin nicht herangekommen, als das deutsche Reich gegründet, und damit die Umwandlung des norddeutschen in das Reichsstrafgesetzbuch angebahnt wurde.

1. Nach Art. 80 der zunächst mit Baden und Hessen am 15. November 1870 vereinbarten Verfassung des deut-

schen Bundes trat das StGB. v. 31. Mai 1870 nebst dem gleichzeitig erlassenen Einf.Ges.

a) in Baden am 1. Januar 1872,

b) in Hessen (soweit es nicht zum norddeutschen Bunde gehört hatte) am 1. Januar 1871

in Kraft.

2. Nach dem mit Württemberg am 25. November 1870 abgeschlossenen Vertrage begann die Wirksamkeit des StGB. mit dem 1. Januar 1872 (Art. 2 Nr. 6).

3. In Baiern erfolgte, entsprechend dem Vertrage v. 23. November 1870, die Einführung des StGB.'s, mit Wirkung vom 1. Januar 1872, durch das Ges. v. 22. April 1871 (betreffend die Einführung Nordd. Bundesgesetze in Baiern).

Inzwischen hatte §. 2 des Ges. v. 16. April 1871, die Verfassung des deutschen Reichs betr., das StGB. zum Reichsgesetze erklärt.

Das Ges. v. 15. Mai 1871, betr. die Redaktion des StGB.'s für den Nordd. Bund als StGB. für das deutsche Reich nahm in dem Texte des StGB.'s (nicht des Einf.Ges.) die durch die Aenderung der politischen Verhältnisse notwendig gewordenen Modifikationen vor.

4. In Elsaß-Lothringen wurde das StGB. (aber nicht das Einf.Ges. vom 31. Mai 1870) durch das Ges. v. 30. August 1871 (abgeändert durch Ges. v. 14. Juli 1873) mit Wirkung vom 1. Oktober 1871 eingeführt.

Demnach begann die Wirksamkeit des RStGB.

1) am 1. Januar 1871 in den Gebieten des früheren Nordd. Bundes und in Hessen südl. des Main;

2) am 1. Oktober 1871 in Elsaß-Lothringen;

3) am 1. Januar 1872 in Württemberg, Baden, Baiern.

V. Schon durch das Ges. v. 10. Dezember 1871 erhielt das RStGB. einen Zuwachs in dem als §. 130a eingefügten sog. Kanzelparagraphen.

Viel tiefer greifend, wenn auch lange nicht durchgreifend, war die durch die Novelle vom 26. Februar 1876 geschaffene Reform des kaum ins Leben getretenen und doch schon vielfach als verbesserungsbedürftig bezeichneten Gesetzbuchs. Die wichtigsten Bestimmungen der in der Wintersession 1875/76 eingebrachten, nach eingehenden Beratungen (1. Lesung am 3. Dezember 1875; 2. Lesung vom 14. Dezember 1875 bis 29. Januar 1876; 3. Lesung 9. u. 10. Februar 1876) mit vielen und wesentlichen Veränderungen angenommenen Vorlage betrafen folgende Punkte:

1. Verschiedene Redaktionsversehen wurden verbessert;
2. In einer Reihe von Fällen (§§. 176, 177, 240, 241, 296, 370 Nr. 4) wurde das Antragserfordernis beseitigt, in anderen (§§. 263, 292) beschränkt, und im allgemeinen die Unwiderruflichkeit des Antrags als Regel aufgestellt (§. 64);
3. Die Strafminima wurden erhöht in den §§. 113, 114, 117; der Umfang der Verantwortlichkeit erweitert in §. 4 Nr. 1;
4. Neu eingefügt wurden §. 49a, §. 103a, §. 223a, §. 296a, §. 353a, §. 366a, §. 361 Nr. 9; §. 130a 2. Abs.

§. 9.

Die übrigen Reichsstrafgesetze.

1867. 1. Gesetz betr. die Erhebung einer Abgabe von Salz vom 12. Oktober 1867 §§. 11—18.

1867. 2. Gesetz betr. die Nationalität der Kauffahrteischiffe vom 25. Oktober 1867 §§. 13—15.

3. Gesetz über die Freizügigkeit vom 1. November 1867 §§. 3 u. 10.

1868. 4. Gesetz betr. die Erwerbs- und Wirtschaftsgenossenschaften vom 4. Juli 1868 §§. 27, 66—68. (Schulze-Delitzsch 1873, Parisius 1876, v. Sicherer 1877).

5. Gesetz betr. die Besteuerung des Branntweins usw. vom 8. Juli 1868 §§. 50—68; nur für einen Teil des Bundesgebietes geltend.

6. Gesetze betr. die subsidiarische Haftung des Brauerei- (Brennerei-) Unternehmers für Zuwiderhandlungen gegen die Braumalz- (Branntwein-) Steuergesetze durch Verwalter, Gewerbsgehülfen und Hausgenossen vom 8. Juli 1868.

1869. 7. Gesetz betr. die Maßregeln gegen die Rinderpest vom 7. April 1869.

8. Gesetz betr. die Einführung von Telegraphen-Freimarken vom 16. Mai 1869.

9. Gesetz betr. die Wechselstempelsteuer vom 10. Juli 1869 §§. 15, 17, 23. Abgeändert durch Gesetz vom 4. Juni 1879.

10. Gewerbeordnung vom 21. Juni 1869 mit den Abänderungsgesetzen vom 12. Juni 1872, 17. Juli 1878, 23. Juli 1879 §§. 143—153.

11. Gesetz betr. die Besteuerung des Zuckers vom 26. Juli 1869 §. 4.

12. Vereinszollgesetz vom 1. Juli 1869 §§. 134—165.

13. Gesetz betreffend die Sicherung der Zollvereinsgrenze in den vom Zollgebiete ausgeschlossenen Hamburger Gebietsteilen vom 1. Juli 1869 Art. 1, 12, 15, 18.

1870. 14. Nachdrucksgesetz vom 11. Juni 1870 §§. 18 ff. (Komm. Dambach 1870, Klostermann 1871, Wächter 1875).

15. Gesetz betr. die Kommanditgesellschaften auf Aktien usw. vom 11. Juni 1870 §§. 206, 249, 249a.

1871. 16. Reichsverfassung v. 16. April 1871 Artt. 22, 30.

17. Gesetz betr. die Inhaberpapiere mit Prämien vom 8. Juni 1871 §. 6.

18. Gesetz über das Postwesen vom 28. Oktober 1871 (Dambach 1872, Fischer 1876).

19. Gesetz betr. die Beschränkung des Grundeigentums in der Nähe von Festungen vom 21. Dez. 1871.

1872. 20. Gesetz wegen Erhebung der Brausteuer vom 31. Mai 1872 §§. 27—42; nur für einen Teil des Bundesgebietes geltend.

21. Militärstrafgesetzbuch v. 20. Juni 1872 (Keller 1873, Hecker 1877, Rüdorff-Solms 1878).

22. Seemannsordnung vom 27. Dezember 1872, §§. 75, 79, 81—103.

23. Gesetz betr. die Verpflichtung deutscher Kauffahrteischiffe zur Mitnahme hülfsbedürftiger Seeleute v. 27. Dezember 1872 §. 8.

1873. 24. Gesetz über die Kriegsleistungen vom 13. Juni 1873 §. 27.

25. Gesetz betr. die Registrierung und Bezeichnung der Kauffahrteischiffe vom 28. Juni 1873 §. 4.

26. Münzgesetz vom 9. Juli 1873 Art. 13.

1874. 27. Impfgesetz vom 8. April 1874 §§. 14—17.

28. Reichsmilitärgesetz vom 2. Mai 1874 §§. 18, 33, 60, 69.

29. Gesetz betr. die Verhinderung der unbefugten Aus-

übung von Kirchenämtern vom 4. Mai 1874; enthält keine eigentlichen Strafbestimmungen.

1874. 30. Gesetz über die Presse v. 7. Mai 1874 (Komm. von v. Schwarze 1874, Marquardsen 1875, Lehrb. von Berner 1876, Liszt 1880).

31. Strandungsordnung vom 17. Mai 1874 §. 43.

32. Gesetz über den Markenschutz vom 30. Novbr. 1874 §§. 14—17 (Klostermann 1876, Meves 1876).

33. Gesetz betr. die Ausgabe von Banknoten vom 21. Dezember 1874.

1875. 34. Bahnpolizeireglement für die Eisenbahnen Deutschlands vom 4. Januar 1875.

35. Gesetz über die Beurkundung des Personenstandes und die Eheschließung vom 6. Februar 1875 §§. 67—69 (Komm. von Hinschius 1875, Völk 1876, v. Sicherer 1878).

36. Bankgesetz vom 14. März 1875 §§. 55—59 (Ströll 1875, Stommel 1875, Soetbeer 1875).

1876. 37. Gesetz betr. das Urheberrecht an Werken der bildenden Künste vom 9. Januar 1876 §. 16 (Bearb. v. Wächter 1877).

38. Gesetz betr. den Schutz der Photographien gegen unbefugte Nachbildung vom 10. Januar 1876 §. 9 (Wächter 1877).

39. Gesetz betr. das Urheberrecht an Mustern und Modellen v. 11. Januar 1876 §. 14 (Dambach 1876).

40. Gesetz betr. die Beseitigung von Ansteckungsstoffen bei Viehbeförderung auf Eisenbahnen vom 25. Febr. 1876.

41. Gesetz über die eingeschriebenen Hülfskassen vom 7. April 1876 §§. 33, 34.

1876. 42. Die Not- und Lootsensignalordnung für Schiffe auf See und auf den Küstengewässern v. 14. August 1876.

43. Verordnung über das Verhalten der Schiffe nach einem Zusammenstoß vom 15. August 1876.

44. Gesetz betr. die Schonzeit für den Fang von Robben vom 4. Dezember 1876.

1877. 45. Konkursordnung v. 10. Febr. 1877 §§. 209—214.

46. Patentgesetz vom 25. Mai 1877 §§. 34—40 (Dambach 1877, Kohler 1878).

1878. 47. Gesetz betr. Zuwiderhandlungen gegen die zur Abwehr der Rinderpest erlassenen Vieh-Einfuhrverbote vom 21. Mai 1878.

48. Gesetz betr. den Spielkartenstempel v. 3. Juli 8781.

49. Gesetz gegen die gemeingefährlichen Bestrebungen der Sozialdemokratie v. 21. Oktober 1878 (Komm. von v. Schwarze 1879, Gareis in Hirth's Annalen 1879). Dazu Gesetz vom 31. Mai 1880 betr. authentische Erklärung und Gültigkeitsdauer.

1879. 50. Gesetz betr. den Verkehr mit Nahrungsmitteln, Genußmitteln und Gebrauchsgegenständen vom 14. Mai 1879 (Zinn, Bär, v. Schwarze 1879, Meyer und Finckelnburg 1880).

51. Gesetz über die Konsulargerichtsbarkeit vom 10. Juli 1879 §. 4.

52. Gesetz betr. die Besteuerung des Tabacks vom 16. Juli 1879 §§. 32—47.

53. Gesetz über die Statistik des Waarenverkehrs vom 20. Juli 1879 §. 17 (enthält nur Bestimmungen über Ordnungs- nicht über kriminelle Strafen.

1880. 54. Verordnung zur Verhütung des Zusammenstoßens der Schiffe auf See vom 7. Januar 1880.

1880. 55. Gesetz betr. den Wucher vom 24. Mai 1880 (Reinwald 1880).

56. Gesetz betr. die Abwehr und Unterdrückung von Viehseuchen vom 23. Juni 1880.

§. 10.

Die Litteratur des Reichsstrafrechts.

Die Erwartung, daß mit dem Inslebentreten eines einheitlichen Strafgesetzbuches die Wissenschaft des deutschen Strafrechtes eine neue kräftige Anregung zu umfassender und fruchtbringender Thätigkeit erhalten werde, ist in reichem Maße in Erfüllung gegangen. Die deutsche kriminalistische Litteratur weist auf allen ihren Feldern Arbeiten ersten Ranges auf.

I. Unter den **Kommentaren** sind zu nennen:[1]

1. Oppenhoff. 7. Aufl. 1879, ausgezeichnet durch die Verarbeitung eines beinahe überreichen praktischen Materials, aber allzusehr in den Fesseln der früheren preuß. Rechtssprechung befangen.
2. v. Schwarze. 4. Aufl. 1879, reich an geistvollen Bemerkungen.
3. Rüdorff. 2. Aufl. 1877, der an Unbefangenheit, Klarheit und Bestimmtheit der Darstellung alle anderen Kommentatoren überragt.
4. Rubo. 1879.
5. Olshausen. Erster Band 1880, mit großer Ausführlichkeit und musterhafter Gründlichkeit gearbeitet.

---

[1] Sie werden im Folgenden citiert mit dem Namen der Verfasser und nach den behandelten §§. des StGB.'s.

Hierher muß nach dem Titel gestellt werden:

6. Binding. Die gem. deutschen StGBücher. Kommentar. I. Einleitung. 2. Aufl. 1877. (cit. Binding Einleitung).

II. Lehrbücher.[2]

1. Berner. 10. Aufl. 1879, mit glänzender Darstellung der allgemeinen Lehren, während der besondere Teil leider der Legalordnung folgt.
2. Schütze. 2. Aufl. 1874. Gedrängte Darstellung eines reichen Materials, treffliche historische Einleitungen; zum Teil aber bereits überholt durch die neueren Leistungen der Wissenschaft.
3. H. Meyer. 2. Aufl. 1877. Mit ausgezeichneter Systematik auch des besonderen Teiles und schönen Litteraturangaben.

Hieher gehört:

4. v. Holtzendorff's Handbuch der d. StR. in Einzelbeiträgen von verschiedenen Verfassern. 4 Bde. 1871 bis 1877. Neben mancher ganz unbedeutenden einige Abhandlungen ersten Ranges enthaltend.

III. Ueberaus wertvolle Exkurse finden sich

1. in Binding's Grundriß zur Vorlesung über Gem. deutsches Strafrecht. 2. Aufl. 1879.
2. in Wächter's Beilagen zu Vorlesungen über das d. StR. 1877, (leider nur 1. Lieferung erschienen).

Die Grundrisse von Lueder (2. Aufl. 1877) und v. Bar (2. Aufl. 1878) sind durch ihre Systematik von Bedeutung.

---

[2] citiert nach Namen und Seitenzahl der hier angeführten Auflagen.

IV. Unter den **Zeitschriften** sind von besonderer Wichtigkeit:

1. das Archiv für gem. deutsches und für preuß. Strafrecht (herausgegeben früher von Goltdammer, später von Hahn, meist nach Ersterem benannt).
2. Der Gerichtssaal, herausgegeben von v. Schwarze, v. Holtzendorff u. A.

V. **Präjudikatensammlungen** (abgesehen von den Zeitschriften, unter welchen Goltdammer's Archiv auch hier von besonderer Bedeutung ist):

1. Oppenhoff (später Generalstaatsanwaltschaft) Rechtsprechung des K. Obertribunals in Strafsachen bis 1879.
2. Die deutsche Strafrechtspraxis. 1. Bd. 1877. von Pezold, Stiegele und Höhn. 2. Bd. 1880 von Zimmerle. Eine übersichtliche Zusammenstellung der Entscheidungen der höchsten deutschen Gerichte zum RStGB.
3. Entscheidungen des Reichsgerichts in Strafsachen (herausgegeben von den Mitgliedern des RGR.'s.) Leipzig. Veit & Comp.
4. Die Rechtsprechung des deutschen Reichsgerichts in Strafsachen. Herausgegeben von den Mitgliedern der Reichsanwaltschaft. München u. Leipzig. Oldenburg.

VI. Von den Textausgaben des RStGB.'s ist die Rüdorff'sche (10. Aufl. 1879) am meisten zu empfehlen.

VII. Die Literatur der strafrechtlichen Nebengesetze des Reichs ist in §. 3 angeführt.

3. Geltungsgebiet der deutschen Reichsstrafgesetze.

§. 11.

Geltungsgebiet des Reichsrechtes gegenüber dem Landesrechte.[1]

I. Nach Art. 2 der Reichsverfassung übt das Reich das Recht der Gesetzgebung nach Maßgabe des Inhaltes der Verfassung und mit der Wirkung aus, daß die Reichsgesetze den Landesgesetzen vorgehen. Die Landesgesetzgebung darf zu den Anordnungen der Reichsgesetzgebung, mögen diese ausdrücklich oder stillschweigend gegeben sein, nicht in Widerspruch treten; thut sie es dennoch, so sind ihre angeblichen Imperative ohne imperative Kraft, sie sind nicht Gesetz. Es ist daher einerseits die bisherige Landesgesetzgebung beseitigt, soweit die Sätze des Reichsrechtes mit ihr in Widerspruch stehen, ohne daß es einer ausdrücklichen Aufhebung bedürfte; und es ist auch die künftige Landesgesetzgebung andrerseits unter derselben Voraussetzung und in demselben Umfange wirkungslos.

Widerspruch ist aber nur möglich, wenn und soweit die Reichsgesetzgebung Anordnungen getroffen hat; wo sie es nicht gethan hat, ist auch die Möglichkeit einer Kollision ausgeschlossen. Daher können wir den Grundsatz der Reichsverfassung auch so ausdrücken: In den von der Reichsgesetzgebung — sei es ausdrücklich, sei es stillschweigend — geregelten Materien[2] ist die Thätigkeit der Landesgesetzgebung ausgeschlossen. In diesem Satze

[1] Vgl. insbesondere Heinze staatsrechtliche und strafrechtliche Erörterungen 1870. Weitere Lit. bei Binding Grundriß S. 43.

[2] Vgl. EG. z. StGB. §§. 2 u. 5.

liegt das Schwergewicht auf dem Worte „geregelt“, nicht auf dem Worte „Materie“. Es ist durchaus verkehrt, die „Materie“ im Sinne des StGB. juristisch definieren zu wollen. Die Frage lautet vielmehr in jedem einzelnen Falle: liegt ein einschlagender, sei es positiver, sei es negativer Satz des Reichsrechtes vor? Dabei darf nicht vergessen werden, daß das Schweigen der Reichsgesetzgebung eine doppelte Bedeutung haben kann: entweder die einer negativen und stillschweigenden Anordnung, oder die der Ueberweisung der Regelung an die Landesgesetzgebung. Ob das eine oder das andere der Fall ist, haben wir nicht aus der ganz irrelevanten Entstehungsgeschichte des Gesetzes, sondern aus dem Gesetze selbst, aus dem Zusammenhange der ausdrücklich ausgesprochenen Rechtssätze untereinander zu beantworten. Die Frage nach dem der Landesgesetzgebung überlassenen Gebiete, ist eine Frage der Interpretation der Reichsgesetzgebung. Dabei werden wir uns wegen Art. 4 Nr. 13 der Reichsverfassung im Zweifel für die Unzulässigkeit landesgesetzlicher Regelung entscheiden müssen.

Beispiele. Aus der prinziplosen Zusammenwürflung einzelner Uebertretungen in dem letzten Abschnitte des RStGB. folgt die Zulässigkeit landesgesetzlicher Thätigkeit auf dem Gebiete der Polizeidelikte; aus demselben Grunde ist die fortdauernde Geltung des §. 270 des preuß. StGB. (Abhalten von Bietern bei öffentlichen Versteigerungen usw. aus dem systemlosen Sammelabschnitte „strafbarer Eigennutz“) zu behaupten.[3] Dagegen ergiebt sich aus der eingehenden und systematischen Behandlung des falschen Zeugnisses im StGB. der Rechtssatz, daß die nichtbeeidete falsche

---

[3] Ebenso Rüdorff u. Merkel gegen das OT.

Aussage straflos zu lassen sei.[4] Die „allgem. Lehren“ des StGB. beanspruchen ausschließliche Geltung, aber (soweit nicht der unten III 1 erörterte Rechtssatz eingreift) nur bezüglich der nicht der landesgesetzlichen Regelung überlassenen Delikte.[5]

II. In den reichsgesetzlich nicht geregelten Materien hat die Landesgesetzgebung freien Spielraum. Die bisherigen Landesgesetze bleiben bestehen, neue können gegeben werden. Nur diesen Satz spricht §. 2 Abs. 2 des EG. zum StGB. aus, wenn er auch irreleitend die „besonderen Vorschriften“ dem StGB. gegenüberstellt. Die äußere Stellung eines Rechtssatzes in einem allgemeinen StGB., bzw. Polizei-StGB. oder aber in einem sog. Spezialgesetze hat für unsere Frage nicht die geringste Bedeutung. Nur beispielsweise nennt der zit. §. 2: Preßpolizei-, Post-, Steuer-, Zoll-, Fischerei-, Jagd-, Forst- und Feldpolizeigesetze, Vorschriften über Mißbrauch des Vereins- und Versammlungsrechtes und über den Holz-(Forst-)Diebstahl.[6] Auf diesem Gebiete ist die Landesgesetzgebung auch zum Abweichen von den allgemeinen Bestimmungen des RStGB. befugt; vgl. RGR. 1. Mai 1880, E II 34.

III. Aber auch auf dem an sich der Landesgesetzgebung überlassenen Gebiet, also in den reichsgesetzlich nicht geregelten Materien, sind jener gewisse Schranken gezogen.

---

[4] Vgl. OAG. Dresden 27. Septbr. 1872 im Anschlusse an Heinze. Dagegen Meyer S. 587.

[5] Sehr bestritten. Vielfach wird ganz allgemeine Geltung behauptet.

[6] Auch die Anführung des Holzdiebstahls ist eine lediglich beispielsweise; er ist eben — und war es von jeher — etwas wesentlich anderes als Diebstahl, mit dem er nur den Namen gemein hat. Vgl. Binding Normen I S. 73.

1. Wenn in Landesgesetzen auf strafrechtliche Vorschriften, welche durch das StGB. für das deutsche Reich außer Kraft gesetzt sind, verwiesen wird, sei es ausdrücklich, sei es stillschweigend, so treten die entsprechenden Vorschriften des letzteren an die Stelle der ersteren (EG. §. 3).

Beispiel: An Stelle des §. 268 preuß. StGB., auf welchen Art. IV der Verordnung v. 25. Juni 1867 verweist, ist §. 286 RStGB. getreten; vgl. RGR. 13. März 1880, E I 274. — So werden wir in dem Schweigen der partikularen Nebenstrafgesetze über die allgemeinen Lehren eine Verweisung auf die partikularen StGBücher erblicken können und darum die allgemeinen Bestimmungen des RStGB.'s zur Anwendung zu bringen haben.

2. Vom 1. Januar 1872 (1871) ab darf nur auf die im RStGB. enthaltenen Strafarten erkannt werden. Ausgenommen ist die an Stelle der Gefängnis- oder Geldstrafe angedrohte oder nachgelassene Forst- oder Gemeindearbeit (EG. §. 6).

3. Während die unter 1 und 2 angeführten Beschränkungen in gleicher Weise die bisherige wie die künftige Landesgesetzgebung treffen, darf, ohne daß die bestehenden Landesgesetze durch diese Anordnung irgendwie berührt werden, in künftigen Landesgesetzen nur Gefängnis bis zu zwei Jahren, Haft, Geldstrafe, Einziehung einzelner Gegenstände und die Entziehung öffentlicher Aemter angedroht werden (EG. §. 5).[7]

IV. Durch ausdrückliche reichsgesetzliche Anordnung (EG. §. 8) wurde der Landesgesetzgebung das übrigens selbstverständliche Recht vorbehalten, durch Uebergangsbestim-

[7] Dazu Heinze GS. XXX.

mungen die in Kraft bleibenden Landesstrafgesetze mit den Vorschriften des RStGB.'s in Uebereinstimmung zu bringen. Solche Ausführungsgesetze sind in sämmtlichen Bundesstaaten mit Ausnahme von Preußen nebst Lauenburg und Waldeck erlassen worden. Eine Uebersicht derselben findet sich in Rüdorff's Kommentar.[8]

§. 12.

Das zeitliche Geltungsgebiet der Reichsstrafgesetze.

I. Beginn und Ende der Rechtssätze des Reichsstrafrechtes bestimmt sich nach den allgemeinen Regeln.[1] Demnach beginnt ihre verbindliche Kraft, sofern nicht in dem Gesetze selbst ein anderer Anfangstermin bestimmt ist,[2] mit dem 14. Tage nach dem Ablaufe desjenigen Tages, an welchem das betr. Stück des Reichsgesetzblattes in Berlin ausgegeben worden ist (Reichsverf. Art. 2). Und es endet die Herrschaft der Strafrechtssätze, wenn sie sich nicht selbst die verbindliche Kraft nur bis zu einem bestimmten Zeitpunkte[3] oder dem Eintritte einer Bedingung beilegen, mit ihrer ausdrücklichen oder stillschweigenden Aufhebung durch die gesetzgebende Gewalt.[4]

Bezüglich der stillschweigenden Aufhebung ist an dem Satze festzuhalten, daß das spätere Gesetz in den von ihm geregelten Materien die widersprechenden Bestimmungen des älteren aufhebt.

---

[8] S. 61. Vgl. auch Kayser in HH. IV S. 5 ff.

[1] Vgl. Windscheid §. 31.

[2] Ueber das RStGB. vgl. oben §. 8 IV a. E.

[3] Man denke an das sog. Sozialistengesetz.

[4] Das Gesetz ist einzige Quelle des Unterganges wie der Entstehung der Reichsstrafrechtssätze. Vgl. oben §. 7 I.

Dieser Satz gilt zunächst für das Verhältnis der einzelnen Reichsstrafgesetze zu einander, ohne Rücksicht darauf, ob das spätere oder das frühere Gesetz ein sog. Spezialgesetz oder das StGB. selbst ist. So ist §. 23 des Wechselstempelsteuergesetzes vom 10. Juni 1869, also eines Spezialgesetzes, beseitigt durch §§. 275, 276 RStGB.; so ist umgekehrt §. 287 StGB. ersetzt worden durch §. 14 des Gesetzes über den Markenschutz v. 30. November 1874.

Derselbe Satz gilt ferner für das Verhältnis der Reichsstrafgesetze zu den früheren Landesstrafgesetzen[5] (aber nicht umgekehrt), und wurde in diesem Zusammenhange bereits besprochen.[6]

Er gilt endlich auch für das Verhältnis der Reichsstrafgesetzgebung zu dem Civilrechte, soweit eine Regelung der diesem angehörenden Materien durch jene stattgefunden hat. So sind die deutschrechtlichen Institute der Abbitte, des Widerrufes, der Ehrenerklärung;[7] so sind die Privatstrafen des römischen Rechtes,[8] so sind die Straffolgen der unbefugten Selbsthülfe[9] beseitigt worden durch das StGB.

II. Ein Rechtssatz herrscht oder gilt, heißt: Die von ihm an einen Thatbestand geknüpften Rechtsfolgen treten ein, sobald der Thatbestand gegeben ist. Daraus folgt, daß jeder Rechtssatz nur auf die während seiner Herrschaft entstandenen Thatbestände angewendet werden kann, soweit er nicht selbst auch die hinter ihm liegenden Thatsachen ergreifen zu wollen erklärt.[10]

Dieß gilt auch für die Strafrechtssätze. Auch sie haben

[5] EG. §. 2 Abs. 1 u. 2.

[6] Vgl. oben §. 11 I.

[7] Vgl. Meyer S. 423, Windscheid §. 472 Note 8.

[8] Vgl. Windscheid §. 326 mit der Lit.

[9] Windscheid §. 123.

[10] Vgl. Windscheid §. 32.

keine rückwirkende Kraft,[11] soweit der Gesetzgeber sie ihnen nicht ausdrücklich beilegt.

Daraus folgt die in StGB. §. 2 Abs. 1 indirekt anerkannte Regel: Die Strafrechtssätze finden Anwendung auf die während, sie finden keine Anwendung auf die vor oder nach ihrer Geltung begangenen Delikte.

Lediglich den Interessen einer juristisch nicht zu begründenden aber legislatorisch zu billigenden Humanität trägt der Gesetzgeber Rechnung, wenn er von dieser Regel, ohne sie als Regel zu beseitigen, die folgende Ausnahme zuläßt (StGB. §. 2 Abs. 2).

Bei Verschiedenheit der Gesetze von der Zeit der begangenen Handlung bis zu deren Aburteilung ist das mildeste Gesetz anzuwenden. Damit ist den milderen Strafrechtssätzen rückwirkende Kraft verliehen. Von dem einmal eingenommenen Standpunkte aus war es nur konsequent[12] die Berücksichtigung nicht nur a) des zur Zeit der Begehung und b) die des zur Zeit der Aburteilung geltenden Gesetzes, sondern auch der etwaigen Zwischenstrafgesetze vorzuschreiben.

III. Wenn der Richter aus zwei oder mehr Gesetzen das mildeste auszuwählen berufen wird, so hat er zunächst den ihm vorliegenden Fall nach dem einen der in Frage kommenden Gesetze, dann nach dem anderen, dann nach den übrigen etwa noch vorhandenen Gesetzen zu entscheiden. (Daher ist der Thatbestand nach allen diesen Gesetzen festzustellen; RGR. 6. Febr. 1880, E I 191.) Die für den Be-

[11] Lit. bei Binding Grundriß S. 47.

[12] A. A. die Meisten.

schuldigten günstigste Entscheidung führt ihn zu dem mildesten Gesetze. Dabei sind nicht nur Umfang und Inhalt der Strafe, sondern alle relevanten strafrechtlichen Momente in Betracht zu ziehen. So Nebenstrafen, der Einfluß erschwerender und mildernder Umstände, Bestimmungen über Rückfall, thätige Reue, Teilnahme, Versuch usw. Auch das von dem einen oder dem anderen Gesetze geforderte Vorliegen des Antrages des Verletzten[13] oder einer anderen Bedingung der Strafbarkeit[14] ist bei der Abwägung in die Wagschale zu werfen. Dasselbe gilt bezüglich der Strafaufhebungsgründe (unten §. 57 I) und insbesondere der Verjährung; ist die Strafklage oder die Vollstreckungsklage[15] nach dem einen oder dem anderen Gesetze verjährt — wobei als Anfangspunkt des Verjährungslaufes für das frühere wie für das spätere Gesetz die Zeit der begangenen That anzunehmen ist[16] — so muß Freisprechung erfolgen.[17] Dagegen sind etwaige prozessuale Hindernisse, welche der Durchführung der Strafklage im Wege stehen (unten §. 57 III 2), außer Betracht zu lassen.

Bei gleicher Milde der in Vergleich zu ziehenden Ge-

[13] Sehr bestritten; die richtige Ansicht — gegen dieselbe die Praxis des OT. — hat jetzt Ausdruck gefunden im Art. III der Novelle v. 26. Febr. 1876.

[14] Vgl. oben §. 4 I 2; unten §. 30.

[15] Bezügl. der letzteren a. A. München 20. April 1877.

[16] Unbegründet ist die Ansicht, nach welcher der Beginn der Geltung des späteren Gesetzes als Anfangspunkt für den Lauf der nach diesem zu berechnenden Verjährung gilt.

[17] Die proportionale Berechnung, für das Civilrecht angemessen, weil es sich hier um billigen Ausgleich zwischen gleichberechtigten Interessen handelt, paßt nicht für das Strafrecht, welches einseitig den Beschuldigten begünstigen will.

setze tritt die allgemeine Regel (siehe oben unter I) wieder in Kraft.

IV. Das mildere Gesetz ist eventuell noch in den höheren Instanzen zur Anwendung zu bringen, soweit es die gesetzliche Gestaltung des eingelegten Rechtsmittels und die etwa eingetretene teilweise oder relative Unabänderlichkeit der unterrichterlichen Entscheidung gestatten.

V. Ueber die Frage, in welchem Zeitpunkte das Delikt als begangen anzusehen ist, vergleiche unten §. 19 IV.

§. 13.

Geltungsgebiet der Reichsstrafgesetze gegenüber dem ausländischen Strafrechte.[1]

I. Theoretische Begründung. Das Strafrecht bezweckt Rechtsschutz. Welche Rechtsgüter sind des Schutzes durch das heimische Strafrecht würdig und bedürftig?

1. In erster Linie die heimischen Rechtsgüter; also das inländische Gemeinwesen in Bestand und Sicherheit, in seinen Organen und Funktionen selbst; dann jene Rechtsgüter, deren Träger das inländische Gemeinwesen oder aber der einzelne Bürger desselben ist. Dem Bürger ist der auf inländischem Territorium weilende Fremde als Gast gleichzustellen. Von diesem Standpunkte aus kann es keinen Unterschied begründen, ob der Angriff von einem Inländer oder

[1] Recht unpassend bezeichnet man die in diesem §. behandelten Rechtssätze als internationales Strafrecht. Ein solches giebt es heute noch nicht. — Lit. bei Binding Grundr. S. 49, insbes. Rohland das internat. Strafrecht. 1877. Dazu Hamm GA. XXVI, Hälschner GS. XXX, Geyer HR. „Ausland“.

einem Ausländer ausgeht; muß es ferner als irrelevant erscheinen, ob die heimischen Rechtsgüter bzw. ihre Träger sich im Inlande oder im Auslande befinden.[3]

Praktische Erwägungen können den Staat allerdings bestimmen, auf den Schutz seiner im Auslande befindlichen Rechtsgüter zu verzichten; so einerseits das Vertrauen auf den von dem fremden Staate gewährleisteten Schutz, andrerseits die Furcht vor internationalen Verwicklungen. Er wird aber gut thun, diesen Erwägungen möglichst geringen Einfluß zu gestatten.

2. Weiter zu greifen, hat der Staat nur dann Veranlassung, wenn es sich um Rechtsgüter von internationalem Werte handelt; um solche also, deren Träger nicht der einzelne Staat (oder die Bürger desselben), sondern die Kulturgemeinschaft der civilisierten Staaten ist. Die Zahl derselben dürfte kleiner sein, als regelmäßig angenommen wird. Die Integrität des Münzverkehrs ist eines der wichtigsten dieser internationalen Rechtsgüter. Das Rechtsinstitut des Privateigentums kann internationalen Angriffen gegenüber vorübergehend internationale Bedeutung erlangen. Zu uneingeschränktem Schutze aller, auch der fremden, Rechtsgüter hat der einzelne Staat weder Veranlassung noch Beruf, so lange die strafrechtlichen Anschauungen der nächstgelegenen Kulturnationen — man vergleiche das deutsche Strafrecht mit dem französischen oder englischen — in so wesentlicher Beziehung von einander abweichen, wie dies heute noch der Fall ist.

3. Von ganz anderen Erwägungen ausgehend, gelangt der Staat dazu, den Inländer, der im Auslande einen An-

[3] Vgl. Entw. der Novelle v. 26. Febr. 1876 u. Motive dazu.

griff auf ein weder inländisches noch internationales Rechtsgut unternommen hat, der Herrschaft seiner Strafgesetze zu unterwerfen. Da der Inländer nämlich nach kontinentalem Grundsatze (anders nach englischem Recht) nie zur Bestrafung dem Auslande ausgeliefert wird (StGB. §. 9), würde der Inländer, der nach im Auslande begangener That sich ins Inland geflüchtet hat, ohne diese Erweiterung des Geltungsgebietes der heimischen Gesetzgebung straflos bleiben.

II. Das Geltungsgebiet des inländischen Strafrechts dem ausländischen gegenüber wird von Wissenschaft und Gesetzgebung in der verschiedensten Weise bestimmt. Wir können die folgenden Systeme unterscheiden:

1. Das universelle der Weltrechtspflege, nach welchem jeder einzelne Staat als Repräsentant der Kulturgemeinschaft bei allen wo immer begangenen Verbrechen zur Ausübung der Rechtspflege berufen ist.

2. Beschränkte Systeme.

a) Das Territorialitätsprinzip, welches den Staat für berechtigt erklärt, alle auf seinem Gebiete begangenen Verbrechen, aber auch nur diese, nach seinem Strafrechte zu ahnden.

b) Das Prinzip der aktiven Nationalität. Der Staatsbürger wo immer er sich befinden mag, aber auch nur er, untersteht den inländischen Strafgesetzen.

c) Das Prinzip der passiven Nationalität. Nach ihm schützt der Staat durch sein Strafrecht nur die heimischen Rechtsgüter, diese aber auch dann, wenn sie sich im Auslande befinden.

3. Kombinirende Systeme. Zu ihnen gehört das oben aufgestellte. In der modernen Gesetzgebung haben sie die Herrschaft. Sie gehen zumeist aus von dem Territorial-

prinzip, machen aber daneben Anleihen bei den übrigen. Auch das System des Reichsstrafrechts ist ein kombinirendes.

III. Die Reichsstrafgesetzgebung geht aus von dem Territorialprinzip. Das inländische Recht findet Anwendung auf alle im Inlande begangenen strafbaren Handlungen, auch wenn der Thäter ein Ausländer ist. (StGB. §. 3.) Nur soweit es die eigentümliche Natur gewisser Delikte, welche in der Verletzung besonderer nur dem Inländer obliegender Pflichten bestehen, mit sich bringt, tritt eine verschiedene Behandlung der In- und Ausländer ein. So beim Landesverrat, bei Verletzung der Wehrpflicht (StGB. §§. 87—91, 140).

In Bezug auf die im Inlande begangenen Handlungen stellt die Reichsgesetzgebung im Allgemeinen inländische und ausländische Rechtsgüter unter den gleichen strafrechtlichen Schutz; eine allerdings weitgreifende Ausnahme machen die gegen Bestand, Organe und Funktion der Staatsgewalt gerichteten Delikte, die nur, wenn die inländische Staatsgewalt angreifend, überhaupt mit Strafe oder doch mit der vollen Strafe bedroht sind. Vgl. den bes. Teil. Auch die Individualrechte (den bes. Teil) sind, von besonderen Staatsverträgen abgesehen, nur dann strafrechtlich geschützt, wenn ihre Träger Inländer sind.

Als Inland ist im Sinne des Reichsstrafrechtes[3] jedes zum deutschen Reich gehörige Gebiet zu betrachten (StGB. §. 8). Die bekannten Sätze des Staats- und Völkerrechtes finden auch hier Anwendung; demnach gelten Schiffe auf

---

[3] Also nicht, soweit es sich um fortgeltende landesrechtliche Strafgesetze (z. B. Verbot des Spieles in auswärtigen Lotterien) handelt; RGR. 24. Febr. 1880, E I 219; 13. März 1880, E I 274.

offener See als inländisches Gebiet.[4] Durch besondere Anordnung[5] wird das Geltungsgebiet der Reichsstrafgesetze auch auf die Konsulargerichtsbezirke ausgedehnt.

IV. Die Reichsstrafgesetzgebung ist aber über dieses als Regel (StGB. §. 4 Abs. 1, §. 6) hingestellte Prinzip hinausgegangen. Freilich lassen die Abweichungen von der Regel klare Auffassung von der Aufgabe der staatlichen Strafgewalt vielfach vermissen. Wir haben zu unterscheiden.

1. Im Auslande begangene Uebertretungen — soweit dieselben überhaupt unter die Reichsgesetzgebung fallen — sind nur dann zu bestrafen, wenn dies durch besondere Gesetze oder durch Verträge von Seiten des Reichs oder eines Einzelstaates angeordnet ist (StGB. §. 6).

2. Bezüglich der im Auslande begangenen Verbrechen oder Vergehen unterscheidet das Gesetz weiter, indem es den Inländer in einer größeren Zahl von Fällen als den Ausländer dem inländischen Rechte unterwirft; in allen diesen Fällen ist die Verfolgung fakultativ (StGB. §. 4 Abs. 2).

A. Der Inländer kann nach inländischem Rechte verfolgt werden:

a) ohne weitere Bedingung, wenn er eine hoch- oder landesverräterische Handlung gegen das Reich oder einen Bundesstaat, oder eine Beleidigung gegen einen Bundesfürsten, oder ein Münzverbrechen, oder als Beamter des deutschen Reichs oder eines Bundesstaates eine Handlung begangen hat, die nach den Gesetzen des deutschen Reichs (nicht bloß nach dem StGB.) als Verbrechen oder Vergehen im Amte anzusehen ist (StGB. §. 4 N. 1 und 2);

---

[4] §. 10 StPO., der nur den Gerichtsstand regelt, hat mit dieser Frage gar nichts zu thun.

[5] Gesetz über die Konsulargerichtsbarkeit vom 10. Juli 1879 §. 4.

b) in anderen Fällen dann, wenn die begangene Handlung 1. nach den Gesetzen des deutschen Reichs als Verbrechen oder Vergehen anzusehen; 2. durch die Gesetze des Begehungsortes — soweit solche bestehen — mit Strafe bedroht; 3. von den Gerichten des Auslandes nicht über die Handlung bereits rechtskräftig erkannt und entweder eine Freisprechung erfolgt oder die ausgesprochene Strafe vollzogen;[6] 4. wenn nicht Strafverfolgung oder Strafvollstreckung nach den Gesetzen des Auslandes verjährt oder die Strafe erlassen ist und 5. wenn der nach den Gesetzen des Auslandes erforderliche Antrag des Verletzten gestellt wurde. Nur wenn alle 5 Bedingungen vorliegen, ist die Verfolgung nach inländischem Recht zulässig (StGB. §. 4 Nr. 3, §. 5).

c) Besondere Bestimmungen enthalten StGB. §§. 102 und 298; Seemannsordnung vom 27. Dezember 1872 §. 100; Militär-StGB. vom 20. Juni 1872 §§. 7, 160, 161.[7]

Für die Entscheidung der Frage, ob der Thäter Inländer oder Ausländer ist, kommt ausschließlich der Augenblick der Begehung der That (s. unten §. 19 IV) in Betracht.

B. Der Ausländer wird wegen der von ihm im Auslande begangenen Verbrechen und Vergehen

a) ohne Weiteres nach inländischem Rechte verfolgt, wenn es sich um Hochverrath gegen das deutsche Reich oder einen Bundesstaat oder um ein Münzverbrechen handelt, oder wenn er als Beamter des deutschen Reichs oder eines Bun-

---

[6] Doch ist in diesem Falle ein besonderes Nachverfahren (StGB. §. 37) zum Zwecke der Aberkennung der bürgerl. Ehrenrechte zulässig. Vgl. unten §. 51.

[7] Nicht aber §. 61 des Nachdruckges. v. 11. Juni 1870, der regelmäßig hiehergestellt wird.

desstaates eine Handlung begangen hat, die nach den Gesetzen des deutschen Reichs als Verbrechen oder Vergehen im Amte anzusehen ist (StGB. §. 4 Nr. 1).

b) Dagegen ist in allen anderen Fällen, mit einer Ausnahme, die Verfolgung ausgeschlossen.[8] Ist nämlich der Thäter zwar bei Begehung der Handlung nicht Inländer gewesen, es aber nachträglich geworden, so kann die Verfolgung gegen ihn eingeleitet werden, wenn die oben unter a, b 1 und 2 angeführten Bedingungen vorliegen, und überdies die zuständige Behörde des Landes, in welchem die strafbare Handlung begangen wurde, die Verfolgung beantragt. In diesem Falle ist das ausländische Strafgesetz anzuwenden, wenn und soweit dasselbe milder ist (StGB. §. 4 Nr. 3 Abs. 2).

In allen den unter A und B besprochenen Fällen muß eine im Auslande vollzogene Strafe, wenn wegen derselben Handlung im Gebiete des deutschen Reiches abermals eine Verurteilung erfolgt, auf die zu erkennende Strafe in Anrechnung gebracht werden (StGB. §. 7). Dadurch kann die Notwendigkeit herbeigeführt werden (arg. StGB. §§. 44 und 157), eine etwa sich ergebende Zuchthausstrafe unter einem Jahre nach Maßgabe des §. 21 StGB. in Gefängnis zu verwandeln (vgl. unten §. 55 II 2).

V. Zur Ergänzung der Lücken, die sich ergeben, so lange das Prinzip der Weltrechtspflege nicht allseitig angenommen ist, dienen die Auslieferungsverträge.[9] Deutschland hat

[8] Ueber die Behandlung der ausländischen, bei dem kriegführenden Heere zugelassenen, Offiziere und der Kriegsgefangenen vgl. Milit.StGB. §§. 157—159.

[9] Aufgezählt in der Rüdorff'schen Textausgabe u. den Kommentaren zu §. 9 StGB. Vgl. Bulmerincq in HR. „Asylrecht“ u. „Auslieferungsverträge“.

solche geschlossen mit Amerika, Italien, Großbritannien, der Schweiz, mit Belgien, Luxemburg, Brasilien, Schweden und Norwegen und mit Spanien.

VI. Ueber die Frage, welcher Ort als Begehungsort anzusehen ist, vgl. unten §. 19 IV.

§. 14.

Befreiungen von der Herrschaft der Strafgesetze.[1]

I. Aus staatsrechtlichen Gründen sind von der Herrschaft der Strafgesetze befreit:

1. Das Staatsoberhaupt; also der Kaiser, die Landesherren, der Regent.

2. Die Volksvertreter, und zwar die Mitglieder des Reichstages nach Art. 30 der Reichsverfassung, und die Mitglieder eines Landtags oder einer Kammer eines zum Reich gehörigen Staates nach StGB. §. 11, indem sie außerhalb der Versammlung, zu welcher sie gehören, weder wegen ihrer Abstimmungen noch wegen der in Ausübung ihres Berufes gethanen Aeußerungen zur Verantwortung gezogen werden können.

3. Um die uneingeschränkte Oeffentlichkeit der parlamentarischen Verhandlungen und damit die fortwährende Wechselwirkung zwischen den Volksvertretern und der öffentlichen Meinung zu sichern, verfügen Art. 22 Abs. 2 der Reichsverfassung und §. 12 StGB,[2] daß wahrheitsgetreue Berichte

---

[1] Lit. bei Meyer Lehrbuch §. 22; dazu Bulmerincq HR. „Exterritorialität."

[2] Ueber Grund und Tragweite dieser Anordnung vgl. Liszt Reichspreßrecht §. 45 (daselbst auch die Lit. des Jahres 1879).

a) über Verhandlungen in den öffentlichen Sitzungen des Reichstages,

b) über Verhandlungen eines Landtages oder einer Kammer eines zum Reiche gehörigen Staates von jeder Verantwortlichkeit frei bleiben, mithin auch der sogenannten objektiven Verfolgung nicht unterzogen werden können.[3]

In allen 3 Fällen ist die Normwidrigkeit des Thuns ausgeschlossen, vgl. unten §. 22.

II. Aus völkerrechtlichen Rücksichten sind befreit die exterritorialen Personen. Dazu gehören nach §§. 18—21 Ger.Verf.Ges. die Chefs und Mitglieder der bei dem deutschen Reiche beglaubigten Missionen, die Familienglieder und das Geschäftspersonal derselben, sowie ihre Bediensteten, soferne diese nicht Deutsche sind. Dagegen sind die im deutschen Reiche angestellten Konsuln der inländischen (Straf-)Gerichtsbarkeit unterworfen, soweit nicht in Verträgen des deutschen Reichs mit anderen Mächten Vereinbarungen über die Befreiung der Konsuln von der inländischen Gerichtsbarkeit getroffen sind.

Diese Befreiung ist eine höchst persönliche (ein subjektiver Strafausschließungsgrund, unten §. 30 III 3), so daß dritte Personen, die an dem von einem Exterritorialen begangenen Delikte als Mitthäter, Anstifter oder Gehülfen beteiligt sind, wegen dieser ihrer Beteiligung zur Verantwortung gezogen werden können.[4]

---

[3] Vgl. Liszt Preßrecht §. 55 I. | [4] Ebenso OT. 14. Juni 1877.

§. 15.

Allgemeine und besondere Strafgesetze.[1]

I. Die Einteilung der Strafrechtssätze in allgemeine und besondere hat nur dann Bedeutung, wenn sie maßgebend wird für die wissenschaftliche Darstellung des Strafrechtes, so daß aus dieser die besonderen Rechtssätze ausgeschieden werden. Bei der Bestimmung der Grenzlinie zwischen den allgemeinen und den besonderen Strafgesetzen kann man von einem verschiedenen Standpunkte ausgehen.

1. Man kann als allgemeine Strafrechtssätze die iu dem Strafgesetzbuche selbst, als besondere die in Spezialgesetzen enthaltenen betrachten. Dies der gewöhnliche Standpunkt der Lehrbücher (mit einer kleinen aber darum um so weniger gerechtfertigten Ausnahme bezüglich des Nachdrucks). Dieser Standpunkt ist durchaus unhaltbar. In den Spezialgesetzen finden sich theoretisch und praktisch außerordentlich wichtige Bestimmungen, ohne deren Berücksichtigung Kenntnis und Verständnis des deutschen Strafrechts mangelhaft bleiben müssen. Dazu kommt, daß die Aufnahme eines Rechtssatzes in das Strafgesetzbuch selbst oder in ein Spezialgesetz vielfach durch rein zufällige Umstände bestimmt wird; so fanden sich die Bestimmungen über Bankbruch früher in dem StGB., während sie jetzt in der Konkursordnung stehen.

2. Man könnte als Sonderrecht jene Normen bezeichnen, die sich nicht an alle Staatsbürger wenden, sondern nur von gewissen Gruppen — Beamten, Geistlichen, Militärpersonen, Gewerbetreibenden — Gehorsam heischen. Diese Unterscheidung, prinzipiell gewiß richtig, empfiehlt sich

[1] Vgl. dazu Binding Grundriß S. 47.

zur Durchführung nicht, so lange die Frage, welcher Kategorie jede einzelne Norm angehört, nicht mit genügender Sicherheit beantwortet werden kann.

3. Auch jene Unterscheidung, nach welcher das Sonderrecht gebildet wird durch die besonderen Strafdrohungen für die von gewissen Personengruppen begangenen Uebertretungen allgemein bindender Normen, kann nicht zur Grundlage genommen werden, da die Gesetzgebung selbst sie sowol in strafrechtlicher wie in strafprozessualer Beziehung ignoriert.

4. Dagegen können wir das Gebiet des Sonderrechtes durch ein zwar äußerliches aber klares Merkmal in bestimmter Weise abgrenzen von dem allgemeinen Recht. Sonderrecht ist dasjenige, dessen Beurteilung nicht den ordentlichen Gerichten, sondern Sondergerichten zugewiesen ist. In diesem Sinne beschränken wir uns auf die Darstellung des allgemeinen Strafrechts.

II. Die hervorragendste Stelle nimmt innerhalb des Sonderrechtes das Militärstrafrecht ein, das dem Gesagten entsprechend, in diesem Lehrbuche keine Berücksichtigung finden wird. Durch §. 7 EG. zum Ger.Verf.Ges. wurde die Militärgerichtsbarkeit aufrecht erhalten. Dieselbe beschränkt sich nach §. 39 des Militärgesetzes vom 2. Mai 1874 auf Strafsachen. Es unterstehen ihr

1. nur die Delikte der Militärpersonen, also[2] der Personen des Soldatenstandes und der Militärbeamten, welche zum Heer oder zur Marine gehören;

2. nur die militärischen Verbrechen und Vergehen der Militärpersonen, während andere von diesen begangene

---

[2] Milit.StGB. vom 20. Juni 1872 §. 4; vgl. Wehrgesetz vom 9. Novbr. 1867, Militärgesetz vom 2. Mai 1874.

strafbare Handlungen nach den allgemeinen Strafgesetzen beurteilt werden (MilitärStGB. §. 3, StGB. §. 10).

§. 16.

Friedensrecht und Kriegsrecht.

I. Die Strafrechtssätze, die als allgemeine im Sinne des vorigen Paragraphen den Gegenstand unserer Darstellung bilden, erleiden zum Teil gewisse Modifikationen durch die Herrschaft des Kriegsrechtes (EG. §. 4).

Die Modifikationen bestehen darin, daß an Stelle der für gewisse Fälle des Hoch- und Landesverrates sowie für einzelne gemeingefährliche Delikte in den §§. 81, 88, 90, 307, 311, 312, 315, 322, 323, 324 StGB. angedrohten Strafe des lebenslänglichen Zuchthauses die Todesstrafe tritt.

Die Voraussetzung dieser Veränderung der Strafdrohung ist gegeben, wenn entweder

1. die genannten Handlungen in einem Teile des Bundesgebietes begangen werden, welchen der Kaiser nach Art. 68 der Reichsverfassung — also vorläufig noch nach den Vorschriften des Preußischen Gesetzes vom 4. Juni 1851 — in Kriegszustand erklärt hat; oder

2. wenn sie während eines gegen das deutsche Reich ausgebrochenen Krieges auf dem Kriegsschauplatze begangen werden.

Für Baiern hat der besprochene §. 4 EG. nach §. 7 Abs. 2 des Gesetzes vom 22. April 1871 „bis auf Weiteres" keine Geltung.

II. Ferner bestimmt das MilitärStGB. vom 20. Juni 1872 §. 160, daß die auf dem Kriegsschauplatze, auch von

Nicht-Militärpersonen begangenen Delikte des Kriegsverrates (MilStGB. §§. 57—59) und der Plünderung von Gefallenen, Verwundeten usw. (§. 134) nach den Militärstrafgesetzen zu beurteilen seien.

Der §. 155 des MilitärStGB. unterwirft alle Personen, welche während eines gegen das deutsche Reich ausgebrochenen Krieges sich in irgend einem Dienst- oder Vertragsverhältnisse bei dem kriegführenden Heere befinden oder sonst bei demselben sich aufhalten oder ihm folgen, dem Militärstrafrechte, insbesondere den Kriegsgesetzen.

III. Endlich ist auf §. 30 Abs. 1 Preßgesetzes 7. Mai 1874 hinzuweisen, nach welchem die für Zeiten der Kriegsgefahr, des Kriegs, des erklärten Kriegs- oder Belagerungszustandes oder innerer Unruhen (Aufruhr) in Bezug auf die Presse bestehenden besonderen gesetzlichen Bestimmungen bis auf Weiteres in Kraft bleiben.[1]

---

[1] Vgl. Liszt Preßr. §. 12.

Allgemeiner Teil.

Erstes Buch.
Das Verbrechen.

I. Begriff und Einteilung.

§. 17.
Der Begriff des Verbrechens.

Verbrechen ist die vom Staate mit Strafe bedrohte, schuldhafte, normwidrige Handlung; kürzer: das strafbare Delikt.

I. Das Verbrechen ist wie das Delikt Handlung. Es ist willkürliche, d. h. bewußte und durch Vorstellungen bestimmte, körperliche Bewegung. Es ist Verwirklichung des Willens, wenn wir unter Willen nicht mehr verstehen, als jenen psychischen Akt, durch welchen die motorischen Nerven unmittelbar in Erregung versetzt werden.

Wo keine Handlung in diesem Sinne vorliegt, sei es, daß die körperliche Bewegung überhaupt fehlt, sei es, daß die gegebene Bewegung nicht auf den Willen zurückgeführt werden kann, dort kann auch weder von Delikt noch von Verbrechen die Rede sein (fehlende Handlung als Grund für das Nichtvorliegen eines Verbrechens).

II. Das Verbrechen ist wie das Delikt normwidrige Handlung. Die Körperbewegung hat Veränderungen in der Außenwelt zur Folge, diese Veränderungen sind im Widerspruch mit der Norm. Die Handlung bewirkt, was die Norm verbietet; sie verhindert, was die Norm gebietet.

Ohne Normübertretung kein Verbrechen. Die irrige Annahme der Normwidrigkeit kann das an sich normgemäße Thun nicht zu einem normwidrigen machen: das Putativdelikt oder Wahnverbrechen (vgl. über dasselbe unten §. 28 I a. E.) ist weder Delikt noch Verbrechen.

Das Verbrechen entfällt mit der Norm, also in allen jenen Fällen, in welchen eine Ausnahme von der imperativen Kraft der Norm eintritt (Ausschluß der Rechtswidrigkeit als Grund für das Nichtvorliegen eines Verbrechens).

III. Das Verbrechen ist wie das Delikt schuldhafte normwidrige Handlung. Es tritt damit in Gegensatz zu dem schuldlosen oder objektiven Unrecht, dem Nicht-Recht.[1] Voraussetzung der Schuld ist die Zurechnungsfähigkeit, die nur bei dem menschlichen Individuum gegeben sein kann. Die beiden Arten der Schuld sind im modernen Rechte Vorsatz und Fahrlässigkeit.

Ohne Schuld weder Delikt noch Verbrechen; die That des Zurechnungsunfähigen und die weder vorsätzliche noch fahrlässige Handlung des Zurechnungsfähigen sind strafrechtlich irrelevant. (Fehlende Schuld als Grund für das Nichtvorliegen eines Verbrechens.)

IV. Das Verbrechen ist im Gegensatz zum Delikt die vom Staate mit Strafe bedrohte schuldhafte norm-

---

[1] Vgl. darüber Meyer Lehrbuch S. 16 Anm. 10 mit Lit., Thon Rechtsnorm u. subjekt. Recht S. 71 ff.

widrige Handlung; darin liegt das für den Unterschied des kriminellen vom civilen Unrecht maßgebende Merkmal. Ohne Strafdrohung ist wol Delikt aber nicht Verbrechen denkbar. (Fehlende Bedingung der Strafbarkeit als Grund für das Nichtvorliegen eines Verbrechens.) Aber nur das Mit-Strafe-bedroht-sein, nicht das Bestraft-werden ist von Bedeutung. Das Verbrechen bleibt Verbrechen, auch wenn ein nachträglich eintretender Strafaufhebungsgrund (thätige Reue, Begnadigung usw.) die bereits vorhanden gewesene Strafbarkeit wieder beseitigt; es bleibt Verbrechen, auch wenn aus prozessualen Gründen (nach der That entstehende Geisteskrankheit des Thäters usw.) die Geltendmachung des staatlichen Strafanspruches unmöglich wird.

Die hervorgehobenen Merkmale des Verbrechens liefern zugleich das Gerippe für die Darstellung der Lehre vom Verbrechen.

§. 18.

Einteilungen des Verbrechens.

I. Die meisten der in der älteren Literatur vielbesprochenen Einteilungen der Verbrechen sind heute teils ohne jede aktuelle Bedeutung, teils an anderer Stelle zu erörtern.

Auch die an sich hochwichtige Unterscheidung von politischen und nicht politischen Verbrechen[1] ist für das Reichsstrafrecht als solches gegenstandslos geworden, nachdem alle diesen Unterschied festhaltenden Reichsgesetze aufgehoben

[1] Lit. bei Binding Grundriß S. 54; dazu Wahlberg in Grünhut's Zeitschr. Bd. VII, Teichmann Revue de droit international XI.

sind.[2] Nur in den von dem deutschen Reiche mit dem Auslande geschlossenen Auslieferungsverträgen spielen die politischen Verbrechen noch eine Rolle. Festzuhalten ist, daß nicht das dem einzelnen Verbrechen im Allgemeinen zu Grunde liegende Motiv, sondern die politische Bedeutung des durch dasselbe angegriffenen Rechtsgutes für die Einreihung in die Gruppe der politischen Verbrechen entscheidet.[3] Demnach haben wir zu den politischen Verbrechen diejenigen zu rechnen, welche gegen Bestand und Sicherheit des Gemeinwesens, sowie gegen die Organe und die Autorität der Staatsgewalt nicht aber gegen die Funktionen der Staatsverwaltung gerichtet sind.[4]

II. Die Unterscheidung des polizeilichen Unrechts von dem eigentlichen (kriminellen) Verbrechen bietet wohl großes theoretisches aber keinerlei praktisches Interesse. Die Reichsgesetzgebung hat diesen Unterschied sowohl auf dem Gebiete des materiellen Strafrechts, wie auf jenem des Strafprozeßrechtes unberücksichtigt gelassen. Theoretisch betrachtet wird das Polizeiunrecht gebildet durch die Uebertretungen jener Normen, welche als reine Ungehorsamsverbote und Gehorsamsgebote (vgl. oben §. 3 II 2 u. 3) nicht unmittelbar sondern mittelbar zum Schutze der Rechtsgüter bestimmt sind.[5] Die eigentümliche Natur dieser Normen hat manche

---

[2] So Reichswahlgesetz vom 31. Mai 1869 §. 3 (bestritten, vgl. Laband Staatsr. I S. 527; Zorn Staatsr. I S. 171 insbes. Note 6); Rechtshülfegesetz v. 21. Juni 1869 § 27; Gesetz über die Organisation der Bundeskonsulate vom 8. Novbr. 1867 §. 22.

[3] So Binding, Wahlberg u. A.

[4] Vgl. Wahlberg a. O. S. 9.

[5] Diese Unterscheidung fällt zusammen mit der von materiellem und formellem Unrechte bei Binding, Hälschner, Merkel; Lit. und Zusammenstellung der verschiedenen Ansichten bei Meyer Lehrbuch S. 136 ff.

Besonderheiten des polizeilichen Unrechtes zur Folge, die am geeigneten Orte dargestellt werden sollen.

III. Eine andere Einteilung der Verbrechen im weiteren Sinne ist dagegen auch für das Reichsrecht von größter Bedeutung. Das RStGB. hat die aus dem französischen Rechte stammende und von hier in eine Reihe deutscher Partikulargesetze (insbesondere Baiern 1813 und Preußen 1851) übergegangene Dreiteilung (Trichotomie) der Verbrechen (im weiteren Sinne) je nach der Schwere der auf sie gesetzten Strafe in Verbrechen im engeren Sinne, Vergehen und Uebertretungen ohne jeden inneren Grund beibehalten.[6]

Nach dieser Einteilung (StGB. §. 1) ist:

1. Verbrechen (im engeren Sinne) jede mit dem Tode, mit Zuchthaus oder mit Festungshaft von mehr als 5 Jahren;
2. Vergehen jede mit Festungshaft bis zu 5 Jahren, mit Gefängnis oder mit Geldstrafe von mehr als 150 Mark;
3. Uebertretung jede mit Haft oder mit Geldstrafe bis zu 150 Mark bedrohte Handlung.[7]

Gegen die Dreiteilung läßt sich allerdings nicht geltend machen, daß sie die Schwere der strafbaren Handlungen nach der Strafe und nicht diese nach jener bestimme. Aber die Gesetzgebung hat damit ohne irgend einen stichhaltigen Grund

---

[6] Lit. bei Binding Grundriß S. 55; dazu Dochow HR. „Einteilung."

[7] Ueber den vom Gesetzgeber begangenen Rechnungsfehler (er behandelt als gleichwertig 5 Jahre oder 60 Monate Gefängnis; 5 Jahre Festung oder 40 Monate Gefängnis; 12 Monate Zuchthaus oder 18 Monate Gefängnis) vgl. Binding Grundriß S. 55.

die von jeher dem deutschen Rechte eigene und allein naturgemäße weil einfache Zweiteilung in schwere und leichte Fälle preisgegeben. Die Vorteile, welche §. 1 StGB. in redaktioneller Beziehung bietet, werden mehr als aufgewogen durch die vielen und schweren Zweifel, welche bei der praktischen Handhabung der Dreiteilung unvermeidlich sind; die angebliche Vereinfachung der Kompetenzabgrenzung ist, wie ein Blick auf das Gerichtsverfassungsgesetz lehrt, nicht eingetreten; und die oft (auch von Meyer) behauptete Notwendigkeit einer Mittelstufe wird durch den Umstand als nicht vorhanden erwiesen, daß die Gesetzgebung selbst, wenn sie Verbrechen, Vergehen und Uebertretungen in der Behandlung unterscheidet,[8] den Vergehen in weitaus den meisten Fällen (Ausnahme beim Versuch, aber gerade hier in durchaus verfehlter Weise) keine selbständige Stellung einräumt, sondern dieselben entweder mit den Verbrechen oder mit den Uebertretungen der Herrschaft derselben Grundsätze unterwirft.

Für die Anwendung der Dreiteilung sind folgende (fast ohne Ausnahme bestrittene) Regeln zu merken:

1. Maßgebend ist nicht die zu erkennende, sondern die angedrohte Strafe; und zwar bei alternativer Strafdrohung die schwerste der angedrohten Strafen (eine mit „Gefängnis oder Haft" bedrohte Handlung ist immer Vergehen). Bei den, als Vielfaches eines absolut bestimmten Betrages (insbesondere in den Zoll- und Steuergesetzen) angedrohten Geldstrafen entscheidet das im konkreten Fall sich ergebende Maximum.

---

[8]) Vgl. StGB. §§. 4, 6, 37; 40; 57 Nr. 4; 43, 49, 257; 27, 29; 67; 74; 126, 240, 241; 151; 157 Nr. 1.

2. Bei Erweiterungen des Strafrahmens wegen mildernder oder erschwerender Umstände ist das Maximum des erweiterten Strafrahmens für alle — normale, leichtere, schwerere — Fälle maßgebend. Handelt es sich dagegen um selbständige privilegirte oder qualifizirte Unterarten derselben strafbaren Handlung, so sind die Strafrahmen sowohl des Normalfalles, wie jene der Unterarten besonders ins Auge zu fassen.[9]

3. Die reduzirten Strafrahmen bei Versuch, Beihilfe, Jugend sind als Erweiterungen des normalen Strafrahmens zu betrachten.

II. Das Verbrechen als Handlung.

§. 19.

Der Begriff der Handlung.[1]

I. Das Verbrechen ist wie das Delikt Handlung, d. h. willkürliche körperliche Bewegung. Genauer bestimmt: willkürliche, d. h. bewußte und durch Vorstellungen bestimmte körperliche Bewegung; oder die durch einen psychischen Akt hervorgerufene, von der Vorstellung ihres Inhaltes begleitete Muskelerregung. Das ist der engere und eigentliche, immer im Auge zu behaltende Begriff der Handlung. Ohne Handlung in diesem Sinne ist Delikt wie Verbrechen undenkbar.

---

[9] Die Grenzlinie ist eine sehr bestrittene. Die Milderung der verwirkten Meineidstrafe nach StGB. §§. 157 u. 158 gehört nicht hieher.

[1] Vgl. zum Folgenden die im psycholog. Teile ausgezeichneten Ausführungen von Zitelmann Irrtum u. Rechtsgeschäft 1879. Treffliche Darstellung schon bei Bekker Theorie des Strafrechts.

Daher sind niemals Verbrechen:

1. Wegen mangelnder Körperbewegung die Gedanken. Cogitationis poenam nemo patitur sagt Ulpian in l. 18 Dig. 48, 19; und dieser Satz muß um so entschiedener betont werden, als in jüngster Zeit (Binding) dem Entschlusse an sich die Bedeutung verursachender deliktischer Thätigkeit beigelegt worden ist.

2. Wegen fehlenden psychischen Aktes.

a) die passiven Bewegungen, welche ohne Vermittlung der motorischen Nerven durch eine von Außen her unmittelbar auf die Muskeln wirkende Kraft hervorgerufen werden. Absolute Gewalt: ein Dritter führt gewaltsam meine Hand zur Brandlegung; auf schmalem Alpenpfade strauchelnd, stürze ich meinen Begleiter in den Abgrund.

b) Die Reflexbewegungen, bei welchen ein auf die Empfindungsnerven wirkender Reiz, unmittelbar ohne Vermittlung des Willens, die korrespondierenden Bewegungsnerven erregt. Die das Theebrett tragende Dienstmagd niest heftig und zertrümmert das kostbare Service.

3. Wegen Mangels der Vorstellung (der Bewußtheit, nicht des Bewußtseins) alle Bewegungen, die nicht ins Bewußtsein treten. Der Zerstreute nimmt den fremden Regenschirm mit; zerreißt im Sprechen eine Urkunde usw. Es genügt jedoch, wenn die Bewegung im Allgemeinen eine bewußte war, mögen auch die Details, wie dies nicht nur häufig, sondern regelmäßig der Fall, sich dem Bewußtwerden entziehen.

II. Die körperliche Bewegung ruft, kraft des Kausalitätsgesetzes, Veränderungen in der Außenwelt hervor. Man nennt diese Folgen Erfolg, und rechnet denselben zur

Handlung im weiteren Sinne. Die Vorstellung des durch die Körperbewegung hervorzurufenden Erfolges ist das wesentliche Merkmal im Begriffe des Vorsatzes; einem Begriffe, der mit dem des Willens nicht verwechselt werden darf.

Je nach der Verschiedenheit der durch die Handlung übertretenen Normen gestaltet sich der Erfolg äußerlich verschieden.

a) Bei Uebertretung der allgemeinen, das Rechtsgut unmittelbar schützenden negativen Normen (vgl. oben §. 3 II 1) besteht der Erfolg nicht nur in dem Uebertretensein der Norm, sondern auch in der Verletzung, Gefährdung oder dem Angegriffensein des geschützten Rechtsgutes.

b) Bei den zum mittelbaren Rechtsgüterschutze dienenden Gehorsams- und Ungehorsamsnormen dagegen (vgl. oben §. 3 II 2 und 3) besteht der Erfolg der normwidrigen Handlung wesentlich nur darin, daß die Norm übertreten, ein von derselben nicht gewollter Zustand herbeigeführt ist.

Man hat nach dieser Verschiedenheit des Erfolges wohl zwischen Erfolgs- und Nichterfolgsdelikten, Rechts- und Gesetzesverbrechen, materiellen und formellen Delikten unterschieden. Doch haben alle diese Unterscheidungen wenig Wert.

III. Wir können demnach bei der Handlung im weiteren Sinne (der „erweiterten Handlungsreihe" nach Zitelmann) drei — allerdings nicht immer scharf von einander zu trennende — Stadien unterscheiden, von welchen jedes nach einer anderen Richtung hin von strafrechtlicher Bedeutung ist:

1. den Zeitpunkt, in welchem die körperliche Bewe-

gung vorgenommen wird; Begehung der eigentlichen Handlung: wichtig für die Frage nach dem Vorliegen der Schuld (S. unten §. 25 V).

2. Den Zeitpunkt, in welchem der Erfolg eintritt: Vollendung des Verbrechens.

3. Den Zeitraum zwischen den beiden Zeitpunkten, das Abrollen des durch die körperliche Bewegung in Bewegung gesetzten Kausalzusammenhanges: die Begehung der Handlung im weiteren, uneigentlichen Sinne, genauer: des Deliktes. Da aber jene Zeitpunkte keine mathematischen sind, sondern kleinere Zeiträume, müssen wir näher abgrenzen. Der mittlere Zeitraum reicht von dem letzten körperlichen Akte bis zu dem Augenblicke, in welchem der Kausalzusammenhang das Objekt trifft (die Kugel in den fremden Körper eindringt, der beleidigende Brief von dem Adressaten gelesen wird). Dies führt uns auf die früher ausgesetzte (vgl. oben §. 12 V und 13 VI) Beantwortung der Frage nach dem Ort und der Zeit der begangenen That.[2]

IV. Die nach dem Kausalitätsgesetze wirkenden Naturkräfte sind das Werkzeug in der Hand des Menschen, das Mittel zur Verwirklichung seiner Zwecke. Der Mensch handelt (das Wort im weiteren Sinne genommen), so lange diese Kräfte wirken; er hat gehandelt, so bald sie ihr Ziel erreichten. Freilich wirken die Naturkräfte vielleicht noch in dem getroffenen Objekte fort; die tödtliche Wunde führt

---

[2] Eine der bestrittensten Fragen. Aehnlich wie im Texte Haeberlin in GA. Bd. XXV. Lehrbb. und Kommentare des Strafr. u. StProzeßrechts behandeln die Frage bei der Lehre von der räumlichen und zeitlichen Herrschaft der Strafgesetze, bez. vom Gerichtsstande der begangenen That. Vgl. auch Hälschner GS. XXX.

langsam zum Tode: aber von jenem Augenblicke an hat der Thäter das Werkzeug aus der Hand gelegt, um passiv das Resultat abzuwarten. Das Verbrechen wird also begangen während der ganzen Dauer des oben unter III 3 bezeichneten Zeitraumes; es ist begangen (Perfektum) in dem Augenblicke in welchem, an dem Orte an welchem die ablaufende Kausalitätsreihe das bedrohte Objekt trifft. Dasselbe meint wohl auch das RGR., wenn es (13. März 1880, E I 274) jenen Ort als Thatort bezeichnet, an welchem die von dem Thäter durch die von ihm benutzten oder in Bewegung gesetzten Kräfte „erzielte Wirksamkeit mit seinem Willen in die Erscheinung tritt". Beispiele: A in Paris schickt am 1. Januar 1880 einen beleidigenden Brief an B in Berlin, den dieser am 3. Januar 1880 erhält und liest; Berlin ist Begehungsort, der 3. Januar der Zeitpunkt der Begehung. A hat am 1. Januar 1880 diesseits der deutschen Grenze stehend einen jenseits derselben befindlichen Franzosen durch einen Schuß verwundet; der Getroffene stirbt in einem deutschen Spitale am 8. Januar 1880; die That ist am 1. Januar 1880 und zwar in Frankreich begangen. Besonders bei fahrlässigen Delikten ist ein solches Auseinanderfallen des ersten und des letzten Gliedes der kausalen Kette in zeitlicher wie in örtlicher Beziehung häufig.[3]

Einzelanwendungen.

1. Anstiftung und Beihülfe stehen unter der allgemeinen Regel. Dort wo der Anzustiftende den Rat usw., wo der Thäter die Hülfeleistung empfängt, und in dem Augenblicke, in welchem dies geschieht, dort und dann ist Anstif-

---

[3] Bezügl. der vielbesprochenen Preßdelikte vgl. mein Reichspreßrecht §. 41.

tung und Beihülfe begangen. Z. B. A in Paris bestimmt durch einen am 1. Januar 1880 abgeschickten, am 3. Januar 1880 eingetroffenen Brief den B in Berlin zur Ermordung des in London befindlichen C; wenn die That in London am 1. Februar 1880 ausgeführt wird, so ist die Anstiftung in Berlin am 3. Januar begangen (quod nunc demum apparuit).

2. Dagegen entscheidet bei Begehung der That durch einen Anderen, mag dieser zurechnungsunfähig oder getäuscht oder gezwungen sein, Ort und Zeit der Handlung des Werkzeuges. Wenn ich durch einen Blödsinnigen einen jenseits der Grenze befindlichen Gegenstand wegnehmen lasse, so habe ich ihn jenseits der Grenze weggenommen. Die verschiedene Entscheidung der beiden Fälle hat ihren Grund darin, daß Anstiftung und Beihülfe Teilnahme an dem Thun eines Andern, Handeln durch ein Werkzeug dagegen eigenes Handeln ist (vgl. unten §. 35).

3. Trifft die Handlung das Objekt überhaupt nicht, so ist sie dort und dann begangen, wo und wann das letzte Glied der Kette abbricht; es entscheidet der letzte Vorbereitungs- oder Versuchsakt usw.

4. Eine als juristische Einheit zu betrachtende Handlungsreihe, z. B. das fortgesetzte oder das fortdauernde Delikt (vgl. unten §. 39 II) darf auch in Bezug auf unsere Frage nicht in seine unselbständigen Teile auseinander gerissen werden. Es ist überall dort begangen, wo ein solcher Teil gesetzt worden, und während der ganzen Dauer der Handlungsreihe. Eine dadurch veranlaßte Kollision zwischen fremdem und einheimischem Rechte ist zu Gunsten des letzteren, zwischen späterem und früherem Rechte zu Gunsten des milderen zu entscheiden (die mehreren Gerichtsstände sind gleichberechtigt).

§. 20.

Die Lehre vom Kausalzusammenhange.[1]

I. Der Erfolg muß Folge der körperlichen Bewegung, diese muß seine Ursache sein; Handlung und Erfolg müssen im Kausalzusammenhange stehen. Wann ist dies der Fall? wann kann der Erfolg auf eine menschliche Thätigkeit als seine Ursache zurückgeführt werden?

Im strengen Sinne ist **Ursache** die Gesammtheit (die Totalität, nicht die Summe) aller Faktoren, durch deren Zusammenwirken der Erfolg herbeigeführt wurde; oder, da man jeden einzelnen dieser Faktoren Bedingung nennt, die Gesammtheit der Bedingungen des Erfolges. Die Zahl der einzelnen Bedingungen ist eine unendliche, räumlich und zeitlich unbegrenzte. Dieser Begriff der Ursache ist demnach für die praktische Betrachtung, auch für die juristische, unbrauchbar; sie hält sich an einzelne Bedingungen, und meint diese, wenn sie von Ursache spricht. Für die Auswahl dieser „Ursache" aus den Bedingungen ist lediglich der Standpunkt des Beobachters maßgebend; mit anderen Worten: ein objektiver realer Unterschied zwischen den verschiedenen Bedingungen existiert nicht, keine von ihnen ist an sich, sondern immer nur im Zusam-

[1] Lit. bei Meyer Lehrbuch S. 178 Note 1. Insbesondere die Schriften von v. Bar, v. Buri, Binding. Dazu Buri GS. XXIX. Cohn Zur Lehre vom versuchten u. unvoll. Verbr. I 1880 S. 488 ff. Hertz Das Unrecht und die allgem. Lehren des Strafr. I. Bd. 1880. S. 167 ff. Der Text nähert sich am meisten der v. Buri'schen Auffassung. Seine phil. Begründung s. bei John Stuart Mill in dessen System der Logik I. Bd.

menwirken mit allen übrigen kausal. Alle Bedingungen sind objektiv gleichwertig; eine Verschiedenheit existiert nur in unserer **subjektiven Vorstellung**. So gelangen wir zu dem (nur scheinbar dem Begriffe der Ursache widersprechenden) Resultate: **jede Bedingung ist kausal**. Und mit Rücksicht auf die menschliche Handlung: **wer immer durch seine Körperbewegung eine Bedingung zu dem eingetretenen Erfolge gesetzt hat, hat denselben mit bewirkt.**

II. Die praktischen Konsequenzen dieses Satzes werden wir sofort kennen lernen. Aber vorher ist eine scheinbare Abschweifung nötig.

Je nach dem Standpunkte unserer Betrachtung isolieren wir eine oder die andere Bedingung und nennen sie Ursache. Wir gelangen zur Wahl, indem wir entweder

1. eine Anzahl von Bedingungen, weil **regelmäßig** vorhanden, als gegeben voraussetzen, und nun die ausnahmsweise hinzutretende als Ursache bezeichnen; oder

2. indem wir uns die günstigen und ungünstigen Bedingungen als sich das **Gleichgewicht haltend** vorstellen, so daß uns die hinzutretende das Gleichgewicht störende Bedingung als Ursache erscheint.

Auf dem ersten Wege gelangt v. **Bar**, auf dem zweiten **Binding** zu seiner Definition des Ursachenbegriffes. Beide Definitionen sind nicht nur identisch sondern auch an sich gleich richtig. Beide werden gleich unrichtig, sobald man glaubt, daß dieser „Ursache" reale Existenz zukommt, und darauf weitere Schlüsse baut. Wenn die beiden regelmäßig vorhandenen Kräfte a und b den Punkt M nach N bewegen, und nun durch das Hinzutreten der Kraft c eine Bewegung nach N' eintritt, oder wenn die gleich stark gedachten Kräftemassen + a und — b den Punkt M im Gleichgewichte halten und nun die hinzutretende Kraft c den Punkt nach N' bewegt, so können wir (ungenau) in beiden Fällen die Kraft c als die Ursache der Bewegung von M nach N' bezeichnen; aber nie dürfen wir vergessen, daß die Bewegung in Wahrheit durch das Zusammenwirken der drei Kräfte a und b und c verursacht worden ist.

III. Daraus ergiebt sich die außerordentlich wichtige Konsequenz, daß ein und derselbe Erfolg auf mehrere menschliche Handlungen als seine Ursachen zurückgeführt werden kann, einerlei, ob ihr Zusammenwirken ein gleichzeitiges oder ein successives ist. Insbesondere kann der unmittelbar durch das Handeln des B herbeigeführte Erfolg mittelbar auf das (vorsätzliche oder fahrlässige) Thun des A zurückgeführt werden. Eine „Unterbrechung des Kausalzusammenhanges“ wie man sich möglichst schief ausdrückt, genauer ein (juristisches) Zurückführen des Erfolges auf die nächste Ursache (die Handlung des B) findet nur soweit kraft positivrechtlicher Anordnung statt, als diese nächste Ursache die freie (d. h. nicht im Notstande StGB. §§. 52 und 54 begangene) von der Vorstellung ihrer Kausalität begleitete Handlung eines Zurechnungsfähigen ist. Insbesondere steht der Annahme des Kausalzusammenhanges die eigene Fahrlässigkeit des Beschädigten nicht entgegen, RGR. 12. April 1880, E I 373, R I 578.

Beispiel. Wenn A dem B ein geladenes Gewehr mit der Aufforderung in die Hand giebt, auf den C loszudrücken, und B in der Meinung es sei nicht geladen dies thut, so kann B wegen fahrlässiger und neben ihm A wegen vorsätzlicher oder fahrlässiger Tötung des C zur Verantwortung gezogen werden (so auch meist die Praxis gegen die Ansicht der Mehrzahl der Theoretiker). Hat dagegen B die Kausalität seiner Handlung gekannt, so kann A nur, wenn Vorsatz bei ihm vorliegt, als Anstifter strafbar gemacht werden; hat er fahrlässig gehandelt, so bleibt er straflos. (Vgl. darüber das Nähere unten §. 35.)

IV. Zurechnen (vgl. unten §. 27 IV) heißt einen Erfolg auf die Schuld eines Menschen zurückführen. Daraus folgt ein Doppeltes. Bei mangelndem Kausalzusammenhang ist Zurechnung ausgeschlossen. Ist dagegen der Kausalzusammenhang konstatiert, so muß überdies Schuld (Vorsatz oder Fahrlässigkeit) vorliegen, damit der Erfolg zugerechnet werden kann. Die Kausalitätsfrage und die Schuldfrage sind strenge zu trennen (anders v. Bar); mit dieser Trennung entfallen auch alle Bedenken, die gegen die im Texte vertretene „laxe“ (soll heißen: streng-logische) Fassung des Ursachenbegriffes erhoben zu werden pflegen.

§. 21.

Die sogenannten Unterlassungsdelikte.[1]

I. Wir haben das Verbrechen als Handlung definiert; wie verhalten sich dieser Definition gegenüber die Unterlassungsdelikte? Wenn sie keine Handlungen sind, so war unsere Definition, weil zu eng, falsch und bedarf der Kor-

[1] Lit. bei Meyer Lehrbuch S. 182 Note 1. Schriften von Luden, Krug, Glaser, Merkel, v. Bar, v. Buri, Ortmann, Binding. Dazu neuerdings Cohn S. 533 ff., Hertz S. 196 ff., Schwalbach SS. XXXI. Am besten immer noch die Ausführungen von Luden. Binding's Behandlung der Unterlassungsdelikte ist mir der sicherste Beweis für die Unhaltbarkeit seines Ursachenbegriffes.

rektur; wenn sie aber Handlungen sind, warum spricht man von Unterlassungen? —

Man könnte versucht sein, die Unterlassungen als negative rein psychische Handlungen aufzufassen: die bewußte und durch Vorstellungen bestimmte Nicht-Erregung der motorischen Nerven. Auch der Entschluß, nicht zu handeln ist ja ein psychischer Akt.[2] Aber abgesehen davon, daß wir damit den nicht in Bewegung umgesetzten Gedanken, (denn mehr als eine Vorstellung, deren Sieg entschieden, ist der „Entschluß" nicht) zum Verbrechen stempeln, scheitert dieser Versuch an der nicht wegzuleugnenden Thatsache der fahrlässigen Unterlassungsdelikte, bei welchen ein solcher Entschluß nicht vorliegt.

Oder man könnte das Schwergewicht auf die der Unterlassung vorangehende positive Thätigkeit legen, wie Krug, Glaser, Merkel das gethan; damit rettet man den Begriff der Handlung, vernichtet aber die Unterlassung völlig, und gerät in weitaus den meisten praktischen Fällen mit dem obersten Grundsatze der Schuldlehre: „die Schuld muß im Augenblicke der Verursachung vorhanden sein" — in unlösbaren Widerspruch.

II. Es ist ein anderer Weg noch möglich, der nur darum von den Meisten übersehen wird, weil er so nahe liegt. Unterlassen heißt nicht Nichtsthun, sondern: Etwas nicht thun; das nicht thun, was erwartet, was gesollt wurde. Unterlassung ist Nichtthätigkeit mit Rücksicht auf ein ganz bestimmtes erwartetes Thun; nicht ein Nicht-Handeln, son-

[2] Im Grunde genommen ist die Binding'sche Konstruktion der sog. unechten Unterlassungsdelikte auf diesen Gedanken zurückzuführen.

dern ein Andershandeln.[3] Man kann nie sagen: er hat unterlassen, sondern immer nur: er hat dies oder jenes unterlassen. Damit ist der Charakter der Unterlassungen als positiver Handlungen, die wie alle anderen kausal sein können, nachgewiesen. Und nur die eine Frage erhebt sich: warum bezeichnen wir als Juristen gerade ein gewisses Andershandeln nach seiner negativen Seite? Die Antwort lautet: weil wir gerade ein bestimmtes Thun erwartet haben. Zu dieser Erwartung sind wir aber nur dann berechtigt, wenn der zu Beurteilende zu jenem bestimmten Thun verpflichtet war. Somit lautet die Frage: Wann tritt die Verpflichtung zu einem bestimmten positiven Thun ein? Die Existenz dieser Pflicht macht die „Unterlassung" nicht erst kausal, sondern strafbar, macht sie nicht erst zur Handlung, sondern berechtigt uns, das Andershandeln nur von seiner negativen Seite ins Auge zu fassen.

1. Bei den durch Strafdrohung sanktionirten Geboten des Rechts entsteht die Pflicht, eine bestimmte Handlung vorzunehmen, unmittelbar durch die Gebote selbst. Man nennt die Uebertretungen dieser Gebote echte Unterlassungs- oder Omissivdelikte.

2. Bei den negativen pönalisirten Imperativen, den Verboten, muß dagegen die Pflicht zu einem bestimmten konkreten Thun anderweitig begründet sein. Nur durch diesen Umstand, nicht aber in seiner inneren Struktur unterscheidet sich das sog. unechte Unterlassungsdelikt, das delictum per

---

[3] Vgl. Luden Abhandlgn. II S. 221; v. Bar Kausalzusammenhang S. 97. Zu demselben Resultate gelangt übrigens Binding selbst (Normen II S. 447 ff.) bezüglich der sogen. echten Unterlassungsdelikte.

omissionem commissum von der unter 1 besprochenen Gruppe. Die Pflicht zum Handeln aber kann liegen:

a) in einer **Rechtsnorm**, die einem anderen als dem strafrechtlichen Gebiete angehört (Pflicht der Eltern zur Ernährung der Kinder, die vertragsmäßige Verpflichtung des Eisenbahnpersonales, die Dienstpflicht des Gefangenaufsehers, die Amtspflicht des Beamten usw.);

b) in der vorhergegangenen **Uebernahme oder Anmaßung der Herrschaft über den Ablauf der Kausalitätsreihe**, so daß das spätere „Unterlassen“ als Aufgeben dieser Herrschaft, als ein Fahrenlassen der ergriffenen Zügel erscheint.[4] Die gewöhnlichen Beispiele: der gute Schwimmer A hat den schlechten Schwimmer B durch das Versprechen eventueller Hülfeleistung zu einer Schwimmpartie bestimmt; in dem Augenblicke als B's Kräfte nachlassen, faßt A den Tötungsvorsatz, und läßt B untersinken. Oder: der Kutscher läßt die Pferde über den im Wege liegenden Betrunkenen hinweg gehen.

Alle diese Fälle — Gruppe I und Gruppe II a und b — sind ihrem innersten Wesen nach gleich; scheinbar „Unterlassungen“ sind sie in Wahrheit Handlungen. Ihr Unterschied liegt einzig und allein in dem verschiedenen Grunde der Verpflichtung zu einem ganz bestimmten Handeln. Sie wären kausal auch ohne die Pflicht; aber sie wären für den Kriminalisten dann nicht **strafbare Unterlassungen**, sondern **rechtlich indifferente Handlungen**.

III. Eine nach dem Gesagten selbstverständliche Konse-

[4] Aehnlich **Binding** Normen II S. 259 ff. Auch **Merkel** (krimin. Abhandlgn. I) verlangt, daß der Thäter „die Interessen Anderer in zurechenbarer (?) Weise auf die Vornahme entsprech'ender Handlungen gestellt habe.“

quenz sei ausdrücklich betont: Im Augenblicke des Unterlassens, d. h. in dem Augenblicke, in welchem das bestimmte Thun vorzunehmen war, muß Schuld — d. h. Zurechnungsfähigkeit einerseits, Vorsatz oder Fahrlässigkeit andrerseits — vorgelegen haben. Zurückbeziehung auf einen früheren Zeitpunkt ist hier wie überall unbedingt unzulässig.

III. Das Verbrechen als rechtswidrige Handlung.

§. 22.

Die Ausschließungsgründe der Rechtswidrigkeit im allgemeinen.

I. Das Verbrechen ist wie das Delikt rechtswidrige Handlung; genauer: willkürliche Körperbewegung mit rechtswidrigem Erfolge. Die Handlung führt herbei oder verhindert, was die Norm vermieden oder bewirkt wissen will. Der Erfolg muß also der Norm widersprechen.

Die Norm ist aber eine Regel mit Ausnahmen. Sie verlangt nicht unbedingt und in allen Fällen Gehorsam, sondern verzichtet unter gewissen Voraussetzungen auf ihre bindende Kraft und hört damit, da ein nicht imperativer Imperativ nicht denkbar ist, auf, Norm zu sein. Der Erfolg darf mithin nicht einer Ausnahme von der Herrschaft der Norm entsprechen.

Solche Ausnahmen sind im modernen Rechte meist ausdrücklich, hie und da aber auch — leider — stillschweigend ausgesprochen. Sie finden sich teils im Strafgesetzbuch selbst, teils auf anderen Rechtsgebieten.

Das StGB. behandelt die Lehre von der Normwidrigkeit ohne jede innere Folgerichtigkeit. Es hebt bei einer einzelnen strafbaren Handlung (Beleidigung §. 193) eine ganze Reihe von Umständen ausdrücklich hervor, die nicht nur hier, sondern überall die Rechtswidrigkeit ausschließen; es nimmt bei einer Anzahl von strafbaren Handlungen das Merkmal der Rechtswidrigkeit in den besonderen Thatbestand auf, um damit bei diesen (und nur bei diesen) Delikten das Bewußtsein der Rechtswidrigkeit als zum Vorsatze wesentlich zu bezeichnen (vgl. unten §. 28 II); es regelt endlich in seinem allgemeinen Teile die Behandlung der Notwehr und des Notstandes, durch deren Vorliegen die Rechtswidrigkeit des in Frage stehenden Thuns ausgeschlossen wird.

Ohne Rechtswidrigkeit des Handelns kann weder von Delikt noch von Verbrechen die Rede sein. Es ist daher strafbare Teilnahme an einer solchen Handlung nicht möglich (vgl. unten 35 II), während allerdings dritte Personen, welchen gegenüber die Gründe für die Ausschließung nicht zutreffen, durch ihre Beteiligung sich (als Thäter) eines strafbaren Thuns schuldig machen können. Wohl aber ist die an sich nicht rechtswidrige Handlung, sobald sie über das eng umgrenzte Gebiet der ausnahmsweisen Nichtherrschaft der Norm hinausgreift, bezüglich dieses Uebermaßes (soweit dasselbe ausgeschieden werden kann) den allgemeinen Regeln unterworfen. Auch steht die irrige Subsumption der That unter eine der Ausnahmen der irrigen Nichtsubsumption unter die Regel juristisch durchaus gleich. (Vgl. unten §. 35 II 3).

II. Unter den nicht im StGB. selbst enthaltenen Ausnahmen von der regelmäßigen Herrschaft der Normen sind (abgesehen von den bereits oben §. 14 I besprochenen Fällen) die folgenden von größerer Wichtigkeit.

1. Pflichtgemäße Ausübung eines öffentlichen

Amtes schließt die Rechtswidrigkeit des Thuns aus. Man denke an Hausdurchsuchungen, Beschlagnahme, Verhaftungen, Vollstreckung von rechtskräftig erkannten Strafen usw. Jede Ueberschreitung der Amtsbefugnisse dagegen macht die Handlung bezüglich dieses Uebermaßes zu einer rechtswidrigen.

Da blinder Gehorsam gegenüber Befehlen des Vorgesetzten, von ausdrücklichen gesetzlichen Anordnungen (z. B. Mil.StGB. §. 47) abgesehen, in der Amtspflicht nicht begründet ist, so wird durch solchen Gehorsam an dem rechtswidrigen Charakter der Handlung nichts geändert.

2. Die Handlung ist keine rechtswidrige, wenn sie kraft einer besonderen Berechtigung und innerhalb der Grenzen derselben vorgenommen wurde. Die verschiedensten Fälle gehören hieher. Zu erwähnen sind:

a) Erlaubte Selbsthülfe. Ueber die deutschrechtliche Privatpfändung vgl. die bei Windscheid §. 123 Note 7 angeführte Litteratur.

b) Erziehungs- und Disziplinargewalt; soweit eine solche den Eltern gegenüber den Kindern, dem Lehrer gegenüber seinen Schülern (vgl. RGR. 14. April 1880, R I 593, E II 10),[1] dem Lehrherrn gegenüber dem Lehrling (Gewerbe-Ordnung vom 21. Juni 1869 §. 119), dem Schiffer gegenüber der Bemannung des Schiffes (Seemannsordnung vom 27. Dezember 1872 §. 79 Abs. 2), dem Ehemanne etwa nach Landesrecht[2] gegenüber der Ehefrau (München 17. April 1875), der Kirche gegenüber ihren Angehörigen, der Dienstherrschaft gegenüber dem Gesinde[3] usw. eingeräumt ist. Zu beachten ist, daß die Ausübung dieses

---

[1] Vgl. v. Schwarze GS. XXIX.

[2] Ueber das gem. Recht vgl. Windscheid §. 490 Note 11.

[3] Vgl. RGR. 12. April 1880, R I 573, E II 7.

Rechtes, dauernd oder vorübergehend, von dem Berechtigten dritten Personen (von den Eltern dem Dienstmädchen) übertragen, daß ferner in manchen Fällen (Züchtigung eines mutwilligen Knaben durch belästigte Vorbeigehende) die Zustimmung des Berechtigten vorausgesetzt werden kann.

c) Die in der StPO. §. 127 ausgesprochene Ermächtigung zur vorläufigen Festnahme eines auf frischer That betroffenen oder verfolgten Verbrechers.

d) Die aus der gesetzmäßigen Ausübung eines öffentlichen Berufes sich ergebende Berechtigung zu Vornahme derjenigen Handlungen, welche nach den Regeln der betreffenden Kunst oder Wissenschaft im konkreten Falle geboten sind. Nach diesem Gesichtspunkte sind chirurgische Operationen überhaupt, ist insbes. die vielbesprochene Perforation[4] (Zerstückelung der Frucht im Mutterleibe) zu beurteilen. Doch wäre gerade für diese Fälle gesetzliche Abgrenzung die Berechtigung dringend wünschenswert.

3. Die von dem Träger eines Rechtsgutes gegebene Einwilligung zur Verletzung desselben schließt die Rechtswidrigkeit der Verletzung nur dann und nur soweit aus, wenn und soweit die öffentliche Rechtsordnung dem Träger des Rechtsgutes die Disposition über dasselbe eingeräumt hat.[5] Sie wird die Disposition versagen, wenn sie dem betreffenden Rechtsgute eine über die Person seines Trägers hinausreichende Bedeutung beilegt. Ob sie es gethan, ist aus dem ganzen Zusammenhange der gesetzlichen Bestimmungen, nicht nur aus den Verbrechens-Definitionen zu entnehmen. So bleibt die Tötung, auch wenn der Getötete

[4] Lit. bei Meyer Lehrbuch S. 246 N. 8, dazu Janka Notstand S. 262.

[5] Lit. bei Binding Grundriß S. 153.

sie ernstlich und ausdrücklich verlangt hat, rechtswidrige wenn auch milder bestrafte Handlung (StGB. §. 216), während Beleidigung, Verletzung der weiblichen Geschlechtsehre, Beschränkung der persönlichen Freiheit, Eingriffe in fremde Vermögensrechte usw. (unter gewissen Voraussetzungen) durch die Einwilligung des Verletzten den deliktischen Charakter verlieren. Der Satz volenti non fit injuria, abgeleitet von l. 1 §. 5 Dig. 47, 10 ist in dieser Allgemeinheit nach römischem wie nach heutigem Rechte unrichtig.

4. **Die von dem Träger eines Rechtsgutes selbst vorgenommene Verletzung desselben**[6] sollte principiell ebenso beurteilt werden, wie die mit Einwilligung des Verletzten von einem Dritten ausgehende Handlung. Doch hat das positive Recht, von sekundären Gesichtspunkten geleitet, die Grenzlinie dort vielfach anders bestimmt als hier. Beispiele bietet die im modernen Rechte ziemlich allgemein angenommene Beurteilung des Selbstmordes, der Selbstbefleckung, Selbstkastration usw. Die Selbstverstümmlung ist nur ausnahmsweise (StGB. §. 142 Vereitlung der Wehrpflichterfüllung) als Delikt behandelt.

5. Soweit das positive Recht eine **totale oder partielle Rechtlosigkeit** kennt, ebensoweit schließt diese die Rechtswidrigkeit aller oder gewisser Verletzungen aus. Dem heutigen Rechte ist eine solche Auffassung völlig fremd. Die unbefugte Tötung des zum Tode verurteilten Verbrechers unterliegt den allgemeinen Regeln. Anders dachte das ältere Recht: man erinnere sich an die römische sacratio capitis, die germanische Friedlosigkeit, die Oberacht des mittelalterlich deutschen Rechtes; an die Rechtlosigkeit der Zigeuner

[6] Lit. bei **Binding** Grundriß S. 152.

nach zahlreichen Reichsgesetzen des 16. Jahrhunderts,[7] die Ehrlosigkeit der Gotteslästerer nach den Reichspolizeiordnungen von 1548 und 1577 usw.

§. 23.

Die Notwehr.[1]

I. Notwehr ist die zur Abwehr eines gegenwärtigen rechtswidrigen Angriffes erforderliche Verteidigung durch Verletzung des Angreifers. Sie ist Rechtsgüterschutz durch Rechtsgüterverletzung; Aufrechthaltung der bedrohten Rechtsordnung durch den oder die einzelnen Staatsbürger. Die Notwehrhandlung ist zu allen Zeiten und bei allen Völkern, wenn auch in verschiedenem Umfange, als eine nicht nur nicht strafbare, sondern als eine nicht rechtswidrige Rechtsgüterverletzung anerkannt worden; die Rechtsordnung hat von jeher — in entwickelteren Rechten durch ausdrückliche Anordnung — die von dem Einzelnen ausgehende Abwehr des unmittelbar drohenden Unrechtes in der Gestalt der Notwehr sanktionirt. Auf dieser staatlichen Sanktion und nicht etwa auf einem „angeborenen" Rechte (Cicero: non scripta sed nata lex) beruht die Rechtmäßigkeit der Notwehrhandlung.

II. Begriffsmerkmale (StGB. §. 53).

1. Der Angriff muß

a) ein rechtswidriger, d. h. nicht berechtigter (vgl. oben §. 22) sein. Daher ist Notwehr nicht möglich

---

[7] Vgl. Binding Grundriß S. 153.

[1] Lit. bei Binding Grundriß S. 154. Dazu v. Buri GS. XXX.

gegenüber dem in rechtmäßiger Amtsausübung befindlichen Beamten, gegenüber der Handhabung eines Disziplinarrechtes usw.; nicht möglich gegenüber der Notwehrhandlung selbst oder der Notstandshandlung (vgl. unten §. 24 III). Wohl aber wird sie in dem Augenblicke berechtigt, in welchem eine Ueberschreitung den an sich rechtmäßigen Angriff zu einem rechtswidrigen macht, also auch gegenüber einem Excesse der Notwehr. Auch gegen den von einem Tiere oder oder einem Zurechnungsunfähigen ausgehenden Angriff ist Notwehr möglich;[2] denn dieser Angriff kann zwar kein deliktischer (schuldhafte Rechtswidrigkeit) wohl aber ein nicht berechtigter (objektive Rechtswidrigkeit) sein. Die entgegengesetzte Ansicht würde die Verteidigung in einem solchen Falle auf gegen Leib und Leben (StGB. §. 54) gerichtete Angriffe einschränken müssen.

Ob der Angriff ein vorhergesehener war oder nicht, ob er von dem Angegriffenen verschuldet worden oder nicht, ist nach dem heutigen Rechte irrelevant.[3]

b) Der Angriff muß ferner ein gegenwärtiger sein, d. h. unmittelbar bevorstehen oder bereits begonnen haben. Es braucht daher einerseits der Beginn des Angriffes nicht abgewartet zu werden, während andrerseits auch der bereits begonnene aber noch fortgesetzte

[2] Anders die herrschende Ansicht, die, das Wort „rechtswidrig" unrichtig auslegend, in einem solchen Falle Notstand annimmt. Lit. bei Binding Grundriß S. 155.

[3] Interessante Kasuistik bei Binding Normen II S. 201 ff.

Angriff abgewehrt werden kann. Ausgeschlossen ist Notwehr dagegen

α) gegenüber einem erst in der Zukunft drohenden Angriffe. Schutzmaßregeln gegen künftige Verletzungen, wie Fußangeln, Selbstgeschosse, Wolfsgräben, sind, wenn sie erst im Augenblicke des Angriffes funktioniren sollen, gestattet, soweit sie nicht (was allerdings meist der Fall sein wird) die Grenzen der erforderlichen Verteidigung überschreiten.[4]

β) Gegenüber dem beendeten Angriffe. Da der Diebstahl nicht schon mit der Ergreifung der Sache sondern erst mit dem Bruche des Gewahrsams vollendet wird, ist Notwehr gegen den flüchtigen Dieb (aber ex continenti non ex intervallo l. 3 §. 9 Dig. 43, 16) allerdings unter Umständen zulässig.[5]

c) Der Angriff muß gegen irgend ein Rechtsgut, d. h. gegen ein rechtlich geschütztes Interesse gerichtet sein. Das Gesetz macht unter den Rechtsgütern keinen Unterschied. Auch zum Schutze politischer Rechtsgüter ist Notwehr zulässig.

2. Die Verteidigung darf

a) die Grenzen des unbedingt Notwendigen nicht überschreiten. Das Maß der „erforderlichen" Verteidigung liegt in der Intensität des Angriffes.[6] Ist die Abwehr des Angriffes auf andere Weise nicht möglich,

---

[4] Lit. bei Meyer Lehrbuch S. 250 Note 9.

[5] Lit. bei Meyer Lehrbuch S. 250 Note 10.

[6] Lit. bei Meyer Lehrbuch S. 251 Note 12.

so kann auch das unbedeutendste Rechtsgut durch Tötung des Angreifers geschützt werden.[7] Die Ansicht, nach welcher die Möglichkeit einer unschimpflichen Flucht, des Anrufens fremder Hülfe usw. die Rechtmäßigkeit der Notwehrhandlung ausschließen soll, kann als eine heute allgemein aufgegebene bezeichnet werden.

b) Die Notwehr ist nicht nur zum Schutze eigener, sondern als Nothülfe auch zum Schutze fremder Rechtsgüter gestattet. Die Beschränkung auf eine Bedrohung der „Angehörigen" (wie beim Notstande StGB. §§. 52 u. 54) ist hier unserem Rechte fremd.

III. Sobald die Grenzen der erforderlichen Verteidigung überschritten sind, unterliegt die weitere Verteidigung als rechtswidrige Rechtsgüterverletzung den allgemeinen Regeln. Doch bleibt nach §. 53 StGB. die durch Bestürzung, Furcht oder Schrecken herbeigeführte Ueberschreitung straflos; es liegt hier zwar eine objektiv strafbare Handlung, zugleich aber auch ein subjektiver Strafausschließungsgrund (unten §. 30 III 3) vor.

Die irrige Annahme der Notwehr ist als irrige Subsumption der That unter eine Ausnahme von der Herrschaft der Norm nach den allgemeinen Grundsätzen (vgl. unten §. 28 II) zu beurteilen. Dasselbe gilt von dem Eintritte des Erfolges bei einem anderen als dem vorgestellten Objekte (aberratio ictus oder error in objecto; vgl. unten §. 28 V).[8]

---

[7] Treffende Bemerkungen gegen die abweichende Ansicht der älteren Schriftsteller in Ihering's Kampf ums Recht. Dagegen verwahrt sich Geyer (zuletzt in v. Holtzendorff's Handb. IV S. 94) gegen diese „Totschlägermoral".

[8] Gerade diese Fälle werden in der Praxis vielfach unrichtig entschieden.

§. 24.

Der Notstand.[1]

I. Notstand ist — wenn wir vorläufig von den Beschränkungen des Begriffes durch das positive Recht absehen — ein Zustand gegenwärtiger Gefahr, aus dem es keine andere Rettung giebt, als die Uebertretung einer Norm; mag dieser Zustand durch Naturkräfte, mag er durch den Angriff eines Dritten herbeigeführt worden sein. Beispiele: Um das Wasser zum Löschen eines ausgebrochenen Brandes zu holen, eilen die Bedrohten quer über ein fremdes Saatfeld zum Flusse; der von Räubern überfallene Postillon liefert diesen den Geldbriefbeutel aus; von zwei durch ein Seil verbundenen Bergsteigern hackt der eine, der den abgestürzten aber noch am Seile hängenden Begleiter nicht länger zu halten vermag, das Seil ab usw.

Wie die Notwehr, so ist auch die Notstandshandlung Rechtsgüterverletzung zum Zwecke des Rechtsgüterschutzes; aber dort gerichtet gegen den Angreifenden, hier gegen einen unbeteiligten Dritten; dort Kampf für das Recht gegen das Unrecht, hier Kampf für das eigene Interesse gegen fremde gleichberechtigte, aber im Einzelfalle kollidierende Interessen.

II. Den theoretischen Begriff des Notstandes hat die Reichsgesetzgebung vielfach — und nur zum Teile mit Recht — eingeengt.

1. Zunächst hat das positive Recht in durchaus ungerechtfertigter Weise den einheitlichen Begriff des Notstandes zerrissen in Nötigung (StGB. §. 52 „durch unwidersteh-

[1] Lit. bei Binding Grundriß S. 156; insbesondere Arbeiten v. Janka u. Stammler. Dazu v. Buri GS. XXX.

liche Gewalt[2] oder Drohung") und in den eigentlichen Notstand (StGB. §. 54).

2. Das Gesetz verlangt ferner in beiden Fällen gegenwärtige, auf andere Weise nicht abwendbare Gefahr für Leib oder Leben, versagt also bei Gefahr für alle anderen Rechtsgüter (z. B. auch für die persönliche Freiheit, deren Beschränkung doch gewiß von größerer Bedeutung ist als eine geringfügige Körperverletzung) dem Notstande seine Anerkennung. Doch ist (ein dem Notstand verwandter Fall) beabsichtigter Eigentumsschutz bei der Herbeiführung einer Ueberschwemmung (StGB. §. 213) Strafmilderungsgrund.

3. Nur zur eigenen Rettung und zur Rettung der nächsten Angehörigen (aufgezählt sind dieselben im 2. Abs. §. 52) wird die Notstandshandlung gestattet.

4. Es muß endlich der Notstand im engeren Sinne (StGB. §. 54) ein unverschuldeter, d. h. ein nicht von dem Gefährdeten selbst vorsätzlicher oder fahrlässiger Weise herbeigeführter sein.

III. Der Notstand (im Sinne der unter II besprochenen gesetzlichen Bestimmungen) schließt die Rechtswidrigkeit, nicht bloß die Strafbarkeit, der zur Rettung aus demselben unternommenen Handlung aus. Das Recht verzichtet auf die Befolgung seiner Normen, weil es unter den gegebenen Umständen auf ihre Befolgung ohnehin nicht rechnen kann und die Bestrafung daher keinen Zweck hätte.[3] Eine Norm aber ohne imperative Kraft ist keine Norm. Das Recht verzichtet jedoch auf die bindende Kraft seiner Impe-

---

[2] Diese schließt als physische (vis absoluta) den Begriff der „Handlung" aus (oben §. 19 I 2a), gehört also gar nicht hieher.

[3] Ueber die verschiedenen Notstandstheorien vgl. die bei Meyer Lehrb. S. 253 angef. Lit.

rative jenen Personen gegenüber nicht, deren Beruf größere als die durchschnittliche Standhaftigkeit in Leibes- und Lebensgefahr bedingt; dem Soldaten (Milit.StGB. §. 49 Abs. 1 vgl. mit §§. 84—88), dem Schiffsmann (Seemannsordnung von 1872 §. 32) ist die Berufung auf den Notstand ausdrücklich abgeschnitten.

Ist aber einmal Notstand gegeben, dann besteht kein weiterer Unterschied innerhalb der Notstandshandlungen; der Satz, daß nur das höhere Recht auf Kosten des niederen sich erhalten dürfe, ist aus den Motiven nicht in das Gesetz übergegangen.

IV. Die §§. 52 und 54 StGB. sind die einzigen Quellen für die strafrechtliche Behandlung des Notstandes. Die Spezialbestimmungen des Handelsgesetzbuchs (A. 702 und 708 über die große Haverei) und der Seemannsordnung (§. 75) haben keine über das Gebiet dieser Gesetze hinausreichende Geltung. Auch die Anordnungen des römischen Rechtes[4] oder partikularer Civilgesetze sind für das Strafrecht ohne Bedeutung. Ihre analoge Anwendung[5] ist schon darum unmöglich, weil Analogie die Ausfüllung einer Lücke, nicht aber Beseitigung eines Widerspruches in dem Systeme des Rechts zur Aufgabe hat.

V. Der Nötiger (StGB. §. 52) ist nach den später (vgl. unten §. 36 I) zu besprechenden Grundsätzen eventuell als Urheber der von dem Genötigten vorgenommenen Rechtsverletzung zu betrachten.

---

[4] Vgl. Windscheid §. 455 Note 11.

[5] Empfohlen von Meyer, Stammler, insbesondere aber Binding Grundriß S. 157.

IV. Das Verbrechen als schuldhafte rechtswidrige Handlung.

1. Die Voraussetzung der Schuld.

§. 25.

Die Zurechnungsfähigkeit.[1]

I. Zurechnungsfähigkeit ist strafrechtliche Handlungsfähigkeit.[2] Handlungsfähigkeit aber im juristischen Sinne ist die Fähigkeit, juristisch relevante Handlungen[3] vorzunehmen, d. h. solche Handlungen, an welche als Thatbestand das objektive Recht den Eintritt von Rechtsfolgen knüpft. Mithin ist Zurechnungsfähigkeit die Fähigkeit, strafrechtlich relevante, d. h. den Eintritt der Straffolge nach sich ziehende Handlungen vorzunehmen; die Fähigkeit also, strafrechtlich verantwortlich gemacht zu werden.

Die Zurechnungsfähigkeit besteht aus einer Summe von elementaren Fähigkeiten.[4] Sie setzt voraus Selbstbewußtsein und Bewußtsein der Außenwelt; Einsicht in die Stellung des Ich zu dieser überhaupt und zur Rechtswelt insbesondere; Kenntnis des Kausalgesetzes; eine Summe von ethischen, religiösen und rechtlichen Vorstellungen usw. Sie ist der allmählich in der Schule des Lebens erworbene normale geistige Besitz des geistig reifen und geistig gesunden Menschen.[5] Sie fehlt dem geistig unreifen; sei es, daß die Entwicklung noch nicht abgeschlossen ist, sei es, daß

[1] Lit. bei Binding Grundriß S. 57.

[2] Scharf betont von Binding Normen II S. 46.

[3] Vgl. Windscheid §. 71.

[4] Binding Normen II S. 54.

[5] Vgl. Motive zu §. 51 StGB.

gehemmte Entwicklung vorliegt; sie fehlt dem geistig kranken Individuum, mag es sich um vorübergehende Störungen oder länger dauernde Erkrankungen oder endlich um den Verfall (Degenerationszustände) der Psyche handeln.

Die Zurechnungsfähigkeit setzt normales Zusammenwirken der psychischen Funktionen voraus; also nicht bloß normale Zahl und Klarheit der Vorstellungen, sondern auch normales Betonungsverhältnis der Vorstellungen untereinander, so daß sie ausgeschlossen werden kann durch anormale Betonung einer einzelnen Vorstellung (Zwangsvorstellung). Sie ist mit andern Worten nicht nur ein Kennen (Wissen), sondern auch ein Können[6] (Wollen).

Wie die geistige Reife auf den verschiedenen Gebieten des rechtlich indifferenten Handelns nicht mit demselben Augenblicke eintritt, sondern hier längere dort kürzere Entwicklung vorangehen muß, so wird auch die rechtliche Handlungsfähigkeit auf den verschiedenen Rechtsgebieten (z. B. öffentliches Recht, Civilrecht, Strafrecht) und deren Untergebieten (z. B. Familienrecht, Erbrecht, Obligationenrecht) nicht in demselben Lebensstadium erworben. Sie wird auch auf dem Gebiete des Strafrechtes bei demselben Individuum in demselben Augenblicke bald als vorhanden, bald als fehlend angenommen werden müssen, je nachdem diese oder jene Gruppe von strafbaren Handlungen in Frage steht (man denke an Tötung einerseits, politische Delikte andrerseits).

II. Die Reichsstrafgesetzgebung hat davon abge-

[6] So von den Kriminalisten insbesondere Meyer, Wahlberg u. Geyer; der Psychologe v. Volkmann, der Psychiater v. Krafft-Ebing u. A. Dagegen die Hegelianer; auch Schütze u. A.

sehen, den Begriff der Zurechnungsfähigkeit festzustellen; sie hat die Lösung dieser Aufgabe den Bemühungen der juristischen und psychologischen Wissenschaft überlassen und sich damit begnügt, dieser und der Praxis einzelne leitende Gesichtspunkte an die Hand zu geben. Sie erschöpft den Begriff der Zurechnungsfähigkeit nicht und will ihn nicht erschöpfen, wenn sie hier (StGB. §. 51) die „freie Willensbestimmung" und dort (StGB. §§. 56—58) die „zur Erkenntnis der Strafbarkeit erforderliche Einsicht" hervorhebt. Sie konnte das um so leichter thun, als Zurechnungsfähigkeit der normale Zustand ist.

III. Innerhalb der Zurechnungsfähigkeit, also nach Ausschluß des ganzen Gebietes der Zurechnungsunfähigkeit, sind unendliche Abstufungen, wie innerhalb der körperlichen Gesundheit, von dem eben noch hinreichenden Minimum bis zur höchsten erreichbaren Vollkommenheit möglich. Es fragt sich nun: soll der Gesetzgeber diese Abstufungen berücksichtigen, wenn er die Straffolgen an den strafbaren Thatbestand anknüpft? Das Minimum liegt ja tief unter dem Durchschnittsmaße der geistigen Befähigung, und dieses noch viel tiefer unter dem Maximum; soll der Gesetzgeber vielleicht einen doppelten Strafrahmen aufstellen, den einen für die unterdurchschnittliche, den anderen für die überdurchschnittliche Zurechnungsfähigkeit? Man hat die Frage verwirrt, indem man die über das Minimum sich erhebende, aber unter dem Durchschnittsniveau zurückbleibende Zurechnungsfähigkeit als verminderte Zurechnungsfähigkeit[7] bezeichnete, und dadurch vielfach den Glauben erweckte, als handle es sich um einen Geisteszustand, der weniger sei als

[7] Lit. bei Meyer Lehrbuch S. 326.

Zurechnungsfähigkeit. Gegen die Bejahung der aufgeworfenen Frage spricht die Weite der Strafrahmen der deutschen Strafgesetze, insbesondere ihr äußerst geringes Minimum; für dieselbe aber die auf diesem Felde noch weit verbreitete und tiefgewurzelte Verwirrtheit, welche eine gesetzliche Regelung der Frage dringend wünschenswert macht. In einem Falle — bezüglich der jugendlichen Thäter (StGB. §. 57) — hat übrigens das StGB. selbst der „verminderten" Zurechnungsfähigkeit Rechnung getragen.

IV. Die Zurechnungsfähigkeit ist Voraussetzung der Schuld. Sie muß, wie alle relevanten Umstände, von Amtswegen festgestellt werden. Ausdrücklicher Feststellung im Urteile bedarf es jedoch nur dann (StPO. §. 266), wenn ihr Vorhandensein im Laufe der Verhandlung bestritten worden war. Eine Ausnahme von dieser Regel tritt nur ein, wenn es sich um einen jugendlichen oder taubstummen Thäter handelt: hier muß — eventuell durch eine an die Geschworenen gerichtete Nebenfrage — in allen Fällen positiv festgestellt werden, ob der Thäter bei Begehung der That die zur Erkenntnis ihrer Strafbarkeit erforderliche Einsicht besessen habe.[8]

V. Die Zurechnungsfähigkeit muß bei Begehung der That vorhanden gewesen sein. Später eintretende Zurechnungsunfähigkeit kann nur prozessuale Folgen nach sich ziehen. Maßgebend ist dabei (vgl. oben §. 19 III 1) jener Augenblick, in welchem die den Naturkausalismus in Bewegung setzende körperliche Bewegung selbst vorgenommen wurde; irrelevant der Geisteszustand des Thäters in dem Augenblicke, in welchem der Kausalismus das angegriffene

---

[8] Eigentümliche Ansicht bei Meyer S. 143 f.

Objekt trifft oder der Erfolg eintritt. Wer einen Brunnen vergiftet und dann sich berauscht, ist verantwortlich, wenn, während er sich im Zustande der Volltrunkenheit befindet, die von ihm in Aussicht genommenen Personen aus dem vergifteten Brunnen trinken. Wer einen Wahnsinnigen zu einem Verbrechen bestimmt, hat im Zustande der Zurechnungsfähigkeit gehandelt, wenn auch der Wahnsinnige das Verbrechen ausführt, während der geistige Urheber der That im tiefsten Schlafe liegt.

Wir haben nur diese allgemeine Regel konsequent zur Anwendung zu bringen, um die berühmte Schulstreitfrage nach der Beurteilung der sog. actiones liberae in causa zu entscheiden.[9] Sie liegen vor, wenn ein im Zustande der Zurechnungsunfähigkeit gesetztes Thun veranlaßt wurde durch einen im Zustande der Zurechnungsfähigkeit gefaßten Entschluß oder eine in diesem Zustande begangene Fahrlässigkeit. Beispiele: der Eisenbahnwächter betrinkt sich, um beim Herannahen des Eilzuges die Weichen nicht zu stellen; die Mutter, die wissen sollte, daß sie im Schlafe sich unruhig hin und her wirft, hat fahrlässiger Weise ihr Kind zu sich ins Bett genommen und erdrückt. Wenn wir daran festhalten, daß auch die menschliche That (bezüglich des Zurechnungsunfähigen wird dies ja allgemein zugegeben) unter dem Kausalitätsgesetze steht, so ist in diesen Fällen im entscheidenden Augenblicke — und das ist jener, in welchem der Anstoß zum Abrollen des Kausalismus gegeben wurde — Zurechnungsfähigkeit vorhanden gewesen. Im nüchternen Zustande hat der Wächter, wachend die Mutter die Ursache zu dem

[9] Lit. bei Binding Grundriß S. 60; schöne Darstellung bei demselben Normen II S. 195 ff. Dazu Hertz das Unrecht usw. I S. 189 ff.

eingetretenen Erfolge gesetzt. Liegt nun außerdem der Kausalzusammenhang selbst und auf der subjektiven Seite wirklich Vorsatz (vgl. unten §. 28 IV) oder Fahrlässigkeit vor, so steht der Zurechnung des Erfolges zur Schuld nichts im Wege.[10]

VI. Da die Zurechnungsfähigkeit eine Art der Handlungsfähigkeit ist, so kann nur der Mensch Subjekt eines Deliktes sein.[11] Und zwar nach positivem Rechte nur das Einzelindividuum, nicht aber die Kollektivpersönlichkeit. Societas delinquere non potest. Immer können nur die einzelnen handelnden Vertreter, nicht aber der vertretene Gesammtkörper zur Verantwortung gezogen werden. Die nach den strafrechtlichen Nebengesetzen des Reiches auch den Kollektivpersönlichkeiten vielfach auferlegte subsidiäre Haftung für die zunächst den Schuldigen treffenden Geldstrafen (vgl. unten §. 42 III 2) ist keine Strafe, wenn sie auch in ihren Wirkungen einer solchen durchaus gleichkommt.

Dabei sei jedoch ausdrücklich betont, daß die Bestrafung „juristischer Personen" nicht nur rechtlich möglich,[12] sondern auch innerhalb gewisser Grenzen nach dem von der englisch-amerikanischen Praxis gegebenen Beispiele de lege ferenda

[10] Die Meinungen gehen weit auseinander. Meist wird in ganz einseitiger Weise nur die Frage nach dem Vorliegen des Kausalzusammenhanges besprochen. Zusammenstellungen der verschiedenen Ansichten bei Binding a. O.

[11] Ueber die abweichenden Ansichten des älteren Rechts vgl. Geib Lehrb. II S. 197.

[12] Die entgegengesetzte Ansicht ist nicht nur die herrschende, sondern die beinahe ausschließlich bei Kriminalisten wie Civilisten herrschende. Für die juristische Möglichkeit der Bestrafung haben sich Beseler, Bluntschli, Ziebarth, in jüngster Zeit Felix Dahn Vernunft im Recht S. 168 ausgesprochen.

empfehlenswert wäre. Sie ist rechtlich möglich: Denn einmal sind die Voraussetzungen für die Handlungsfähigkeit der Kollektivpersönlichkeit auf dem Gebiete des Strafrechtes prinzipiell keine anderen als auf jenem des Civilrechtes[13] oder (was regelmäßig übersehen wird) auf dem des öffentlichen Rechtes (wer Verträge schließen kann, der kann auch betrügerische oder wucherische Verträge schließen, oder die geschlossenen Lieferungsverträge — StGB. §. 329! — nicht halten),[14] und andrerseits ist die Kollektivpersönlichkeit auch Trägerin von Rechtsgütern (Vermögensrechte, Existenz), die strafweise geschmälert oder vernichtet werden können. Und sie ist empfehlenswert, da es den Grundsätzen des Strafrechtes widerspricht, das Organ fremden Willens mit der vollen und ausschließlichen Verantwortlichkeit zu belegen.

§. 26.

Die Fälle der Zurechnungsunfähigkeit.

Die Zurechnungsfähigkeit, als der normale Geisteszustand des geistig reifen und geistig gesunden menschlichen Individuums, ist nicht vorhanden:

I. bei fehlender geistiger Reife.

Diese kann wieder eine doppelte Ursache haben:

---

[13] Freilich ist die Handlungsfähigkeit der juristischen Personen auch auf civilrechtlichem Gebiete bestritten. Man vgl. z. B. Windscheid §. 59.

[14] Man vgl. die interessante Fassung in §. 35 des Genossenschaftsgesetzes v. 4. Juni 1868: „Wenn eine Genossenschaft sich gesetzwidriger Handlungen oder Unterlassungen schuldig macht, durch welche das Gemeinwohl gefährdet wird .... so kann sie aufgelöst werden.“

1. **Noch nicht abgeschlossene Entwicklung, Strafunmündigkeit des Thäters.**[1]

Während das französische Recht und ihm folgend Preußen (StGB. 1851) und Baiern (StGB. 1861) eine einzige strafrechtlich relevante Altersgrenze (16 Jahre) aufstellten, um unterhalb derselben Prüfung der Zurechnungsfähigkeit in jedem einzelnen Falle, oberhalb derselben aber volle Zurechnung eintreten zu lassen, hat das RStGB.,[2] im Anschlusse an die das römisch-kanonische und gemein-deutsche Recht beherrschenden Grundsätze, eine doppelte Altersgrenze gezogen.

a) **Kindheit**; bis zum vollendeten 12. Jahre (StGB. §. 55). Unbedingte und ausnahmslose Zurechnungsunfähigkeit. Infolge dieses Grundsatzes Ausschluß jeder strafgerichtlichen Untersuchung. Als polizeiliche Maßregel ist die Unterbringung in eine Erziehungs- oder Besserungsanstalt zugelassen, wenn die Vormundschaftsbehörde die Begehung einer strafbaren Handlung festgestellt und die Unterbringung für zulässig erklärt hat. Die Aufsichtspersonen können nach StGB. §. 361 Nr. 9 wegen unterlassener Aufsicht, oder nach dem unten §. 36 I zu besprechenden Grundsatze als Selbstthäter, nie aber als Teilnehmer (da ein Delikt nicht vorliegt) zur Verantwortung gezogen werden.[3]

b) **Jugendliches Alter** vom vollendeten 12. bis zum vollendeten 18. Lebensjahr. Prüfung der Zurechnungs-

---

[1] Lit. bei Binding Grundriß S. 58. Dazu Ullmann GS. XXXI, Geyer HR. „Altersstufen".

[2] Nach §. 50 des MilStGB. ist — mit Rücksicht auf die schon mit dem vollendeten 17. Lebensjahre beginnende Waffenfähigkeit — das Alter des Thäters ohne Einfluß auf die Bestrafung militärischer Verbrechen und Vergehen.

[3] Die entgegenstehende OT. 3. Mai 1872 ist gewiß unrichtig.

fähigkeit überhaupt, der zur Erkenntnis der Strafbarkeit der begangenen That erforderlichen Einsicht insbesondere (die letztere muß positiv, eventuell durch die Geschworenen — StPO. §. 298 — festgestellt werden) in jedem einzelnen Falle.

α) Fehlt die Fähigkeit, so tritt Freisprechung ein (StGB. §. 56). In dem Urteile kann die Unterbringung in eine Erziehungs- oder Besserungsanstalt ausgesprochen werden. Bezüglich dritter Personen gilt das oben unter a gesagte.

β) Wird die Zurechnungsfähigkeit festgestellt, so tritt in Berücksichtigung der „verminderten" Zurechnungsfähigkeit eine Reduktion der den Erwachsenen treffenden Strafrahmen ein (StGB. §. 57; vgl. unten §. 54 II 2).

Einen singulären subjektiven Strafausschließungsgrund (§. 30 III 3) enthält StGB. §. 173 (Blutschande) für Verwandte und Verschwägerte absteigender Linie unter 18 Jahren.

2. Gehemmte Entwicklung.

Auch hier muß die Zurechnungsfähigkeit überhaupt, die zur Erkenntnis der Strafbarkeit der begangenen That erforderliche Einsicht insbesondere in jedem einzelnen Falle geprüft und letztere positiv festgestellt werden (StGB. §. 58). Bei konstatierter Zurechnungsfähigkeit tritt jedoch eine Reduktion der normalen Strafrahmen nicht ein, obwohl sie auch hier ohne Zweifel angezeigt wäre.

Wenn auch das Gesetz nur von Taubstummen ausdrücklich spricht, so sind doch diese Bestimmungen auf alle Fälle von Entwicklungshemmung gleichmäßig anzuwenden (man denke an geringeren Cretinismus, an Angehörige wilder Völkerstämme, in völliger Abgeschlossenheit aufgewachsene

Menschen usw.). Dabei handelt es sich durchaus nicht um einen auf dem Wege der Rechtsanalogie gewonnenen neuen Rechtssatz, sondern um eine Konsequenz aus dem von uns aus den gesetzlichen Bestimmungen abgeleiteten allgemeinen Begriff der Zurechnungsfähigkeit.

II. **Bei fehlender geistiger Gesundheit.**[4]

Die geistigen Funktionen des in den Vollbesitz der geistigen Reife gelangten Individuums können kürzere oder längere Zeit **gehemmt**, **gestört** oder allmähliger **Vernichtung** entgegengeführt werden. Sowie aber nicht jede Störung der vollen körperlichen Gesundheit als Krankheit bezeichnet werden kann, so wird auch nicht durch jede Störung in dem Spiele der geistigen Funktionen die Zurechnungsfähigkeit ausgeschlossen; das Minimalmaß, mit dem sich das Recht überhaupt begnügen muß, bildet auch hier die untere Grenze. Darum verlangt StGB. §. 51, auch hier lediglich eine Seite in dem Inhalte der Zurechnungsfähigkeit besonders (aber durchaus nicht ausschließlich) betonend, einen solchen Zustand, durch welchen „die **freie Willensbestimmung** des Thäters ausgeschlossen" war. Eine erschöpfende Aufzählung und entsprechende Bezeichnung dieser verschiedenen Hemmungs-, Störungs- und Degenerationszustände konnte bei dem heutigen Stande der Wissenschaft nicht, wollte auch von dem Gesetze nicht gegeben werden. Die Ausdrücke des §. 51: „Bewußtlosigkeit" einerseits, „krankhafte Störung der Geistesthätigkeit" andererseits, die überhaupt keinen erschöpfenden Gegensatz enthalten, sind daher **nicht** zu betonen. Zu jener werden wir neben Fieberdelirium, Betäubungen, Trunkenheit, Ohnmachten, epileptischen Anfällen usw. auch Schlaf, Schlaf-

[4] Lit. bei **Binding** Grundriß S. 58 u. 60.

trunkenheit, Schlafwandel u. dgl., zu diesen neben den eigentlichen Geisteskrankheiten auch die mehrerwähnten Degenerationszustände zu rechnen haben.

Ob Zurechnungsfähigkeit im einzelnen Falle vorliegt oder nicht, hat auch bei diesen Fällen der Richter zu entscheiden, eventuell unter Zuziehung von Sachverständigen, deren Ausspruch ihn hier ebensowenig bindet wie sonst.[5]

2. Die Schuld selbst und ihre Arten.

§. 27.

Die Schuld.

I. Das Verbrechen ist wie das Delikt, schuldhafte normwidrige Handlung. Nicht jede normwidrige Handlung des Zurechnungsfähigen ist Delikt; nur unter gewissen Voraussetzungen knüpft das objektive Recht die Deliktsfolgen an die normwidrige Handlung. Diese subjektiven Voraussetzungen nun, an deren Vorliegen der Eintritt der Deliktsfolgen geknüpft ist nennen wir Schuld. Die rechtliche Schuld hat demnach mit der ethischen oder religiösen Schuld nichts als — leider! — den Namen gemein.

Durch diese Fassung des Schuldbegriffes ist uns zugleich der Weg gewiesen, auf dem wir zur Erkennntnis seines Inhaltes gelangen können. Jede aprioristische Konstruktion vermeidend, müssen wir die Voraussetzungen für den Eintritt der Deliktsfolgen, also die unbestrittenen Schuldfälle aus

---

[5] Uebrigens kann dem Juristen das Studium psychiatrischer Werke nicht dringend genug ans Herz gelegt werden.

dem positiven Rechte kennen zu lernen suchen.[1] Die augenfälligste Deliktsfolge, die Strafe, dient uns als Führer auf diesem Wege. Die Betrachtung lehrt uns, daß jene Voraussetzungen durch Vorsatz und Fahrlässigkeit erschöpft werden; diese sind die beiden einzigen Schuldarten. Durch eine Zusammenfassung der beiden Begriffe würde, wenn eine solche möglich wäre, der gemeinschaftliche höhere Begriff der Schuld entstehen. Die genauere Untersuchung zeigt jedoch die Unmöglichkeit einer solchen Zusammenfassung. Beim Vorsatz (s. unten §. 28 I) liegt das Schuldmoment, d. h. jener Umstand, welcher die Deliktsfolgen nach sich zieht, lediglich in der objektiven Normwidrigkeit der Handlung; bei der Fahrlässigkeit dagegen in der pflichtwidrigen Nichtanwendung der anzuwendenden Sorgfalt. Der Vorsatz als solcher ist noch nicht Schuld, sondern findet sich in gleicher Weise bei dem normgemäßen wie bei dem normwidrigen Handeln; die Fahrlässigkeit dagegen ist an sich schon Schuld (wenn auch nicht immer strafbare Schuld), und ist auf anderem Gebiete als dem des normwidrigen Handelns gar nicht denkbar. Beide Artbegriffe haben nichts gemein als ihre Wirkung; daher kann der Gattungsbegriff auch nur nach dieser bestimmt werden.[2]

II. Wir haben Vorsatz und Fahrlässigkeit als die beiden

---

[1] Strengstes Festhalten an der induktiven Methode ist unbedingt notwendig, wollen wir die Grundbegriffe der juristischen Wissenschaft dem Auf- und Abwogen subjektiver Anschauungen entziehen.

[2] Anders die herrschende Ansicht. Doch beweist mir insbesondere Binding's Schuldlehre in den „Normen", daß der Versuch, zuerst den Begriff der Schuld und dann aus diesem den der Schuldarten zu bestimmen (statt umgekehrt) scheitern muß, sobald er konsequent durchgeführt wird.

einzigen Schuldarten bezeichnet und dieses Resultat als ein aus dem positiven Rechte abgeleitetes hingestellt. Dieser Behauptung widersprechen nicht die zahlreich in den strafrechtlichen Nebengesetzen sich findenden Präsumptionen der Schuld.[3] Denn wenn das objektive Recht bis zu dem Beweise des Gegenteils die Schuld — Vorsatz oder Fahrlässigkeit — als erwiesen annimmt, vielleicht auch den Gegenbeweis dem Angeschuldigten aufbürdet, so anerkennt es ja gerade dadurch, daß ohne Vorsatz oder Fahrlässigkeit eine Bestrafung nicht eintreten kann und soll. Durch die Präsumption einer Thatsache wird ja gerade deren rechtliche Bedeutung besonders betont.[4]

Unserem Satze, daß Vorsatz und Fahrlässigkeit die einzigen Schuldarten seien und daß es ohne Schuld weder Delikt noch Verbrechen gebe, widersprechen auch nicht jene Anordnungen, welche die Schwere der Strafe für das an sich schuldhafte Thun abstufen nach der Größe des verursachten Schadens, unabhängig davon, ob gerade in Bezug auf die Verursachung dieses schwereren Erfolges Schuld vorliegt (vgl. unten §. 54 I 3). Denn die bestrafte Hand-

[3] Man vgl. außer den Zoll- und Steuergesetzen: Gesetz betr. die Nationalität der Kauffahrteischiffe vom 25. Oktober 1867 §. 14; Aktiengesetz vom 11. Juni 1870 §. 249 a; Preßgesetz vom 7. Mai 1874 §. 21 (nicht §. 20); Rinderpestgesetz vom 21. Mai 1878 §. 3 Abs. 2; Spielkartenstempelgesetz vom 3. Juli 1878 §. 10 Abs. 3. Ueber diese Präsumptionen Binding Normen II S. 612 ff.

[4] Die einzige Ausnahme, bei der es sich also nicht um eine Präsumption der Schuld sondern um Ignorierung derselben handelt, bietet §. 137 Abs. 1 des Vereinszollgesetzes vom 3. Juli 1869, aber auch dieser nur insoweit weder der 2. Abs. eingreift, noch auch die Wortfassung des bezogenen §. 136 das Gegenteil ergiebt.

lung ist auch in diesen Fällen eine schuldhafte; mit anderen Worten: Verursachung eines gewissen Erfolges ohne Rücksicht auf Schuld in Bezug auf diesen Erfolg ist im Reichsstrafrecht immer nur Strafschärfungsgrund, nicht aber Deliktsmerkmal oder Bedingung der Strafbarkeit.

III. Die Schuld muß, sei sie Vorsatz, sei sie Fahrlässigkeit, im Augenblicke der willkürlichen Körperbewegung vorhanden sein. Späterer Eintritt, sowie späteres Entfallen der Schuld ist ohne juristische Bedeutung. Vgl. das oben §. 25 V bezüglich der Zurechnungsfähigkeit Gesagte.

IV. Die Erklärung, daß die Handlung eines Zurechnungsfähigen auf dessen Vorsatz oder Fahrlässigkeit beruhe, heißt Zurechnung oder Imputation. Die betreffende Handlung wird als zurechenbar bezeichnet. Es giebt also zurechenbare und nicht zurechenbare Handlungen eines Handlungsfähigen, während die Handlungen eines Zurechnungsunfähigen, soweit er überhaupt willkürlicher körperlicher Bewegungen fähig ist, nie zurechenbar sind.

§. 28.

Der Vorsatz.[1]

I. Vorsatz ist der Wille (in dem oben §. 17 I angegebenen Sinne) als Ursache einer Handlung im engeren Sinne (oben §. 19 I) begleitet von der Vorstellung der Kausalität derselben; d. h. begleitet von der Vorstellung jener Veränderungen (oben §. 19 II), welche die Handlung in der Außenwelt hervorruft, und von der

---

[1] Lit. bei Binding Grundriß S. 65, Normen II Note 614. Dazu Ortmann GS. XXX, Geyer in HR. „dolus“.

Vorstellung, daß diese Veränderungen durch die Handlung hervorgerufen werden würden.[2]

Der Begriff des Vorsatzes ist auf dem Gebiete des normgemäßen und des normwidrigen, des rechtlich bedeutsamen wie des rechtlich indifferenten Handelns ein und derselbe. Man spricht von dem vorsätzlichen Abschießen eines Gewehres, mag es sich um die Tötung eines Menschen, um Ausübung des Jagdrechtes oder lediglich darum handeln, daß die Ladung aus dem Rohre entfernt werde. Allerdings ist der Sprachgebrauch kein konstanter; Absicht und Vorsatz werden nebeneinander, der erstere Ausdruck noch häufiger gebraucht. Aber dasselbe Schwanken zeigt sich in der Strafgesetzgebung; auch diese gebraucht neben andern Synonimen für Vorsatz auch das Wort Absicht[3] (also Absicht = Vorsatz: erste Bedeutung von Absicht).

Nur die objektive Normwidrigkeit der Handlung macht den Vorsatz zum schuldhaften Vorsatz.

II. Daraus ergiebt sich eine wichtige Konsequenz. Das Bewußtsein der Normwidrigkeit gehört nicht zum Begriffe des Vorsatzes an sich. Freilich könnte die Gesetzgebung durch ausdrückliche oder stillschweigende Anordnung den Eintritt der Deliktsfolgen bei der vorsätzlichen normübertretenden Handlung abhängig machen von dem Bewußtsein dieser Eigenschaft der Handlung; dann wäre der schuldhafte Vorsatz der bewußt rechtswidrige Wille. Aber die

[2] Dadurch unterscheidet sich der Vorsatz von dem Wunsch, welcher die Vorstellung künftiger Veränderungen, aber nicht die Vorstellung der Kausalität der gegenwärtig vorgenommenen Handlung für dieselben in sich schließt.

[3] Zusammenstellung der Synonima für Vorsatz bei Binding Normen II Noten 669 u. 671.

Gesetzgebung hat dies nicht gethan.[4] Nur ausnahmsweise hat sie das an sich selbstverständliche Merkmal der Rechtswidrigkeit in den besonderen Thatbestand einzelner Delikte aufgenommen und damit erklärt, daß die allgemeine Regel des §. 59 StGB., nach welcher die Vorstellung alle Merkmale des besonderen Thatbestandes umfassen muß (vgl. unten V) ausnahmsweise auch auf das Moment der Rechtswidrigkeit ausgedehnt werden solle.[5] Man vgl. StGB. §§. 123, 124, 239, 240, 291, 339, 353a u. A. Und zwar handelt es sich hier durchaus um solche Normen, deren als Regel gedachte Herrschaft durch zahlreiche Ausnahmen durchbrochen wird, so daß ein Zweifel darüber, ob ein konkreter Fall unter die Regel oder unter eine der Ausnahmen zu subsumieren sei, leicht möglich ist und Berücksichtigung verdient.

Abgesehen von diesen Ausnahmen ist das Bewußtsein der Normwidrigkeit nur bei der Strafzumessung von Bedeutung. Vorsatz liegt also vor nicht nur bei irriger Nichtsubsumption der That unter die Norm, sondern auch bei irriger Subsumption derselben unter eine Ausnahme von der Norm (irriger Annahme eines Notstandes, der Notwehr, einer subjektiven Berechtigung usw.).[6]

[4] Der von Binding Normen II S. 356—486 angetretene Gegenbeweis aus dem positiven Rechte ist m. E. mißlungen. Der Beweis aus dem allgemeinen Begriffe der Schuld aber fällt mit diesem. Theorie und Praxis schwanken. Ueber letztere vgl. Binding Normen II Note 724. Die richtige Ansicht vertritt RGR. 29. Januar 1880, R I 291, E I 88 (für StGB. §. 180); 17. März 1880, E I 272, R I 448 (für StGB. §. 137); (bedenklich RGR. 24. Oktober 1879, R I 16). Vgl. für die richtige Ansicht auch RGR. 9. Dezember 1879, R I 132.

[5] Gerade diese Ausnahmen beweisen die Regel. Die Gegner — auch Binding — müssen jene für geradezu sinnlos erklären.

[6] A. A. Meyer Lehrbuch S. 242 und die daselbst Note 5

Verschieden von dem Mangel des Bewußtseins der Normwidrigkeit ist der sog. Verbrecherwahn, bei welchem der Verbrecher die Normwidrigkeit seines Thuns kennt, aber vermeintlich höheren Pflichten gehorchend, sich bewußt über dieselbe hinwegsetzt (vgl. Militär-StGB. §. 48).

Und das gerade Gegenstück zu dem mangelnden Bewußtsein der Normwidrigkeit bildet das Wahnverbrechen oder Putativdelikt, bei welchem der Handelnde sich den Erfolg seines Thuns richtig vorstellt, diesen aber irrig unter eine nicht existirende Norm subsumirt, oder unter eine gegebene Ausnahme von der Norm nicht subsumirt. Beispiel: irrige Annahme, daß scharfe Invektiven gegen einen Regenten des 16. Jahrhunderts Majestätsbeleidigung seien; irrige Nichtannahme eines Notstandes usw. Hier kann die fehlende Normwidrigkeit nicht durch die Vorstellung derselben ersetzt werden.

III. Es genügt zum Begriffe des Vorsatzes das Vorhandensein der Vorstellung, daß die Handlung kausal sein werde; es ist nicht erforderlich, daß diese Vorstellung gerade treibendes Motiv gewesen, daß der Thäter um dieser Veränderungen willen die Handlung unternommen hat.[7] Wir können die Vorstellung als treibendes Motiv Absicht nennen (2. Bedeutung dieses Wortes) und dem Vorsatze entgegenstellen. In der That wird in der Reichsgesetzgebung das Wort „Absicht" (selten) auch in diesem Sinne gebraucht (z. B. StGB. §. 225 u. A.).

Es genügt ferner die Vorstellung der nächsten unmittel-

Angeführten. Gegen die im Text vertretene Ansicht scheint RGR. 28. Oktober 1879, R I 23 sich auszusprechen.

[7] Anders die herrschende Ansicht der Theoretiker. Für die im Texte vertretene Auffassung die Praxis.

baren Folgen der Handlung; die entfernteren mittelbaren Folgen brauchen regelmäßig nicht vorgestellt zu werden. Die Vorstellung dieser entfernteren Folgen wird auch wohl Absicht[8] genannt (3. Bedeutung des Wortes). Sie ist mittelbarer Vorsatz, also nicht notwendig treibendes Motiv. Wo sie von dem Gesetzgeber bei einzelnen Delikten zum Thatbestandsmerkmal (man denke an die Zueignungsabsicht beim Diebstahl; die Absicht, sich oder einem Dritten einen Vermögensvorteil zu verschaffen, beim Betrug usw.) oder zum straferhöhenden Umstande gemacht wird, geht sie in dem Vorsatze auf, d. h. es müssen einerseits in diesem Falle auch die weiteren Folgen vorgestellt sein, und es genügt andrerseits das Vorhandensein dieser Vorstellung.

IV. Die Vorstellung von den durch die Handlung zu verursachenden Veränderungen und diese Veränderungen selbst müssen sich decken; „nicht wie zwei kongruente Dreiecke" (Binding), aber in allen wesentlichen Punkten. Decken sie sich in einem wesentlichen Punkte nicht, so liegt bezüglich dieses Punktes Vorsatz nicht vor. Irrtum[9] bezüglich eines wesentlichen Punktes schließt also den Vorsatz aus.[10] Welche Punkte sind aber wesentliche in der den strafrechtlichen Vorsatz begleitenden Vorstellung?

Ehe wir diese Frage beantworten, müssen wir die Vorfrage erledigen: auf welche Punkte muß sich überhaupt die Vorstellung erstrecken, um als individualisierte Vorstellung in Betracht zu

[8] Ueber die verschiedene Bedeutung des Wortes Absicht vgl. auch Binding Normen I Note 873.

[9] Lit. über den Einfluß des Irrtums bei Binding Grundriß S. 62. Vgl. auch Zitelmann Irrtum u. Rechtsgeschäft 1879.

[10] Fahrlässigkeit kann jedoch gerade wegen des Irrtums vorliegen.

kommen? Die Vorstellung muß bestimmt sein nach Objekt und Mittel; genauer: sie muß sich durch Beziehung auf ein bestimmtes Rechtsgut bez. dessen Träger, auf die vorzunehmende körperliche Bewegung, und auf den Kausalzusammenhang zwischen dieser und dem vorgestellten Erfolge spezialisiert haben.[11] Ich muß wissen, ob ich töten, stehlen oder brandstiften will, ehe von einem Vorsatze die Rede sein kann; ich muß wissen, wen ich töten will und auf welche Weise. Diese Spezialisierung kann nun eine mehr oder weniger genaue sein; alle Menschen die aus diesem Brunnen trinken, der mir unbekannte anonyme Einsender einer mich beleidigenden Zeitungsannonce, der eben des Weges daherkommende Wandersmann, die in dem zu erbrechenden Schranke befindlichen Gegenstände, sie alle sind genügend spezialisierte Objekte meines Vorsatzes. Die Minimalgrenze der Spezialisierung, welche die Vorstellung erreicht haben muß, läßt sich durch allgemeine Regeln nicht fixieren; über diese Grenze hinaus kann die Vorstellung und mit ihr der Vorsatz mehr oder weniger bestimmt sein.

Mit Rücksicht auf diesen möglichen Unterschied in der Spezialisierung der Vorstellung hat man Arten des Vorsatzes unterscheiden wollen, sobald es sich um genügende aber nicht ganz genaue Vorstellung des Erfolges handelt. So den dolus generalis, wenn mehrere Erfolge, den dolus alternativus, wenn zwei Erfolge in gleicher Linie, den dolus eventualis, wenn in erster Linie der eine, in zweiter Linie der andere Erfolg vorgestellt waren; ihnen allen gegenüber den genau spezialisierten dolus determinatus.

[11] Vgl. die interessanten Ausführungen bei Binding Normen II S. 412 ff. und Zitelmann S. 433 ff. (S. 524).

Allein bei richtiger Auffassung des Vorsatzbegriffes sind alle diese Einteilungen wertlos oder gefährlich. Jeder der vorgestellten Erfolge ist vom Vorsatze erfaßt; der schwerste derselben daher, ob eingetreten oder nicht, für die strafrechtliche Beurteilung des Thäters maßgebend[12] (vgl. auch unten §. 32 IV 2).

V. Und nun können wir zu der Beantwortung der oben aufgeworfenen Frage zurückkehren, die mit der eben erledigten durchaus nicht identisch ist. Welche Punkte in der spezialisierten Vorstellung sind von solcher Wichtigkeit, daß Nichtübereinstimmung des Erfolges mit der Vorstellung die Zurechnung zum Vorsatze ausschließt?

1. Die nächste Antwort giebt uns das positive Recht in §. 59 Abs. 1 StGB.[13] Es bezeichnet als wesentlich „Thatumstände, welche zum gesetzlichen Thatbestande gehören oder die Strafbarkeit erhöhen"; also Thatbestandsmerkmale und erschwerende Umstände. Aber nur die Merkmale des besonderen Thatbestandes, also jene Merkmale, die den Begriff des einzelnen Verbrechens konstituiren, nicht die zum allgemeinen Thatbestande gehörenden, bei jedem Verbrechen wiederkehrenden Merkmale wie Zurechnungsfähigkeit, Schuld, Widerrechtlichkeit usw. Doch können auch Merkmale des allgemeinen Thatbestandes durch Aufnahme in den Verbrechensbegriff den besonderen Thatbestands-

---

[12] Zu anderem Resultate gelangt Binding a. O. — Die Beweisfrage ist selbstverständlich mit der theoretischen Entscheidung nicht zu verwechseln.

[13] Besondere Bestimmung im Nachdrucksgesetz vom 11. Juni 1870 §. 18 Abs. 2: „Bestrafung bleibt ausgeschlossen, wenn der Veranstalter des Nachdrucks auf Grund entschuldbaren, thatsächlichen oder rechtlichen Irrtums in gutem Glauben gehandelt hat." Ebenso in den drei Urheber-Gesetzen vom 9., 10., 11. Januar 1876.

merkmalen gleichgestellt werden (vgl. das oben unter II bez. der Widerrechtlichkeit Gesagte).

Es liegt also vorsätzlicher Diebstahl nicht vor, wenn ich die Eigenschaft der Sache als einer fremden; es liegt Ascendententodschlag nicht vor, wenn ich die Eigenschaft des Erschlagenen als meines Ascendenten nicht kannte.

2. Es kann aber ein Umstand auch dadurch zu einem wesentlichen werden, daß er, unter Ausschluß aller anderen korrespondierenden Umstände aus der Vorstellung, mit vollster Bestimmtheit in die spezialisierte Vorstellung aufgenommen wurde.

Wenn der Erfolg daher bei einem ganz außerhalb der Vorstellung liegenden Objekte oder auf einem außerhalb derselben liegenden Wege (Kausalzusammenhang) oder endlich wenn an dem vorgestellten Objekte ein außerhalb der Vorstellung liegender Erfolg eingetreten ist:[14] so kann der Erfolg nicht zum Vorsatze zugerechnet werden.

Aus dem Gesagten folgt, daß die Möglichkeit der Nichtübereinstimmung zwischen Vorstellung und Erfolg in wesentlichen Punkten mit der größeren Spezialisierung der Vorstellung im geraden Verhältnisse steht.

Dabei kann es der richtigen Ansicht nach keinen Unterschied machen, ob der Eintritt des Erfolges bei einem anderen als dem vorgestellten Objekte zurückzuführen ist auf äußere Umstände (sog. aberratio ictus) oder auf einen Irrtum des Thäters über die Identität des Objektes (sog. error in objecto oder in persona). Es ist gleich unrichtig, die Zurechnung zum Vorsatz bei der aberratio immer ausschließen,

---

[14] Man vgl. mit dem Gesagten Binding Normen II S. 434.

als sie bei dem error in persona immer annehmen zu wollen.[15]

VI. Die alten Einteilungen des Vorsatzes haben bis auf Eine heute nur mehr dogmengeschichtliches Interesse. Der dolus generalis, alternativus und eventualis wurden bereits besprochen. Der dolus indirectus (Feuerbach's culpa dolo determinata) ist kein Vorsatz, denn die Vorhersehbarkeit kann den nicht vorgestellten Erfolg auch dann nicht zu einem vorgestellten machen, wenn derselbe durch eine strafbare Handlung veranlaßt wurde. Und der dolus subsequens widerspricht dem Satze (vgl. oben §. 27 III), daß im Augenblicke der That die Schuld, sei es als Vorsatz, sei es als Fahrlässigkeit, vorhanden sein muß.

Dagegen ist die Einteilung in überlegten und nicht überlegten Vorsatz nicht nur psychologisch richtig, sondern auch strafrechtlich von Bedeutung. Das RStGB. hat den Gegensatz von Mord und Todschlag auf diesen Unterschied gebaut, und damit seine allgemeine Bedeutung wenigstens für die Strafzumessung anerkannt. Ueberlegter Vorsatz, dolus praemeditatus, liegt vor, wenn die auftauchende Vorstellung von der Kausalität der vorgestellten Handlung nicht unmittelbar zur That führte, sondern die kontrastierenden Vorstellungen Gelegenheit hatten, zur Geltung zu gelangen; nicht überlegter oder Affektvorsatz, dolus repentinus, wenn dies nicht der Fall war, sondern die auftauchende Vorstellung,

---

[15] Wie dies die herrschende Ansicht thut. Lit. bei Meyer Lehrb. S. 165 f., auch bei Zitelmann Note 410. Die richtige Ansicht ist auf dem Gebiete des Civilrechtes die herrschende; man vgl. z. B. Windscheid §. 76. Uebrigens ist die ganze Unterscheidung zwischen ab. i. und error in p. ohne Wert. Vgl. v. Buri Kausalität S. 83.

alle kontrastierenden Vorstellungen gleichsam überrennend, sofort sich in That umsetzte. Dabei ist das „sofort“ nicht zeitlich, sondern nach der Einheitlichkeit der psychischen Vorgänge zu bestimmen.

§. 29.

Die Fahrlässigkeit.[1]

I. Fahrlässigkeit, die zweite der beiden Schuldformen des heutigen Rechts, ist der Wille als Ursache einer von der Vorstellung ihrer Kausalität (vgl. oben §. 28 I) nicht begleiteten Handlung mit rechtswidrigem Erfolge, wenn der Handelnde a) bei Vornahme der Handlung die von der Norm gebotene und nach Lage der konkreten Umstände erforderliche Sorgfalt (objektiver Maßstab) außer Acht gelassen hat, und wenn er b) den Erfolg hätte vorhersehen, d. h. die Vorstellung von der Kausalität seines Thuns hätte gewinnen können (subjektiver Maßstab).

1. Die strafrechtliche Fahrlässigkeit besteht nach diesem, aus dem positiven Recht abgeleiteten, Begriffe nicht lediglich in einer pflichtwidrigen Unachtsamkeit, in der Außerachtlassung der erforderlichen Sorgfalt. Die Uebertretungen des §. 366 Ziff. 2, 3, 4, 5, 6, 7, 8, 9 StGB. (z. B. Stehenlassen von Pferden auf öffentlichen Wegen „mit Vernachlässigung der erforderlichen Sicherheitsmaßregeln“) sind keine fahrlässigen Delikte. Die pflichtwidrige

---

[1] Lit. bei Binding Grundriß S. 68. Dazu Geyer in HR. „culpa“.

Unachtsamkeit kommt als strafrechtliche Fahrlässigkeit nur dann in Betracht, wenn sie die Ursache eines weiteren rechtswidrigen Erfolges wurde, wenn also z. B. die vernachlässigten Pferde ausgerissen sind und ein Kind beschädigt haben. Das Maß der anzuwendenden Sorgfalt bestimmt sich dabei lediglich nach der objektiven Natur der vorgenommenen Handlung, nicht aber nach dem Charakter des Handelnden.

2. Der eingetretene Erfolg muß ein für den unvorsichtig Handelnden vorhersehbarer gewesen sein. Genauer: es muß dem Handelnden möglich gewesen sein, die Vorstellung von der Kausalität seines Thun's zu gewinnen. Bei der Beurteilung dieser Frage sind die geistigen Fähigkeiten des Handelnden, sein größerer oder geringerer Scharfblick zu Grunde zu legen. Also nicht unachtsames Verhalten mit rechtswidrigem Erfolg, sondern solches Verhalten mit individuell vorhersehbarem rechtswidrigem Erfolge bildet das Wesen der Fahrlässigkeit im heutigen Rechte.

3. Immer aber muß das fahrlässige Delikt Handlung (mit Einschluß der sog. Unterlassungen; vgl. oben §. 21) d. h. willkürliche körperliche Bewegung sein, zurückgeführt werden können auf den Willen, als den die motorischen Nerven unmittelbar erregenden psychischen Akt. Nur ist zu beachten, daß gerade bei dem fahrlässigen Delikte die Handlung (im engeren Sinne) und der Erfolg zeitlich und räumlich weit ab von einander liegen können; z. B. der in Belgien 1879 erzeugte und nach Berlin verkaufte Dampfkessel explodiert daselbst im Jahre 1881 in Folge schleuderhafter Konstruktion der Sicherheitsventile. Für die Frage nach der Schuld des Thäters ist hier wie immer (oben §. 27 III) der Augenblick der körperlichen Bewegung maßgebend; Zeit und Ort der Begehung des Deliktes richtet sich nach den allgemeinen

Regeln (vgl. oben §. 19 IV), so daß in unserem Beispiele das Delikt in Berlin und in dem Augenblicke begangen ist, in welchem der Dampfkessel in der Fabrik zu funktionieren beginnt; die Vollendung des Verbrechens endlich bestimmt sich nach dem Eintritte des rechtswidrigen Erfolges. Ueber die Beteiligung Mehrerer an demselben fahrlässigen Delikte ist das oben §. 20 III über den Kausalzusammenhang und das unten §. 35 II 1 über die Teilnahme Gesagte zu vergleichen.

II. Die Fahrlässigkeit beruht auf einem Irrtume über die Kausalität der Handlung; die Vorstellung von dem Erfolge und der Erfolg selbst decken sich in einem wesentlichen Punkte nicht. Insofern bildet die Fahrlässigkeit das Gegenbild des Vorsatzes; und von der Entscheidung der Frage, welche Punkte in dem Inhalte der Vorstellung als wesentliche zu betrachten seien (vgl. oben §. 28 V) wird die Grenzbestimmung zwischen dem Gebiete des Vorsatzes und jenem der Fahrlässigkeit abhängen. Aber diese ist nicht das reine Gegenbild des Vorsatzes; nicht jeder, sondern nur der (kurz gesagt) verschuldete Irrtum ist Fahrlässigkeit. Nicht mehr will der gänzlich überflüssige und darum verwirrende 2. Absatz des §. 59 StGB. sagen.

III. Alle Normen sind an sich der fahrlässigen Uebertretung fähig. Aber nicht jede fahrlässige Normübertretung wird von dem positiven Rechte mit Strafe belegt. Es bildet im Gegenteile nach Reichsrecht die Bestrafung fahrlässiger Delikte eine Ausnahme, die nur dann als gegeben anzunehmen ist, wenn der Wille, auch die fahrlässige Uebertretung zu bestrafen, ausdrücklich im Gesetze ausgesprochen oder aus dem Zusammenhange der gesetzlichen Bestimmungen mit Sicherheit zu entnehmen ist. Ausdrücklich droht das Gesetz

Strafe auch der fahrlässigen Begehung in folgenden Fällen:

StGB. § 186 üble Nachrede; §§. 222 und 230 Tötung und Körperverletzung; §§. 121 und 347 Entweichenlassen von Gefangenen; 163 Falscheid; 259 Partiererei (vgl. unten IV a. E.); 309, 311, 314, 316, 318, 326, 329 gemeingefährliche Delikte; 345 Vollstreckung einer nicht zu vollstreckenden Strafe.

Nebengesetze: die Urhebergesetze vom 11. Juni 1870 §§. 18, 20, 24; 9. Januar 1876 §. 16, 10. Januar 1876 §. 9, 11. Januar 1876 §. 14; Seemannsordnung vom 27. Dezember 1872 §§. 94 und 97; Preßgesetz vom 7. Mai 1874 §. 21;[2] Gesetz betreffend Beseitigung von Ansteckungsstoffen bei Viehbeförderung vom 25. Februar 1876 §. 5 (interessant für den Begriff der Fahrlässigkeit); Nahrungsmittelgesetz vom 14. Mai 1879 §§. 11 und 14; Gesetz betreffend Zuwiderhandlungen gegen die zur Abwehr der Rinderpest erlassenen Vieheinfuhrverbote vom 21. Mai 1878 §§. 3 u. 4 (das Impfges. v. 8. April 1874 §. 17 gehört nur scheinbar hieher).

IV. Grade der Fahrlässigkeit. Das positive Recht hat in zwei Fällen die Fahrlässigkeit als eine qualifizierte behandelt, wenn der Thäter zu der von ihm außer Acht gelassenen Sorgfalt „vermöge seines Amtes, Berufes oder Gewerbes besonders verpflichtet war" (StGB. §§. 222 und 230 Tötung und Körperverletzung).

Von dieser besonderen Anordnung des Gesetzes abgesehen, sind zwei Stufen der Strafbarkeit innerhalb der Fahrlässigkeit zu unterscheiden:

[2] Daß es sich hier um den gewöhnlichen Begriff der Fahrlässigkeit handelt. s. bei Liszt Preßrecht §. 51 f.

1. Der Thäter hatte die (irrige) Vorstellung, daß die Handlung nicht kausal sein werde; der leichtere Fall.

2. Der Thäter hat (blind drauf los) gehandelt, ohne überhaupt zu irgend einer Vorstellung über die Kausalität seines Thuns zu gelangen; der schwerere Fall (die luxuria des römischen Rechts, vgl. Windscheid §. 101 Note 10).

Diese Einteilung fällt mit der durchaus unhaltbaren herrschenden Einteilung in bewußte und unbewußte Fahrlässigkeit[3] (die auf einer ganz abweichenden Fassung des Begriffes der Fahrlässigkeit beruht) nicht zusammen.

Endlich muß noch auf die ganz singuläre Bestimmung in §. 259 StGB. aufmerksam gemacht werden, nach welcher Partiererei auch dann anzunehmen ist, wenn der Thäter zwar nicht wußte, aber den Umständen nach annehmen mußte, daß die von ihm verheimlichte usw. Sache durch eine strafbare Handlung erlangt sei. Es liegt hier ein besonderer Fall der Fahrlässigkeit vor;[4] nicht besonders schwere Fahrlässigkeit:[5] denn immer liegt das Wesen derselben in dem mangelnden und doch durch die Umstände nahegelegten Bewußtsein der Kausalität; sondern ein speziell hervorgehobener Fall der Fahrlässigkeit, so daß jede andere fahrlässige Herbeiführung desselben Erfolges[6] nicht gestraft werden kann.

---

[3] Lit. bei Meyer S. 174 Note 17.

[4] So auch RGR. 28. April 1880, R I 691.

[5] Dies die Ansicht des RGR. in der eben cit. E., welche die Bestimmung nicht auf culpa schlechthin, sondern auf culpa lata bezieht.

[6] Z. B. der Thäter merkt nicht, daß seine Handlung ein Verheimlichen der betreffenden Sachen in sich schließt.

V. Das Verbrechen als das mit Strafe bedrohte Delikt.

§. 30.

Die Bedingungen der Strafbarkeit im Allgemeinen.

I. Nicht jede schuldhafte normwidrige Handlung, nicht jedes Delikt ist Verbrechen (vgl. oben §. 17 IV). In vielen, wenn auch lange nicht in allen Fällen, müssen außer dem Vorliegen der Normübertretung noch andere Voraussetzungen gegeben sein, damit die Strafbarkeit des Thuns eintritt. Eine Reihe von Fällen, die sich leicht verdreifachen läßt, wurde bereits in der Einleitung §. 4 I erwähnt, andere werden wir im besonderen Teile zur Genüge kennen lernen. Man spricht hier positiv von Bedingungen der Strafbarkeit, oder wenn man negativ das Fehlen dieser Bedingungen bezeichnen will, von Strafausschließungsgründen. So kann man das Fehlen des Antrages bei den Antragsdelikten, die nicht erfolgte Auflösung der Ehe bei den Verbrechen der §§. 170, 172, 238 StGB., den Mangel der verbürgten Gegenseitigkeit in den Fällen der §§. 102 und 103 StGB. usw. als Strafausschließungsgründe bezeichnen. Doch ist dabei zu beachten: einmal, daß dieser Ausdruck nicht immer in der in dem vorliegenden Lehrbuche festgehaltenen engeren Bedeutung gebraucht wird; und ferner, daß eine Verwechselung dieser objektiven die That ergreifenden Strafausschließungsgründe mit den unter III 3 zu besprechenden subjektiven Strafausschließungen nahe liegt. Daher verdient der Ausdruck: „Bedingungen der Strafbarkeit“ den Vorzug.

II. Fehlt eine der Bedingungen der Strafbarkeit, so kann wohl ein Delikt, nie aber ein Verbrechen vorliegen. Der nicht aus dem Delikte sondern aus dem Verbrechen dem Staate gegen den Verbrecher erwachsende **Strafanspruch entsteht nicht**, wenn und so lange die Bedingungen seines Entstehens nicht gegeben sind. So lange der Antrag nicht gestellt, ist das sogenannte Antragsdelikt nicht Verbrechen. Eben darum kann auch vor Eintritt der Bedingung (z. B. der rechtskräftigen Scheidung der Ehe im Falle des §. 172 StGB.) weder die Verfolgung eingeleitet, noch auch nur der Antrag auf Einleitung derselben mit rechtlicher Wirkung gestellt werden. RGR. 3. Januar 1880, E I 44, R I 180; 23. März 1880, R I 505, E II 62. Ebenso ist — um bei dem Beispiele zu bleiben — Begünstigung des Ehebruches nur strafbar, wenn die Scheidung der Ehe erfolgt; der Vorwurf eines Ehebruchs nur unter der gleichen Bedingung falsche Anschuldigung im Sinne des §. 164 StGB. usw. Wenn aber die Bedingung eintritt, dann wird ihre Wirkung zurückbezogen auf den Zeitpunkt der Begehung der deliktischen Handlung; die nachträglich eingetretene Bedingung wirkt nicht ex nunc sondern ex tunc, der Anspruch gilt als entstanden in dem Augenblicke der begangenen Handlung. Tritt die Bedingung dagegen nicht ein, so liegt ein Verbrechen überhaupt nicht vor. An einer solchen normwidrigen, aber nicht strafbaren Handlung ist strafbare Teilnahme nicht möglich (vgl. unten §. 35 II 3); und ebenso sind alle objektiven Maßregeln, die eine „strafbare Handlung" zur Voraussetzung haben, ausgeschlossen.[1]

---

[1] Vgl. **Liszt** Reichspreßrecht §. 55.

III. Eben darum sind nach Begriff und Wirkung strenge von den Bedingungen der Strafbarkeit zu scheiden:

1. Die Strafaufhebungsgründe, durch welche die bereits eingetretene Strafbarkeit nachträglich beseitigt, der bereits entstandene Strafanspruch wieder vernichtet wird (vgl. darüber unten §. 57 I).

2. Die der prozessualen Geltendmachung des Anspruches in ihrem Beginn oder in ihrer Durchführung im Wege stehenden Hindernisse. Die genauere Abgrenzung dieser Fälle von den Strafausschließungs- und den Strafaufhebungsgründen ist bisher von Wissenschaft und Gesetzgebung arg vernachlässigt worden. Das Nähere gehört in das Strafprozeßrecht. Hier sei nur erwähnt, daß außer der Flucht des Thäters oder einer nach begangener That eintretenden Störung seiner Zurechnungsfähigkeit insbesondere der Fall der sogenannten Ermächtigungsdelikte (StGB. §§. 99, 101, 197), bei welchen die Verfolgung von der „Ermächtigung“ der beleidigten Person oder Körperschaft abhängig gemacht ist, in die Gruppe: Hindernisse der Strafverfolgung zu stellen ist. Die wichtigsten Konsequenzen dieser Auffassung sind Teilbarkeit und Nicht-Rücknehmbarkeit der „Ermächtigung“. Das Gleiche gilt von der Zugehörigkeit des Thäters zu einer gesetzgebenden Versammlung,[2] einer landesherrlichen Familie usw.

3. Und endlich sind von den Bedingungen der Strafbarkeit oder den eigentlichen (objektiven) Strafausschließungsgründen jene Fälle zu unterscheiden, in welchen der Gesetzgeber nicht die Strafbarkeit der That, wol aber die des Schuldigen abhängig macht von dem Nichtvorliegen gewisser

---

[2]) Art. 31 RVerf., Einf.Ges. zur StPO. §. 6.

Umstände. So bleiben nach StGB. §. 173 (Blutschande) Verwandte und Verschwägerte straflos, wenn sie das 18. Lebensjahr nicht erreicht haben; so ist die persönliche Begünstigung nach §. 257 StGB. straflos, wenn sie dem Thäter oder Teilnehmer von einem Angehörigen gewährt worden ist; das Gleiche gilt von dem Diebstahl und Unterschlagung, die von Ascendenten an Descendenten oder zwischen Ehegatten begangen werden (StGB. §. 247) usw. Ich werde diese Umstände, in Ermangelung eines besseren Ausdruckes, subjektive Strafausschließungsgründe nennen. Sie berühren — und das ist das Wesentliche — die Strafbarkeit der That an sich nicht, schließen daher die Strafbarkeit der Teilnehmer trotz der Straflosigkeit des Hauptthäters nicht aus.

§. 31.

Der Antrag des Verletzten insbesondere.[1]

I. In einer rapid anschwellenden Zahl von Fällen hat die moderne Gesetzgebung die Strafverfolgung von dem Antrag des Verletzten abhängig gemacht. Es bewahrheitete sich der alte Erfahrungssatz, daß gerade die unklarsten, unausgedachtesten gesetzgeberischen Gedanken die meiste Aussicht auf allgemeinen Beifall haben. Hat auch die Novelle vom 26. Februar 1876 mit den gröbsten Mißständen aufgeräumt (vgl. oben §. 8 V), so bleibt doch eine gründliche Revision der ganzen Lehre von den Antragsdelikten durch die Reichsgesetzgebung ein dringendes Bedürfnis.

Die Antragsfälle des RStGB.'s sind: §§. 102, 103,

[1] Die (wenig fördernde) Lit. bei Binding Grundriß S. 51. | Dazu Medem GS. XXIX, Samuely GS. XXXII.

104 (stafbare Handlungen gegen befreundete Staaten), 170, 172, 179, 182 (Eheerschleichung, Ehebruch, Erschleichung des Beischlafs, Verführung eines jungen Mädchens), 189, 194—196, 232 (Beleidigung und Körperverletzung), 236, 237 (Entführung), 247, 263 (Diebstahl, Unterschlagung, Betrug gegen Angehörige), 288, 289, 292, 293, 299, 300—303 (Fälle „strafbaren Eigennutzes“ und Sachbeschädigung), 370 Ziff. 5 u. 6 (Genußmittel- und Futterdiebstahl).

Dazu kommen noch einzelne Fälle in den Nebengesetzen; so im Preßgesetz vom 7. Mai 1874 §. 19 Ziff. 3; Nachdrucksgesetze vom 11. Juni 1870 §. 27, (ebenso in den Gesetzen vom 9., 10., 11. Januar 1876); §. 14 Markenschutzgesetz v. 30. November 1874; §. 34 Patentgesetz v. 25. Mai 1877; Seemannsordnung vom 27. Dezember 1872 §. 81 und 84.

II. Bei genauerer Betrachtung müßten die Antragsdelikte in zwei, nach Inhalt und Behandlung wesentlich von einander verschiedene Gruppen zerlegt werden.

1. Gewisse Rechtsgüterverletzungen erscheinen nur dann als solche, sind nur dann für die öffentliche Rechtsordnung von Bedeutung, wenn der Verletzte sie als Verletzung empfindet, und, daß er dies thut, in vorgeschriebener bestimmter Form (durch den „Antrag“ auf Verfolgung) erklärt. Die unzüchtige Berührung eines Mädchens kann von der Berührten als Liebkosung oder als tiefste Entehrung empfunden werden. Hier ist die Stellung des Antrages Bedingung der Strafbarkeit; die Befristung des Antrages hat guten Grund; die Rücknahme müßte (etwa bis zu Beginn der Hauptverhandlung) gestattet, die Teilbarkeit ausgeschlossen sein, Fehlen des Antrages müßte Freisprechung mit definitiver Erledigung der Strafsache zur Folge haben; die Berech-

tigungen mehrerer Verletzten wären als von einander unabhängig zu betrachten, bei Idealkonkurrenz (vgl. unten §. 40 III) mit einem von Amtswegen zn verfolgenden Verbrechen könnte dieses auch bei mangelndem Antrage verfolgt werden usw.

2. Bei der weitaus größeren Gruppe der Antragsfälle liegt die Sache durchaus anders. Man denke an die Notzucht, die bis zur Novelle von 1876 Antragsdelikt war. Hier ist das Interesse des Staates an der Verfolgung vom Anfange an gegeben; aber ihm steht das Interesse des Verletzten an der Nichtverfolgung (da die Untersuchung und Verhandlung der Sache für ihn nur eine neue und vielleicht die erste an Schwere übertreffende Verletzung wäre) schroff gegenüber. Und der Staat verzichtet dem Verletzten zu Liebe auf die Geltendmachung seines Strafanspruches, so lange der Verletzte nicht durch die Stellung des „Antrages" erklärt, daß das bei ihm vom Staate vorausgesetzte Interesse im Einzelfalle nicht vorliege. Hier ist der Antrag nicht Bedingung der Strafbarkeit der That, sondern Voraussetzung der prozessualen Geltendmachung des staatlichen Strafanspruches; sein Mangel nicht Strafausschließungsgrund, sondern Hindernis der Strafverfolgung in dem oben §. 30 III 3 besprochenen Sinne; und die ganze Lehre von diesen Antragsdelikten würde gar nicht ins Strafrecht, sondern in das Strafprozeßrecht gehören. Die verschiedene prinzipielle Auffassung würde dann auch bezüglich der oben unter 1 besprochenen Konsequenzen in weitaus den meisten Punkten zu ganz anderen Resultaten führen.

Der Gegensatz kann hier nicht weiter verfolgt werden, da er im positiven Recht keine Anerkennung gefunden hat. Eben darum ist aber auch die systematische Stellung, die in dem Lehrbuche den Antragsdelikten gegeben wurde (ebenso wie jede andere Stellung derselben) eine nur teilweise richtige. Unhaltbar aber ist in dieser Allgemeinheit die vom RGR. 17. April 1880, R I 615 ausgesprochene Ansicht, nach welcher der Strafantrag nicht zum Thatbestande gehöre, sondern Voraussetzung der Verfolgung sei.

III. Positivrechtliche Behandlung der Antragsdelikte.

1. **Berechtigt zur Antragsstellung** ist

a) Derjenige, dem **der Gesetzgeber** in gewissen Fällen **ausdrücklich** diese **Berechtigung** zuweist; vgl. StGB. §§. 102 Nr. 3, 104, 170, 182, 189, 196, 288 usw.; §. 28 Nachdrucksgesetz vom 11. Juni 1870.

b) In Ermangelung besonderer Anordnung der durch das Verbrechen **Verletzte**, genauer gesprochen: der Träger des durch die strafbare Handlung unmittelbar[2] angegriffenen Rechtsgutes; so der Eigentümer bei der Sachbeschädigung, der Inhaber der befriedeten Räume beim Hausfriedensbruch usw. Doch muß der Verletzte, um antragsberechtigt zu sein, das 18. Lebensjahr zurückgelegt haben (StGB. §. 65 Abs. 1).

c) Der **gesetzliche Vertreter statt** des Verletzten, wenn dieser noch nicht 18 Jahre alt, geisteskrank oder taubstumm, oder aber eine Kollektivpersönlichkeit ist (StGB. §. 65 Abs. 2 u. 3; vgl. mit StPO. §. 414).

d) **Neben** dem Verletzten der **gesetzliche Vertreter**,[3] wenn Ersterer über 18 Jahre alt aber noch minderjährig ist (StGB. §. 65 Abs. 2), der **Gatte** und **Vater** nach §. 195 (232), der **amtlich Vorgesetzte** nach §. 196 (232).

---

[2] Vgl. RGR. 16. April 1880, E I 370, R I 607.

[3] Nach dem Civilrecht zu bestimmen, vgl. die in Anm. 2 angef. E des RGR. bezügl. der Stellung der unehelichen Mutter.

Die Stellung des Antrages kann auch durch einen Spezialbevollmächtigten erfolgen; aber auch Generalvollmacht ist als genügend zu betrachten, wenn und soweit im einzelnen Falle angenommen werden kann, daß die Stellung des Antrages dem Willen des Berechtigten entspricht; und insbesondere gilt dies von strafbaren Eingriffen in vermögensrechtliche Interessen, mit deren Wahrung der Bevollmächtigte betraut ist RGR. 20. April 1880, E I 387, R I 620. Ja selbst ein Nichtbevollmächtigter wird zur Antragstellung zuzulassen sein, wenn stillschweigender Auftrag oder Einverständnis des Verletzten angenommen werden kann RGR. 17. Dezember 1879, R I 163.

Mehrere Antragsberechtigungen, mögen diese mehreren Verletzten oder aber dem Verletzten und den Nebenberechtigten zukommen, sind von einander unabhängig (StGB. §. 62; vgl. mit StPO. §. 415).

2. Das Antragsrecht ist befristet. Es erlischt (StGB. §. 61), wenn der zum Antrage Berechtigte es unterläßt, den Antrag binnen drei Monaten zu stellen. Die Frist beginnt mit dem Tage, seit welchem der zum Antrage Berechtigte von der Handlung und von der Person des Thäters Kenntnis gehabt hat. Ebenso nach §. 35 Nachdrucksgesetz vom 11. Juni 1870. Die Frist ist demnach, wenn die Kenntnis z. B. am 12. Februar erlangt worden, mit Beginn des 12. Mai bereits abgelaufen (RGR. 22. Dezember 1879, E I 40). Ist die Strafbarkeit der That von einer zu ihrer Normwidrigkeit hinzutretenden Bedingung abhängig, so beginnt die Antragsfrist erst mit dem Eintritte der Bedingung zu laufen, vgl. oben §. 30 II.

Eine wesentliche Veränderung erleidet diese Frist in dem Falle wechselseitiger Beleidigungen und Körperverletzungen

(StGB. §§. 198 und 232; StPO. §. 426) indem hier der Geklagte einerseits bei Verlust seines Rechtes verpflichtet ist, den Antrag auf Bestrafung spätestens bis zur Beendigung der Schlußvorträge in erster Instanz zu stellen, hiezu aber auch dann berechtigt bleibt, wenn zu jenem Zeitpunkte die dreimonatliche Frist bereits abgelaufen ist. Eine besondere Bestimmung der Frist findet sich in §. 84 der Seemannsordnung vom 27. Dezember 1872 (bis zur Abmusterung). Neben der Rügefrist läuft die Verjährung des Verbrechens durchaus selbständig (vgl. unten §. 58).

3. Der Antrag ist unteilbar. Die Verfolgung findet nach StGB. §. 63 gegen sämmtliche an der Handlung Beteiligte (Thäter und Teilnehmer) sowie gegen den Begünstiger statt, auch wenn nur gegen eine dieser Personen auf Bestrafung angetragen ist; und die Rücknahme des Antrags gegen den Einen hat Einstellung des Verfahrens überhaupt zur Folge. Dasselbe muß aber auch von dem Verschweigen der Antragsfrist gegen Einen der Schuldigen gelten (entgegengesetzt RGR. 17. April 1880, R I 615). Ausnahmsweise ist die Teilbarkeit des Antrages ausgesprochen in den §§. 247 und 289 StGB.; eine Ausnahme, die auf die §§. 263, 292, 303 nicht ausgedehnt werden darf.

4. Die Zurücknahme des Antrages ist seit der Novelle vom 26. Februar 1876 nur mehr in den gesetzlich besonders vorgesehenen Fällen und nur bis zur Verkündigung eines auf Strafe lautenden Urteils zulässig (StGB. §. 64). Diese besonders vorgesehenen Fälle sind:

StGB. §§. 102—104, 194, 232, 247, 263, 292, 303, 370; Nachdrucksgesetz vom 11. Juni 1870 §. 27.

Die Zurücknahme der Privatklage hat mit der des Antrages nichts zu thun (vgl. StPO. §. 431).

5. Der Antrag muß die Absicht, die Verfolgung herbeizuführen, bestimmt zum Ausdrucke bringen.[4] Verzicht auf den Antrag ist juristisch ohne Bedeutung;[5] Widerruf der Rücknahme des gestellten Antrages unzulässig. Der Antrag ergreift die Klagthatsachen, nicht aber ihre juristische Qualifikation.

VI. Vollendung und Versuch des Verbrechens.

§. 32.

Begriffliche Entwicklung.[1]

I. 1. Das Delikt ist vollendet, sobald jener Zustand herbeigeführt, bez. vereitelt ist, den herbeizuführen die Norm verbietet bez. gebietet, also mit dem Uebertretensein der Norm.

2. Von der Vollendung des Deliktes haben wir die Vollendung des Verbrechens zu unterscheiden. Das Verbrechen ist vollendet mit der Herbeiführung desjenigen normwidrigen Zustandes, an dessen Vorliegen (als Thatbestand) der Gesetzgeber den Eintritt der Strafe (als Rechtsfolge) geknüpft hat. Deckt sich jener Thatbestand mit dem Inhalte der Norm, dann fallen Vollendung des Deliktes und Vollendung des Verbrechens in denselben Zeitpunkt. Decken sie sich nicht, so fallen auch beide Vollendungspunkte auseinander. So kann insbesondere der Gesetzgeber den Eintritt

---

[4] Ueber die Form vgl. StPO. §. 156.

[5] ROHG. vom 13. Oktober 1876.

[1] Lit. bei Binding Grundriß S. 73. Dazu Cohn Zur Lehre vom versuchten und unvollendeten Verbrechen I 1880.

der Strafe an einen der Vollendung des Deliktes vorhergehenden Zeitpunkt knüpfen. Er thut dies in zahlreichen Fällen: das Delikt der Münzfälschung wäre vollendet mit dem In-Verkehr-Bringen der falschen Münzen; das Verbrechen der Münzfälschung ist nach §. 146 StGB. schon mit dem Fälschen der Münze vollendet. Andere Beispiele bieten StGB. §§. 131, 229, 234, 253, 258, 298 ff. Vgl. auch die unten §. 33 III 2 zusammengestellten Fälle. Umgekehrt liegt scheinbar die Sache in allen Fällen, in welchen zur Normübertretung weitere Bedingungen hinzutreten müssen, um die Strafbarkeit herbeizuführen (vgl. oben §. 30). So beim Ehebruch die Scheidung der Ehe und der Antrag des verletzten Ehegatten. Allein hier fallen Vollendung des Deliktes und Vollendung des Verbrechens nur scheinbar auseinander: denn bei Eintritt der Bedingung ist die Strafbarkeit ex tunc und nicht ex nunc begründet (oben §. 30 II).

3. Aus der verschiedenen Stellung der Norm und des aus ihr gebildeten Verbrechen-Thatbestandes zu dem zu schützenden Rechtsgute (oben §. 3 II) folgt, daß Vollendung der Rechtsgüterverletzung weder mit der Vollendung des Deliktes noch mit jener des Verbrechens zusammenzufallen braucht. Es genügt, auf diesen vielfach übersehenen Gegensatz aufmerksam zu machen. Wir werden, wenn das Gegenteil nicht ausdrücklich bemerkt ist, im folgenden nur das Verbrechen in seiner Vollendung oder Nicht-Vollendung ins Auge fassen.

II. Um zu dem Begriffe des Versuches zu gelangen, betrachten wir, im Anschlusse an das oben §. 19 II Gesagte, die einzelnen Stadien der erweiterten Handlungsreihe und die sich dabei ergebenden Komplikationen.

Wir können folgende Fälle unterscheiden:[2]

a) die körperliche Bewegung hat begonnen, ist aber noch nicht abgeschlossen; ich bin im Begriffe, den nach New-York bestimmten beleidigenden Brief in den Briefkasten zu werfen; ich habe die das Beil führende Hand zum Schlage erhoben usw.

b) die Bewegung ist beendet, der Kausalismus, dem sie den Anstoß gegeben, ist im Laufen begriffen: mein Brief ist auf dem Postdampfer unterwegs nach Amerika; der zu fällende Baum hat den letzten Schlag erhalten und beginnt langsam zu sinken.

c) Die Kausalreihe ist abgelaufen, ohne das vorgestellte Objekt zu treffen: der Postdampfer ist mit der ganzen Ladung gescheitert, der Baum ist gestürzt, aber hart neben dem auf dem Rasen schlafenden B.

d) Die Kausalreihe hat ablaufend das Objekt erreicht, aber noch ist der vorgestellte Erfolg nicht eingetreten: mein Brief liegt im Hause des Adressaten, der auf einige Tage verreist, erst in mehreren Stunden eintreffen soll: der schlafende B ist getroffen, tötlich verletzt, aber er lebt noch.

e) Der Erfolg, hier die Rechtsgüterverletzung — Beleidigung, Tötung — ist eingetreten: Zeitpunkt der Vollendung.

Die Vollendung des Verbrechens kann unterbleiben: ad a, wenn die Bewegung gehemmt wird; ad b, wenn die

[2] Der Einfachheit wegen habe ich Beispiele gewählt, bei welchen Vollendung des Verbrechens und Vollendung der Rechtsgüterverletzung sich decken. Es bedarf aber wohl nur eines Hinblickes auf den unten §. 36 I erörterten Begriff der fingierten Thäterschaft, um sich zu überzeugen, daß bei jedem Verbrechen unter Umständen diese Stadien auseinanderfallen können.

Kausalitätsreihe gar nicht ihr Objekt trifft; ad d, wenn der Erfolg nicht eintritt. Die Vollendung ist (definitiv) unterblieben im Falle c.

Will man diese Fälle durch besondere Benennungen auseinanderhalten, so kann man

1. von fehlgeschlagenen Verbrechen sprechen, wenn die auf den Erfolg gerichtete Handlung erfolglos vollzogen ist. Hieher gehört dann Fall c, in welchen Fall b übergehen kann; sowie Fall d bei Ausbleiben des Erfolges.

2. Von suspendiertem Erfolge, wenn der Erfolg sicher, aber noch nicht eingetreten ist; Fall d kann diese Gestalt annehmen.

3. Von beendetem Versuche, wenn die körperliche Bewegung abgeschlossen ist, der Handelnde aber noch die Möglichkeit hat, den Eintritt des Erfolges abzuwenden, Fall b und d, nicht aber a und e gehören möglicherweise hieher.

4. Von nichtbeendetem Versuche, wenn die körperliche Bewegung selbst nicht abgeschlossen ist: Fall a.[3]

III. Während die außerdeutsche Wissenschaft fehlgeschlagenes und versuchtes Verbrechen mit Recht strenge von einander scheidet, zwingt uns der Stand der deutschen Gesetzgebung, beide unter einen gemeinsamen Begriff zu bringen. Demnach nennen wir Versuch jede auf Herbeiführung des Erfolges gerichtete, diesen aber nicht herbeiführende Handlung. In dieser Definition bedeutet Erfolg: den Thatbestand, an welchen der Eintritt der Strafe geknüpft ist; Richtung auf den Erfolg: den Vorsatz des

---

[3] Die Terminologie ist eine sehr schwankende; wichtig ist es nur, die verschiedene Struktur der einzelnen Fälle im Auge zu behalten.

Thäters (oben §. 28 I), also dessen (irrige) Vorstellung von der Kausalität seines Thuns. Ueber die scheinbare Einschränkung dieses Begriffes im positiven Recht vgl. unten §. 33 IV.

Die Strafbarkeit des Versuches, d. h. die Berechtigung des Staates ihn mit Strafe zu belegen, folgt aus seiner Normwidrigkeit (oben §. 3 III 3) verbunden mit dem Vorliegen der schwereren Schuldart, des Vorsatzes. Es bedarf keiner besonderen Norm, wohl aber (selbstverständlich) eines besonderen Strafgesetzes, um den Versuch strafen zu können.

IV. Der Versuch beruht immer auf einem Irrtum des Thäters über die Kausalität seines Thuns. Sein Thun war begleitet von der Vorstellung, daß die Handlung gewisse Veränderungen in der Außenwelt hervorrufen, daß sie einen bestimmten normwidrigen Erfolg verursachen werde. Aber die Handlung verursacht den vorgestellten Erfolg nicht; Erfolg und Vorstellung des Erfolges decken sich in einem wesentlichen Punkte nicht.

Die Beziehung des Versuches zur Fahrlässigkeit ist somit eine unläugbare: hier Zurechnung des eingetretenen nicht vorgestellten Erfolges; dort Zurechnung des vorgestellten nicht eingetretenen Erfolges.

Aus dem Gesagten folgt:

1. daß wohl Versuch eines vorsätzlichen, nicht aber Versuch eines fahrlässigen Verbrechens möglich ist, da dieses begrifflich mangelnde Vorstellung der Kausalität des Thuns erfordert; sowie ferner, daß der Versuch selbst weder ein vorsätzlicher noch ein fahrlässiger sein kann, da er ein von beiden Begriffen verschiedenes Verhältnis von Erfolg und Vorstellung voraussetzt; und endlich, daß die Möglichkeit eines Versuches jener qualifizierten Verbrechensfälle ausge-

schlossen ist, bei welchen (vgl. unten §. 54 I 3) die objektive wenn auch nicht verschuldete (oben §. 27 II) Thatsache des Eintrittes eines bestimmten schwereren Erfolges zum Strafschärfungsgrund gemacht ist.

2. Daß auch bei *generellem* Vorsatze Versuch möglich ist;[4] der schwerste der vorgestellten nicht eingetretenen Erfolge giebt den Ausschlag (vgl. oben §. 28 IV a. E.).

V. Der Versuch beruht *immer* auf einem Irrtume über die Kausalität des Thuns, d. h. auf der (irrigen) *Annahme, daß eine zur Herbeiführung des vorgestellten Erfolges untaugliche Handlung zur Herbeiführung tauglich sei.*

Es ist mithin eine ganz schiefe Anwendung an sich nur relativer Begriffe, wenn man zwischen Versuch mit untauglichem *Mittel* und Versuch an untauglichem *Objekt* unterscheiden will. Nur die Tauglichkeit der *Handlung*, als des Mittels zum Zwecke, steht zur Frage. Ferner: *eine* bestimmte vorgenommene Handlung kann zur Herbeiführung *eines* bestimmten vorgestellten Erfolges immer nur tauglich oder nicht tauglich, d. h. kausal oder nicht kausal sein, nicht aber mehr oder weniger nicht kausal; die Unterscheidung zwischen absoluter und relativer Untauglichkeit des Mittels (oder des Objektes) ist daher eine grobe Verkennung des Ursachenbegriffes. Und endlich: Wenn das *Wesen* des Versuches in dem Irrtume über die Kausalität des Thuns besteht, so kann dieser Irrtum keinen Grund abgeben, um einzelne Versuchsfälle nicht strafen zu wollen.

In der Terminologie der herrschenden Ansicht hieße das: *auch der Versuch mit absolut untauglichem Mittel*

---

[4] Lit. bei *Binding* Grundriß S. 75.

oder an absolut untauglichem Objekte ist strafbar,[5] (d. h. kann vom Gesetzgeber gestraft werden).

Wir müssen diesem Satze aber doch wohl eine Einschränkung beifügen. Der Gesetzgeber hat die Frage nach der Strafbarkeit des Versuches bei „Untauglichkeit des Mittels oder Objektes" nicht selbst gelöst, sondern die Lösung der Wissenschaft überlassen. Daraus folgt, daß wir die Lösung nicht im Gesetze suchen, die Frage nicht aus dem Wortlaute des Gesetzes heraus entscheiden dürfen. Wir müssen zurückkehren auf den legislativen Grund der Strafbarkeit des Versuches. Und dieser liegt m. E. darin, daß jede normwidrige Handlung eine Gefahr für die Rechtsgüterwelt in sich birgt. Der Begriff der Gefahr wurde oben §. 3 III 2 besprochen. Nicht Gefährdung, sondern Herbeiführung einer Gefahr im Sinne unserer Terminologie bildet den Grund für die Strafbarkeit des Versuches. Diese entfällt mithin, wenn eine Gefahr nicht herbeigeführt worden ist, also wenn die Konstellation, die der Thäter bewirkte, eine solche war, daß in einem verschwindend kleinen Perzentsatz von Fällen der Erfolg einzutreten pflegt. Hieher würden die bekannten Schulfälle gehören: das Totbeten, Nestelknüpfen, Verhexen; der Versuch, den B, der auf einem in Kanonenschußweite vom Ufer entfernten Schiffe sich befindet, mittelst einer Pistole vom Ufer aus zu töten; Mordversuch mit ungeladenem Gewehr, mit Zucker usw. Besondere, ganz außergewöhnliche

[5] Stand der Ansichten bei Meyer Lehrb. S. 200 Note 8. Lit. bei Binding Grundriß S. 76. Dazu Scherer GS. XXIX. Im Wesentlichen mit dem Texte übereinstimmend die hochinteressante RGR. 24. Mai 1880 (verein. Straffenate), E I 439. Ebenso bez. des Versuchs am „absolut untauglichen Objekte" RGR. 10. Juni 1880, E I 451

Komplikationen können auch in diesen Fällen den Erfolg herbeiführen (man denke an die durch die Handlung hervorgerufene psychische Erregung des Bedrohten). Bei weiterem Eingehen auf die Frage würde die Verschiedenheit der Normen (oben §. 3 II), ihre nähere oder entferntere Beziehung zu dem zu schützenden Rechtsgute von Bedeutung werden. Für unsere Zwecke genügt das Gesagte. Nochmals sei aber betont:

1. Jeder Versuch ist normwidrig und könnte daher gestraft werden; nicht jeder ist positiv-rechtlich strafbar.

2. Wir sagen nicht: strafbar ist der gefährliche Versuch, sondern: nicht strafbar ist der ungefährliche Versuch. Daß der Begriff der Gefahr ein relativer, ist kein Einwand gegen die Richtigkeit dieses Satzes, der sich bemüht, das in uns allen vorhandene Rechtsgefühl zur Klarheit eines juristischen Gedankens zu erheben.

§. 33.

Der Versuch im positiven Recht.

Jede versuchte Normübertretung ist an sich normwidriges Handeln, mithin Delikt, und darum geeignet die Straffolgen nach sich zu ziehen. Aber der Staat hat keine Veranlassung in allen Fällen schon die versuchte Normübertretung mit Strafe zu belegen.

I. Der Gesetzgeber kann und wird sich darauf beschränken, nur die versuchte Uebertretung *gewisser Normen* unter Strafe zu stellen. Prinzipiell würde es sich empfehlen, die Unterscheidung zwischen den allgemeinen Normen und den Gehorsamsnormen (vgl. oben §. 3 II) zu Grunde zu legen, und die versuchte Uebertretung der letzteren straflos zu lassen. Anders das positive Recht.

Das RStGB. geht in §. 43 von der Dreiteilung der strafbaren Handlungen aus:

Der Versuch eines Verbrechens wird immer, der eines Vergehens ausnahmsweise in den besonders ausgezeichneten Fällen,[1] der einer Uebertretung nie gestraft.

Dagegen macht das Gesetz — im Prinzipe wenigstens — keinen Unterschied zwischen Geboten und Verboten.[2] Daß auch bei der Uebertretung eines Gebotes, also bei dem sogenannten echten Unterlassungsdelikte, Versuch möglich ist, soweit es sich um dolose Unterlassung handelt, kann bei richtiger Auffassung der Unterlassungsdelikte (vgl. oben §. 21 II) keinem Zweifel unterliegen.[3]

II. Das positive Recht kann ferner entweder einzelne Handlungen, die sich als versuchte Uebertretung einer bestimmten Norm darstellen, herausgreifen, und nur diese Versuchshandlungen mit Strafe bedrohen; oder aber jeden Versuch der Uebertretung einer bestimmten Norm unter Strafe stellen. Letzteres ist, seitdem einmal der allgemeine Begriff des Versuchs durch die italienische Jurisprudenz des Mittelalters ausgebildet worden war, der regelmäßig von der Gesetzgebung eingeschlagene Weg. Nur ganz ausnahmsweise und nur wenn entfernte Versuchshandlungen (sogen. Vorbereitungshandlungen) in Frage stehen, entschließt sich der Gesetzgeber dazu, diese Fälle des strafbaren Versuches durch

[1] Es sind dies §§. 107, 120, 140, 141, 148, 150, 160, 169, 240, 242, 246, 253, 263, 289, 303—305, 339, 350, 352 StGB.; Nahrungsmittelgesetz v. 14. Mai 1879 §. 12, Gesetz gegen Rinderpest 21. Mai 1878 §. 1, Bankgesetz 14. März 1875 §. 57 Abs. 2.

[2] Allerdings ist bei keinem Gebote die versuchte Uebertretung unter Strafe gestellt.

[3] Lit. bei Binding Grundriß S. 75.

individuelle Bezeichnung vor allen anderen hervorzuheben. Vgl. StGB. §§. 83—85, 151, 201; teilweise hieher gehörend §. 49a. Durch die besondere Bezeichnung dieser Handlungen wird ihre Versuchsnatur nicht geändert; daraus folgt, daß Versuch derselben, der als Versuch in zweiter Potenz erscheinen würde, nicht möglich ist.[4]

III. Der Gesetzgeber kann weiter entweder für die versuchte und die vollendete strafbare Handlung einen gemeinschaftlichen, oder für jede einen besonderen Strafrahmen aufstellen. Das letztere hat die Reichsgesetzgebung gethan. Nach StGB. §. 44 ist das versuchte Verbrechen oder Vergehen milder zu bestrafen als das vollendete, und zwar nach der folgenden Reduktionsskala:

Ist das vollendete Verbrechen mit dem Tode oder mit lebenslänglichem Zuchthaus bedroht, so tritt Zuchthausstrafe nicht unter drei Jahren ein, neben welcher auf Zulässigkeit von Polizeiaufsicht erkannt werden kann. Lebenslängliche Festungshaft wird durch Festungshaft nicht unter drei Jahren ersetzt. In allen übrigen Fällen kann die Strafe bis auf ¼ des Mindestbetrages der auf das vollendete Verbrechen oder Vergehen angedrohten Freiheits- oder Geldstrafe ermäßigt werden. Ist hiernach Zuchthausstrafe unter einem Jahre verwirkt, so ist dieselbe nach Maßgabe des §. 21 StGB. in Gefängnis zu verwandeln.

Das Prinzip der milderen Bestrafung des Versuches wird jedoch durch eine wenn auch unbedeutende Zahl von Ausnahmen durchbrochen.

1. Aberkennung der bürgerlichen Ehrenrechte und Zulässigkeit der Polizeiaufsicht kann unter denselben Voraus-

---

[4] Lit. bei Meyer S. 193 Note 14. A. A. Cohn S. 383 ff

setzungen bei dem versuchten, wie bei dem vollendeten Verbrechen oder Vergehen ausgesprochen werden (StGB. §. 45).

2. In einer Reihe von Fällen ist das „Unternehmen" einer strafbaren Handlung ihrer Vollendung in der Bestrafung gleichgestellt. Vgl. StGB. §§. 81, 82, 105, 114, 122 Abs. 1, 159, 357; Salzsteuergesetz vom 12. Oktober 1867 §. 11, Vereinszollgesetz vom 1. Juli 1869 §§. 134 und 135, Tabaksteuergesetz vom 16. Juli 1879 §§. 32 und 38, usw. Durch diese Gleichstellung in der Bestrafung wird der Versuchscharakter des „Unternehmens" nicht berührt; damit entfällt die Möglichkeit eines strafbaren Versuchs desselben, der auch hier Versuch in zweiter Potenz wäre.

3. Soweit Vorbereitungshandlungen bestraft werden, fallen sie nicht unter den reduzirten, sondern unter einen besonderen Strafrahmen. StGB. §§. 83—86, 151, 201, teilweise 49a.

4. Endlich bestraft §. 80 StGB. den hochverräterischen Mordversuch wie den Mord selbst mit dem Tode; auch §. 153 Gew.Ordg. stellt Versuch und Vollendung in der Strafe einander gleich.

IV. Auch der Versuch ist Handlung im engeren Sinne, also willkürliche körperliche Bewegung, mag auch dieselbe ihren Abschluß nicht gefunden haben. Die Handlung kann aber auch aus einer ganzen Reihe von einzelnen, durch die einheitliche Zweckvorstellung zu einer Gesammtheit verbundenen körperlichen Bewegungen bestehen, die von der abschließenden Bewegung mehr oder weniger entfernt sind. Jede von ihnen, auch die entfernteste, ist bereits normwidriges Thun, ist, wenn auf den Erfolg gerichtet, bereits versuchte Normübertretung. Kriminalpolitische Erwägungen, unter welchen die Schwierigkeit der Beweisführung (für die Richtung auf einen bestimmten Erfolg) die erste Rolle spielt, machen es wünschenswert, nur die näheren, nicht schon die entfernteren Versuchshandlungen zu bestrafen. So entsteht der Unterschied zwischen straflosen Vorbereitungs- und strafbaren (eigentlichen) Versuchshandlungen. Statt nun, wie es am zweckmäßigsten wäre, die Einteilung einer in Frage stehenden konkreten Handlung in die eine oder die andere Kategorie dem Ermessen der Praxis im Einzelfalle zu überlassen, hat die Reichsgesetzgebung im Anschlusse an das französische Recht es unternommen, die Grenzlinie ein für allemal zu ziehen. Diesem Bestreben verdanken wir die scheinbare[5] Versuchsdefinition im StGB. §. 43: Versuch ist Bethätigung des Entschlusses, ein Verbrechen oder Vergehen zu verüben, durch Handlungen, welche einen Anfang der Ausführung dieses Verbrechens oder Vergehens enthalten. Die Grenzlinie zwischen Vorbereitung und Versuch im engeren Sinne (strafbarem Versuch) bildet demnach der Anfang der Ausführung, mit anderen Worten: Versuchshandlungen sind jene Folgen, welche bereits wirklicher Bestandteil der im Gesetze mit Strafe bedrohten That sind.[6] Beispiele: Der strafbare Versuch der Doppelehe beginnt erst mit dem Akte der (zweiten) Eheschließung, der Versuch des Meineids erst mit dem Beginne des Schwuraktes; der Versuch der Entführung, des Diebstahls erst in dem Augenblicke, in welchem die Schutzgewalt, der Gewahrsam des Machthabers gestört wird usw.

---

[5] Denn der §. 43 soll nicht den Versuch definieren, sondern den strafbaren Versuch abgrenzen.

[6] Lit. bei Meyer Lehrbuch S. 195 Note 2. Die im Texte vertretene Ansicht (sie schließt sich möglichst eng an die von Zachariae empfohlene Formulierung) ist sehr bestritten.

Die **Ausführungshandlung** selbst muß begonnen haben. Daß diese Beschränkung den Bedürfnissen der Rechtsordnung nicht genügt, bedarf wohl kaum eines Nachweises.

Nur ausnahmsweise hat der Gesetzgeber auch **Vorbereitungshandlungen** unter Strafe gestellt. Hieher gehören die oben unter III 2 und 3 angeführten Fälle.[7]

Die Beschränkung des strafbaren Versuches auf den Beginn der Ausführungshandlung ergiebt die Unmöglichkeit eines strafbaren Versuches in jenen Fällen, in welchen die Ausführungshandlung selbst schon im ersten Zeitteilchen ihrer Verwirklichung dem gesetzlichen Thatbestande voll und ganz entspricht. Ein Beispiel bieten die durch Verbreitung von Druckschriften begangenen strafbaren Handlungen.[8]

§. 34.

Der Rücktritt vom Versuche.

I. In dem Augenblicke, in welchem die Grenzlinie zwischen den straflosen Vorbereitungshandlungen und dem strafbaren Versuche überschritten wird, in demselben Augenblicke ist die auf den Versuch gesetzte Strafe verwirkt. Das normwidrige Thun hat aufgehört, nur **Delikt** zu sein, es ist **Verbrechen** geworden. Diese Thatsache kann nicht mehr geändert, nicht „nach rückwärts annulliert", nicht aus der Welt geschafft werden. Wohl aber kann die Gesetzgebung aus kriminalpolitischen Gründen dem bereits straffällig gewordenen Thäter

---

[7] Unternehmen ist m. E. ein weiterer Begriff als Versuch im engeren Sinne. Daran wird auch durch §. 82 StGB. nichts geändert. Doch ist die Frage kontrovers.

[8] Vgl. **Liszt** Preßrecht §§. 41, 42.

eine „goldene Brücke" zum Rückzuge bauen. Sie hat es gethan, indem sie den freiwilligen Rücktritt zum Strafaufhebungsgrunde machte (StGB. §. 46).[1]

Der freiwillige Rücktritt ist unmöglich, wenn die Herrschaft über die That und ihre Folgen bereits dem Thäter entrissen ist, also sowohl beim suspendierten Erfolg wie beim fehlgeschlagenen Verbrechen (vgl. oben §. 32 II 1 und 2). Er ist dagegen möglich:

1. Bei dem nichtbeendeten Versuche (oben §. 32 II 4) durch Nichtvollendung der Handlung (StGB. §. 46 Nr. 1). Der Thäter läßt den zum Schlage erhobenen Arm sinken; die nach dem Giftbecher ausgestreckte Hand zieht sich zurück.[2]

2. Bei dem beendeten Versuche (oben §. 32 II 3) durch Abwenden des Erfolges, also durch direktes Eingreifen in das bereits rollende Rad des Kausalzusammenhanges (StGB. §. 46 Nr. 2): der abgesendete Brief wird während des Postlaufes zurückverlangt, die Wirkung des Giftes durch Gegengift paralysiert.

II. In beiden Fällen verlangt das Gesetz Freiwilligkeit des Rücktritts.[3] Ihren Gegensatz bildet die thatsächliche oder angenommene Unmöglichkeit der Vollendung des Verbrechens. Im zweiten Falle ist die strafaufhebende Wirkung des Rücktrittes an die weitere Bedingung geknüpft, daß die Handlung noch nicht entdeckt, d. h. noch Niemandem

---

[1] Lit. bei Meyer S. 202. Dazu Binding Normen II S. 234, 250 f., Cohn S. 612 ff.

[2] Mit der Beendigung der Versuchshandlung entfällt demnach die Anwendbarkeit des §. 46 Nr. 1, RGR. 12. März 1880, E I 307, R I 453.

[3] Worin diese besteht ist bestritten. Lit. bei Meyer S. 226 Note 23.

außer den an der That beteiligten Personen bekannt war. Auch Kenntnisnahme durch denjenigen, gegen den die Handlung gerichtet war, schließt die Annahme der Freiwilligkeit aus; bei denjenigen Delikten, bei welchen die Erzielung dieser Kenntnisnahme zur Ausführungshandlung gehört (z. B. Erpressung) ist demnach §. 46 Nr. 2 überhaupt nicht anwendbar; RGR. 12. März 1880, E I 307, R I 453.

III. Den freiwilligen Rücktritt behandelt das RStGB. als Strafaufhebungsgrund; nicht mehr ist, wie im preußischen und anderen partikularen Strafgesetzbüchern, die Nichtfreiwilligkeit der Nichtvollendung Bedingung der Strafbarkeit des Versuches. Das heißt: der Rücktritt beseitigt die bereits verwirkte Strafe, aber er ändert nichts an dem Verbrechenscharakter der Versuchshandlung. Und daraus folgt:

1. Der Rücktritt des Thäters macht weder den Mitthäter noch den Anstifter oder Gehülfen straffrei;[4] denn die Thatsache, daß sie sich an einer strafbaren Handlung beteiligt haben, bleibt bestehen.

2. Aber die Teilnehmer können sich selbst der Wohlthat des Gesetzes teilhaft machen: Anstifter und Gehülfe allerdings nicht durch Nichtvollendung der Handlung nach §. 46 Nr. 1, denn hatten sie ihre Handlung noch nicht beendet, so waren sie überhaupt noch nicht strafbar geworden (vgl. unten §. 37 I 2 a und II 2); wohl aber durch selbständige Abwendung des Erfolges nach §. 46 Nr. 2.

3. Nur die Strafe der versuchten Handlung entfällt (§. 46: „der Versuch als solcher bleibt straflos"), nicht aber die Strafbarkeit der etwa in der Versuchshandlung gelegenen vollendeten anderweitigen Normübertretung. So

[4] Vgl. Meyer S. 203.

bleibt trotz Abwendung des Erfolges beim Giftmordversuch die Beibringung des Giftes nach StGB. §. 229 strafbar.

IV. Wenn Vorbereitungshandlungen mit besonderer Strafe bedroht sind oder das unternommene dem vollendeten Verbrechen in der Bestrafung gleichgestellt ist (vgl. oben §. 32 III 2 und 3), so entspricht es wohl am meisten der Absicht des Gesetzes, hier die strafaufhebende Wirkung des Rücktrittes auszuschließen. Wir sind berechtigt, dies zu thun, weil jene Wirkung nicht aus dem Begriffe der Versuchshandlung folgt, sondern auf besonderer positiv-rechtlicher Anordnung beruht.[6]

VII. Thäterschaft und Teilnahme.[1]

§. 35.

Die Entstehung des Begriffs der Teilnahme.

I. Knüpfen wir an das oben in der Lehre vom Kausalzusammenhange Gesagte an. Könnten wir den theoretisch allein richtigen Satz, daß jeder, der durch seine schuldhafte Handlung eine Bedingung für den Eintritt des Erfolges gesetzt hat, für diesen als Ursacher verantwortlich zu machen ist, konsequent durchführen, dann wären Thäterschaft und Verursachung identische Begriffe, die Lehre von der Teilnahme hätte keine oder nur eine untergeordnete Stelle im Systeme des Strafrechts. Aber das positive Recht hat, wie bereits

---

[6] A. A. Binding Grundriß S. 80. Lit. bei Meyer S. 202 Note 3.

[1] Lit. bei Binding Grundriß S. 83 f. und Geyer in HR. „Anstiftung“ und „Beihülfe“. Dazu Cohn Zur Lehre vom versuchten u. unvollendeten Verbrechen I 1880 S. 642 ff., Hertz Unrecht S. 172.

bemerkt (oben §. 20 III) diesen Satz durch eine hochwichtige Ausnahme durchbrochen.

Liegt zwischen einer Bedingung und dem eingetretenen Erfolge eine freie (d. h. nicht im Notstande begangene) und vorsätzliche (d. h. von der Vorstellung ihrer Kausalität begleitete) menschliche Handlung als Zwischenursache in der Mitte, so betrachtet das positive Recht nur diese letzte Handlung als Ursache des Erfolges. Das Setzen jener Bedingung kann daher nur als Bedingung dieser Handlung, wenn überhaupt, in Betracht gezogen werden; nicht aber als mittelbare Ursache des letzteingetretenen, durch diese Handlung herbeigeführten Erfolges. So entsteht der juristische Begriff der Teilnahme: das Setzen einer Bedingung für den Eintritt des durch weitere Zwischenursachen vermittelten Erfolges, aufgefaßt nicht als Bedingung des Erfolges, sondern als Bedingung der Zwischenursache.[3] Durch diesen Gegensatz gewinnt der Begriff der Thäterschaft prägnantere Gestalt und engere Bedeutung.

Die beiden Formen der Teilnahme sind Anstiftung und Beihülfe: erstere die Hervorrufung des Entschlusses zur That, letztere die Unterstützung der Ausführung der That.

II. Aus dem Gesagten ergiebt sich eine Reihe von Konsequenzen.

1. Teilnahme (in den beiden Formen der Anstiftung und

---

[3] Diese von der gewöhnlichen allerdings weit abliegende Auffassung stützt sich auf das positive Recht, sie sucht aus diesem den Begriff der Teilnahme zu gewinnen, nicht aus einem aprioristisch gefundenen Begriffe heraus das positive Recht zu interpretieren.

Beihülfe) ist nur möglich bei vorsätzlichem, ausgeschlossen bei fahrlässigem Handeln des Thäters; denn nur jenes, nicht dieses wird von dem Gesetzgeber als „Unterbrechung des Kausalzusammenhanges" aufgefaßt. Ist die letzte Zwischenursache eine fahrlässige Handlung, so tritt der allgemeine uneingeengte Begriff der Thäterschaft wieder in Geltung: Thäter ist Jeder, der verursacht, d. h. eine Bedingung zum Erfolge gesetzt hat (vgl. das oben §. 20 III angeführte Beispiel); mit anderen Worten: der Unterschied zwischen Thäterschaft und Teilnahme verschwindet hier wieder.

2. Fahrlässige Teilnahme an vorsätzlichem Thun muß straflos bleiben; auch hier ist mit der vom Gesetze angenommenen Unterbrechung des Kausalzusammenhanges der Begriff der Thäterschaft unvereinbar, der Begriff der Teilnahme aber nach positiv-rechtlicher Anordnung nicht anwendbar.[3]

3. Teilnahme ist Beteiligung an dem Verbrechen eines Anderen. Sie erhält ihren strafrechtlichen Charakter durch die That des Thäters; sie entfällt daher, wenn es zu einem Thun des Thäters überhaupt nicht gekommen oder wenn dieses kein verbrecherisches im Sinne des Gesetzes ist (sei es wegen fehlender Handlung, fehlender Normwidrigkeit, fehlender Schuld, Mangels einer Bedingung der Strafbarkeit); sie bleibt aber bestehen trotz des Vorliegens eines Strafaufhebungsgrundes, eines subjektiven Strafausschlie-

[3] Von den unter II 1 u. 2 besprochenen Grundsätzen weicht ab §. 18 des Nachdruckgesetzes vom 11. Juni 1870 (geltend auch für die Gesetze vom 9., 10., 11. Januar 1876): „Wer vorsätzlich oder aus Fahrlässigkeit einen anderen zur Veranstaltung eines Nachdrucks veranlaßt usw., wird bestraft, mag dieser Andere vorsätzlich oder fahrlässig oder schuldlos gehandelt haben.

ßungsgrundes, oder eines nur den Thäter berührenden Hindernisses der Strafverfolgung (vgl. §. 17 und §. 30 III).

4. Teilnahme an der Teilnahme ist wegen der unselbständigen Natur der letzteren nur als mittelbare Teilnahme an der Haupthandlung strafbar.

5. Mehrfache Teilnahme an derselben Hauptthat ist immer nur ein Verbrechen; bei Teilnahme an mehreren Hauptthaten durch dieselbe Handlung (z. B. ein anstiftendes Wort) ist wegen der unselbständigen, von der Hauptthat bestimmten Natur der Teilnahme, reale Konkurrenz ebensovieler Verbrechen anzunehmen.

III. Die Abgrenzung der Thäterschaft von der Anstiftung ist eine einfache und klare: diese ist die Ursache jener. Schwieriger sind Thäterschaft und Beihülfe auseinander zu halten; es bedarf hier positivrechtlicher Anordnung. Das Gesetz verwendet zur Abgrenzung den bereits oben §. 33 IV besprochenen Begriff der Ausführungshandlung. Thäter ist derjenige, der die Ausführungshandlung setzt; Gehülfe derjenige, der in anderer Weise an der That beteiligt ist. Aber diese Unterscheidung genügt dem Gesetze noch nicht, und so bildet es den Begriff der Mitthäterschaft als Zwischenglied. Mitthäter ist derjenige, der einen Teil der Ausführungshandlung begangen hat; Thäter derjenige, der die ganze Ausführungshandlung gesetzt hat.

Und damit haben wir das von der R.Gesetzgebung aufgestellte Schema gewonnen:

1. Thäterschaft;
2. Teilnahme:
   a) Mitthäterschaft,
   b) Anstiftung,
   c) Beihülfe.

IV. Die **Begünstigung** ist, weil dem Eintritte der Vollendung zeitlich nachfolgend, nie Setzen einer Bedingung zum Erfolge, mithin nie **Teilnahme**; wir haben daher keinen Grund, von der durchaus sachgemäßen Auffassung des Gesetzgebers, der sie in den besonderen Teil gestellt hat, abzuweichen.

V. Bei **mehrfacher** Beteiligung derselben Person an demselben Delikte wird die **schwerere** Form der Beteiligung durch die leichtere konsumiert, wie ja auch Vorbereitung und Versuch neben der Vollendung des Verbrechens nicht mehr in Betracht kommen. Vgl. unten §. 40 II. Wenn der Anstifter sich später an der Ausführung des Verbrechens als Thäter oder aber als Gehülfe beteiligt, behandelt ihn das Strafrecht im ersten Falle nur als Thäter, im zweiten nur als Anstifter.

Daß dieser Satz auf das Verhältnis der Teilnahme zur Begünstigung keine Anwendung findet, bedarf nach dem oben unter IV Gesagten keines Beweises.

§. 36.
Thäterschaft und Mitthäterschaft.

I. Thäter ist derjenige, der **die ganze Ausführungshandlung begeht**, den gesetzlichen Thatbestand des Verbrechens voll und ganz verwirklicht; Notzüchter also z. B. derjenige, der nötigt **und** geschlechtlich mißbraucht; Räuber derjenige, der Gewalt anwendet **und** die Sache wegnimmt. Dabei macht es keinen Unterschied, ob der Erfolg lediglich durch eigene körperliche Thätigkeit, oder durch Benutzung der Naturkräfte, eines Werkzeuges, eines Thiers, eines Zurechnungsunfähigen herbeigeführt wurde; die Benutzung der

Handlung eines Zurechnungsfähigen dagegen schließt nur dann die Thäterschaft nicht aus, wenn der Gebrauchte entweder unfrei (d. h. genötigt) oder unvorsätzlich (d. h. ohne die Vorstellung der Kausalität seines Thuns) gehandelt hat.[1] Man spricht in solchen Fällen (nicht ganz genau) von fingierter Thäterschaft. Diese mittelbare Begehung ermöglicht die Annahme der Thäterschaft auch dort, wo körperliche oder überhaupt unmittelbare Begehung unmöglich wäre: so kann sich eine Frauensperson der Notzucht oder der Päderastie, ein Nichtverwandter der Blutschande, ein Nichtbeamter eines eigentlichen Amtsdeliktes auf dem Wege der fingierten Thäterschaft schuldig machen. Das Gesetz hat diesen ziemlich allgemein anerkannten Satz nur in §. 160 StGB. (Verleitung zum Falscheide) verleugnet. Dagegen unterbricht die freie und vorsätzliche Handlung eines Zurechnungsfähigen den Kausalzusammenhang (vgl. RGR. 17. Januar 1880, E I 146).[2]

II. Mitthäter ist derjenige, der in Gemeinschaft mit einem Andern vorsätzlich einen Teil der Ausführungshandlung setzt (StGB. §. 47).[3] Eine Handlung, die nicht Ausführungshandlung ist, d. h. nicht in den Kreis des vom Gesetze mit Strafe bedrohten Thuns hineinfällt, kann nie Mitthäterschaft begründen.[4] So sind A und B Mitthäter, wenn A die Frauensperson C vergewaltigt oder den D mit gegenwärtiger Gefahr für Leib und Leben bedroht und B die C mißbraucht oder dem D die Brieftasche weg-

---

[1] Vgl. RGR. 5. März 1880, R I 429.

[2] Ueber die eigentümliche Konstruktion und Präsumption der Thäterschaft des Redakteurs in §. 20 Abs. 2 Preßgesetz vom 7. Mai 1874 vgl. Liszt Preßrecht §§. 49 und 50.

[3] Lit. bei Meyer Lehrbuch S. 213 Note 1.

[4] Von der Praxis häufig übersehen.

nimmt: denn Gewalt und Drohung sind Thatbestandsmerkmale für Notzucht und Raub. Wenn aber A Wache stand, während B einen Einbruchsdiebstahl verübte, so ist A nicht Mitthäter sondern Gehülfe; denn das Wachestehen ist nicht Ausführungshandlung beim Diebstahl. Mitthäterschaft ist eine Form der Teilnahme, mithin (oben §. 35 II 1) nur beim vorsätzlichen Verbrechen möglich; beim fahrlässigen Verbrechen ist Jeder, der eine Bedingung zum Erfolge schuldhaft gesetzt hat, nicht Mitthäter, sondern Thäter. Das praktische Resultat ist übrigens das gleiche: Jeder Mitthäter wird als Thäter bestraft.

§. 37.

Anstiftung und Beihülfe.

I. Die Anstiftung.

1. Anstiftung ist die vorsätzliche Bestimmung eines Anderen zu der von ihm vorsätzlich begangenen strafbaren Handlung (StGB. §. 48), mag diese Verbrechen, Vergehen oder Uebertretung sein. Durch welche Mittel der Andere bestimmt wurde, ist für den Begriff der Anstiftung irrelevant; auch Zwang und Irrtumserregung sind geeignete Mittel, solange der erstere nicht in Nötigung übergeht, und der Irrtum nicht die Vorsätzlichkeit des Thuns ausschließt.

2. Die Anstiftung setzt als Form der Teilnahme eine zum Mindesten versuchte strafbare Handlung auf Seiten des Angestifteten voraus. Sie bleibt mithin straflos, wenn es auf Seiten des Thäters zu einem strafbaren Versuche nicht gekommen ist. Daher ist

a) die versuchte oder mißlungene Anstiftung straflos

(als solche erscheint auch die Anstiftung des sog. alias facturus, d. h. des schon vor der Einwirkung zur That Entschlossenen). Doch bestraft unsere Gesetzgebung in einzelnen Fällen ausnahmsweise auch die erfolglos gebliebene Anstiftung; so StGB. §§. 111, 141, 159, 210, 357; Seemannsordnung vom 27. Dezember 1872 §. 88; vgl. auch die unten §. 38 II erwähnten Fälle.

b) Der Anstifter bleibt ferner straflos, wenn er selbst das Zustandekommen der strafbaren Handlung verhindert hat, sei es durch psychische, sei es durch physische Einwirkung (daß „Widerruf" nicht genügt, sollte wohl selbstverständlich sein). Dieser Satz ergiebt sich aus der accessorischen Natur der Anstiftung, und ist nicht als Rücktritt vom Versuche nach StGB. §. 46 Nr. 1 zu konstruieren (vgl. auch oben §. 34 III 2).

c) Wenn der Gesetzgeber Versuchs- oder Vorbereitungshandlungen als delicta sui generis unter besondere Strafe gestellt hat, so ist Anstiftung zu diesen selbständig strafbaren Handlungen möglich.

3. Der Anstifter haftet nur für die von ihm vorsätzlich (d. h. mit dem Bewußtsein der Kausalität seines Thuns) hervorgerufene Handlung. Decken sich Handlung des Angestifteten und Anstiftervorsatz in einem wesentlichen Punkte nicht, so liegt diesbezüglich Anstiftung nicht vor. Die oben §. 28 IV, V für den Vorsatz überhaupt gegebenen Regeln beanspruchen auch hier durchgreifende Geltung. Hiernach ist der sog. excessus mandati (ganz schiefer Ausdruck), hiernach sind aberratio ictus und error in objecto, die dem Angestifteten begegnen, zu beurteilen. Ist in Folge einer der beiden letztgenannten Eventualitäten der Vorsatz des Hauptthäters ausgeschlossen, so entfällt damit nach allgemeiner Regel die

Anstiftung; doch kann hier auf Seiten des scheinbaren Anstifters (fingierte) Selbstthäterschaft vorliegen.

4. Die Strafe des Anstifters ist nach demjenigen Gesetze zu bestimmen, welches auf die Handlung Anwendung findet, zu welcher er wissentlich angestiftet hat.

5. Von dem Anstifter verschieden ist der „Anführer“ oder „Rädelsführer“ (ein nicht-technischer Begriff), der von der Gesetzgebung an manchen Stellen — so StGB. §§. 115, 125; Vereinszollgesetz vom 1. Juli 1869 §§. 146 und 147; Seemannsordnung vom 27. Dezember 1872 §§. 89, 91 u. A. — erwähnt wird.[1]

II. Die Beihülfe.

1. Beihülfe ist die vorsätzliche Unterstützung des von einem Anderen begangenen vorsätzlichen Verbrechens oder Vergehens (StGB. §. 49). Die Unterstützung der fremden Handlung kann eine psychische oder physische sein („Rat oder That“), sie kann auch in der vor der That gegebenen Zusage nachträglicher Begünstigung derselben bestehen (StGB. §. 257 Abs. 3). Nie aber darf sie Teil der Ausführungshandlung selbst sein.

2. Auch die Beihülfe setzt als Form der Teilnahme eine zum Mindesten versuchte strafbare Handlung auf Seiten des Hauptthäters voraus. Will die Gesetzgebung die Beihülfe zu einem an sich straflosen Thun (z. B. Beihülfe zum Selbstmorde) unter Strafe stellen, so bedarf dies ausdrücklicher Erklärung. Das StGB. hat dies in den §§. 120, 121, 180, 285, 347, 355 gethan. Im übrigen findet das oben unter I 2 Gesagte auch auf die Beihülfe mit der Mo-

[1] Vgl. auch die Hervorhebung der Vorsteher, Leiter, Ordner, Agenten, Redner, Kassierer in sozialdemokratischen Vereinen u. Versammlungen §. 17 Sozial. Gesetz 21. Oktober 1878.

disikation Anwendung, daß der Versuch der Beihülfe nur im Falle des §. 347 StGB. mit Strafe belegt ist.

3. Auch für den Gehülfen ist der strafrechtliche Charakter der Hauptthat nur insoweit maßgebend, als die Vorstellung der Kausalität seines Thuns sich auf jene erstreckte. Vgl. oben I 3.

4. Die Strafe des Gehülfen ist nach demjenigen Gesetze zu bestimmen, welches auf die Handlung Anwendung findet, zu welcher er wissentlich Hülfe geleistet hat, jedoch nach den über die Bestrafung des Versuches aufgestellten Grundsätzen (vgl. oben §. 33 III) zu ermäßigen. Liegt Beihülfe zum Versuche vor, so ist zweimalige Reduktion des Strafrahmens nötig.

Nur ausnahmsweise droht das Gesetz dem Gehülfen gleiche Strafe wie dem Thäter in StGB. §. 143. Einen besonderen Strafrahmen für die Beihülfe enthalten StGB. §§. 203 und 219; Wechselstempelgesetz vom 10. Juni 1869 §. 15 (gegen Makler und Unterhändler, welche wissentlich unversteuerte Wechsel verhandelt haben). Ausnahmsweise belegt §. 18 Sozialistengesetz vom 21. Oktober 1878 die Beihülfe (Hergeben von Räumlichkeiten zu verbotenen Vereinen und Versammlungen) mit schwererer Strafe als die Thäterschaft (Beteiligen an solchen Vereinen).

5. Eine besondere Form der Beihülfe enthält §. 92 der Seemannsordnung vom 27. Dezember 1872: Verweigerung des Gehorsams gegenüber solchen Befehlen des Vorgesetzten, welche sich auf Abwehr oder Unterdrückung von Nötigung und Widerstand beziehen.

III. Einfluß persönlicher Verhältnisse auf die Strafbarkeit der Anstiftung und der Beihülfe (StGB. §. 50).

1. Strafschärfungs- und Strafmilderungsgründe, die in persönlichen Eigenschaften oder Verhältnissen des Handelnden ihren Grund haben, sind nur auf diejenigen Teilnehmer zur Anwendung zu bringen, bei welchen sie vorliegen. Mit diesem Satze, der bezüglich des Mitthäters selbstverständlich und nur bezüglich des Anstifters und des Gehülfen wirklich von Bedeutung ist, hat der Gesetzgeber eine der wichtigsten Konsequenzen aus seiner prinzipiellen Auffassung, daß Teilnahme die Beteiligung an dem Verbrechen eines Anderen und nicht mittelbare Selbstbegehung des Verbrechens sei, mit aller Entschiedenheit (und mit vollem Rechte) abgelehnt. Beispiele: Wenn der Nichtverwandte B den Sohn A des Vaters C, oder die Mutter A des neugeborenen Kindes C zur Tötung des Vaters oder Kindes C bestimmt hat; oder wenn umgekehrt der Sohn A oder die Mutter A dem extraneus B zur Tötung des Vaters oder des Kindes C Hülfe geleistet haben: so ist in beiden Fällen der Fremde B nach den Bestimmungen über gemeine Tötung, der Sohn A nach jenen über Ascendententodschlag, die Mutter A nach jenen über Kindestötung zu beurteilen. Die Anordnung der Gesetzgebung ist schon darum richtig, weil nur verschieden qualifizierte Uebertretungen der einen Norm: Du sollst nicht töten! vorliegen (vgl. oben §. 4 I 3).

2. Handelt es sich dagegen um persönliche Eigenschaften oder Verhältnisse, welche ein an sich strafloses Thun erst zu einem strafbaren machen, welche die Strafbarkeit also erst begründen, nicht erhöhen oder vermindern (Bedingungen der Strafbarkeit in dem oben §. 30 erörterten Sinne): so sind sie, wenn beim Thäter vorliegend, dem Anstifter und Gehülfen zuzurechnen; fehlt es an einer solchen Bedingung in der Person des Thäters, so liegt eine strafbare Haupt-

that überhaupt nicht vor, und es kann daher auch von Teilnahme an einer solchen keine Rede sein.

Beispiel: Anstiftung und Beihülfe zu einem reinen Amtsverbrechen sind nach den für dieses gegebenen Bestimmungen zu beurteilen, während wenn der Beamte Anstifter oder Gehülfe, ein Nichtbeamter aber Thäter ist, ein Verbrechen überhaupt nicht vorliegt; denn der Nichtbeamte kann nur als fingierter, nicht aber als unmittelbarer Thäter ein Amtsdelikt begehen (vgl. oben §. 36 I).

3. Strafaufhebungsgründe (vgl. unten §. 57 I), prozessuale Hindernisse der Strafverfolgung und subjektive Strafausschließungsgründe (oben §. 30 III) wirken immer nur für denjenigen, in dessen Person sie vorliegen, schließen daher die Möglichkeit einer Teilnahme an der objektiv strafbaren Handlung nicht aus.

§. 38.

Teilnahmehandlungen als selbständige Verbrechen.

I. Der Vollständigkeit wegen und zur Vermeidung von Mißverständnissen sei ausdrücklich erwähnt, daß der Gesetzgeber in einzelnen Fällen Handlungen, die als Teilnahmehandlungen erscheinen könnten, wenn sie in Beziehung zu einem bestimmten begangenen Verbrechen gebracht würden, wegen ihres an sich für die Rechtsordnung gefährlichen Charakters als *selbständige Verbrechen* aufgefaßt und unter besondere Strafe gestellt hat. Diese Auffassung des Gesetzgebers ist auch für die Wissenschaft bindend. Die Grundsätze, welche sie in der Lehre von der Teilnahme entwickelt, haben für diese selbständigen Verbrechen keine Geltung. So sind sie ohne Rücksicht auf eine strafbare Handlung des

Hauptthäters strafbar und die Möglichkeit des Versuchs wie der Teilnahme richtet sich nach den allgemeinen Grundsätzen. Hier genüge die Uebersicht über die wichtigsten Fälle; wir werden diesen und anderen im besonderen Teile wieder begegnen.

II. Es gehören hieher

1. Die öffentlichen Aufforderungen in StGB. §§. 85, 110 (nicht 111), 130, Preßgesetz vom 7. Mai 1874 §. 16.

2. Die Aufreizung in StGB. §. 112.

3. Der Duchesne-Paragraph 49a StGB.

4. Das Komplott oder die Verabredung zur Begehung eines oder mehrerer bestimmter Verbrechen;[1] in StGB. §. 83 als selbständiges Verbrechen, sonst wohl auch — Vereinszollgesetz vom 1. Juli 1869 §§. 146 u. 147; Seemannsordnung vom 27. Dezember 1872 §§. 87 u. 91 — als Strafschärfungsgrund behandelt.

5. Dagegen ist die Bande, das ist die auf die Begehung mehrerer noch nicht individuell bestimmter Verbrechen gerichtete Verbindung, in der Reichsgesetzgebung — StGB. §§. 248 Nr. 6, 250 Nr. 2; Vereinszollgesetz §. 146 — nur mehr als Strafschärfungsgrund von Bedeutung.

6. Endlich ist die sogenannte Konvenienz des Amtsvorgesetzten StGB. §. 357 hier zu erwähnen.

---

[1] Lit. bei Meyer S. 231 Note 4.

VIII. Einheit und Mehrheit der Verbrechenshandlung.[1]

§. 39.

Die natürliche und die juristische Einheit der Handlung.

I. Die natürliche Einheit der Handlung. Wenn Handlung im weiteren Sinne die willkürliche Körperbewegung mit dem durch sie verursachten Erfolge ist, so kann die natürliche Einheit dieser erweiterten Handlungsreihe gegeben sein:

1. Durch die Einheit der Körperbewegung trotz Mehrheit des Erfolges. Wenn ein Wort mehrere Menschen beleidigt, ein Schuß mehrere Jagdvögel trifft usw., liegt immer nur eine Handlung vor. Daran kann selbst die Art-Verschiedenheit der eingetretenen mehreren Erfolge nichts ändern. Hat der geschleuderte Stein einen Menschen getötet, den zweiten verletzt und außerdem eine Scheibe zertrümmert, so können wir nur von einer Handlung mit mehreren Erfolgen, nie aber von mehreren Handlungen sprechen. Eine durch positivrechtliche Anordnung geschaffene Ausnahme von diesem Satze haben wir oben in §. 35 II 5 kennen gelernt.

2. Durch die Einheit des Erfolges trotz Mehrheit der Körperbewegungen. Sechs Schüsse aus dem sechsläufigen Revolver treffen den B und töten ihn durch ihr Zusammenwirken; der Dieb entwendet die sämmtlichen, demselben Eigentümer gehörenden Wertgegenstände, indem er sie der Reihe

[1] Lit. bei Binding Grundriß S. 144 f. Dazu v. Buri Einheit und Mehrheit der Verbrechen 1879.

nach dem auf der Straße harrenden Genossen durchs Fenster zuwirft usw.

Dagegen kann von einer natürlichen Einheit der Handlung dann nicht mehr gesprochen werden, wenn sowohl Mehrheit der Körperbewegungen als auch Mehrheit der Erfolge vorliegt; wenn also z. B. durch die aus dem sechsläufigen Revolver abgefeuerten Schüsse 6 Personen getötet werden, oder die mit mehreren diebischen Griffen entwendeten Gegenstände verschiedenen Personen gehören.

II. Die juristische Einheit der Handlung. Der Begriff der Einheit ist ein relativer, von dem Standpunkte des Betrachters abhängiger. Nichts hindert uns, auch eine Mehrheit von Handlungen zu einer juristischen Einheit zusammenzufassen. Die wichtigsten Fälle einer solchen künstlich geschaffenen Verbrechenseinheit sind:

1. Das fortdauernde Verbrechen, d. i. die kontinuierliche (ununterbrochene) Verwirklichung eines Verbrechensbegriffes. Beispiel: eine durch Wochen oder Monate andauernde Freiheitsentziehung. Nicht zu verwechseln mit dem fortdauernden ist das Zustandsverbrechen, welches durch eine einmalige Handlung einen dauernden rechtswidrigen Zustand erzeugt; hieher gehört z. B. die Doppelehe, der Diebstahl usw. Der rechtswidrige Zustand kommt als weitere Folge der völlig abgeschlossenen Handlung strafrechtlich nicht in Betracht.

2. Das fortgesetzte Verbrechen, d. i. die nicht kontinuierliche, stoßweise Verwirklichung des Verbrechensbegriffes; eine Mehrheit von Handlungen, juristisch zusammengehalten durch die Gleichartigkeit der Schuld, der Körperbewegung und des Erfolges. Wann diese Gleichartigkeit vorliegt, wann nicht, läßt sich durch eine allgemeine Regel hier ebensowenig

wie in all' den anderen Fällen entscheiden, in welchen die Rechtswissenschaft mit dem Begriffe der Gleichartigkeit arbeitet. Deshalb das „fortgesetzte" Verbrechen überhaupt leugnen wollen, heißt die Grenzlinie zwischen Theorie und Praxis verkennen. Beispiele: Das ehebrecherische Verhältnis des A mit der C führt zu einer Reihe von Beischlafsakten; der Diener nimmt sich täglich eine Cigarre aus dem Cigarrenkistchen seines Herrn; Verausgaben des auf einmal sich verschafften falschen Geldes in Teilbeiträgen RGR. 4. Dezember 1879, E I 25, R I 114; wiederholt in mehreren aufeinanderfolgenden Nächten mit demselben Knaben getriebene widernatürliche Unzucht RGR. 10. Juli 1880, E I 450.

3. Das gewerbs-, geschäfts-, gewohnheitsmäßige Verbrechen;[2] eine durch die Jurisprudenz geschaffene künstliche Einheit von begangenen oder von begangenen und beabsichtigten Handlungen, die als Einheit vom Gesetzgeber bald zum strafbarmachenden (vgl. oben §. 4 I), bald zum strafschärfenden (vgl. unten §. 54 I 2) Momente erhoben wird.

a) Die Gewerbsmäßigkeit charakterisiert sich einerseits durch die auf öftere Wiederholung gerichtete Absicht, andrerseits durch die Absicht des Thäters, sich durch diese Wiederholung eine, wenn auch nicht regelmäßig oder dauernd fließende Einnahmsquelle zu verschaffen.[3] Vgl. StGB. §§. 260, 284, 294, 302d, 360 Ziff. 6; Münzgesetz vom 9. Juli 1873 §. 13; Reichsbankgesetz vom 14. März 1875 §. 57 Abs. 2; Patentgesetz vom 25. Mai 1877 §. 4.

---

[2] Vgl. v. Lilienthal Beiträge zur Lehre von den Kollektivdelikten 1879.

[3] RGR. 24. April 1880, E I 654.

b) Die Geschäftsmäßigkeit teilt mit der Gewerbsmäßigkeit die auf regelmäßige Wiederholung gerichtete Absicht, dagegen fehlt die Absicht, sich eine ständige Einnahmsquelle zu eröffnen. Ob die einzelnen Handlungen honoriert werden oder nicht, ist gleichgültig. Vgl. StGB. §. 144, Sozialistengesetz §. 22.

In beiden Fällen genügt das Vorliegen einer Handlung, die mit den beabsichtigten weiteren Handlungen zu der juristischen Einheit zusammengefaßt wird.

c) Gewohnheit läßt sich am anschaulichsten definieren als der Zustand des labilen psychischen Gleichgewichtes, in welchem ein dem Durchschnittsmenschen gegenüber nicht motivierender Reiz die Kraft eines Motives erlangt; oder als abnorm geschwächte Widerstandskraft gegenüber gewissen Reizen. Mit der Spezialisierung steigt die Macht der Gewohnheit. Der Gewohnheitsverbrecher im Allgemeinen ist ein theoretischer, der Gewohnheits-Dieb oder -Betrüger usw. ein sehr praktischer Begriff, von dem das positive Recht, vielfach eingeengt durch die gangbaren falschen Anschauungen über Schuld und Strafe einen viel zu bescheidenen Gebrauch macht. Vgl. StGB. §§. 150, 180, 260, 302d; Münzgesetz vom 9. Juli 1873 §. 13. Beim gewohnheitsmäßigen Verbrechen wird die jetzt begangene mit den früher begangenen Handlungen zu einer Einheit zusammengefaßt; diese müssen normwidrig, brauchen aber nicht notwendig strafbar zu sein.

In allen Fällen, in welchen die Rechtswissenschaft eine Mehrheit von Handlungen zu einer juristischen Einheit zusammenfaßt, muß diese Einheit als solche in allen juristischen Beziehungen betrachtet und behandelt werden. Das juristisch einheitliche Verbrechen ist demnach überall dort begangen, wo, und in jedem der Augenblicke, in welchen eine der Handlungen begangen wurde; bei einem Wechsel der Gesetzgebung kommt immer das mildere, bei einer Kollision des einheimischen und des fremden Rechtes immer das erstere zur Anwendung. Ist auch nur eine der Einzelhandlungen qualifiziert, so ergreift diese Qualifikation auch die übrigen Handlungen. Die Verjährung beginnt nicht, ehe die letzte der Handlungen gesetzt wurde usw.

§. 40.

Die Einheit des Verbrechens und die sogenannte Idealkonkurrenz.

I. Das Strafgesetz verknüpft Verbrechen und Strafe; das Vorliegen eines Verbrechens ist Bedingung für den Eintritt der Strafe. Fassen wir das Verbrechen als normwidrige, mit Strafe bedrohte Handlung, so kann ein Verbrechen — mag die Einheit eine natürliche oder eine juristische sein — immer nur eine Strafe nach sich ziehen. Der einmalige Eintritt der Bedingung kann nur einmal die Folge erzeugen. Die Richtigkeit dieses Satzes dürfte keinem Zweifel unterliegen. Aber nach einer anderen Richtung hin erheben sich Schwierigkeiten. Welche der Voraussetzungen des Strafeintrittes hat der Thäter erfüllt; welche Strafe hat er verwirkt? Mit andern Worten: es kann äußerst zweifelhaft sein, unter welchen der verschiedenen Verbrechensthatbestände die konkrete in Frage stehende That zu subsumieren ist; zweifelhaft darum, weil mehrere jener Verbrechensthatbestände auf diese Handlung passen. Für die Lösung dieser Schwierigkeiten stehen uns 2 Regeln zu Gebote.

II. Zunächst ist derjenige Verbrechensthatbestand als gegeben anzunehmen, der den konkreten Fall am erschöpfendsten berücksichtigt. Es sind bei dieser Prüfung die verschiedenen Strafgesetze in ihrem Verhältnisse zu der übertretenen Norm, die verschiedenen Normen in ihrem Verhältnisse zu dem durch sie zu schützenden Rechtsgute ins Auge zu fassen (vgl. oben §. 4 I und 3 II). Diese Regel schließt eine Reihe von Fällen in sich.

a) Die besondere Bestimmung — lex specialis — geht der allgemeinen — der lex generalis vor. So fällt Majestätsbeleidigung immer unter §. 95 StGB., nie unter §. 185; so ist Fälschung eines Legitimationspapieres zum Zwecke besseren Fortkommens immer nach §. 363 StGB., nie als Urkundenfälschung im Sinne des §. 267 zu behandeln. In den Nebengesetzen ist dies zum Teil ausdrücklich angeordnet; vgl. Gewerbeordnung vom 21. Juni 1867 §§. 147, 148.[1] Nur dann, wenn die Sonderbestimmung nur eine besondere Seite des Falles berücksichtigt, kommt neben ihr die allgemeine Anordnung zur Geltung: so Vereinszollgesetz vom 1. Juli 1869 §§. 158, 159 u. A.[2] Der Satz ne bis in idem erleidet hier eine scheinbare Ausnahme; scheinbar darum, weil nicht dieselbe Handlung mehrmals, sondern verschiedene Seiten derselben je einmal in Betracht gezogen werden.

b) Wenn das positive Recht die Möglichkeit einer mehrfachen Bedeutung derselben Handlung für die Rechtsordnung dadurch berücksichtigt, daß es zusammengesetzte Ver-

[1] In §. 147 ist die Gew.-Ordg., in §. 148 sind die Steuergesetze als lex specialis bezeichnet.

[2] Branntweinsteuergesetz vom 8. Juli 1868 §. 67; Spielkartenstempelgesetz vom 3. Juli 1878 §. 12 Abs. 2.

brechensthatbestände bildet, so ist die konkrete Handlung nur unter diesen zusammengesetzten Thatbestand, nicht aber unter dessen Elemente zu subsumieren. So ist der Begriff des Raubes aus Diebstahl und Nötigung, der der Erpressung aus Nötigung und Verletzung der Geschlechtsehre des Weibes zusammengesetzt; gewaltsame Sachentziehung, erzwungener Beischlaf sind darum immer nur als Raub oder Notzucht aufzufassen.

c) Die qualifizierte Normübertretung absorbiert die einfache, die schwerere vernichtet die leichtere. Einbruchsdiebstahl ist nur nach §. 243 StGB. zu beurteilen; wer die falschen Schlüssel geliefert und dann mit dem Andern selbst gestohlen hat, kommt nur als Mitthäter, nicht auch als Gehülfe in Betracht (vgl. oben §. 35 V); vollendeter Zweikampf schließt die Anwendung des §. 201 StGB.; vollendeter Hochverrath die der §§. 83—86 StGB. aus; umgekehrt wird beim sog. Versicherungsbetrug StGB. §. 265 durch die schwere Vorbereitungshandlung (Brandstiftung) die etwa später eintretende Vollendung des Betruges absorbiert.

d) Wenn zwei zum Schutze desselben Rechtsgutes bestimmte Normen zu einander in dem Verhältnisse von allgemeiner Norm (oben §. 3 II 1) und Gehorsamsnorm (oben §. 3 II 2 u. 3) stehen, und dieselbe Handlung beide Normen verletzt, so ist nur die Uebertretung der allgemeinen Norm ins Auge zu fassen. Wer z. B. durch schnelles Fahren einen Menschen getötet hat, ist nur nach §. 222, nicht auch nach §. 366 Ziff. 2 StGB. zu bestrafen.

III. Diese Regel aber läßt uns in all' den zahlreichen Fällen im Stiche, in welchen keiner der in Frage kommenden Thatbestände dem konkreten Falle gerecht wird, keine ihn erschöpfend berücksichtigt. In Ermangelung besonderer gesetzlicher Anordnung bleibt uns hier ein einziger Ausweg: **wir wenden jenen Verbrechensthatbestand an, dessen Strafe durch ihre größere Schwere uns die Berücksichtigung des konkreten Falles, wenn auch nicht vollständig, so doch annäherungsweise gestattet.** So ist die Notzucht an der eigenen Tochter, die sowohl unter §. 173, als unter §. 177 StGB. fallen würde, nach dem letzteren Paragraphen zu bestrafen. Diese subsidiäre Aushülfsregel und nicht mehr spricht §. 73 StGB. aus: Wenn eine und dieselbe Handlung mehrere Strafgesetze verletzt, so kommt nur dasjenige Gesetz, welches die schwerste Strafe, und bei ungleichen Strafarten dasjenige Gesetz, welches die schwerste Strafart androht, zur Anwendung.

Man spricht in diesen Fällen von „**idealer Konkurrenz der Verbrechen**“, in den unter II erörterten Fällen dagegen von „**Gesetzeskonkurrenz**“. Es ist gegen diesen Sprachgebrauch so lange nichts einzuwenden, als es sich eben nur um eine Auseinanderhaltung der beiden Gruppen, nicht aber um die Betonung eines — in Wahrheit gar nicht existierenden — **begrifflichen** Gegensatzes zwischen ihnen handelt.

Hier wie dort paßt dieselbe eine Handlung unter mehrere Strafgesetze, und hier wie dort können wir nur eines von ihnen zur Anwendung bringen. Der Unterschied liegt nur darin, daß wir dort (ad II) im Gesetze einen sicheren Anhaltspunkt zu sachgemäßer Entscheidung haben, während hier jeder andere Anhaltspunkt als der rein äußerliche: Schwere der angedrohten Strafe, fehlt. Für den Richter ergiebt sich in dem letzteren Falle die Notwendigkeit, urteilsmäßig festzustellen — eventuell durch Befragung der Geschworenen —

daß die Handlung unter beide Strafgesetze fällt, und was ihn bei der Auswahl geleitet.[3] Hat er aber die Wahl einmal getroffen, so ist das mildere Strafgesetz in keiner Weise mehr zu berücksichtigen; es kann mithin auch nicht etwa später die Annahme eines Rückfalls auf jene Feststellung gegründet werden. Welches Strafgesetz als das mildere anzusehen, ist nach den oben §. 12 III angegebenen Regeln zu beurteilen.

IV. Die herrschende Ansicht teilt die „ideale Konkurrenz" (eine Handlung, mehrere Verbrechen)[4] in gleichartige und ungleichartige. Erstere soll vorliegen, wenn durch eine Handlung verschiedene Strafgesetze, letztere wenn durch jene dasselbe Gesetz mehrfach übertreten ist. Diese Einteilung eines an sich unhaltbaren Begriffes ist doppelt verkehrt. Hat ein Schuß mehrere Menschen verletzt, ein Wort mehrere Personen beleidigt, ein diebischer Griff mehrere Eigentümer geschädigt, so ist die Handlung unzweifelhaft als Körperverletzung, Beleidigung, Diebstahl aufzufassen und ein anderer Verbrechensbegriff kommt gar nicht in Frage. Damit entfällt die einzige Voraussetzung, die uns berechtigt, von idealer Konkurrenz zu sprechen. Es ist die übertretene Norm auch nicht mehrmals, sondern nur einmal, wenn auch in verschiedenen Trägern des durch die Norm geschützten Rechtsgutes verletzt. Die Strafrahmen der Reichsgesetzgebung sind groß genug, um die Berücksichtigung dieses Umstandes zu gestatten. Von idealer Konkurrenz aber kann keine Rede sein. Damit

[3] Vgl. RGR. 27. April 1880, R I 681.

[4] Nach der im Texte vertretenen Ansicht liegt immer nur ein Verbrechen vor, und es handelt sich nur um die Entscheidung der Frage: welches. Dabei kann dahingestellt bleiben, ob die durch §. 73 StGB. sanktionierte zweite Regel nicht durch eine sachgemäßere gesetzliche Anordnung ersetzt werden könnte.

ist auch die vielbesprochene Frage, ob auf diese Fälle §. 73 StGB. analog anzuwenden sei — eine Frage, die bei richtiger Fassung des Konkurrenzbegriffes gar nicht aufgeworfen werden kann — erledigt. Zur Anwendung gelangt hier vielmehr nur die allgemeine, nirgends ausdrücklich im Gesetze ausgesprochene, weil selbstverständliche Regel, daß eine Handlung nur unter ein Strafgesetz subsumiert werden und nur eine Strafe nach sich ziehen kann; eine Strafe, bei deren Bemessung (vgl. unten §. 53 II 1 und III) die Ausbreitung der einen Rechtsverletzung allerdings in Anschlag zu bringen ist.

§. 41.

Mehrheit der Verbrechen. Rückfall und Realkonkurrenz.

Mehrere Verbrechen desselben Thäters stehen nicht notwendig in juristischer Beziehung zu einander. Wir haben im Gegenteile, von besonderer gesetzlicher Anordnung abgesehen, die mehreren Verbrechen desselben Thäters ebenso selbständig zu behandeln, wie mehrere Handlungen verschiedener Thäter. Eine strafrechtlich relevante Beziehung der mehreren Handlungen desselben Thäters untereinander entsteht nur durch positivrechtliche, von sekundären Gesichtspunkten beeinflußte Anordnung des Gesetzgebers. Nach geltendem Rechte kann diese Beziehung sein:

I. Rückfall; d. i. Begehung eines gleichen oder gleichartigen Verbrechens nach gänzlicher oder teilweiser Verbüßung oder Erlassung der wegen eines früher begangenen gleichen oder gleichartigen Verbrechens zuerkannten Strafe; vorausgesetzt, daß nicht seit Verbüßung oder Erlaß der früheren Strafe bis zur Begehung des neuen Verbrechens ein gewisser Zeitraum (sogenannte Rückfallsverjährung) verstrichen ist, der die strafrechtliche Beziehung zwischen beiden Handlungen als zerrissen erscheinen läßt.

Der Rückfall wird nach Reichsrecht nur in einzelnen Fällen und zwar immer nur als Strafschärfungsgrund verwendet (vgl. unten §. 54 I 1).

II. Sogenannte reale Konkurrenz oder Zusammentreffen mehrerer strafbarer Handlungen. Die konsequente Durchführung des prinzipiell unstreitigen richtigen Gedankens, daß bei Begehung mehrerer Verbrechen durch denselben Thäter jede der verbrecherischen Handlungen mit der ihr entsprechenden Einzelstrafe, die Summe jener Handlungen daher mit der Summe dieser Einzelstrafen zu belegen sei, führt nach der heute in der Gesetzgebung herrschenden Auffassung zu unerträglichen Härten (vgl. darüber das Nähere unter §. 56 I). Die gesetzliche Anordnung der Milderung dieser Härten erheischt die gesetzliche Fixierung der Voraussetzungen, unter welchen die Abweichung von dem Prinzipe stattfinden soll, und führt somit zu der Aufstellung des Begriffes der Realkonkurrenz. Der Begriff verdankt mithin lediglich den Bedürfnissen der Strafanwendungspolitik seine Entstehung.[1] Voraussetzungen der Realkonkurrenz sind: einerseits die, wenn auch thatsächlich vereitelte, rechtliche Möglichkeit gleichzeitiger Aburteilung, andrerseits die thatsächliche Möglichkeit nachträglicher Berücksichtigung jener rechtlichen Möglichkeit. Genauer gesprochen: Realkonkurrenz ist die Begehung mehrerer verbrecherischer Handlungen durch denselben Thäter, wenn

[1] Wer aber deshalb von Strafenkonkurrenz statt von Verbrechenskonkurrenz sprechen wollte, würde den Grund mit der Folge verwechseln.

1. die mehreren Handlungen begangen waren, ehe wegen einer von ihnen das Urteil gesprochen worden ist (Rechtskraft des Urteils nicht erforderlich). Beispiel: Die Verbrechen a, b, c sind am 1. Januar, 1. Februar, 1. März begangen; Realkonkurrenz liegt vor, wenn die Aburteilung wegen a, b und c am 15. März erfolgt; aber auch dann, wenn am 15. März lediglich über das Verbrechen a gesprochen wurde und die Verbrechen b und c erst nachträglich zum Vorschein kommen. Dagegen steht das am 16. März begangene Verbrechen d nicht mehr in Realkonkurrenz mit a, b und c (StGB. §. 74).

2. Bei nicht gleichzeitiger Aburteilung ist Realkonkurrenz nur dann anzunehmen, wenn die nachträgliche Entscheidung über das später entdeckte Verbrechen stattfindet, so lange eine Verbesserung des früheren Urteils noch möglich ist, so lange also die in dem früheren Urteile ausgesprochene Strafe noch nicht vollständig verbüßt, verjährt oder erlassen ist (StGB. §. 79). Beispiel: Ist der Verbrecher wegen a am 15. März zu 3 Monaten Gefängnis verurteilt worden, so ist Realkonkurrenz von b und c mit a anzunehmen, wenn b und c vor dem 15. Juni zur Aburteilung kommen, nicht aber wenn an dem Tage, an welchem das Urteil wegen b und c gefällt werden soll, die wegen a erkannte Strafe bereits verbüßt, verjährt oder erlassen ist.

Zweites Buch.

Die Strafe.

I.

§. 42. Der Begriff der Strafe.

I. Strafe ist Rechtsgüterschutz durch Rechtsgüterverletzung, vom Staate, als dem Träger und Schirmer der öffentlichen Rechtsordnung (als Inhaber der öffentlichen Zwangsgewalt), gegen den Uebertreter eines staatlichen Imperatives aus Anlaß dieser Uebertretung durch seine gerichtlichen Organe verhängt.

Das ist der formale Begriff der Strafe. Alle einzelnen Merkmale müssen gegeben sein, um ihn zu erfüllen. Eine Rechtsfigur, der eines dieser Merkmale fehlt, kann mit der Strafe verwandt, sie kann aber nie Strafe sein.

II. Die Strafe ist Rechtsgüterverletzung („Einbuße an Rechtsgütern“ sagt Binding); sie ist ein malum passionis. Dadurch unterscheidet sie sich wesentlich von dem Schadensersatz, mag sie auch mit ihm unter den gemeinsamen höheren Begriff der Reaktion gegen das Unrecht gebracht werden können. Denn Schadensersatz ist Beseitigung der Rechtsgüterverletzung; er heilt die Wunde, während die Strafe eine neue Wunde schlägt.[1] Es ist jedoch dabei vor einem weit verbreiteten Irrtume zu warnen. Ersatz des Schadens ist ein weiterer Begriff als Ersatz des pekuniären Schadens; jedes Rechtsinstitut, das die Heilung der durch das Unrecht geschaffenen Rechtsverletzung bezweckt, können wir unter jenen Begriff bringen, auch wenn die Verletzung der Abschätzung in Geld nicht zugänglich ist. Passend bezeichnet man den Ersatz des ideellen, d. h. pekuniär nicht abschätzbaren, Schadens als Genugthuung. Sie ist nach dem Gesagten in begrifflichem Gegensatze zur Strafe. Fälle der Genugthuung sind:

1. Die Buße, die sich im RStGB., wie in den die Individualrechte schützenden Nebenstrafgesetzen findet (vgl. unten §. 52); das Gleiche gilt von dem Schmerzensgelde, das eben darum, soweit das Gebiet der Buße reicht, als aufgehoben zu betrachten ist.[2]

2. Die Ausfertigung des verurteilenden Erkenntnisses an den Verletzten, sowie die öffentliche Bekanntmachung desselben auf Kosten des Verurteilten.[3]

Eine ganz singuläre Verbindung von Ersatz und Strafe, von Schadensersatz und pönalem Element enthält §. 55 Nachdrucksgesetz vom 11. Juni 1870, nach welchem die Entschädigung des Verletzten gebildet wird durch den ganzen Betrag der Einnahme von jeder unbefugten öffentlichen Auf-

[1] Vgl. über diese vielbesprochene Frage besonders Binding Normen I S. 166; Merkel Abhandlungen I S. 57, Heinze H.H. I S. 337.

[2] Vgl. Windscheid §. 455 Note 31.

[3] StGB. §§. 165 und 200; §. 17 Markenschutzgesetz vom 30. November 1874; §. 35 Patentgesetz vom 25. Novbr. 1877. Siehe dagegen einen Fall, in dem die Veröffentlichung des Urteils Nebenstrafe ist, unten §. 44 I C; §. 16 Nahrungsmittelgesetz vom 14. Mai 1879.

führung eines dramatischen usw. Werkes ohne Abzug der auf dieselbe verwendeten Kosten.

III. Strafe ist Verletzung eines Rechtsgutes, dessen Träger der Normübertreter ist. Trifft die Verletzung einen Dritten, so liegt nicht Strafe im eigentlichen Sinne vor. Daher scheiden aus dem Begriffe der Strafe aus:

1. Objektive Maßregeln, wie die Auflösung einer Versammlung, das Schließen eines Vereines, einer Kasse; ferner die Einziehung, Vernichtung, Unbrauchbarmachung von Gegenständen in zwei Fällen:

a) Wenn die Einziehung usw. selbständig, d. h. unabhängig von der Verfolgung oder Verurteilung einer bestimmten Person ausgesprochen werden kann;[4]

b) Wenn die Einziehung usw. zwar an die Verurteilung einer bestimmten Person geknüpft ist, sich aber auch auf solche Gegenstände erstrecken kann, die weder dem Thäter, noch einem der Teilnehmer gehören.[5]

2. Die subsidiäre Haftung dritter Personen für die von dem Schuldigen verwirkten Geldstrafen, die sich in vielen Reichs- und Landes-Nebenstrafgesetzen ausgesprochen findet.[6]

---

[4] StPO. §. 477 ff. regelt das besondere hier eintretende „objektive" Verfahren. Hieher gehören: StGB. §§. 42 u. 152; Nachdrucksgesetz vom 11. Juni 1870 §§. 21, 22 u. 25, und die Urheberrechtsgesetze vom 9., 10., 11. Januar 1876; Spielkartenstempelgesetz vom 3. Juli 1878 §. 10; Nahrungsmittelgesetz vom 14. Mai 1879 §. 15. Vgl. unten §. 50 II u. III.

[5] StGB. §§. 41, 152, 295, 296a, 367, 369; Nahrungsmittelgesetz vom 14. Mai 1879 §. 15; Viehseuchengesetz vom 23. Juni 1880 §§. 65 und 66. Vgl. unten §. 50 II u. III.

[6] Vgl. die Reichsgesetze vom 8. Juli 1868; §. 153 Vereinszollgesetz vom 1. Juli 1869; §. 18 Spielkartenstempelgesetz v. 3. Juli 1878; §. 43 Tabacksteuergesetz v. 16. Juli 1879; Waarenverkehrsstatistikgesetz v. 20. Juli 1879 §. 17; die landesrechtl. Feld- u. Forstpolizeigesetze usw.

Doch ist die Natur dieses Rechtsinstitutes keine unzweifelhafte. Für seine Auffassung als Strafe würde sprechen, daß die Haftung mit dem Nachweise entfällt, die Uebertretung sei ohne Vorwissen des Haftpflichtigen begangen worden. Am interessantesten ist in dieser Beziehung §. 38 Brausteuergesetz vom 31. Mai 1872, nach welchem der Gewerbsinhaber für seine Verwalter, Gehülfen, Hausgenossen nur dann haftet, wenn er bei Auswahl, Anstellung, Beaufsichtigung dieser Personen fahrlässig, d. h. nicht mit der Sorgfalt eines ordentlichen Geschäftsmannes zu Werke gegangen ist.[7]

Wesentlich verschieden von dieser subsidiären, nicht strafrechtlichen Haftung ist die primäre rein strafrechtliche Haftung des Gewerbeinhabers, die nicht im Reichsrechte, wohl aber partikularrechtlich (z. B. preußische Steuerordnung vom 8. Februar 1819) sich findet. Vgl. RGR. 28. Mai 1880, E II 70.

Dagegen ist die in §. 151 Gewerbe-Ordnung bestimmte Mithaftung des verfügungsfähigen Vertretenen, mit dessen Vorwissen der Stellvertreter die Uebertretung begangen hat, als eigentliche Strafdrohung (für Mitthäterschaft) zu betrachten.

IV. Die Rechtsgüterverletzung muß von dem Staate als dem Inhaber der öffentlichen Zwangsgewalt, als dem Träger und Schirmer der öffentlichen Rechtsordnung ver-

---

[7] Ist der Haftpflichtige selbst mit einer derjenigen Personen, für die er zu haften hat, an dem begangenen Delikte strafrechtlich beteiligt, so kann ihn die Zahlung zweimal treffen: einmal als Strafe, dann als Haftung für für seinen Genossen. A. A. RGR. 24. März 1880, E I 334, R I 508, aber ohne überzeugende Begründung.

hängt werden. So wie die Bestrafung in Haus und Schule, in Kirche und Vereinigung nicht Strafe im technischen Sinne ist (vgl. oben §. 1), so ist auch die Bestrafung, die zwar vom Staate, aber nicht kraft der ihm zukommenden öffentlichen Zwangsgewalt ausgeht, keine eigentliche Strafe. Dies ist der Grund, warum die staatliche Disziplinarstrafe, die der Staat im Interesse des internen Dienstes verhängt, nicht Strafe im engeren Sinne ist.[8] Konsequenzen: Ihre Verhängung ist, weil nicht Strafsache, nicht Sache der ordentlichen Strafgerichte; dieselbe Normübertretung kann Disziplinarstrafe und überdies eigentliche Strafe nach sich ziehen (anerkannt u. A. in §. 95 der Seemannsordnung vom 27. Dezember 1872) usw.

V. Nachteile, die auf die Nichtbeachtung eines nicht imperativen Rechtssatzes gesetzt sind, sind nicht Strafe. So die sogenannten Prozeßstrafen aller Art; die prozessualen Vorschriften heischen nicht unbedingten Gehorsam, wie die staatlichen Imperative, sie stellen vielmehr die Wahl zwischen zwei Alternativen frei.

VI. Die Strafe ist an die begangene Rechtsverletzung geknüpft und wenn sie auch durch ihre Zweckbestimmung in die Zukunft reicht, so hat sie doch nicht einzelne konkrete Handlungen und Unterlassungen, sondern diese Handlungen und Unterlassungen in abstracto im Auge. Dadurch unterscheidet sie sich vom Strafzwange, der auf die Herbeiführung einer konkreten Handlung oder Unterlassung durch Rechtsgüterverletzung gerichtet ist. Wichtig ist die Unterscheidung für das Prozeßrecht: Strafzwang zur Reali-

[8] Lit. über diese sehr bestrittene Frage bei Laband Staatsr. I S. 448, Binding Grundriß S. 112, Zorn Staatsr. S. 243.

sierung der Zeugnispflicht neben der Strafe für Nichterfüllung dieser Pflicht (StPO. §§. 69 u. 50, CPO. §§. 355 u. 345; vgl. auch Postgesetz vom 28. Oktober 1871 §. 38). Auch sonst wird der Strafzwang vielfach in der Reichsgesetzgebung verwertet; man vgl. das „durch Ordnungsstrafen anhalten" im Handelsgesetzbuch, in §. 66 des Genossenschaftsgesetzes vom 4. Juni 1868, §. 33 Gesetz 7. April 1876 über die eingeschriebenen Hülfskassen; die „exekutorischen Geldstrafen" in §. 40 des Tabacksteuergesetzes vom 16. Juli 1879.

VII. Begrifflich mit der eigentlichen Strafe sich deckend sind dennoch von derselben kraft positiv gesetzlicher Anordnung zu unterscheiden jene kleinen Strafen für geringfügigere Rechtsverletzungen, welche die Reichsgesetzgebung mit dem Namen der Ordnungsstrafen bezeichnet.[9] (Besonders häufig in den Zoll- und Steuergesetzen[10]). Dagegen ist die sogenannte Polizeistrafe, von besonderer gesetzlicher Anordnung abgesehen, von der Strafe im engeren Sinne nicht verschieden, selbst wenn zwischen dem kriminellen nnd dem polizeilichen Unrecht eine prinzipielle Verschiedenheit bestehen sollte[11].

VIII. Endlich sind von der Strafe zu unterscheiden die

---

[9] Zu unterscheiden auch von den unter VI erwähnten „Ordnungsstrafen", die nicht Strafe sondern Zwang sind. §. 40 Tabacksteuergesetz vom 16. Juli 1879 nennt beide Arten nebeneinander.

[10] Vgl. z. B. Salzsteuergesetz v. 12. Oktober 1867 §§. 13, 15; Zuckergesetz von 1869 §. 4; Vereinszollgesetz vom 1. Juli 1869 §§. 151, 152; Rübenzuckersteuergesetz vom 2. Mai 1870 (Vrdg. v. 1846 §. 17); Brausteuergesetz vom 31. Mai 1872 §§. 32, 35, 36; auch Ger.Verf.-Ges. §§. 56, 96, 179 ff.; Spielkartenstempelgesetz vom 3. Juli 1878 §§. 11, 16; Tabacksteuergesetz §§. 34, 40—42; Gesetz betr. die Statistik des Waarenverkehrs v. 20. Juli 1879 §. 17.

[11] Vgl. über diese Frage oben §. 18 II.

Verwaltungsmaßregeln, die unabhängig von der gerichtlichen Konstatierung einer strafbaren Handlung von den Organen der Staatsverwaltung verhängt werden können. Als Beispiele seien erwähnt die in dem Freizügigkeitsgesetz vom 1. November 1867, dem Jesuitengesetz vom 4. Juli 1872, dem Gesetz betr. die Verhinderung der unbefugten Ausübung von Kirchenämtern vom 4. Mai 1874 usw. angedrohten Nachteile.

II. Die Strafmittel.

§. 43.

Im allgemeinen.[1]

I. Die Strafe ist Rechtsgüterschutz durch Rechtsgüterverletzung. Sie ist Mittel zum Zweck. Jenes Strafmittel wird darum das geeignetste sein, das den Zweck (Rechtsgüterschutz) am sichersten, am vollständigsten und zugleich am billigsten (durch möglichst geringe Rechtsgüterverletzung) erreicht. Wir werden daher de lege ferenda folgende Anforderungen an die in Frage kommenden Strafmittel zu stellen haben.

1. Da die Strafe, je nach Lage der Umstände verschiedene Zwecke verfolgt (vgl. oben §. 2 II), so müssen wir jenem Strafmittel den Vorzug geben, das am geeignetsten ist, sich den verschiedenen Strafzwecken je nach Bedürfnis anzupassen; jenem, mit dem wir bald drohen und abschrecken, bald bessern, bald die Rechtsordnung schützen und

[1] Lit. bei Binding Grundriß S. 115. Insbesondere Wahlberg Krimin. u. nationalökon. Gesichtspunkte 1872.

sichern können. Darum muß das unseren höchsten Anforderungen entsprechende Strafmittel nach Inhalt und Umfang abstufbar sein, nach Intensität und Extensität eine Reihe von Graden zulassen, verschiedene Arten des Strafvollzuges gestatten. Strafmittel, mit welchen wir nur den einen oder den anderen der Strafzwecke — es ist gleichgültig, welcher von ihnen es ist — zu verfolgen in der Lage sind, werden hinter dehnbareren und teilbareren Strafmitteln zurückstehen müssen.

2. Das Strafmittel darf nicht die günstige Wirkung, die es nach der einen Richtung hin erzielt, paralysieren durch ungünstige Wirkung nach einer anderen Richtung hin. Es darf, wenn es bessern will, nicht zugleich die abschreckende oder sichernde Wirkung der Strafe vernichten; nicht, wenn es die beiden letztgenannten Zwecke verfolgt, die Massen entsittlichen, und damit der Strafe ein wichtiges Moment ihrer motivierenden Kraft entziehen. Die verstümmelnden und beschimpfenden Strafen, öffentlicher Vollzug grausam verschärfter Hinrichtungen usw. einerseits; die schablonenhafte „Humanität" unserer modernen Musterstrafanstalten andrerseits mögen als warnende Beispiele dienen.

3. Wir werden jene Strafmittel verwerfen müssen oder doch nur im Notfalle acceptieren können, die den Strafzweck nur mit Aufwand unverhältnismäßig drastischer Mittel zu erreichen in der Lage sind. Vernichtung der physischen, ökonomischen, ethischen Persönlichkeit (Todesstrafe, Vermögenskonfiskation, Ehrlosigkeit) sind als Mittel zum Zwecke des Rechtsgüterschutzes zurückzuweisen, so lange wir denselben Zweck mit geringerem Kraftaufwande erreichen können.

4. Da ein einziges Strafmittel wohl kaum für die voll-

ständige Erreichung sämmtlicher Strafzwecke ausreichend ist, wir mithin eine Zahl von Strafmitteln mit einander kombinieren müssen, um zum Ziele zu gelangen, entsteht die weitere an das Strafmittelsystem zu stellende Anforderung, daß die verschiedenen Strafmittel untereinander in einem klaren, einfachen, Abschätzung und stufenweisen Uebergang zulassenden Verhältnisse zu einander stehen. Man kann diese Eigenschaft als die Kommensurabilität der Strafmittel bezeichnen.

II. 1. Aus dem eben Gesagten folgt die unbestreitbare Berechtigung der Freiheitsstrafe, weitaus die erste Stelle im Strafensysteme der Neuzeit einzunehmen. Sie ist schmiegsam, wie kein anderes Strafmittel; sie kann von stundenlangem Stubenarrest bis zu lebenslanger Kettenstrafe steigen; sie gestattet dem unbefangenen Strafvollzug, die sämmtlichen denkbaren Strafzwecke mit größtmöglicher Sicherheit anzustreben; sie läßt Verbindung mit den anderen Strafmitteln und nicht-unvermittelte Abgrenzung von denselben (den meisten von ihnen wenigstens) zu. Freilich verlangt die Freiheitsstrafe, um ihre segensreiche Wirkung entfalten zu können, klarere Einsicht in Wesen und Zweck der Strafe, als sie heute in den tonangebenden Kreisen vorhanden zu sein pflegt. Aber wenn die Freiheitsstrafe in den alten Strafanstalten plan- und ziellos gebraucht, in den neuen im Dienste einer durchaus einseitigen „Besserungs"-Theorie mißbraucht wird, so wird doch durch diesen Umstand die Ansicht derjenigen nicht gerechtfertigt, welche in unseren Tagen (Mittelstädt) mit gleicher Einseitigkeit die zufälligen Fehler des Strafvollzuges als wesentliche Fehler des Strafmittels aufgefaßt, und die Stellung der Freiheitsstrafe in dem modernen Strafmittelsysteme angefochten haben.

2. Der Todesstrafe haften die meisten jener Eigenschaften an, die ein zweckentsprechendes Strafmittel nicht besitzen soll. Sie paralysiert ihre abschreckende und sichernde Wirkung durch das Mitleid für den Hingerichteten, das sie in den Massen, durch das ästhetische Mißbehagen, das sie in den Gebildeten wachruft; sie vernichtet eine Existenz, die vielleicht noch den Zwecken der Gemeinschaft hätte dienstbar gemacht werden können; sie steht ohne jede Vermittlung neben den übrigen Strafmitteln, von welchen es keinen Uebergang zu ihr giebt; sie zwingt zu absoluten Strafdrohungen und verwandelt das Begnadigungsrecht der Krone in ein Hinrichtungsrecht. Auch ist es falsch, daß ihre abschreckende und sichernde Wirkung auf anderem Wege nicht erreicht werden könnte. Aber heute, wo der Freiheitsstrafe diese abschreckende und sichernde Wirkung gänzlich abhanden gekommen ist, muß die Todesstrafe als unentbehrlich bezeichnet werden. Die Reform des Gefängniswesens — nicht im Sinne der heute tonangebenden Reformatoren — wird auch die Frage der Todesstrafe zur befriedigenden Lösung bringen.

3. Die Vermögensstrafe ist teilbar und dehnbar, paßt sich den übrigen Strafmitteln leicht an, hält die Triebfeder zu einer Reihe von Verbrechensarten nieder; gestattet aber keine irgendwie ins Gewicht fallenden Modifikationen des Strafvollzuges. Sie ist daher trefflich geeignet, eine zweite Rolle im Strafensysteme zu spielen, und besonders als Nebenstrafe von großem Werte; darf aber auch nicht zu mehr, als zur zweiten Rolle berufen werden.

4. Große Gefahren birgt die Ehrenstrafe. Auch in ihren mildesten Formen nimmt sie der gesunkenen ethischen Persönlichkeit den letzten Halt. Ausschluß jeder immer

dauernden Ehrenstrafe, so lange der Staat den Verbrecher nicht gänzlich aufgegeben hat, ist mithin dringend geboten.

§. 44.

Das Strafensystem der Reichsgesetzgebung.

I. In dem Systeme der Reichsgesetzgebung haben wir Haupt- und Nebenstrafen zu unterscheiden. Erstere jene, die auch allein; letztere jene, die (regelmäßig) nur in Verbindung mit einer Hauptstrafe verhängt werden können.

Ein weiterer Einteilungsgrund ergiebt sich, wenn wir die Rechtsgüter des Verbrechers ins Auge fassen, deren Verletzung der Staat zum Zwecke des Rechtsgüterschutzes vornimmt. Es sind: Leben, Freiheit, Vermögen, Ehre.

Darnach gewinnen wir folgendes System:

A. Hauptstrafen.

1. Am Leben: die Todesstrafe.
2. An der Freiheit: Zuchthaus, Gefängnis, Festungshaft, Haft.
3. Am Vermögen: die Geldstrafe.
4. An der Ehre: der Verweis.

B. Nebenstrafen.

1. Am Leben: fehlt.
2. An der Freiheit:
   a) Stellung unter Polizeiaufsicht.
   b) Ueberweisung an die Landespolizeibehörde.
   c) Ausweisung aus dem Reichsgebiet.
   d) Beschränkung des Aufenthaltes.
   e) Beschränkung des Hausrechtes.
3. Am Vermögen:
   a) Die accessorische Geldstrafe.

b) Die Einziehung einzelner Gegenstände.

c) Die Unbrauchbarmachung von Schriften u. dgl.

d) Die Entziehung der Gewerbebefugnis.

4. An der Ehre: Die vollständige oder teilweise Aberkennung der bürgerlichen Ehrenrechte.

C. Besondere, außerhalb des Strafensystems stehende Strafübel enthalten: StGB. §. 161 dauernde Unfähigkeit als Zeuge oder Sachverständiger eidlich vernommen zu werden; StGB. §. 319 Unfähigkeit zu einer Beschäftigung im Eisenbahn- oder Telegraphendienste oder in bestimmten Zweigen dieser Dienste; Nahrungsmittelgesetz vom 14. Mai 1879 §. 16 Bekanntmachung der Verurteilung auf Kosten des Schuldigen; Viehseuchengesetz vom 23. Juni 1880 §. 63 Wegfall des Entschädigungsanspruches für getötete Thiere; §. 11 Salzsteuergesetz vom 12. Oktober 1867 Verlust des Anspruchs auf steuerfreien Salzbezug.

Im Uebrigen ist das oben §. 42 über die Abgrenzung der Strafe von anderen verwandten Instituten des Reichsrechts Gesagte zu vergleichen.

II. Die Bestimmungen des Reichsstrafgesetzbuchs über das Strafensystem sind absolut gemeines Recht. Sie binden die Landesgesetzgebung auch auf jenen Gebieten, auf welchen diese im Uebrigen autonom ist. Vgl. Einf.G. zum StGB. §. 6 und oben §. 11 III 2.

III. Wenn wir von der durchaus ungenügenden Regelung des Vollzugs der Freiheitsstrafe absehen, entspricht das Strafensystem der Reichsgesetzgebung allen billigen Anforderungen. Freilich benimmt jene Lücke im System dem Systeme selbst den größten Teil seines Wertes.

A. Die Hauptstrafen.

1.
§. 45. Die Todesstrafe.[1]

I. Die Todesstrafe, einst die peinliche Strafe des gemeinen Rechtes, ist nach Inhalt und Umfang, seit der Beseitigung der grausam geschärften Arten der Todesstrafe und seit ihrer Beschränkung auf wenige Ausnahmsfälle, in dem Systeme des modernen Strafrechts neben der Freiheitsstrafe völlig in den Hintergrund getreten.

Der Kampf, den die Schriftsteller der Aufklärungsperiode (vor Allen Beccaria und Sonnenfels 1764) gegen die Todesstrafe eröffneten, hatte zunächst nur geringen Erfolg: Abschaffung der Todesstrafe in Toscana 1786, in Oesterreich 1787 (bis 1795). In seinen weiteren Wirkungen aber führte er, in Verbindung mit der seit den 70er Jahren des vorigen Jahrhunderts beginnenden Gefängnisreform, zur allmähligen Beseitigung der qualifizierten und zur allmähligen Einschränkung der Todesstrafe überhaupt auf eine geringe Anzahl von Straffällen.

In Folge des §. 9 der deutschen Grundrechte von 1848 wurde die Todesstrafe in einer Reihe von deutschen Staaten (nicht aber in Oesterreich, Preußen, Baiern, Sachsen) beseitigt; doch führte in den meisten dieser Staaten die Herrschaft der Reaktion zur Wiederherstellung der Todesstrafe. Nur Oldenburg, Anhalt, Bremen hielten an der Beseitigung fest; Sachsen fand es noch im Jahre 1868, als die Gesetz-

[1] Lit. bei Meyer S. 260 Anm. 1.

gebung des Bundes in Strafsachen vor der Thüre stand, für angezeigt, zur Abschaffung der Todesstrafe zu schreiten. So stand die Frage, als die Beratung des norddeutschen Strafgesetzbuchs in Angriff genommen wurde. Die harten parlamentarischen Kämpfe, die mit der Beibehaltung (bez. Wiedereinführung) der Todesstrafe endeten, sind bereits oben §. 8 III (S. 32 f.) geschildert worden.

II. Anwendungsgebiet der Todesstrafe. Wenn wir von dem MilitärStGB. absehen, das die Todesstrafe in 10 Fällen absolut, in 8 Fällen alternativ androht,[2] findet sich dieselbe in der Reichsgesetzgebung:

1. Als Strafe des vollendeten Mordes nach StGB. §. 211.

2. Als Strafe des Mordes und Mordversuchs an dem Kaiser, dem eigenen Landesherrn und dem Landesherrn des Aufenthaltsstaates StGB. §. 80 (Antrag v. Kardorff).

In beiden Fällen kann die Todesstrafe geschärft werden (StGB. §. 32) durch die Aberkennung der bürgerlichen Ehrenrechte (vgl. unten §. 51 I); in beiden Fällen wird ihr Anwendungsgebiet beschränkt durch die im StGB. (§§. 49 und 57) vorgeschriebene Reduktion der Strafrahmen bei Versuch, Beihülfe und jugendlichem Alter des Thäters (vgl. oben §. 33 III, §. 37 II 4, unten §. 54 II 2).

3. Eine wesentliche Erweiterung des Anwendungsgebietes der Todesstrafe hat der Eintritt des Kriegsrechtes zur Folge. Vgl. darüber oben §. 16 I.

III. Vollzug der Todesstrafe. Die Todesstrafe ist nach StGB. §. 13 durch Enthaupten, nach §. 14 Mil.-

---

[2] Vgl. Binding Kommentar S. 107.

StGB. durch Erschießen zu vollstrecken, wenn sie wegen eines militärischen, im Felde auch dann, wenn sie wegen eines nicht militärischen Verbrechens erkannt worden ist.

Nach der StPO. (§. 485) ist die Vollstreckung der Todesstrafe erst zulässig, wenn der Träger des Begnadigungsrechtes (unten §. 57 IV 3 und 4) erklärt hat, von demselben keinen Gebrauch machen zu wollen. Geisteskrankheit oder Schwangerschaft hemmt die Vollstreckung.

Durch die StPO. (§. 486) ist ferner die sogenannte Intramuranhinrichtung[3] (Vollstreckung in einem umschlossenen Raume bei beschränkter Oeffentlichkeit) Reichsrecht geworden. Bei der Hinrichtung müssen zwei Mitglieder des Gerichtes erster Instanz, ein Beamter der Staatsanwaltschaft, ein Gerichtsschreiber und ein Gefängnisbeamter gegenwärtig sein. Der Gemeindevorstand des Ortes, an welchem die Hinrichtung stattfindet, ist aufzufordern, 12 Personen aus den Vertretern oder aus anderen achtbaren Mitgliedern der Gemeinde abzuordnen, um der Hinrichtung beizuwohnen. Außerdem ist einem Geistlichen von dem Religionsbekenntnisse des Verurteilten, dem Verteidiger und nach Ermessen des die Vollstreckung leitenden Beamten auch anderen Personen der Zutritt zu gestatten. Ueber den Hergang ist ein von dem staatsanwaltschaftlichen Beamten und dem Gerichtsschreiber zu unterzeichnendes Protokoll aufzunehmen. Der Leichnam des Hingerichteten ist den Angehörigen auf ihr Verlangen zur einfachen, ohne Feierlichkeiten vorzunehmenden Beerdigung zu verabfolgen.

Von diesen Bestimmungen abgesehen, ist die Vollstreckung

[3] Vgl. Ullmann GS. XXXI.

der Todesstrafe (durch Fallbeil, Fallschwert, eigentliche Enthauptung) landesrechtlich geordnet.

2.

§. 46. Die Freiheitsstrafe.[1]

I. Die Freiheitsstrafe gehört als eigentliche peinliche Strafe der Neuzeit an. Noch der peinlichen Ger.Ordnung Karl's V ist sie in dieser Bedeutung fremd; und die seit dem Ende des 16. und dem Anfange des 17. Jahrhunderts allmählich auftauchenden Zuchthäuser (in Amsterdam 1595, Lübeck 1613, Hamburg 1618 usw.), für Landstreicher und Arbeitsscheue, für Bettler und liederliche Dirnen, für störriges Gesinde und ungeratene Kinder bestimmt, waren alles Andere eher als Strafanstalten im modernen Sinne. Erst allmählich dringt die Freiheitsstrafe in wechselnden, häufig noch ganz embryonalen Formen in das Strafensystem ein. Ihr Sieg war entschieden, als man in der Gemeinschaft der Häftlinge den Krebsschaden des bisherigen Strafvollzuges erkannt und damit zugleich den Weg zur Beseitigung der gröbsten Mißstände gefunden hatte.

Mit dem 1775 eröffneten Zuchthause zu Gent beginnt die Aera der Gefängnisreform. Der hier wenigstens teilweise durchgeführte Gedanke der Einzelhaft wird durch Howard († 1790) und Blackstone († 1780) nach England, durch Benjamin Franklin († 1790) nach Amerika ver-

[1] Lit. bei Binding Grundriß S. 116. Besonders wichtig die Protokolle der internationalen Gefängniskongresse von London (1872) und Stockholm (1878). Aus neuester Zeit Schriften von Almquist 1879 (über Schweden), Streng 1879 (Nürnberg), Mittelstädt 1879, von Schwarze 1880, Fulda 1880.

pflanzt. Hier entwickeln sich (in den 20er Jahren des neunzehnten Jahrhunderts) zwei rivalisierende Systeme; das Auburn'sche Schweigsystem und das Pensylvanische Pönitentiar-System. Von Amerika flutet die Bewegung, die dort eine stark pietistische Färbung angenommen hatte, zurück nach Europa; allenthalben entstehen, meist nach dem Muster von Petonville (1842) Zellengefängnisse, in dem von Bentham († 1832) erdachten panoptischen Systeme erbaut.

Aber noch während die Zellenhaft ihren Siegeszug durch Europa hielt, war ihr ein gefährlicher Gegner entstanden in dem von Walter Crofton aufgestellten, 1857 in Irland, 1864 teilweise in England eingeführten Progressivsystem. Auf dem Gedanken allmählicher Wiederherstellung des sittlichen Gleichgewichts im Sträflinge, allmählicher Wiedereinführung desselben in die bürgerliche Gesellschaft aufgebaut, besteht dasselbe im Wesentlichen aus folgenden, von dem Verurteilten zu durchlaufenden Stadien: a) strenge 9monatliche Einzelhaft; b) gemeinsame Arbeit in 4 progressiven Abteilungen; c) Aufenthalt in der Zwischenanstalt (intermediate prison), in welcher dem Sträfling freierer Verkehr mit der Außenwelt gestattet ist; d) bedingte Entlassung mit der Möglichkeit des Widerrufes.

Daß das sogenannte irische System, soweit es sich um besserungsfähige und besserungsbedürftige Verbrecher handelt, glänzende Erfolge aufzuweisen hat, kann nicht in Abrede gestellt werden; den Abschreckungs- oder Sicherungszweck zu erreichen, ist es ungeeignet.

II. Die Freiheitsstrafen der Reichsgesetzgebung sind Zuchthaus, Gefängnis, Festungshaft und Haft. Sie unterscheiden sich in folgenden Punkten.

1. Art der Verwendung. Zuchthaus ist die Ver-

brechensstrafe; Gefängnis die Vergehens-, Haft die Uebertretungsstrafe. Doch findet sich Haft ausnahmsweise (StGB. §. 185 sowie in §. 147 der Gew.Ordnung) auch bei Vergehen. Die Festungshaft soll sowohl Zuchthaus als auch Gefängnis ersetzen, und wird wahlweise mit diesen beiden Strafen bei einer Reihe politischer Delikte, ausschließlich bei Zweikampf angedroht.

2. Dauer. Zuchthaus und Festungshaft sind lebenslange oder zeitige, Gefängnis und Haft immer zeitige Freiheitsstrafe. Das Maximum beträgt bei den beiden ersten 15 Jahre, bei Gefängnis 5 Jahre (Ausnahmen in StGB. §§. 57 und 74), bei Haft 6 Wochen (Ausnahmen in §§. 77 und 78 StGB.). Der Mindestbetrag ist bei Zuchthaus 1 Jahr, so daß Bruchteile eines Jahres in Gefängnis umgewandelt werden müssen (vgl. darüber unten §. 55 I 2); bei den übrigen Freiheitsstrafen 1 Tag. Vgl. StGB. §§. 14—18.

3. Die Bemessung der Zuchthausstrafe erfolgt nach vollen Monaten,[2] die der übrigen Freiheitsstrafen nach vollen Tagen. StGB. §. 19.

4. Arbeitszwang ist mit Zuchthaus obligatorisch verbunden (StGB. §. 15); Außenarbeit bei Trennung von freien Arbeitern gestattet. Die zu Gefängnis Verurteilten (StGB. §. 16) können auf eine ihren Fähigkeiten und Verhältnissen angemessene Weise beschäftigt werden; auf ihr Verlangen sind sie in dieser Weise zu beschäftigen; Außenarbeit ist nur mit ihrer Zustimmung zulässig. Bei Festungshaft (StGB. §. 17) ist Arbeitszwang ausnahmslos ausge-

---

[2] Dies gilt nicht bei Umwandlung wohl aber bei der Anrechnung; vgl. unten §. 55 I 2 u. II.

schlossen; bei Haft findet er nur ganz ausnahmsweise (StGB. §. 362, 361 Z. 3—8 gegen Landstreicher, Bettler, Müssiggänger, Arbeitsscheue, Prostituirte, Erwerbslose) statt.

5. Neben Zuchthaus tritt der Verlust gewisser Ehrenrechte von Rechtswegen ein (StGB. §. 31); neben Zuchthaus und (unter gewissen Voraussetzungen) neben Gefängnis kann vollständige, neben letzterem und (in gewissen Fällen) neben der Festungshaft teilweise Aberkennung der Ehrenrechte stattfinden (StGB. §§. 32 ff.); neben Haft ist die Aberkennung ausgeschlossen. Vgl. das Nähere unten §. 51.

6. Einzelhaft und bedingte Entlassung (StGB. §§. 22 ff.) finden bei Zuchthaus und Gefängnis, nicht aber bei Festungshaft und Haft Anwendung. Vgl. unten III 1 und 2.

III. Die Vollstreckung der Freiheitsstrafe ist nur zum kleinsten Teile durch die bisherige Reichsgesetzgebung geordnet, zum weitaus größten Teile der landesrechtlichen Bestimmung überlassen. Die Resolution des Reichstages vom 4. März 1870, in welcher der Wunsch nach reichsgesetzlicher Regelung ausgesprochen wurde, hat bisher nur zur Ueberreichung eines Gesetzentwurfes über die Vollstreckung Freiheitsstrafen an den Bundesrath geführt.[3] Die Unklarheit über Wesen und Zweck der Freiheitsstrafe, die aus den wichtigsten Bestimmungen dieses Entwurfes spricht, läßt indessen nur geringe Hoffnung auf eine halbwegs befriedigende Lösung der brennenden Reformfrage aufkommen.

Die bereits vorhandenen reichsgesetzlichen Bestimmungen über den Vollzug der Freiheitsstrafen betreffen:

---

[3] Ueber denselben Tauffer GS. XXXI.

1. Die Einzelhaft (StGB. §. 22).[4] Zuchthaus- und Gefängnisstrafe können sowohl für die ganze Dauer, wie für einen Teil der erkannten Strafzeit in der Weise in Einzelhaft vollzogen werden, daß der Gefangene unausgesetzt von anderen Gefangenen gesondert gehalten wird. Die Einzelhaft darf ohne Zustimmung des Gefangenen die Dauer von drei Jahren nicht übersteigen.

2. Die vorläufige (bedingte) Entlassung (Beurlaubung (StGB. §§. 23—26). Die zu einer längeren (zeitigen) Zuchthaus- oder Gefängnisstrafe Verurteilten können, wenn sie drei Vierteile, mindestens aber ein Jahr der ihnen auferlegten Strafe verbüßt, sich auch während dieser Zeit gut geführt haben, mit ihrer Zustimmung vorläufig entlassen werden.

Ist die festgesetzte Strafzeit abgelaufen, ohne daß ein Widerruf der vorläufigen Entlassung erfolgt ist, so gilt die Freiheitsstrafe als verbüßt.

Dagegen hat der Widerruf — zulässig bei schlechter Führung des Entlassenen, sowie wenn derselbe den ihm auferlegten Verpflichtungen zuwiderhandelt — die Wirkung, daß die seit der vorläufigen Entlassung bis zur Wiedereinlieferung verflossene Zeit auf die festgesetzte Strafdauer nicht eingerechnet wird.

Entlassung und Widerruf liegen in der Hand der obersten Justizaufsichtsbehörde; die vorläufige Festnahme Entlassener kann auch von der Ortspolizeibehörde verfügt werden.

3. Die gegen jugendliche Personen erkannten Freiheitsstrafen sind in besonderen nur für diesen Zweck bestimmten Anstalten oder Räumen zu vollziehen.

[4] Holtzendorff HR. „Einzelhaft".

3.

§. 47. Die Geldstrafe.[1]

I. Die Geldstrafe ist die einzige Vermögens-Hauptstrafe im Strafensystem der Reichsgesetzgebung. Sie hat hier reiche — vielleicht zu reiche — Verwendung gefunden. Sehen wir von den Fällen ab, in welchen Geldstrafe neben Freiheitsstrafe cumulativ angedroht, in welchen sie also Nebenstrafe ist, so tritt sie uns bei den einzelnen Delikten bald als ausschließlich, bald als mit der Freiheitsstrafe alternierend und zwar bald an erster bald an zweiter Stelle angedrohte Strafe entgegen.

II. Der Mindestbetrag der Geldstrafe ist bei Verbrechen und Vergehen drei Mark, bei Uebertretungen eine Mark.

Der Höchstbetrag der Geldstrafe ist im allgemeinen Teile des StGB.'s nicht angegeben; im besonderen Teile übersteigt er 6000 Mark nicht, nur in dem durch das Wuchergesetz vom 24. Mai 1880 eingefügten §. 302d kann bis auf 15 000 Mark erkannt werden. Weit höher reicht die Geldstrafe in den Nebengesetzen, wo sie in zahlreichen Fällen als Vielfaches oder quoter Teil der hinterzogenen Abgaben, des defraudirten Portos usw. auftritt. Außer zahlreichen Zoll- und Steuergesetzen seien als Beispiele erwähnt: Gesetz betr. die Inhaberpapiere mit Prämien vom 8. Juni 1871 §. 6: Geldstrafe, welche dem 5. Teile des Nennwertes der den Gegenstand der Zuwiderhandlung bildenden Papiere gleichkommt, mindestens aber 100 Thaler betragen soll;

Bankgesetz vom 14. März 1875 §. 55: Geldstrafe, welche

[1] Lit. bei Binding Grundriß S. 129. Dazu Kronecker GA. XXVII u. XXXVIII.

dem Zehnfachen des Betrages der unbefugt ausgegebenen Wertzeichen gleichkommt, mindestens aber 5000 Mark beträgt;

Wechselstempelsteuergesetz vom 10. Juni 1869 §. 15: Geldbuße, welche dem 50fachen Betrage der hinterzogenen Abgabe gleichkommt;

Gesetz betr. Ausgabe von Banknoten vom 21. Dezember 1874 Art. II §. 2: 4fache Betrag der gesetzwidrig ausgegebenen Banknoten, mindestens aber 1000 Mark.

Die Seemannsordnung vom 27. Dezember 1872 rechnet in den §§. 83 und 84 nach dem Betrage der Monatsheuer.

III. Die Geldstrafe wird vom Staate eingezogen und für öffentliche Zwecke verwendet, die in einzelnen Nebengesetzen besonders bezeichnet sind. Vgl. z. B. Personenstandsgesetz vom 6. Februar 1875 §. 70, nach welchem die hier angedrohten Geldstrafen jenen Gemeinden zufließen, welche die sächlichen Kosten der Standesämter zu tragen haben; Nahrungsmittelgesetz vom 14. Mai 1879 §. 17, nach welchem jene Kassen bezugsberechtigt sind, welchen die Unterhaltung der zur technischen Untersuchung von Nahrungs- und Genußmitteln bestimmten Anstalten obliegt; Gewerbe-Ordnung §. 146 (Hülfskasse, andere zum Besten der Arbeiter bestehende Kassen, eventuell Ortsarmenkasse, Gewerbe-Ordnung §. 116); Postgesetz vom 28. Oktober 1871 §. 33 (Postarmen- oder Unterstützungskasse); Tabacksteuergesetz vom 16. Juli 1879 §. 46 (Fiskus desjenigen Staates, von dessen Behörden die Strafentscheidung erlassen ist); Waarenverkehrs-Statistik-Gesetz vom 20. Juli 1879 §. 17 (ebenso); Wechselstempelgesetz vom 10. Juni 1869 §. 17 (ebenso); Spielkartenstempelgesetz vom 3. Juli 1878 §. 19 (ebenso); Seemannsordnung vom 27. Dezember 1872 §. 107 (Seemannskasse bez. Ortsarmenkasse des Heimathshafens des Schiffes).

Die Vollstreckung der Geldstrafen erfolgt nach den Vorschriften über die Vollstreckung der Urteile der Civilgerichte (StPO. § 495). Ueber die Vollstreckung in den Nachlaß des Verurteilten (StGB. §. 30) vgl. unten §. 57 II; über die Umwandlung der Geldstrafe in Freiheitsstrafe (StGB. §§. 28 und 29) unten §. 55 I 1.

4.

§. 48. Der Verweis.[1]

I. Der Verweis, schon im gemeinen Recht und in mehreren deutschen Partikularstrafgesetzbüchern als Strafmittel anerkannt, findet sich in der Reichsgesetzgebung in einem einzigen Falle (StGB. §. 57 Ziff. 4): Hat ein jugendlicher Thäter ein Vergehen oder eine Uebertretung begangen, so kann in besonders leichten Fällen auf Verweis erkannt werden.

II. Der Verweis ist eigentliche Strafe, und zwar die einzige Hauptstrafe an der Ehre. Er kann daher erst erteilt werden, wenn das auf ihn erkennende Urteil rechtskräftig geworden ist. Ueber den Vollzug dieser Strafart fehlt es — auch in der StPO. — an ausdrücklichen Anordnungen; es sind daher die übrigen Bestimmungen der StPO. zur analogen Anwendung zu bringen. So hat z. B. die Erteilung des Verweises gemäß §. 483 StPO. durch die Staatsanwaltschaft auf Grund einer von dem Gerichtsschreiber zu erteilenden, mit der Bescheinigung der Voll-

[1] Lit. bei Binding Grundriß S. 124. Dazu die Darstellungen des Strafprozeßrechts bei der Lehre von der Strafvollstreckung.

streckbarkeit versehenen, beglaubigten Abschrift der Urteilsformel zu geschehen. Wo die Analogie der Bestimmungen der StPO. nicht ausreicht, ist landesgesetzliche Regelung notwendig und maßgebend.

B. Die Nebenstrafen.

1.

§. 49. Nebenstrafen an der Freiheit.[1]

Daß wir es hier mit wirklichen Nebenstrafen, nicht aber mit polizeilichen Maßregeln zu thun haben, ergiebt sich aus dem oben §. 42 besprochenen Begriffe der Strafe. Die richtige Auffassung der Strafe, nach welcher sie Rechtsgüterschutz durch Rechtsgüterverletzung ist, nach welcher Art und Maß der Strafe lediglich bestimmt wird durch das Bedürfnis nach Schutz der Rechtsgüter, hat gerade in diesen Nebenstrafen an der Freiheit, freilich ohne daß der Gesetzgeber sich klar geworden wäre über die theoretische Tragweite seiner Anordnungen, prägnanten gesetzlichen Ausdruck gefunden. Zielbewußte Erweiterung dieser Einrichtungen und Verschmelzung derselben mit den Hauptstrafen bildet die Aufgabe künftiger rationeller Strafgesetzgebung.

Es gehören hieher

I. Das gerichtliche Erkenntnis auf Zulässigkeit von Polizeiaufsicht, das neben der Freiheitsstrafe, und zwar regelmäßig neben Zuchthaus, ausnahmsweise (StGB. §§. 180, 262, 294) auch neben Gefängnis, aber

---

[1] Lit. bei Binding Grundriß S. 123.

nur in den durch das Gesetz ausdrücklich vorgesehenen Fällen, dem richterlichen Ermessen anheimgegeben ist (StGB. §. 38). Diese vorgesehenen Fälle sind: StGB. §§. 115, 116 (Aufruhr und Auflauf), 122 (Meuterei von Gefangenen), 125 (Landfriedensbruch), 146, 147 (Münzverbrechen), 180, 181 (Kuppelei), 248 (Diebstahl und Unterschlagung), 256 (Raub und Erpressung), 262 (Hehlerei), 294 (gewerbsmäßige Wilddieberei), 325 (Reihe von gemeingefährlichen Delikten), 49a (Aufforderung und Erbieten zu Verbrechen); ferner bei dem Versuch eines mit Tod oder lebenslangem Zuchthaus bedrohten Verbrechens und der Beihülfe zu einem solchen (StGB. §§. 44 und 49); Nahrungsmittelgesetz 14. Mai 1879 §. 13.

Ist Polizeiaufsicht neben der Strafe des vollendeten Verbrechens oder Vergehens zulässig, so gilt Gleiches bei der Versuchsstrafe (StGB. §. 45); ist sie wegen einer von mehreren real konkurrierenden strafbaren Handlungen zulässig, so kann auf sie auch neben der Gesammtstrafe erkannt werden (StGB. §. 76).

Dem jugendlichen Thäter gegenüber darf Zulässigkeit der Polizeiaufsicht nicht ausgesprochen werden (StGB. §. 57 Ziff. 5).

Durch ein solches Erkenntnis erhält die höhere Landespolizeibehörde die Befugnis, nach Anhörung der Gefängnisverwaltung den Verurteilten auf die Dauer von höchstens 5 Jahren unter Polizeiaufsicht zu stellen. Diese Zeit wird von dem Tage berechnet, an welchem die Freiheitsstrafe verbüßt, verjährt oder erlassen ist (StGB. §. 38).

Die Polizeiaufsicht hat folgende Wirkungen:

a) dem Verurteilten kann der Aufenthalt an einzelnen bestimmten Orten von der höheren Landespolizeibehörde untersagt werden;

b) die höhere Landespolizeibehörde ist befugt, den Ausländer aus dem Bundesgebiete zu verweisen;

c) Haussuchungen unterliegen keiner Beschränkung hinsichtlich der Zeit, zu welcher sie stattfinden dürfen.

Weitere Folgen enthält die StPO. in den §§. 103, 104, 106, 113.

Zuwiderhandlungen gegen diese Beschränkungen fallen unter StGB. §. 361 Ziff. 1 und 2.

II. Die Ueberweisung an die Landespolizeibehörde. Neben der Verurteilung zur Haft wegen der in §. 361 StGB. Ziff. 3—8 bedrohten Delikte (gegen Landstreicher, Bettler, Müßiggänger, Prostituirte, Arbeitsscheue, Erwerbslose) kann zugleich erkannt werden, daß die verurteilte Person nach verbüßter Strafe der Landespolizeibehörde zu überweisen sei. Diese erhält dadurch die Befugnis, den Verurteilten entweder bis zu zwei Jahren in ein Arbeitshaus unterzubringen oder zu gemeinnützigen Arbeiten zu verwenden. Im Falle des §. 361 Ziff. 4 (Bettel) ist dies jedoch nur dann zulässig, wenn der Verurteilte in den letzten drei Jahren wegen dieser Uebertretung mehrmals rechtskräftig verurteilt worden ist, oder wenn derselbe unter Drohungen oder mit Waffen gebettelt hat. Gegen Ausländer kann an Stelle der Unterbringung in ein Arbeitshaus Verweisung aus dem Bundesgebiete eintreten (StGB. §. 362). Man spricht hier auch wohl von „korrektioneller Nachhaft“ oder „Anhang“.

III. Die Ausweisung aus dem Reichsgebiete ist als Nebenstrafe nur gegen Ausländer zulässig, und zwar in folgenden Fällen:

1. Bei gewerbsmäßigem Betriebe des Glücksspiels StGB. §. 284.

2. An Stelle der Polizeiaufsicht oder der Unterbringung in ein Arbeitshaus StGB. §§. 39 Ziff. 2 u. 362 Abs. 3.
3. Gegen Personen, welche sich die Agitation für sozialdemokratische Bestrebungen zum Geschäfte machen, hier an Stelle der Versagung des Aufenthaltes. Sozial.-Gesetz vom 21. Oktober 1878 §. 22.

Zuwiderhandlungen fallen unter §. 361 Ziff. 2 StGB., bez. unter §. 22 des Sozial.Gesetzes.

IV. Aufenthaltsbeschränkung[3] als Verwaltungsmaßregel häufig, als Nebenstrafe nur im Sozial.Gesetz (§. 22) angedroht. Bei geschäftsmäßiger Agitation für sozialdemokratische Bestrebungen kann neben der Freiheitsstrafe wegen gewisser Uebertretungen des Sozial.Gesetzes auf die Zulässigkeit der Einschränkung des Aufenthaltes erkannt werden. Die Landespolizeibehörde erhält dadurch das Recht, dem Verurteilten den Aufenthalt in bestimmten Bezirken oder Ortschaften zu versagen; in seinem Wohnsitze jedoch nur dann, wenn er denselben nicht bereits seit 6 Monaten inne hat. Ausländer können ausgewiesen werden.

V. Beschränkung des Hausrechts trifft nach §. 3 Nahrungsmittelgesetz vom 14. Mai 1879 die auf Grund der §§. 10, 12, 13 dieses Gesetzes zu einer Freiheitsstrafe verurteilten Personen insofern, als die Polizei durch die Verurteilung die Berechtigung erhält, in den zu Herstellung, Aufbewahrung, Verkauf der Nahrungsmittel usw. bestimmten Räumlichkeiten Revisionen vorzunehmen. Die Befugnis beginnt mit der Rechtskraft des Urteils und erlischt mit dem Ablaufe von drei Jahren von dem Tage an gerechnet, an welchem die Freiheitsstrafe verbüßt, verjährt oder erlassen ist.

---

[3] Vgl. Leuthold in HR. „Aufenthaltsbeschränkung“.

2.

§. 50. Nebenstrafen am Vermögen.[1]

I. Die accessorische Geldstrafe, überaus häufig, besonders bei den aus Gewinnsucht hervorgegangenen Verbrechen, in der Reichsgesetzgebung angedroht.

II. Die Einziehung der instrumenta und producta sceleris, d. i. derjenigen Gegenstände, welche durch ein vorsätzliches Verbrechen oder Vergehen hervorgebracht oder welche zur Begehung eines solchen gebraucht oder bestimmt sind. Die Einziehung ist im Urteile auszusprechen (StGB. §. 40). Nur ausnahmsweise ist sie auch bei Uebertretungen zulässig: StGB. §§. 360, 367, 369 Ziff. 2.

Regelmäßig ist der Ausspruch der Einziehung dem Ermessen des Gerichtes anheimgestellt; in einzelnen Fällen (StGB. §§. 152, 295, 296a, 335, 369 Ziff. 2) muß jedoch auf Einziehung erkannt werden.

Die Einziehung verliert den Charakter der Strafe, sobald sie nicht den Verurteilten, sondern dritte Personen trifft, oder unabhängig von der Verfolgung oder Verurteilung einer bestimmten Person ausgesprochen werden kann. Vgl. oben §. 42 III 1.

Sehr häufig findet sich die Einziehung in den Nebengesetzen. Man vgl. Nachdrucksgesetz vom 11. Juni 1870 §§. 21 und 25, die Urhebergesetze vom 9., 10., 11. Januar 1876, Markenschutzgesetz vom 30. November 1874 §. 17, Reichsflaggengesetz vom 25. Oktober 1867 §§. 13—15, die Zoll- und Steuergesetze, Sozialistengesetz vom 21. Oktober 1878 §. 20, Nahrungsmittelgesetz vom 14. Mai 1879 §. 15, Vieh-

[1] Lit. bei Binding Grundriß S. 130.

seuchengesetz vom 23. Juni 1880 §§. 65 und 66 usw. Sehr eingehende Bestimmungen über Konfiskation enthält das Vereinszollgesetz vom 1. Juli 1869 §§. 134, 135, 147, 154 bis 157; zu bemerken ist, daß, wenn die Konfiskation selbst nicht vollzogen werden kann, an ihre Stelle die Zahlung einer Geldsumme tritt (§§. 155 und 147 letzter Absatz).

III. Die Unbrauchbarmachung von Schriften u. dgl. Wenn der Inhalt einer Schrift, Abbildung oder Darstellung strafbar ist, so ist im Urteile auszusprechen, daß alle Exemplare, sowie die zu ihrer Herstellung bestimmten Platten und Formen unbrauchbar zu machen sind. Die Vorschrift bezieht sich jedoch nur auf die im Besitze des Verfassers, Druckers, Herausgebers, Verlegers oder Buchhändlers befindlichen und auf die öffentlich ausgelegten oder öffentlich angebotenen Exemplare. Ist nur ein Teil der Schrift, Abbildung oder Darstellung strafbar, so ist, insofern eine Ausscheidung möglich ist, auszusprechen, daß nur die strafbaren Stellen und derjenige Teil der Platten und Formen, auf welchem sich diese Stellen befinden, unbrauchbar zu machen sind[2] (StGB. §. 41).

IV. Dauernder oder zeitiger Verlust der Befugnis zum Gewerbebetrieb. Obwohl nach §. 143 der Gew.Ordnung vom 21. Juni 1869 (vgl. mit §. 4 des Preßgesetzes vom 7. Mai 1874) die Berechtigung zum Gewerbebetriebe weder durch richterliche noch durch administrative Entscheidung entzogen werden kann, so ist dieser Satz von der Reichsgesetzgebung doch nicht ausnahmslos durchgeführt worden.

1. So findet sich der Verlust der Gewerbeberechtigung

---

[2] Das Nähere bei Liszt Reichspreßrecht §§. 54 ff.

als Strafe in manchen Steuergesetzen angedroht, man vgl. z. B. Branntweinsteuergesetz vom 8. Juli 1868 §§. 52 u. 53; Salzsteuergesetz vom 12. Oktober 1867 §. 14.

2. Nach §. 23 des Sozial.Gesetzes vom 21. Oktober 1878 kann gegen sozialdemokratische Agitatoren neben der Verurteilung zu Freiheitsstrafe wegen gewisser Uebertretungen des Sozial.Gesetzes auf Untersagung des Gewerbebetriebes erkannt werden, wenn es sich um Gastwirte, Schankwirte, mit Branntwein oder Spiritus Kleinhandel treibende Personen, Buchdrucker, Buchhändler, Leihbibliothekare und Inhaber von Lesekabineten handelt (vgl. auch §§. 24, 25 Sozial.Gesetz).

3.

§. 51. Nebenstrafen an der Ehre.[1]

Die Nebenstrafen an der Ehre bestehen nach der Reichsgesetzgebung nicht etwa in einer Vernichtung oder Schmälerung des Rechtsgutes der Ehre, sondern in der gänzlichen oder teilweisen Aberkennung gewisser vom Gesetze genau bezeichneter „Ehrenrechte“, d. h. von Rechten und Fähigkeiten, welche sich auf die öffentliche, nicht aber auf die privatrechtliche oder soziale Stellung des Verurteilten beziehen.

I. Die Aberkennung sämmtlicher Ehrenrechte. Sie umfaßt:

1. den dauernden Verlust der aus öffentlichen Wahlen für den Verurteilten hervorgegangenen Rechte, ingleichen den

---

[1] Lit. bei Binding Grundriß S. 124 u. Teichmann in HR. „Ehrenstrafen“.

dauernden Verlust der öffentlichen Aemter,[2] Würden, Titel, Orden und Ehrenzeichen (nicht des Adels). StGB. §. 33.

2. **Die Unfähigkeit, während der im Urteile bestimmten Zeit**

a) die Landeskokarde zu tragen;

b) in das deutsche Heer oder in die kaiserliche Marine einzutreten;

c) öffentliche Aemter, Würden, Titel, Orden und Ehrenzeichen zu erlangen;

d) in öffentlichen Angelegenheiten zu stimmen, zu wählen oder gewählt zu werden oder andere politische Rechte auszuüben;

e) Zeuge bei Aufnahme von Urkunden zu sein;

f) Vormund, Nebenvormund, Kurator, gerichtlicher Beistand oder Mitglied eines Familienrates zu sein, es sei denn, daß es sich um Verwandte absteigender Linie handele und die obervormundschaftliche Behörde oder der Familienrat die Genehmigung erteile (StGB. §. 34).[3]

Die Dauer der Unfähigkeit beträgt neben zeitiger Zuchthausstrafe mindestens 2 und höchstens 10 Jahre, neben Gefängnisstrafe mindestens 1 und höchstens 5 Jahre (StGB. §. 32). Die Wirkung der Aberkennung tritt mit der Rechtskraft des Urteils ein; die Zeitdauer der Unfähigkeit wird von dem Tage berechnet, an dem die Freiheitsstrafe, neben welcher

[2] Darunter sind Advokatur, Anwaltschaft, Notariat sowie Geschwornen- u. Schöffendienst mitbegriffen.

[3] Vgl. auch noch GewOrdg. §. 106 Verlust der Fähigkeit, sich mit der Anleitung von Arbeitern unter 18 Jahren zu befassen.

jene Aberkennung ausgesprochen wurde, verbüßt, verjährt oder erlassen ist (StGB. §. 36).

Die Aberkennung der sämmtlichen Ehrenrechte ist regelmäßig dem Ermessen des Gerichtes überlassen; obligatorisch vorgeschrieben ist sie nur in den §§. 161 (Meineid), 181 (schwere Kuppelei), 302d (Wucher nach dem Gesetz vom 24. Mai 1880) StGB.

Neben Todes- und neben Zuchthausstrafe kann sie ohne weiteres, neben Gefängnisstrafe aber nur dann ausgesprochen werden (StGB. §. 32), wenn die Dauer der erkannten Strafe drei Monate erreicht und entweder das Gesetz den Verlust der bürgerlichen Ehrenrechte ausdrücklich zuläßt oder die Gefängnisstrafe wegen Annahme mildernder Umstände an Stelle von Zuchthausstrafe ausgesprochen wurde.

Die Fälle, in welchen das Gesetz den Verlust ausdrücklich zuläßt, sind die §§. 49a, 108, 109, 133, 142, 143; 150, 160, 161, 164, 168, 173, 175, 180, 183, 248, 256, 262, 263, 266, 280, 284, 289, 294, 302, 302a, b, c (Wucher nach dem Gesetz vom 24. Mai 1880), 304, 329, 333, 350; Nahrungsmittelgesetz vom 14. Mai 1879 §. 12; Seemannsordnung vom 27. Dezember 1872 §. 97.

Bei Versuch (StGB. §. 45) ist die Aberkennung zulässig oder geboten, wenn sie es neben der Strafe des vollendeten Deliktes wäre (die Versuchsstrafe muß also bei Gefängnis mindestens 3 Monate betragen); ebenso neben der Gesammtstrafe, wenn sie auch nur neben einer der verwirkten Einzelstrafen zulässig oder geboten ist (StGB. §. 76). Gegen den jugendlichen Thäter darf sie nie ausgesprochen werden (StGB. §. 57 Ziff. 5).

II. Die Aberkennung (der Verlust) einzelner Ehrenrechte. Hier haben wir mehrere Fälle zu unterscheiden:

1. Die Verurteilung zur Zuchthausstrafe hat die dauernde Unfähigkeit zum Dienste in dem deutschen Heere und der deutschen Marine, sowie die dauernde Unfähigkeit zur Bekleidung öffentlicher Aemter von Rechtswegen zur Folge (StGB. §. 31).

2. Neben einer Gefängnisstrafe, mit welcher die Aberkennung überhaupt hätte verbunden werden können, kann auf die Unfähigkeit zur Bekleidung öffentlicher Aemter auf die Dauer von 1 bis zu 5 Jahren erkannt werden (StGB. §. 35).

3. Auf den dauernden Verlust der bekleideten öffentlichen Aemter und der aus öffentlichen Wahlen hervorgegangenen Rechte kann erkannt werden in den Fällen der §§. 81, 83, 84, 87—91, 94, 95 StGB., und zwar nach §. 95 neben der Gefängnisstrafe, in den übrigen Fällen neben der Festungshaft, die hier ausnahmsweise mit einer Minderung der Ehrenrechte verbunden sein kann.

4. Nach den §§. 128, 129, 358 StGB. kann (nach den §§. 128 u. 129 nicht aber nach §. 358 nur gegen Beamte, die sich dieser Delikte schuldig gemacht haben) auf Verlust der Fähigkeit zur Bekleidung öffentlicher Aemter auf die Dauer von 1 bis zu 5 Jahren erkannt werden.

Für die Berechnung der Dauer der zeitigen Unfähigkeit gilt auch hier das oben ad I Gesagte.

III. Ist ein Deutscher im Auslande wegen eines Verbrechens oder Vergehens bestraft worden, das nach den Gesetzen des deutschen Reiches den Verlust der bürgerlichen Ehrenrechte überhaupt oder einzelner bürgerlicher Ehrenrechte zur Folge hat oder zur Folge haben kann, so ist ein neues Strafverfahren zulässig, um gegen den in diesem Verfahren für Schuldig Erklärten auf jene Folgen zu erkennen (StGB. §. 37 vgl. mit §. 5 Nr. 1 u. 3).

Anhang.

§. 52. Die Buße.[1]

I. Anwendungsgebiet. Die Buße findet sich sowohl im Strafgesetzbuch selbst als auch in einzelnen Nebengesetzen. Die Fälle, in welchen auf Buße erkannt werden kann, sind die folgenden:

1. StGB. §. 188. Ueble Nachrede und Verleumdung (StGB. §§. 186 u. 187), wenn die Beleidigung nachteilige Folgen für die Vermögensverhältnisse, den Erwerb oder das Fortkommen des Beleidigten mit sich bringt. Maximum 6000 Mark.

2. StGB. §. 231. Körperverletzung in allen Fällen. Maximum 6000 Mark.

3. Nachdrucksgesetz vom 11. Juni 1870 §§. 18, 43, 45. Bei vorsätzlichem wie bei fahrlässigem Nachdruck. Maximum 6000 Mark.

4. Urheberrechtsgesetze vom 9. Januar 1876 §. 16, 10. Januar 1876 §. 9, 11. Januar 1876 §. 14. Wie unter 3.

5. Markenschutzgesetz vom 30. November 1874 §. 15. Maximum 5000 Mark.

6. Patentgesetz vom 25. Mai 1877 §. 36. Maximum 10 000 Mark.

In allen Fällen ist der Zuspruch der Buße durch das

[1] Lit. bei Binding Grundriß S. 131; Windscheid Pandekten §. 326; Dochow HR. „Buße“.

im strafprozessualen Verfahren zu stellende Verlangen des Verletzten (StPO. §§. 443—446) bedingt; ist die Buße an den Verletzten zu entrichten, schließt die erkannte Buße die Geltendmachung eines weiteren Entschädigungsanspruches aus; haften die zur Buße Verurteilten als Gesammtschuldner;[2] darf auf einen höheren Betrag der Buße als den beantragten nicht erkannt werden (StPO. §. 445); kann der Anspruch des Verletzten von dessen Rechtsnachfolgern nicht erhoben oder fortgesetzt werden (StPO. §. 444 Abs. 4); erfolgt die Eintreibung nach den Vorschriften der CPO. (StPO. §. 495).

II. Charakter der Buße. Das Wesen der Buße ist lebhaft bestritten; bald wird sie als Strafe, bald als Entschädigung, bald als ein aus beiden Elementen zusammengesetztes Institut betrachtet. Wenn wir im Auge behalten, daß der Begriff der Entschädigung durch den Ersatz vermögensrechtlicher Nachteile nicht erschöpft wird, sondern auch die dem Verletzten gebührende Genugthuung für den von ihm erlittenen Eingriff in seine Rechtssphäre überhaupt in sich schließt (vgl. oben §. 42 II), so werden wir gegen die Auffassung der Buße als reiner Entschädigung, besser vielleicht: als Genugthuung keine Bedenken erheben können. Diese Auffassung schließt nicht aus, daß der Anspruch auf Buße ein höchst persönlicher, nur dem Verletzten, nicht aber seinen Erben zustehender ist. Direkte Bestätigung findet der Genugthuungscharakter der Buße in den Nebengesetzen (verb. „statt der Entschädigung kann auf Buße erkannt werden"). Von diesem Standpunkte aus können wir die meisten der an die Buße anknüpfenden Kontroversen erledigen. So ist

[2] Wenn auch nur für die Fälle unter 2—6 ausdrücklich im Gesetze ausgesprochen, gilt dieser Satz doch auch in gleicher Weise für Fall 1.

weder der Nachweis eines pekuniären Nachteils,[3] noch ein solcher Nachteil überhaupt Bedingung für das Entstehen des Anspruchs; daher ist auch bei versuchtem Delikte Buße zuzusprechen; daher ist die Buße in jenen zahlreichen Fällen ausgeschlossen (vgl. unten §. 54 I 3), in welchen der Eintritt einer nicht verschuldeten Körperverletzung strafschärfend wirkt; daher verjährt der Anspruch auf Buße nach den Grundsätzen des Civilrechtes, wenn auch seine Geltendmachung im Strafprozesse durch die strafrechtliche Verjährung des Deliktes thatsächlich unmöglich gemacht wird; daher wird die zuerkannte Buße durch Begnadigung nicht berührt, während die Abolitien (vgl. unten §. 57 IV 2c) allerdings mit dem Strafverfahren auch die Geltendmachung des Bußanspruches verhindert. Daher ist endlich das Schmerzensgeld, das in seinem innersten Kerne mit der Buße sich deckt, beseitigt,[4] soweit das Anwendungsgebiet der Buße reicht.

III. Die gesetzlichen Strafrahmen und ihre Handhabung durch den Richter.[1]

§. 53.

Die normalen Strafrahmen und die richterliche Bemessung der Strafe.

I. In dem Wesen des staatlichen Strafrechtes, als der Selbstbeschränkung der an sich unbeschränkten Strafgewalt

---

[3] Anerkannt RGR. 18. März 1880, E I 328, R I 493.

[4] Vgl. Windscheid §. 455 N. 32.

[1] Lit. bei Binding Grundriß S. 133 f.

(oben §. 1 I), liegt es, daß das Strafgesetz nicht nur den Eintritt, sondern auch Art und Maß der Strafe bestimmt; daß der zweite Teil der eigentlichen Strafgesetze mehr enthält, als die nur dem primitivsten Rechtszustande entsprechenden Worte: der soll gestraft werden (absolut unbestimmte Strafgesetze).

Bei Feststellung der Art und des Maßes der Strafe kann der Gesetzgeber entweder das richterliche Ermessen ganz ausschließen oder demselben einen gewissen Spielraum gestatten. Im 1. Falle entstehen die sog. absolut bestimmten Strafgesetze, die in dem modernen Strafrechte eine ganz untergeordnete Rolle spielen (vgl. StGB. §§. 80, 211) und ihre Existenz nur noch der Beibehaltung der Todesstrafe verdanken. Meist schlägt der Gesetzgeber unserer Tage den zweiten Weg ein: er stellt relativ bestimmte Strafgesetze auf. Die Relativität kann liegen:

1. Darin, daß der Gesetzgeber dem Richter innerhalb derselben Strafart einen gewissen Spielraum zwischen einem Minimal- und einem Maximalbetrage läßt. In diesem Falle ist nicht nur der Abstand zwischen Minimum und Maximum, sondern auch die durch die Art der Berechnung (vgl. z. B. oben §. 46 II 3) bestimmte Zahl der dazwischen liegenden Strafgrößen zu beachten. So enthält „Zuchthaus bis zu 15 Jahren" 169; „Gefängnis bis zu 5 Jahren" 1826; „Festungshaft bis zu 15 Jahren" 5478; „Haft bis zu 6 Wochen" 42 Strafgrößen.

2. Darin, daß der Gesetzgeber dem Richter die Wahl läßt zwischen zwei oder sogar mehreren (wieder durch Minimum und Maximum begrenzten) Strafarten. Vgl. StGB. §. 185: „Geldstrafe bis zu 600 Mark oder Haft oder Gefängnis bis zu einem Jahre". In diesem Falle

hat der Richter in leichteren Fällen die leichtere Strafart; wenn Zuchthaus und Festungshaft zur Wahl gestellt sind, Zuchthaus nur bei festgestellter ehrloser Gesinnung des Thäters zu wählen (StGB. §. 20).

3. Darin, daß es dem richterlichen Ermessen in vielen Fällen überlassen wird, ob die Hauptstrafe allein, oder neben derselben eine Nebenstrafe einzutreten hat.

Nur den relativ bestimmten Strafgesetzen gegenüber ist der Ausdruck Strafrahmen passend.

II. Welche Gesichtspunkte haben den Gesetzgeber bei Aufstellung seiner Strafrahmen zu leiten? Die richtige Antwort auf diese Frage liegt in dem Zweck der Strafe so klar wie möglich ausgesprochen: das Bedürfnis der Rechtsordnung nach Schutz ihrer Rechtsgüter ist der erste und wichtigste Maßstab; der zweite ergiebt sich daraus, daß Mittel und Zweck im richtigen Verhältnisse zu einander stehen müssen, daß das Mittel nicht tiefere Wunden schlagen darf als die Vereitelung des Zweckes. Die weitere Durchführung dieses Gedankens gehört umsoweniger hieher, als er im heutigen Recht nur in einzelnen Fällen und ohne daß der Gesetzgeber sich klar darüber würde, die Aufstellung der Strafrahmen beeinflußt. Der Gesetzgeber steht vielmehr unter dem Banne jener Ansicht, die den Maßstab der Strafe in dem begangenen Verbrechen sieht, jener Ansicht, die zwischen Unrecht und Strafe eine Gleichung herzustellen sucht. Darum stuft der Gesetzgeber seine Straffätze im Wesentlichen nach zwei Gesichtspunkten ab:

1. Nach der objektiven Bedeutung des Unrechtes, also nach Tiefe und Umfang der durch dasselbe bewirkten Störung der Rechtsordnung;

2. nach der subjektiven Bedeutung des Unrechtes, also nach der Schwere der Schuld des Verbrechers.

III. Innerhalb der gesetzlichen Strafrahmen hat der Richter die Strafe für das einzelne konkrete Verbrechen zu bemessen; im Einzelfalle die Aufgabe zu lösen, die der Gesetzgeber im allgemeinen zu lösen hatte. Dieser steht dem Diebstahle, jener diesem Diebstahle gegenüber. Eben darum hat er innerhalb des ihm gelassenen Spielraumes dieselben Gesichtspunkte zu beachten, die den Gesetzgeber bei der Aufstellung seiner Strafrahmen geleitet haben. Diese Bestimmung der Strafe innerhalb des Strafrahmens heißt Strafzumessung; die den Richter bei derselben leitenden Gesichtspunkte Strafmehrungs- (oder Straferhöhungs-) und Strafminderungsgründe.

IV. Wenn auch der Gesetzgeber die Strafrahmen für die einzelne Verbrechensart hinlänglich weit bemißt, so daß sie der objektiven und subjektiven Schwere der meisten Fälle dieser Verbrechensart entsprechen, so können doch Fälle vorkommen, denen gegenüber der normale Strafrahmen sich als zu eng erweist, in welchen also ein Hinaufgehen über das Maximum, ein Herabgehen unter das Minimum als angezeigt erscheint. Für diese Fälle stellt der Gesetzgeber besondere, sei es schwerere sei es leichtere, Strafrahmen auf. Nicht ganz korrekt spricht man hier von Strafänderung (als ob es sich um eine richterliche und nicht um eine gesetzgeberische Thätigkeit handelte), zerfallend in Strafschärfung und Strafmilderung.

V. Thatsächliche oder rechtliche Unanwendbarkeit an sich anzuwendender Strafarten führt zur Strafumwandlung (unten §. 55 I); die Kollision zwischen früheren und späteren in derselben Sache notwendig werdenden Entscheidungen zur Strafanrechnung (unten §. 55 II). Endlich sind noch die besonderen Bestimmungen ins Auge zu fassen, welche der Gesetzgeber für den Fall der Realkonkurrenz getroffen hat (unten §. 56).

§. 54.

Die besonderen Strafrahmen (sog. „Strafänderung").

Die regelmäßige Weite der von der Reichsgesetzgebung verwendeten normalen Strafrahmen gestattet es, die Aufstellung von besonderen Strafrahmen auf ein verhältnismäßig kleines Gebiet zu beschränken.

I. Erhöhte Strafrahmen (Strafschärfung).

1. Den Rückfall (den Begriff s. oben §. 41 I) verwendet der Gesetzgeber nur in einzelnen Fällen und in durchaus inkonsequenter Weise als Strafschärfungsgrund. So in dem StGB. selbst in den §§. 244, 245 (Diebstahl), 250 Z. 5 (Raub), 261 (Hehlerei), 264 (Betrug). Ferner in einzelnen Nebengesetzen, besonders in den Zoll- und Steuergesetzen. Man vgl. Salzsteuergesetz vom 12. Oktober 1867 §. 12; Branntweinsteuergesetz vom 8. Juli 1868 §§. 52, 53; Vereinszollgesetz vom 1. Juli 1869 §§. 140—143; Rübenzuckersteuergesetz vom Mai 1870 (Vrdg. von 1846 §§. 19, 20, 25); Postgesetz vom 28. Oktober 1871 §. 28; Brausteuergesetz vom 31. Mai 1872 §§. 33, 34; Tabaksteuergesetz vom 16. Juli 1879 §§. 37—39. (Dagegen Nachdrucksgesetz vom 11. Juni 1870 §. 23.)

2. In einzelnen Fällen wird für die gewerbs- oder gewohnheitsmäßige Begehung des Deliktes (Begriff oben §. 39 II 3) ein erhöhter Strafrahmen aufgestellt; vgl. StGB. §§. 260, 294, 302d (Wucher); vgl. auch Vereins-

zollgesetz vom 1. Juli 1860 §. 141 2. Abs. Andere Schärfungsgründe wie die Oeffentlichkeit der Verübung, der Gebrauch einer Waffe, Richtung der Handlung gegen einen Ascendenten, Begehung um des eigenen Vorteils willen usw. werden wir im besonderen Teile kennen lernen; Anspruch auf allgemeinere Bedeutung haben sie nicht.

3. Erwähnung verdienen nur noch die zahlreichen Fälle, in welchen der Eintritt eines schwereren Erfolgs Strafschärfung bewirkt. Man vgl. StGB. §§. 178, 220, 221, 226, 227, 229, 239, 251, 312, 315, 321—324 usw. Zu bemerken ist, daß in all' diesen Fällen der Erfolg nicht schuldhaft (also weder vorsätzlich noch fahrlässig) herbeigeführt sein braucht, daß er demnach jedem Teilnehmer zuzurechnen, sowie endlich, daß ein Versuch dieser schwereren Fälle nicht möglich und denkbar ist, weil bei Nichteintritt des schwereren Erfolges eben nur der einfache Fall, bei Eintritt desselben aber sofort Vollendung des schwereren Verbrechens vorliegt. (Vgl. oben §. 27 II, §. 32 IV 1.)

II. Erniedrigte Strafrahmen (Strafmilderung).

1. Bei zahlreichen Verbrechen hat der Gesetzgeber für den Fall „mildernder Umstände", die er nicht näher spezialisiert und die im schwurgerichtlichen Verfahren durch Befragung der Geschworenen festzustellen sind (StPO. §. 297), einen besonderen niederen Strafrahmen aufgestellt. Dabei weist er in den meisten Fällen den Richter bestimmt an, sich, wenn mildernde Umstände vorliegen, dieses milderen Strafrahmens zu bedienen; in anderen Fällen (so StGB. §§. 187, 246, 263, 333, 340 nicht aber 228) dagegen läßt er dem Richter trotz Feststellung des Vorliegens mildernder Umstände die Wahl, ob er sich des normalen oder des erniedrigten Strafrahmens bedienen will. Nicht zu verwechseln

mit den mildernden Umständen sind die „leichteren“, „minder schweren Fälle“ in StGB. §§. 57 Ziff. 4, 94, 96; hier liegt in der That nur ein Strafrahmen vor.

2. Die verminderte Zurechnungsfähigkeit (vgl. oben §. 25 III) hat der Gesetzgeber nur beim jugendlichen Alter, hier aber als allgemeinen (für alle von jugendlichen Personen begangenen strafbaren Handlungen) Strafmilderungsgrund verwertet. Vgl. StGB. §. 57.

a) Ist die Handlung mit dem Tode oder mit lebenslänglichem Zuchthaus bedroht, so lautet der erniedrigte Strafrahmen: Gefängnis von 3—15 Jahren.

b) Bei lebenslänglicher Festungshaft: Festungshaft von 3—15 Jahren.

c) In allen übrigen Fällen ist die Strafe zwischen dem gesetzlichen Mindestbetrage der angedrohten Strafart und der Hälfte des Höchstbetrages der angedrohten Strafe zu bestimmen. Dies gilt auch für diejenigen Fälle, in welchen (vgl. oben §. 47 II) die Geldstrafe dem Erwachsenen gegenüber als Vielfaches eines absolut bestimmten Betrages zu bemessen ist, so daß auch hier die in §. 27 StGB. angegebenen Minimalbeträge maßgebend sind; RGR. 24. März 1880, E I 334. An Stelle von Zuchthaus tritt Gefängnisstrafe von gleicher Dauer.

d) Wegen Vergehen oder Uebertretungen kann in besonders leichten Fällen auf Verweis erkannt werden.

e) Auf Verlust sämmtlicher oder einzelner Ehrenrechte sowie auf Zulässigkeit von Polizeiaufsicht ist nicht zu erkennen.

Die mildere Behandlung der Kindestötung ist dagegen nicht auf verminderte Zurechnungsfähigkeit zurückzuführen.

3. Versuch und Beihülfe (StGB. §§. 44 und 49; vgl. oben §§. 33 III und 37 II 4) sind ebenfalls allgemeine Milderungsgründe. Hat ein jugendlicher Thäter sich des Versuches oder der Beihülfe schuldig gemacht, so ist zuerst die Reduktion des Strafrahmens nach §. 44, und dann die nach §. 57 StGB. vorzunehmen (sehr bestritten); jedenfalls findet zweimalige, eventuell dreimalige Erniedrigung des normalen Strafrahmens statt.

§. 55.

Strafumwandlung und Strafanrechnung.

I. Strafumwandlung.[1]

1. Eine nicht beizutreibende Geldstrafe ist in Freiheitsstrafe umzuwandeln (StGB. §§. 28, 29, 78; StPO. §. 491). Und zwar tritt an Stelle der Geldstrafe:

a) regelmäßig Gefängnis.

b) Haft bei Uebertretungen, ferner bei Vergehen, gegen welche Geldstrafe allein oder an erster Stelle oder wahlweise neben Haft angedroht ist, dann, wenn die erkannte Strafe nicht den Betrag von 600 Mark und die an ihre Stelle tretende Freiheitsstrafe nicht die Dauer von 6 Wochen übersteigt.

c) Zuchthaus. War neben der Geldstrafe auf Zuchthaus erkannt, so ist die an deren Stelle tretende Gefängnisstrafe in Zuchthaus umzurechnen.

Maßstab der Umwandlung. Bei den wegen eines

---

[1] Lit. bei Binding Grundriß S. 141.

Verbrechens oder Vergehens erkannten Geldstrafen ist irgend ein Betrag zwischen 3 und 15 Mark, bei den wegen einer Uebertretung erkannten Geldstrafen irgend ein Betrag zwischen einer und 15 Mark einer eintägigen Freiheitsstrafe gleichzuachten.

Grenzen der substituierten Freiheitsstrafe. Der Mindestbetrag derselben ist ein Tag, der Höchstbetrag bei Haft 6 Wochen, bei Gefängnis 1 Jahr. (Dieser Haftbetrag kann überschritten werden im Falle realer Konkurrenz, StGB. §. 78 Abs. 2, vgl. unten §. 56 III 1.) Wenn eine neben der Geldstrafe wahlweise angedrohte Freiheitsstrafe ihrer Dauer nach den vorgedachten Höchstbetrag nicht erreicht, so darf die substituierte Freiheitsstrafe den angedrohten Höchstbetrag jener Freiheitsstrafe nicht übersteigen.

Der Verurteilte kann sich durch Erlegung des Strafbetrages, soweit dieser durch die erstandene Freiheitsstrafe noch nicht getilgt ist, von der letzteren frei machen.

Vielfach von dem eben Gesagten abweichende Bestimmungen enthalten die Nebengesetze. So schließen sie teilweise die Umwandlung in Freiheitsstrafe überhaupt aus; vgl. Wechselstempelgesetz vom 10. Juni 1869 §. 15; Nachdrucksgesetz vom 11. Juni 1870 §. 24. Oder sie stellen einen anderen Umwandlungsfuß auf; so Nachdrucksgesetz vom 11. Juni 1870 §. 18 Abs. 3, die Gewerbeordnung nach dem Gesetz vom 12. Juni 1872 §§. 145 ff., Vereinszollgesetz vom 1. Juli 1869 §. 162, die Salz-, Branntwein-, Tabak-, Rübenzucker-, Brau-Steuergesetze, Postgesetz vom 28. Oktbr. 1871 §. 31 usw. Hieher gehören auch StPO. §§. 50, 69, 77; CPO. §§. 345, 355, 374.

2. Die Umwandlung einer Freiheitsstrafe in eine andere kann aus rechtlichen Gründen notwendig werden.

So nach den §§. 44, 49, 157, 158 StGB., wenn nach dem erniedrigten Strafrahmen Zuchthausstrafe unter einem Jahre (vgl. oben §. 46 II 2) verwirkt wäre; bei Feststellung der Gesammtstrafe nach §. 74 StGB. (vgl. unten §. 56 II); endlich wenn an Stelle der Geldstrafe Zuchthaus treten soll, StGB. §. 28 (vgl. oben unter 1). In diesen Fällen können auch Tage und Wochen Zuchthaus ausgeworfen werden (vgl. oben §. 46 II 3), da es sich hier um ein rechnungsmäßig sich ergebendes Resultat handelt.

Maßstab der Umrechnung (StGB. §. 21): 8 Monate Zuchthaus gleich 12 Monate Gefängnis; 8 Monate Gefängnis gleich 12 Monate Festungshaft.

II. Strafanrechnung.

1. Eine erlittene Untersuchungshaft kann als Strafverbüßung betrachtet und bei Fällung des Urteils auf die erkannte Strafe (die im Urteilstenor ihrem vollen Betrage nach anzugeben ist) ganz oder teilweise angerechnet werden (StGB. §. 60). Die Anrechnung ist bei Freiheits- und Geldstrafe, nicht bei Verweis oder Todesstrafe, nie bei den Nebenstrafen gestattet.

2. Eine im Auslande vollzogene Strafe ist, wenn wegen derselben Handlung im Gebiete des deutschen Reichs abermals eine Verurteilung erfolgt, auf die zu erkennende Strafe in Anrechnung zu bringen (StGB. §. 7 vgl. mit §§. 3 u. 4).

In den Fällen der Anrechnung ist Zuchthaus wie regelmäßig (oben §. 46 II 3) nach vollen Monaten zu berechnen.

3. Als einen der Strafanrechnung verwandten Fall haben wir die in den §§. 199 und 233 StGB. enthaltene Bestimmung (die sog. Retorsion) zu konstruieren. An Stelle der erlittenen Strafe wird hier die erlittene Beleidigung oder Körperverletzung zur Anrechnung gebracht.

§. 56.

Die Bestimmung der Strafe im Falle realer Konkurrenz mehrerer Verbrechen.[1]

I. Liegen mehrere selbständige Verbrechen desselben Thäters zur strafrechtlichen Beurteilung vor, so wäre die logisch notwendige Folge aus der Selbständigkeit der einzelnen Verbrechen die Selbständigkeit der denselben entsprechenden Einzelstrafen.[2] Aber die Kumulierung der Einzelstrafen bei der Strafvollstreckung führt nach der in der heutigen Strafgesetzgebung herrschenden Ansicht, wenn es sich um gewisse Strafmittel handelt, zu unverhältnismäßigen Härten. Mit dem Umfange der in der Strafe liegenden Rechtsgüterverletzung wächst deren Intensität; soll daher die kumulierende Strafvollstreckung nur die wirkliche Summe der einzelnen Strafübel zufügen, so muß sie diesen an Umfang nehmen, was sie durch die Kumulierung an Intensität gewinnen. So gelangen wir zu der Forderung einer Milderung des Kumulationsprinzipes bei realer Konkurrenz; einer Milderung, die nur scheinbar eine solche, in Wahrheit aber eine Wiederherstellung des ursprünglichen Gleichmaßes zwischen Einzelverbrechen und Einzelstrafe ist; einer Milderung, die aber nur dort und nur soweit angemessen ist, wo und soweit die Kumulierung jenes ursprüngliche Gleichmaß stört. Dies ist der Grundgedanke der in den §§. 74 ff. RStGB. niedergelegten Bestimmungen.

II. Die Milderung der Kumulierung ist im RStGB.

---

[1] Lit. bei Binding Grundriß S. 144 f. Dazu Herzog GS. XXX, Thomsen GS. XXXI.

[2] Vgl. über den Begriff der Realkonkurrenz oben §. 41 II.

zum Ausdrucke gelangt in der Gestalt der Gesammtstrafe. Sie findet aber nur dort Anwendung, wo durch mehrere (gleichnamige oder ungleichnamige) Verbrechen oder Vergehen mehrere zeitige Freiheitsstrafen verwirkt wurden; denn nur hier würde nach Ansicht des Gesetzgebers der kumulierende Strafvollzug eine von ihm nicht gewollte Schärfung jeder Einzelstrafe bedeuten.

Die Gesammtstrafe besteht in einer Erhöhung der verwirkten schwersten Strafe. Es werden zunächst die sämmtlichen Einzelstrafen ausgeworfen.[3] Die schwerste derselben (bei gleichartigen die der Dauer, bei ungleichartigen die der Art nach schwerste) bildet die Einsatzstrafe, welche unverkürzt beizubehalten ist; die übrigen Einzelstrafen werden verhältnißmäßig gekürzt und dann zu der Einsatzstrafe hinzugerechnet. Die Gesammtstrafe darf den Betrag der verwirkten Einzelstrafen nicht erreichen, und 15jähriges Zuchthaus, 10jähriges Gefängnis oder 15jährige Festungshaft nicht übersteigen (StGB. §. 74).

III. Soweit es sich um realkonkurrierende Uebertretungen oder um das Zusammentreffen solcher mit Verbrechen oder Vergehen handelt; soweit ferner nicht zeitige Freiheitsstrafe untereinander, sondern solche mit anderen Strafmitteln oder andere Strafmittel untereinander zusammentreffen, findet die Gesammtstrafe keine Anwendung. Doch wird das Prinzip der Kumulierung auch hier nicht rein durchgeführt.

1. So ist zwar auf Geldstrafen, welche wegen mehrerer strafbarer Handlungen allein oder neben einer Freiheitsstrafe verwirkt sind, ihrem vollen Betrage nach zu

---

[3] RGR. 28. November 1879, R I 102.

erkennen; allein bei Umwandlung derselben in Freiheitsstrafe dürfen 2 Jahre Gefängnis und, wenn die mehreren Geldstrafen nur wegen Uebertretungen erkannt sind, 3 Monate Haft nicht überschritten werden (StGB. §. 78 vgl. mit §. 29).

2. Die Aberkennung der bürgerlichen Ehrenrechte und der Ausspruch der Zulässigkeit von Polizeiaufsicht ist zwar neben der Gesammtstrafe zulässig oder geboten, auch wenn sie nur neben der Verurteilung zu einer der konkurrierenden Einzelstrafen zulässig oder geboten sind[4] (StGB. §. 76); aber das für diese Nebenstrafen an sich vorgezeichnete Höchstmaß (vgl. oben §. 51) darf auch in dem Falle der Realkonkurrenz nie überschritten werden. Mit anderen Worten: beim Zusammentreffen dieser Nebenstrafen absorbiert die schwerste aus ihnen alle gleichartigen Nebenstrafen, ohne durch das Zusammentreffen mit den zur Gesammtstrafe vereinigten zeitigen Freiheits-Hauptstrafen irgend wie berührt zu werden.

IV. Aber auch innerhalb des Gebietes der zeitigen Freiheitsstrafen erleidet das Prinzip der Gesammtstrafe wesentliche Einschränkungen.

1. Trifft Haft mit einer anderen Freiheitsstrafe zusammen, so ist auf die erstere gesondert zu erkennen. Auf eine mehrfach verwirkte Haft ist ihrem Gesammtbetrage nach, jedoch nicht über die Dauer von drei Monaten zu erkennen (StGB. §. 77).

2. Trifft Festungshaft nur mit Gefängnis zusammen, so ist auf jede dieser Strafarten gesondert zu erkennen. Ist

[4] Es kann daher Aberkennung der bürgerl. Ehrenrechte neben Gefängnis nach §. 32 StGB. nur dann ausgesprochen werden, wenn eine der Einzelstrafen 3 Monate erreicht. RGR. 5. Februar 1880, R I 321.

Festungshaft oder Gefängnis mehrfach verwirkt, so ist hinsichtlich der mehreren Strafen gleicher Art so zu verfahren, als wenn dieselben allein verwirkt wären. Doch darf die Gesammtdauer der Strafen in diesen Fällen 15 Jahre nicht übersteigen (StGB. §. 75).

V. Abweichende Bestimmungen finden sich vielfach in den Nebengesetzen. Man vgl. z. B. Braumalzgesetz vom 4. Juli 1868 §. 35, Gewerbeordnung §. 150 u. A. Ganz eigentümlich das Spielkartenstempelgesetz vom 3. Juli 1878, welches in mehreren Strafdrohungen die Strafe nach der Zahl der einzelnen feilgehaltenen, erworbenen, gebrauchten usw. Spiele bemißt.

IV. Der Wegfall des staatlichen Strafanspruchs.

§. 57.

Allgemeines. Die einzelnen Strafaufhebungsgründe.

I. Die prinzipielle Bedeutung der Strafaufhebungsgründe, ihr Unterschied von den Hindernissen, die sich der Geltendmachung des staatlichen Strafanspruches in den Weg stellen, von den Bedingungen der Strafbarkeit, und den subjektiven Strafausschließungsgründen wurde bereits oben §. 30 III erwähnt. Strafaufhebungsgründe sind *nach Begehung einer strafbaren Handlung eintretende Umstände, welchen das positive Recht die Wirkung beilegt, den bereits entstandenen Strafanspruch zu vernichten.* Ihre Darstellung gehört zum Teile, soweit sie durch prozessuale Handlungen (wie rechtskräftige Entscheidung über den erhobenen Anspruch, Rücknahme des gestellten Strafantrages oder der Privatklage) begründet werden, dem

Strafprozeßrechte an. Alle übrigen Strafaufhebungsgründe sind materiell rechtlicher Natur. Zu erwähnen sind:

1. der Tod des Schuldigen;
2. thätige Reue;
3. Begnadigung;
4. Verjährung.

II. Der Tod des Schuldigen[1] tilgt nach heute allgemein angenommener Ansicht nicht das Verbrechen, wohl aber den Strafanspruch. Dieser kann und soll auf die schuldlosen Rechtsnachfolger des Verstorbenen nicht übergehen; der Ausspruch oder Vollzug von Strafübeln gegen den Verstorbenen selbst aber widerspricht unsern modernen Anschauungen, so daß der Strafe ihre motivierende Kraft fehlen würde. Eben darum ist es eine nicht zu billigende Anomalie, wenn das StGB. in §. 30 ausnahmsweise die Vollstreckung von Geldstrafen in den Nachlaß anordnet, soferne das Urteil bei Lebzeiten des Verurteilten rechtskräftig geworden war.

III. Der thätigen Reue[2] legt unsere Gesetzgebung aus guten Gründen nur ausnahmsweise die Bedeutung eines Strafaufhebungsgrundes bei. Sie will in diesen Fällen dem Verbrecher die Möglichkeit des Rückzuges offen lassen, und so das durch ihn bedrohte Rechtsgut vor Verletzung überhaupt oder doch vor größerer Verletzung schützen. Außer dem bereits besprochenen Rücktritte vom Versuche (oben §. 34) gehören hieher:

a) Widerruf der fahrlässigen falschen Aussage StGB. §. 163;

[1] Lit. bei Binding Grundriß S. 159.

[2] Lit. bei Binding Grundriß S. 159.

b) Abstehen vom Zweikampfe und Bemühung um Verhinderung desselben StGB. §§. 204 und 209;
c) Rechtzeitiges Löschen des bereits ausgebrochenen Brandes StGB. §. 310.

IV. 1. Die Begnadigung.[3] Der Verzicht des Strafanspruchs-Berechtigten auf den ihm erwachsenen Anspruch ist im modernen Strafrechte in ziemlich planloser Weise zur Ausgleichung des abstrakten Rechts mit der Billigkeit im konkreten Falle verwertet. Träger des Begnadigungsrechtes ist nach dieser Auffassung der Anspruchsberechtigte, mithin in allen Fällen (auch in jenen der Antragsdelikte und der Privatklage) der Staat. Dieser übt das Begnadigungsrecht aus durch den Souverän; also das Reich durch den Kaiser, die einzelnen Bundesstaaten durch ihre Monarchen, bez. die Senate von Bremen, Hamburg, Lübeck.

2. Man unterscheidet:
a) Völligen und teilweisen Verzicht auf den Anspruch (Nachlaß oder Milderung der Strafe).
b) Einzelbegnadigung und die mehrere, persönlich oder sachlich umgrenzte Gebiete umfassende Amnestie.
c) Abolition: Niederschlagung der Strafverfolgung;[4] Begnadigung im engeren Sinne: Erlaß der rechtskräftig erkannten Strafe; Restitution: gänzlicher oder teilweiser Erlaß der Ehrennebenstrafe.

3. Dem Kaiser steht das Begnadigungsrecht (nicht die Abolition, wohl aber auch die Restitution) zu in folgenden Fällen:

---

[3] Lit. bei Binding Grundriß S. 167. Dazu Geyer HR. „Begnadigung".

[4] Also Verzicht auf den möglicherweise vorhandenen Strafanspruch und schon darum irrationell.

a) Nach der StPO. §. 484 in Sachen, in welchen das Reichsgericht in erster und letzter Instanz erkannt hat (vgl. GVG. §. 136 Z. 1).

b) Nach dem Gesetz vom 10. Juli 1879 betr. die Konsulargerichtsbarkeit §. 42 in Sachen, in welchen der Konsul oder das Konsulargericht in erster Instanz erkannt hat.

c) In Elsaß-Lothringen nach §. 3 des Gesetzes vom 9. Juni 1871 betr. die Vereinigung von Elsaß-Lothringen mit dem deutschen Reiche.[5]

4. In allen übrigen Fällen sind die Einzelstaaten in der Person ihres Souveräns Träger des Begnadigungsrechtes. Doch ist die Abolition in den meisten Bundesstaaten durch Verfassungsbestimmungen beschränkt oder beseitigt,[6] und die Begnadigung überhaupt darf in manchen Fällen, so insbesondere in den Fällen der Ministeranklage, nur unter gewissen Voraussetzungen ausgeübt werden.[7]

Bei Kollisionen der partikularen Begnadigungsrechte untereinander ist davon auszugehen, daß es sich um Kollisionen der Strafansprüche handelt, ohne welche ein Begnadigungsrecht überhaupt nicht denkbar ist. In Bezug auf Entstehung und Geltendmachung der Strafansprüche stehen aber die deutschen Staaten zu einander in demselben Verhältnisse, wie die verschiedenen Gerichte desselben Staates. Es kann dieser Satz geradezu als der Grundgedanke der

[5] Nicht hieher gehört das Gesetz über die Rechtsverhältnisse der Reichsbeamten v. 31. März 1873 §. 118, das von krimineller Strafe (und nur mit dieser haben wir es thun) überhaupt nicht spricht.

[6] Vgl. Binding Grundriß S. 168.

[7] Vgl. Binding Grundriß S. 169. Hauke Lehre v. d. Ministerverantwortlichkeit 1880 S. 145 ff. mit Lit.

heutigen Gerichtsverfassung Deutschlands bezeichnet werden. Daraus folgt:

a) Ist nur ein Anspruch entstanden, aber zugleich zweifelhaft, für welchen Staat (weil die verschiedenen als untereinander gleichberechtigt konkurrierenden Gerichtsstände in verschiedenen Staaten gelegen sind), so wird durch die Entscheidung über den Gerichtsstand (nach den Vorschriften der StPO. §§. 7 ff.) auch über den Anspruch zu Gunsten des einen der kollidierenden Einzelstaaten entschieden. Nur dieser Staat kann daher das Begnadigungsrecht ausüben, und eine von einem anderen Staate ausgehende, etwa bereits vor dieser Entscheidung in der Gestalt der Abolition erfolgte Begnadigung ist ohne jede juristische Bedeutung.

b) Werden mehrere Ansprüche mehrerer Einzelstaaten (z. B. im Falle der Konnexität) in demselben Verfahren vereinigt, so berührt diese rein prozessuale Vereinigung die Ansprüche selbst in keiner Weise. Das Begnadigungsrecht bleibt, auch nach rechtskräftiger Entscheidung, jedem Einzelstaat für seinen Strafanspruch vorbehalten.[8]

§. 58.

Fortsetzung. Die Verjährung.[1]

I. Alles objektive Recht besteht darin, daß es an gewisse Thatsachen andere Thatsachen als deren Rechtsfolge knüpft.

[8] Anders die herrschende Ansicht (Meyer, Löwe, Binding), nach welcher immer jenem Staat das Begnadigungsrecht zusteht, dessen Gericht in erster Instanz erkannt hat. Gesetzliche Regelung wäre dringend wünschenswert.

[1] Lit. bei Binding Grundriß S. 160.

Eine Rechtsfolge ohne rechtschaffende und als solche vom objektiven Rechte anerkannte Thatsache ist keine Rechtsfolge. Aber die Macht der Thatsachen spottet nur zu oft der Imperative des Rechts; sie setzt sich selbst die Folgen, die das Recht ihr nicht gewähren will; und sie findet in der Achtung, die allem Bestehenden entgegengetragen wird, einen Ersatz für die mangelnde Sanktion des objektiven Rechts. Diesen Zwiespalt zwischen Recht und Thatsachen kann das Recht nur dadurch beseitigen, daß es die Thatsachen zu Recht anerkennt, die von ihnen erzeugten Folgen zu Rechtsfolgen erhebt. Das ist der Grundgedanke aller Verjährung. Nicht die Zeit schafft das Recht: aber das Recht selbst leiht seine Sanktion den Thatsachen, die eine gewisse Zeit hindurch sich zu behaupten stark genug waren. Sekundäre Gesichtspunkte, insbesondere die Schwierigkeiten, die der Feststellung des Sachverhaltes in den Weg treten, wenn ein längerer Zeitraum seit seinem Entstehen verflossen ist, fördern die allgemeine Anerkennung und umfassende Wirkung des Rechtsinstituts der Verjährung, in welchem der Bruch des Rechts durch die Thatsachen rechtliche Gestalt und Bedeutung gewinnt.

So tilgt die Zeit auch den staatlichen Strafanspruch; die thatsächliche Straflosigkeit des Schuldigen wird vom positiven Rechte zum Strafaufhebungsgrunde gestempelt. Selbst eine rechtskräftig gewordene gerichtliche Anerkennung des staatlichen Strafanspruches hemmt wohl, hindert aber nicht seinen Untergang. Das moderne Recht kennt neben der Verfolgungsverjährung (Verjährung der actio ex delicto) auch die Vollstreckungsverjährung (Verjährung der actio judicati).

II. Die Verfolgungsverjährung.

1. Die Strafklage verjährt (StGB. §. 67):

a) bei Verbrechen in 20 Jahren, wenn sie mit dem Tode oder mit lebenslänglichem Zuchthause; in 15 Jahren, wenn sie im Höchstbetrage mit einer Freiheitsstrafe von einer längeren als 10jährigen Dauer;[2] in 10 Jahren, wenn sie mit einer geringeren Freiheitsstrafe bedroht sind.

b) bei Vergehen in 5 oder 3 Jahren, je nachdem sie im Höchstbetrage mit einer längeren als dreimonatlichen Gefängnisstrafe, oder aber mit einer milderen Strafe bedroht sind.[3]

c) Bei allen Uebertretungen in 3 Monaten.

Für die Berechnung ist das Höchstmaß des Strafrahmens maßgebend; im Einzelnen gelten auch hier die oben §. 18 III aufgestellten Grundsätze.

Besondere Verjährungsfristen finden sich in zahlreichen Nebengesetzen; so Wechselstempelgesetz vom 10. Juni 1869 §. 17 (5 Jahre), Gewerbeordnung vom 21. Juni 1869 §. 145 (3 Monate), Vereinszollgesetz vom 1. Juli 1869 §. 164 (3 Jahre), Rübenzuckersteuergesetz vom 2. Mai 1870 [Vrdg. von 1846 §. 30] (5 Jahre), Nachdrucksgesetz vom 11. Juni 1870 §§. 33 ff. (3 Jahre bez. 3 Monate), Braumalzsteuergesetz vom 31. Mai 1872 §. 40 (3 Jahre), Preßgesetz vom 7. Mai 1874 §. 22 (6 Monate), Spielkartenstempelgesetz vom 3. Juli 1878 §. 20 (3 Jahre), Patentgesetz vom 25. Mai 1877 §. 38 (3 Jahre), Tabaksteuergesetz vom 16. Juli 1879 §. 45 (3 Jahre). Vgl. auch Einf.Ges. z. StGB. §. 7, nach

[2] Hieher gehört auch die vom Gesetze vergessene lebenslängliche Festungshaft.

[3] Also immer, wenn Geldstrafe angedroht ist, mag auch die ihr entsprechende Freiheitsstrafe 3 Monate übersteigen (RGR. 27. Januar 1880, E I 167, R I 280).

welchem Zuwiderhandlungen gegen die Vorschriften über die Entrichtung der Branntweinsteuer, der Biersteuer und der Postgefälle in 3 Jahren verjähren.

2. Der Fristenlauf **beginnt** mit dem Tage, an welchem die Handlung begangen ist, ohne Rücksicht auf den Zeitpunkt des eingetretenen Erfolges. Ueber den Zeitpunkt der begangenen That vgl. das oben §. 19 IV Gesagte. Daraus folgt, daß der Beginn der Verjährung unabhängig ist von dem Eintritte der etwa noch erforderlichen Bedingungen der Strafbarkeit, wie z. B. Antrag des Verletzten, Scheidung der Ehe usw. Doch kann unter Umständen das Ausstehen einer solchen Bedingung ein **Ruhen** der Verjährung (unten unter 4) zur Folge haben. Eine Summe von Einzelhandlungen, welche das Recht zu einer juristischen Einheit zusammenfaßt (vgl. oben §. 39 II), ist auch in Bezug auf den Beginn der Verjährung als solche zu betrachten: die Verjährung kann nicht beginnen, ehe die Handlung abgeschlossen ist (anerkannt in §. 34 des Nachdrucksgesetzes vom 11. Juni 1870). **Besondere Bestimmungen**: Nach §. 100 der Seemannsordnung vom 27. Dezember 1872 beginnt die Verjährung mit dem Tage, an welchem das Schiff zuerst ein Seemannsamt erreicht. Interessant Nachdrucksgesetz vom 11. Juni 1870: nach §§. 33 und 37 beginnt die Verjährung des Nachdrucks und des durch unterlassene Quellenangabe begangenen Deliktes mit dem Tage der ersten Verbreitung, obwohl schon mit der Herstellung des ersten Exemplares nach §. 22 das Vergehen vollendet war. Die Verjährung der Wechselstempelhinterziehungen beginnt nach §. 17 des Gesetzes v. 10. Juni 1869 mit dem Tage der Ausstellung des Wechsels.

3. Die Verjährung wird **unterbrochen** durch jede Handlung des **Richters**, welche wegen der begangenen That gegen

den Thäter gerichtet ist (StGB. §. 68). Doch hat die StPO. in den §§. 453 und 459 auch der polizeilichen Straffestsetzung und dem Strafbescheide der Verwaltungsbehörden die unterbrechende Wirkung beigelegt. Nach dem Wechselstempelgesetz vom 10. Juni 1869 §. 17 unterbricht jede amtliche Handlung die Verjährung. Nur die gegen den Thäter als Thäter gerichteten Handlungen unterbrechen die Verjährung; es genügt also nicht die Vorladung als Zeugen, selbst wenn der Vorgeladene sich bei dieser Gelegenheit schuldig bekennt und darum nicht beeidet wird (RGR. 24. November 1879, E I 231, R I 94).

Die Unterbrechung findet nur rücksichtlich desjenigen statt, auf welchen die Handlung sich bezieht.

Nach der Unterbrechung beginnt eine neue Verjährung.

4. Die Verjährung ruht (StGB. §. 69), wenn der Beginn oder die Fortsetzung des Strafverfahrens von einer Vorfrage abhängig ist, deren Entscheidung in einem anderen Verfahren erfolgen muß. (Man vgl. StGB. §§. 164, 170—172, 191; Einf.Ges. z. GVG. §. 11 usw.)

5. Wirkung der Verjährung ist die Beseitigung des Strafanspruchs, nicht die des Verbrechens. Eben darum kann die Verjährung gegenüber einem von mehreren Teilnehmern eingetreten sein, während die übrigen noch strafbar sind; vgl. oben §. 37 III 3.

III. Die Vollstreckungsverjährung.[4]

1. Die Vollstreckung rechtskräftig erkannter Strafen verjährt (StGB. §. 70):

a) wenn auf Tod oder lebenslängliches Zuchthaus oder lebenslängliche Festungshaft erkannt ist, in 30 Jahren;

b) wenn auf Zuchthaus oder Festungshaft von mehr als 10 Jahren erkannt ist, in 20 Jahren;

---

[4] Lit. bei Binding Grundriß S. 166.

c) wenn auf Zuchthaus bis zu 10 Jahren oder Festungshaft von 5—10 Jahren oder Gefängnis von mehr als 5 Jahren erkannt ist, in 15 Jahren;

d) wenn auf Festungshaft oder Gefängnis von 2—5 Jahren oder auf Geldstrafe von mehr als 6000 Mark erkannt ist, in 10 Jahren;

e) wenn auf Festungshaft oder Gefängnis bis zu 2 Jahren oder auf Geldstrafe von mehr als 150 bis 6000 Mark erkannt ist, in 5 Jahren;

f) wenn auf Haft oder Geldstrafe bis zu 150 Mark erkannt ist, in 2 Jahren.

2. Die Verjährung beginnt mit dem Tage, an welchem das Urteil rechtskräftig geworden ist (StGB. §. 70).

3. Die Verjährung wird unterbrochen durch jede auf Vollstreckung der Strafe gerichtete Handlung derjenigen Behörde, welcher die Vollstreckung obliegt, sowie durch die zum Zwecke der Vollstreckung erfolgende Festnahme des Verurteilten. Nach der Unterbrechung beginnt eine neue Verjährung (StGB. §. 72).

4. Die Vollstreckung einer wegen derselben Handlung neben einer Freiheitsstrafe erkannten Geldstrafe verjährt mit der Freiheitsstrafe (StGB. §. 71). Ebenso verjähren auch die übrigen Nebenstrafen mit der Hauptstrafe. Eine Ausnahme stellt das Gesetz für die zeitigen Nebenstrafen an der Ehre (StGB. §. 36) und für die Nebenstrafe der Polizeiaufsicht (StGB. §. 38) auf. Bei beiden beginnt die Wirkung des gerichtlichen Erkenntnisses gerade mit der Verjährung der Hauptstrafe. Dasselbe gilt von der oben §. 49 V besprochenen, nach §. 3 Nahrungsmittelgesetz vom 14. Mai 1879 eintretenden, Nebenstrafe an der Freiheit.

Besonderer Teil.

§. 59.

Uebersicht.

I. Den natürlichen, heute allgemein in den systematischen Darstellungen des Strafrechtes verwendeten, Einteilungsgrund des besonderen Teiles unserer Wissenschaft bildet die Verschiedenheit des durch die Strafe geschützten, durch das Delikt bedrohten Rechtsgutes, also jener Interessen, die rechtlichen und zwar strafrechtlichen Schutz durch die moderne Gesetzgebung genießen.

Auch die Normentheorie muß diesen Einteilungsgrund anerkennen; denn weitaus die größte Zahl der strafrechtlich relevanten Normen gehört zu der oben §. 3 II 1 besprochenen Klasse, steht zu dem zu schützenden Rechtsgute in unmittelbarer und unverkennbarer Beziehung, stellt sich bei genauerer Betrachtung einfach als die negative Seite der staatlichen Erklärung dar: Dieses Interesse soll meines Schutzes teilhaftig, es soll ein Rechtsgut bleiben oder werden.

Legen wir der Einteilung des besonderen Teiles die Verschiedenheit der Rechtsgüter zu Grunde, so gewinnen wir sofort zwei, scheinbar abschließende, Gruppen von strafbaren Handlungen. Die erste Gruppe umfaßt die gegen den Einzelnen; die zweite die gegen die Gesammtheit gerichteten Delikte. Wie das Recht überhaupt entweder die

Beziehungen der Einzelnen untereinander oder aber die Beziehungen der Einzelnen zur Gesammtheit regelt, so schützt auch das Strafrecht entweder diese oder aber jene Beziehungen.

II. Die erste Gruppe bietet mehrfache Unterabteilungen. Alle Rechtsgüter des Einzelnen lassen sich in letzter Linie als Interesse an ungestörter Bethätigung zusammenfassen. Aber je nachdem sich diese Bethätigung materialisiert, eine in Geld abschätzbare, von dem Individuum trennbare und übertragbare Herrschaft begründet, oder aber zu dieser Verdichtung nicht gelangt und nur als höchstpersönliche Vollexistenz des Individuums erscheint: können wir zwischen den Vermögensrechten einerseits und den immateriellen Rechtsgütern andererseits unterscheiden. Zwischen diese beiden Unterabteilungen treten die Individualrechte, die zwar abschätzbar und (in ihrer Verwertung) übertragbar geworden sind, aber die volle Loslösung von dem Individuum nicht zulassen. Eigentum und Ehre und zwischen ihnen das Autorrecht mögen an Stelle nicht hieher gehörender weiterer Ausführungen das Gesagte beleuchten. Aber die Bethätigung der Persönlichkeit ist nicht möglich ohne den Schutz ihres physischen Lebens wie ihrer freien Bewegung im Raum; Leben und Bewegung, beim Thiere die ganze Bethätigung des Individuums erschöpfend, sind beim Menschen nicht Bethätigung selbst, sondern Voraussetzung derselben. So zerfallen die Delikte gegen den Einzelnen in folgende Klassen:

1. gegen Leib und Leben;
2. gegen die persönliche Freiheit;
3. gegen das Vermögen;
4. gegen die Individualrechte;
5. gegen die immateriellen Rechtsgüter.

III. Schwieriger gestaltet sich die Einteilung der zweiten

Gruppe. Die Bethätigung der Gesammtheit als solcher repräsentiert uns der Gang der Staatsverwaltung, der arbeitende Gesammtorganismus. Voraussetzung dieser Bethätigung ist Bestand und Sicherheit des Staatsganzen. Aber auch das Lebensprinzip des staatlichen Organismus', die Kraft, welche das Ganze zusammenhält und die einzelnen Glieder in Bewegung setzt: die Staatsgewalt als Abstraktum wie in ihren Organen, bedarf des rechtlichen Schutzes. Damit gewinnen wir folgende Einteilung der in die 2. Gruppe gehörenden Delikte (wobei allerdings die Grenzlinien vielfach zweifelhafte sind):

1. gegen Bestand und Sicherheit des Staates;
2. gegen die Staatsgewalt und ihre Organe;
3. gegen den Gang der Staatsverwaltung.

IV. Aber nur scheinbar erschöpfen die bisher besprochenen beiden Gruppen alle möglichen Fälle. Einer ganzen Reihe von strafbaren Handlungen ist es eigentümlich, daß sie zwar gegen jene Rechtsgüter gerichtet sind, die wir als rechtlich geschützte Interessen des Einzelnen bezeichnet haben, aber nicht gerichtet sind gegen einen einzelnen oder mehrere einzelne Träger jener Rechtsgüter; daß sich vielmehr ihre Wirkungen erstrecken auf einen weder ziffermäßig noch individuell geschlossenen Kreis von Einzelnen. Es sind die gemeingefährlichen Delikte im weiteren Sinne; gerichtet nicht gegen einzelne Staatsbürger und nicht gegen das Staatsganze, sondern, wie wir kurz sagen können, gegen das Publikum. Es gehören hieher:

1. die gemeingefährlichen Delikte im engeren Sinne;
2. die Verletzungen des Nahrungsmittelgesetzes;
3. die gegen den öffentlichen Frieden gerichteten strafbaren Handlungen;
4. eine Reihe anderer Fälle von meist polizeilichem Charakter.

V. Wir müssen aber endlich noch eine letzte Reihe von strafbaren Handlungen ins Auge fassen, bei welchen unser Einteilungsgrund uns vollständig im Stiche läßt; bei welchen nicht die Natur des angegriffenen Rechtsgutes, sondern die Art des Angriffes maßgebend war für die Aufstellung der Strafdrohung; die gefährlich sind oder sein können in gleicher Weise für den Einzelnen, für das Publikum und für das Staatsganze. Die Mittel, welche die Rechtsordnung geschaffen hat zur Erreichung ihrer Zwecke, sind in der Hand des Verbrechers ebensoviele Mittel zum Angriffe auf die Rechtsordnung; wie die Naturkräfte, so kann er Geld und Urkunden, so kann er seine amtliche Stellung mißbrauchen zur Rechtsverletzung. Diesem Mißbrauch sucht der Gesetzgeber durch besondere Normen (vgl. oben §. 3 II 4) vorzubeugen; und er schafft, indem er das thut, eine Reihe von eigenartigen Verbrechen. Er schafft damit nicht neue Rechtsgüter, sondern er will die vorhandenen schützen, indem er den Mißbrauch seiner Rechtsinstitutionen zu rechtswidrigen Zwecken verpönt. Nur um diesen Gegensatz und zugleich die Beziehung zu der Rechtsgüterwelt auszudrücken, können wir die Integrität dieser Rechtsinstitutionen und dann diese selbst als uneigentliche Rechtsgüter bezeichnen, wobei der Ton auf dem Adjektiv, nicht auf dem Substantiv liegt. In diese Gruppe von strafbaren Handlungen gehören:

1. die Delikte an Geld;
2. die Delikte an Urkunden;
3. die Delikte gegen die Religion;
4. die Delikte an Personenstand und Ehe;
5. die Delikte gegen die Sittlichkeit (die staatliche Regelung des Geschlechtstriebes);
6. die Delikte im Amte.

Erstes Buch.

Strafbare Handlungen gegen Rechtsgüter des einzelnen Staatsbürgers.

I. Gegen Leib und Leben.

1.

§. 60. Die Tötung.[1]

I. Die vorsätzliche Tötung und zwar:

1. Mord (StGB. §. 211), wenn die Tötung mit Ueberlegung ausgeführt worden, d. h. wenn der Tötungsvorsatz überlegter Vorsatz (oben §. 28 VI) war.[2] Strafe: Der Tod.

2. Todschlag (StGB. §. 212), wenn die Tötung nicht mit Ueberlegung ausgeführt worden, der Tötungsvorsatz also ein nicht überlegter war. Strafe: Zuchthaus von 5—15 Jahren.

Privilegiert ist der Todschlag (StGB. §. 213), wenn der Thäter ohne eigene Schuld durch eine ihm oder einem Angehörigen (StGB. §. 52 Abs. 2) zugefügte Mißhandlung oder schwere Beleidigung von dem Getöteten zum Zorne gereizt und hiedurch auf der Stelle (d. h. in continenti, so lange die durch die Kränkung hervorgerufene Gemütsbewegung

---

[1] Lit. bei Meyer S. 367 Note 2.

[2] Die entgegengesetzte Ansicht, welche zwischen Ueberlegung beim Beschließen u. Ueberlegung beim Ausführen unterscheidet, beruht auf einem psychologischen Irrtum.

fortdauert) zur That hingerissen worden, oder wenn andere mildernde Umstände vorhanden sind. Strafe: Gefängnis nicht unter 6 Monaten. Auch hier bleibt der Todschlag Verbrechen (oben §. 18 III); der Versuch ist daher strafbar.

Qualifizierte Fälle:

a) Tötung bei Unternehmung einer strafbaren Handlung (StGB. §. 214), um ein der Ausführung derselben entgegentretendes Hindernis zu beseitigen oder um sich der Ergreifung auf frischer That zu entziehen. Strafe: Zuchthaus von 10—15 Jahren oder lebenslängliches Zuchthaus.

b) Tötung eines Verwandten aufsteigender Linie (StGB. §. 215). Strafe wie zu a.

3. Vorsätzlich (überlegte oder nicht überlegte) Tötung, zu welcher der Thäter durch das ausdrückliche und ernstliche Verlangen des Getöteten bestimmt worden ist (StGB. §. 216).[3] Strafe: Gefängnis von 3—5 Jahren. Vergehen, daher Versuch straflos.

4. Vorsätzliche (überlegte oder nicht überlegte) Tötung eines unehelichen Kindes in oder gleich nach der Geburt durch die Mutter (StGB. §. 217).[4] Objekt ist das Kind, mithin ein menschliches Wesen im Gegensatz zum Fötus, der ungeborenen Leibesfrucht, die das charakteristische Objekt der Abtreibung ist. Kindestötung ist demnach erst möglich, sobald der Geburtsakt begonnen hat, die Leibesfrucht mit irgend einem Körperteile, wenn auch nicht gerade mit dem Kopfe, aus dem Mutterleibe in die Außenwelt getreten ist (RGR. 8. Juni 1880, E I 446, R II 41).

[3] Lit. bei Meyer S. 377 Note 1. Dazu Ortmann GA. XXVI.

[4] Lit. bei Meyer S. 378 Note 1.

Der legislative Grund für die mildere Behandlung der Kindestötung liegt einerseits in der Stärke der die unehelich Gebärende zur Tötung treibenden Motive, andrerseits in der durch den Gebärakt hervorgerufenen Verminderung der Zurechnungsfähigkeit (oben §. 25 III). Ob diese Gründe eine soweit gehende Berücksichtigung verdienten, mag hier dahingestellt bleiben. Jedenfalls tritt, den Anschauungen des Gesetzgebers entsprechend, die mildere Behandlung der Kindestötung ein, mag die Kindesmutter in der Form der Thäterschaft, mag sie in der Form der Teilnahme, zu dem Eintritte des Erfolges mitwirken, während etwa beteiligte dritte (Thäter oder Teilnehmer) wegen gemeiner Tötung zu bestrafen sind (RGR. 8. Mai 1880, E II 154; vgl. auch oben §. 37 III 1). Strafe: Zuchthaus nicht unter 3 Jahren, bei mildernden Umständen Gefängnis nicht unter 2 Jahren. Vgl. auch StGB. §. 367 Ziff. 1.

II. Die fahrlässige Tötung (StGB. §. 222). Strafe: Gefängnis bis zu 3 Jahren; wenn der Thäter zu der von ihm aus den Augen gesetzten Aufmerksamkeit vermöge seines Amtes, Berufes oder Gewerbes besonders[5] verpflichtet war, Gefängnis bis zu 5 Jahren.

Nicht bloß bei der Kindestötung, sondern in allen[6] Fällen der Tötung richtet sich die Höhe der Strafbarkeit mehrerer Beteiligter nach der in §. 50 StGB. (vgl. oben §. 37 III 1) ausgesprochenen Regel.

---

[5] Vgl. RGR. 23. April 1880, R I 649; auch RGR. 11. Februar 1880, E I 203, R I 341; 4. Mai 1880, R I 726.

[6] bestritten bez. des Verhältnisses zwischen Mord u. Todschlag.

2.

§. 61. Die Körperverletzung.[1]

I. Begriff. Das Gesetz unterscheidet in nichts weniger als zutreffender Weise: a) körperliche Mißhandlung und b) Beschädigung an der Gesundheit. Letztere setzt eine Verletzung der Körpersubstanz voraus (auch das Zopfabschneiden gehört hieher), und umfaßt die Beschädigung der körperlichen wie der geistigen (im Sinne des gewöhnlichen Sprachgebrauchs) Gesundheit; erstere liegt vor bei jeder störenden Einwirkung auf die körperlichen Funktionen (z. B. Erregen von Schmerz, Unbehagen, Ekel, Schrecken), welche nicht von einer Verletzung der Körpersubstanz begleitet ist.

Ueber die Widerrechtlichkeit der Handlung und deren Wegfall gelten die allgemeinen, oben §. 22 besprochenen, hier besonders praktisch wichtigen Regeln.

II. Arten.

1. Die vorsätzliche Körperverletzung.

a) Leichte Körperverletzung (StGB. §. 223). Strafe: Gefängnis bis zu 3 Jahren oder Geldstrafe bis 1000 Mark; wenn gegen Verwandte aufsteigender Linie begangen, Gefängnis nicht unter einem Monate; doch tritt hier bei mildernden Umständen der regelmäßige Strafsatz wieder ein (StGB. §. 228).

b) Qualifizierte Körperverletzung (StGB. §. 223a), wenn mittels einer Waffe,[2] insbesondere eines Messers

---

[1] Lit. bei Meyer S. 382 Note 1. Dazu Herbst GA. XXVI.

[2] Waffe (vgl. Kries GA. XXV) ist hier jedes zur (angriffs- oder verteidigungsweisen) Zufügung von Verletzungen geeignete Werkzeug, ohne Rück-

oder eines anderen gefährlichen Werkzeuges,[3] oder mittels eines hinterlistigen Ueberfalls,[4] oder von mehreren gemeinschaftlich[5] oder mittels einer das Leben gefährdenden Behandlung begangen. Bezüglich aller dieser qualifizierenden Umstände ist Vorsatz des Thäters, d. h. Bewußtsein der Kausalität seines Thuns erforderlich (dagegen RGR. 14. Juni 1880, R II 68, E II S. 107; richtig bez. der gemeinschaftlichen Begehung RGR. 8. Mai 1880, R I 742). Strafe: Gefängnis nicht unter 2 Monaten; bei mildernden Umständen (StGB. §. 228) Gefängnis bis zu drei Jahren oder Geldstrafe bis 1000 Mark.

c) Schwere Körperverletzung (StGB. §. 224), wenn dieselbe zur Folge hat, daß der Verletzte ein wichtiges Glied des Körpers, das Sehvermögen auf einem oder beiden Augen, das Gehör, die Sprache oder die Zeugungsfähigkeit verliert, oder in erheblicher Weise dauernd entstellt wird, oder in Siechtum, Lähmung oder Geisteskrankheit verfällt. Strafe: Zuchthaus bis zu 5 Jahren oder Gefängnis nicht unter einem Jahre; bei mildernden Umständen (StGB. §. 228) Gefängnis nicht unter einem Monate.

---

sicht auf Bestimmung und gewöhnliche Verwendung (RGR. 10. März 1880, R I S. 442), also auch z. B. ein Bierglas, ein Stock usw.

[3] Zugeklapptes Taschenmesser je nach der Art des Gebrauchs (RGR. 15. Mai 1880, R I 781).

[4] Setzt voraus, daß der Angriff nicht vorhergesehen und daß dieses Nichtvorhergesehen durch den Thäter bewirkt wurde (RGR. 31. Mai 1880, E II 74, R I 844).

[5] In der Form der Mitthäterschaft oder der Nebenthäterschaft („zufälligen Mitthäterschaft“ vgl. oben §. 35), vgl. RGR. 8. Mai 1880, R I 742.

Die Strafe tritt ein, auch wenn in Bezug auf den schweren Erfolg weder Vorsatz noch Fahrlässigkeit auf Seiten des Thäters vorliegt (vgl. oben §. 27 II a. E.); eben darum ist aber auch die Versuchsstrafe ausgeschlossen und nur eventuell Bestrafung wegen einfacher oder qualifizierter Körperverletzung zulässig, wenn die Absicht des Thäters auf Herbeiführung des schweren Erfolges gerichtet gewesen, dieser aber nicht eingetreten ist (vgl. oben §. 32 IV 1). War dagegen eine der eingetretenen Folgen beabsichtigt, so ist (StGB. §. 225) auf Zuchthaus von 2—10 Jahren zu erkennen.

d) Körperverletzung mit tötlichem Ausgang (StGB. §. 226). Strafe: Zuchthaus nicht unter 3 Jahren oder Gefängnis nicht unter 3 Jahren; bei mildernden Umständen (StGB. §. 228) Gefängnis nicht unter 3 Monaten.

2. Fahrlässige Körperverletzung (StGB. §. 230). Strafe: Geld bis 900 Mark oder Gefängnis bis 2 Jahren; bei Verletzung einer besonderen Amts-, Berufs- oder Gewerbspflicht (vgl. oben §. 60 Note 5) kann die Strafe auf 3 Jahre Gefängnis erhöht werden.

3. Körperverletzung, begangen im Amte (StGB. §. 340) s. unten §. 92 II 4 c.

III. Die Strafverfolgung tritt nur auf Antrag ein (StGB. §. 232), wenn es sich um leichte vorsätzliche (StGB. §. 223, nicht aber §. 223a) oder um nichtqualifizierte (StGB. §. 230 1. Abs.) fahrlässige Körperverletzungen handelt. Rücknahme des Antrages ist zulässig, wenn das Vergehen gegen einen Angehörigen (StGB. §. 52 Abs. 2) verübt worden.

Antragsberechtigt ist der Verletzte (bez. dessen Vertreter; vgl. oben §. 31 III 1).

Abweichungen von diesem Satze:

1. Sind Ehefrauen oder unter väterlicher Gewalt stehende Kinder beleidigt worden, so haben sowohl die Beleidigten, als deren Ehemänner und Väter das Recht, auf Bestrafung anzutragen (StGB. §. 232 mit §. 195); und zwar auch noch nach dem Tode des Verletzten (RGR. 9. Dezember 1879, E I S. 29).

2. Ist die strafbare Handlung gegen eine Behörde, einen Beamten (Begriff unten §. 92 I 2), einen Religionsdiener oder ein Mitglied der bewaffneten Macht, während sie in der Ausübung ihres Berufes begriffen sind, oder in Beziehung auf ihren Beruf begangen worden, so steht das Antragsrecht nicht nur den Verletzten, sondern auch deren amtlich Vorgesetzten zu (StGB. §. 232 mit §. 196). —

Eine Erweiterung, bez. Beschränkung der Antragsfrist (vgl. oben §. 31 III 2) tritt bei wechselseitigen Körperverletzungen, d. h. dann ein, wenn der klagende Verletzte den beklagten Verletzer ebenfalls verletzt hat. Einzige Voraussetzung ist mithin die prozessuale Stellung beider Teile, mögen auch die beiderseitigen Verletzungen weder in zeitlichem noch in ursächlichem Zusammenhange stehen (RGR. 4. Juni 1880, E II 87). In diesem Falle ist nämlich, wenn von einem Teile auf Bestrafung angetragen worden, der andere Teil bei Verlust seines Rechtes verpflichtet, den Antrag auf Bestrafung spätestens bis zur Beendigung der Schlußvorträge in 1. Instanz (StPO. §. 428) zu stellen, hiezu aber auch dann berechtigt, wenn zu jenem Zeitpunkte die dreimonatliche Frist bereits abgelaufen ist (StGB. §. 232 mit §. 198). Auf den Fall, in welchem Körperverletzung und Beleidigung einander gegenüberstehen, ist diese Bestimmung nicht anzuwenden.[6]

IV. In allen Fällen der Körperverletzung kann auf Verlangen des Verletzten neben der Strafe auf eine an denselben zu erlegende Buße bis zum Betrage von 6000 Mark erkannt werden. Die Zuerkennung der Buße schließt die Geltendmachung eines weiteren Entschädigungsanspruchs aus (StGB. §. 231).

V. Retorsion (StGB. §. 233). Wenn leichte Körperverletzungen (StGB. §. 223, nicht 223a; RGR. 28. Oktober 1879, R I S. 23) mit solchen, Beleidigungen mit leichten Körperverletzungen oder letztere mit ersteren auf der Stelle (d. h. in continenti, so lange die durch die Kränkung hervorgerufene Gemütsbewegung fortdauert) erwidert werden, so kann der Richter für beide Angeschuldigte, oder für einen derselben eine der Art oder dem Maße nach mildere oder überhaupt keine Strafe eintreten lassen. Es handelt sich dabei um eine Erweiterung des dem Richter bei Bestimmung der Strafe zugewiesenen Spielraumes, nicht aber um die Gewährung eines dem civilrechtlichen Kompensationsrechte analogen Anspruches für den Schuldigen. Dem Richter soll die Gelegenheit geboten werden, einerseits den Affekt des zuerst Angegriffenen, andererseits die Thatsache, daß dieser bereits selbst sich Sühne genommen, in umfassendster Weise in Betracht zu ziehen. Diese Erweiterung des richterlichen Ermessens geht bis zur Gestattung der Strafumwandlung und der Verschonung von aller Strafe; sie setzt aber die Konstatierung strafbarer Handlungen auf beiden Seiten,[7] mithin die Verurteilung beider Angeschuldigten

[6] Bestritten.

[7] Ebenso RGR. 16. August 1880, E II 181.

klagten voraus, kann daher nie zu einer Freisprechung von der That führen, und ist ausgeschlossen, wenn auf einer Seite wegen mangelnder Schuld (Zurechnungsfähigkeit), fehlender Normwidrigkeit[3] usw. eine strafbare Handlung überhaupt nicht vorliegt.

3.

§. 62. Gefährdung[1] von Leib und Leben.

I. Die Aussetzung[2] (StGB. §. 221). Dieser Begriff umfaßt zwei Thatbestände:

1. Das Aussetzen (im eigentlichen Sinne) einer wegen jugendlichen Alters, Gebrechlichkeit oder Krankheit (hieher gehören auch die durch übermäßigen Alkoholgenuß herbeigeführten Zustände) hülflosen Person, d. h. das Versetzen aus dem bisherigen Zustand in einen andern: vollendet mithin, sobald jene Beziehungen zur Außenwelt, in welchen der Verletzte sich bisher befunden, gelöst worden sind.

2. Das Verlassen einer solchen Person in hülfloser Lage, strafbar nur dann, wenn der Verlassene unter der Obhut des Thäters stand, oder wenn dieser für die Unterbringung, Fortschaffung oder Aufnahme des Verlassenen zu sorgen hatte (es genügt obligatio ex re z. B. begründet durch das Aufnehmen eines ausgesetzten Kindes von Seiten eines unbeteiligten Dritten). Ein Versetzen in andere Lage ist hier nicht erforderlich.

---

[3] Anwendbarkeit des §. 193; vgl. die in Note 7 cit. RGR. 16. August 1880.

[1] Begriff der Gefährdung oben §. 3 Note 1.

[2] Lit. bei Meyer S. 396 Note 1; dazu Platz, Verbrechen der Aussetzung 1876.

Die Aussetzung ist regelmäßig Vergehen: der Strafsatz beträgt Gefängnis von 3 Monat bis 5 Jahren; wenn von den leiblichen Eltern gegen ihr Kind begangen, Gefängnis nicht unter 6 Monaten. Die Schwere des (wenn auch weder vorsätzlich noch fahrlässig herbeigeführten) Erfolges macht die Aussetzung zum Verbrechen: ist eine schwere Körperverletzung (StGB. §. 224) der ausgesetzten oder verlassenen Person verursacht worden, so tritt Zuchthaus bis zu 10 Jahren, und wenn der Tod verursacht worden, Zuchthaus von 3—15 Jahren ein.

In den beiden ersten Fällen ist der Versuch wegen der Vergehensnatur der strafbaren Handlung straflos, bei den letzteren aus dem oben §. 32 IV 1 angegebenen Grunde nicht möglich. Darum[3] tritt Straflosigkeit ein, wenn der Aussetzende in der Nähe des Ausgesetzten verborgen wartet, bis dieser etwa durch eine dritte Person aufgenommen wird.

II. Die sogenannte Vergiftung[4] (StGB. §. 229) d. i. das in der Absicht (Absicht hier gleich treibendes Motiv; vgl. oben §. 28 III) die Gesundheit zu beschädigen erfolgende Beibringen von Gift oder anderen Stoffen, welche die Gesundheit zu zerstören geeignet sind (Stoffe, von welchen sich das Gift nur dadurch unterscheidet, daß es schon in kleineren Dosen die gesundheitzerstörende Wirkung zu äußern im Stande ist). Das Wesen des Deliktes besteht demnach in der, in Verletzungsabsicht begangenen, Gefährdung von Leib und Leben.

[3] Die herrschende Ansicht — auch RGR. 21. April 1880, R I 639, E II 15 — erblickt in dem angeführten Falle überhaupt keine „Aussetzung"; doch liegt (strafloser) Versuch einer solchen gewiß vor.

[4] Lit. bei Meyer S. 399 Note 1; dazu Thomsen GS. 30.

Mit dem Beibringen ist das Verbrechen vollendet; etwaige Anwendung von Gegengiften schließt daher die Bestrafung aus §. 229 StGB. nicht aus.

Strafe: regelmäßig Zuchthaus bis zu 10 Jahren; wenn durch die Handlung eine schwere Körperverletzung (StGB. §. 224) verursacht worden, Zuchthaus nicht unter 5 Jahren; wenn der Tod verursacht worden, Zuchthaus nicht unter 10 Jahren oder lebenslängliches Zuchthaus. Auch hier ist (vgl. oben §. 27 II a. E.) der höhere Strafsatz lediglich durch den Eintritt der, wenn auch weder vorsätzlich noch fahrlässig herbeigeführten, schweren Erfolge bedingt; bei Nichteintritt derselben, auch wenn sie beabsichtigt waren, daher der einfache Strafsatz anzuwenden (vgl. oben §. 32 IV 1).

Auf Buße ist in allen Fällen der Vergiftung zu erkennen (StGB. §. 231), auch wenn eine Körperverletzung nicht eingetreten ist (vgl. oben §. 52 II).

III. Die Abtreibung[5] (StGB. §§. 218—220) setzt als Objekt eine noch nicht geborene Leibesfrucht (vgl. oben §. 60 I 4) voraus, und umfaßt zwei wesentlich verschiedene Thatbestände:

1. Die Abtreibung im engeren Sinne, nämlich das (rechtswidrige) Bewirken einer Frühgeburt, mag auch die Absicht des Thäters nicht auf Tötung der Leibesfrucht gerichtet gewesen sein;[6]

2. die Tötung der Frucht im Mutterleibe.

Das Gesetz schützt in den Strafparagraphen gegen Abtreibung in erster Linie die Existenz des Embryo, in zweiter

[5] Lit. bei Meyer S. 393 Note 1. Dazu Kornfeld in H. R. „Abtreibung".

[6] Bestritten.

die körperliche Integrität der Schwangeren, läßt aber wegen des in abstracto gefährdenden Charakters der Abtreibung die Strafe auch dann eintreten, wenn im konkreten Falle eine Gefährdung weder der Schwangeren noch des Embryo eingetreten ist.

Arten der Abtreibung:

1. Einfacher Fall (StGB. §. 218); Abtreibung: a) durch die Schwangere selbst; b) durch einen Dritten mit Einwilligung der Schwangeren. Doch muß im Falle b. der Dritte, damit ihn die volle Strafe (§. 218, 3. Absatz) treffe, nach den allgemeinen Grundsätzen als Thäter oder Mitthäter erscheinen (das Gesetz verlangt, daß er „die Mittel zur Abtreibung bei der Schwangeren angewendet oder ihr beigebracht hat)"; bloßes Verschaffen der Mittel würde als Beihülfe zu dem Delikte a. unter den reduzierten Strafrahmen fallen.[7] Die Schwangere kann im Falle b. als Mitthäterin oder aber auch als Teilnehmerin nach den allgemeinen Grundsätzen erscheinen.[8]

Strafe: Zuchthaus bis zu 5 Jahren; bei mildernden Umständen Gefängnis nicht unter 6 Monaten.

2. Die Lohnabtreibung[9] (StGB. §. 219). Schwerere Strafe — Zuchthaus bis zu 10 Jahren — trifft denjenigen, der einer Schwangeren, die ihre Frucht abgetrieben hat, gegen Entgelt die Mittel hiezu verschafft, bei ihr angewendet oder ihr beigebracht hat.

Der Lohnabtreibung kann sich die Schwangere selbst nie, auch nicht als Gehülfin, schuldig machen;[10] der Dritte da-

---

[7] Ebenso RGR. 11. März 1880, E I 270, R I 450.

[8] Ebenso RGR. 25. Februar 1880, E I 263, R I 394.

[9] Vgl. Pfizer GS. XXVIII.

[10] a. A. RGR. 10. April 1880, E I 350, R I 568.

gegen fällt unter den Strafrahmen des §. 219 auch dann, wenn er nur durch Verschaffen der Mittel,[11] also nur durch eine Beihülfehandlung, zu dem eingetretenen Erfolge mitgewirkt hat.

Eintritt des Erfolges ist Bedingung für die Anwendbarkeit des §. 219; sind die angewendeten, beigebrachten, verschafften Mittel ohne Erfolg geblieben, so kann nur aus §. 218 gestraft werden.[12]

3. Abtreibung durch einen Dritten ohne Einwilligung der Schwangeren (StGB. §. 220). Strafe: Zuchthaus nicht unter 2 Jahren; ist durch die Handlung der Tod der Schwangeren verursacht worden, Zuchthaus nicht unter 10 Jahren oder lebenslängliches Zuchthaus. Auch hier gilt für den qualifizierten Fall in Bezug auf Schuld und Versuch das oben unter II Gesagte.

IV. Der Raufhandel (StGB. §. 227); vorliegend, wenn durch eine Schlägerei oder durch einen von Mehreren gemachten Angriff der Tod eines Menschen oder eine schwere Körperverletzung (StGB. §. 224) verursacht worden ist.

Der „Raufhandel" umfaßt zwei wesentlich von einander verschiedene Fälle:

1. Die einfache Beteiligung an einer Schlägerei oder an einem Angriff, die von den erwähnten Folgen begleitet gewesen sind, vorausgesetzt, daß der Angeklagte nicht ohne sein Verschulden hineingezogen worden ist. Strafe: Gefängnis bis zu 3 Jahren. Die Strafbarkeit der Beteiligung wird dadurch nicht ausgeschlossen, daß der Urheber der schweren oder tötlichen Verletzung bekannt ist; wohl aber kann

[11] Intellektuelle Beihülfe u. Anstiftung sind nach §. 218 zu bestrafen.

[12] RGR. 9. Februar 1880. E I 194, R I 326; 10. April 1880 (oben Anm. 10).

nach der oben §. 40 II d gegebenen Regel nicht dieselbe Person mit Rücksicht auf denselben Erfolg zugleich nach §. 227 und nach §§. 224 ff. gestraft werden: es tritt vielmehr in diesem Falle Konsumption des Deliktes des §. 227 ein.

2. Ist eine der vorbezeichneten Folgen mehreren (vorsätzlichen) Verletzungen zuzuschreiben, welche dieselbe nicht einzeln, sondern nur durch ihr Zusammentreffen verursacht haben, so wäre nach den allgemeinen Grundsätzen (vgl. oben §. 20 III) jede derjenigen Personen, welcher eine dieser Verletzungen zur Last fällt, mit der vollen Strafe der §§. 224—226 zu belegen. In ganz ungerechtfertigter und nur aus historischen Reminiscenzen erklärbarer Weise stellt der Gesetzgeber für diesen Fall einen besonderen Strafrahmen auf: Zuchthaus bis zu 5 Jahren, bei mildernden Umständen (StGB. §. 228) sogar Gefängnis nicht unter einem Monate.

V. Der Zweikampf (StGB. §. 201—210).[13]

1. Begriff. Nicht als Störung des öffentlichen Friedens, nicht als eigenmächtiger Eingriff in die staatliche Rechtspflege, sondern als ein strafbares Auf's-Spiel-Setzen von Leib und Leben erscheint das Delikt des Zweikampfes, dessen Existenz einen unwiderleglichen Vorwurf gegen die, unser modernes (überspanntes, weil durchaus subjektives) Ehrgefühl nicht befriedigende, Behandlung der Ehrverletzungen in der modernen Gesetzgebung bildet. In systematischer Beziehung nimmt der Zweikampf unter den Delikten gegen Leib und Leben dieselbe Stellung ein, wie das Glücksspiel unter den strafbaren Handlungen gegen das Vermögen.

---

[13] Lit. bei Meyer S. 403 Note 1. Dazu Zimmermann GS. XXX (vgl. denselben im histor. Taschenbuch 1879).

Zweikampf ist der verabredete, den hergebrachten oder vereinbarten Regeln entsprechende, Kampf mit tötlichen Waffen zwischen zwei Personen. Den Begriff der Waffe haben wir hier (im Gegensatze zu dem oben §. 61 Note 2 Gesagten) im engeren Sinne zu nehmen: er umfaßt alle zu Angriff und Verteidigung bestimmten und zur Zufügung von Verletzungen geeigneten Werkzeuge.[14] Tötliche Waffen aber sind diejenigen, die bei bestimmungsgemäßem Gebrauche und unter den gegebenen Umständen tötliche Verletzungen herbeizuführen geeignet sind. Dabei müssen, wie bei Anwendung aller relativen Begriffe des Strafrechtes, ganz außergewöhnliche Komplikationen außer Betracht gelassen werden. Demnach sind studentische Schlägermensuren, wenn unter Anwendung der regelmäßigen Vorsichtsmaßregeln vor sich gehend, zwar als ein vielleicht strafwürdiges (positiv-rechtlich strafloses) Auf's-Spiel-Setzen der körperlichen Integrität, nicht aber als Kampf mit tötlichen Waffen zu betrachten.[15] Die Anwendung der strafgesetzlichen Bestimmungen über Körperverletzung und Raufhandel ist durch die Natur dieser Mensuren als eines vereinbarten und geregelten Kampfes ausgeschlossen. Die akademischen Vorschriften über Studentenduelle sind durch das RStGB. als Straf-, nicht aber als Disziplinargesetze (vgl. oben §. 42 IV) beseitigt worden.

Das sogenannte amerikanische Duell oder die Losung um's Leben ist weder Zweikampf noch Anstiftung zum Selbstmorde, sondern wie der Zweikampf ein Glücksspiel um Leib

---

[14] Vgl. RGR. 2. Juni 1880, E I 445, R II 14.

[15] Die eben cit. RGR. hat diese Frage, als zur Kompetenz des Erstrichters gehörig, nicht entschieden.

und Leben, und obgleich strafwürdiger wie dieser, nach positivem Rechte nicht strafbar.

2. Der Gesetzgeber hat sich nicht damit begnügt, den Zweikampf selbst unter Strafe zu stellen, sondern bedroht auch gewisse Vorbereitungshandlungen, nämlich die Herausforderung zum Zweikampf und die Annahme einer solchen, mit Strafe; und zwar regelmäßig (StGB. §. 201) mit Festungshaft bis zu 6 Monaten; wenn aber bei der Herausforderung die Absicht, daß einer von beiden Teilen das Leben verlieren soll, entweder ausgesprochen ist oder aus der gewählten Art des Zweikampfes erhellt (StGB. §. 202), mit Festungshaft von 2 Monaten bis zu 2 Jahren.

Die Natur dieser delicta sui generis als Vorbereitungshandlungen schließt die Möglichkeit eines strafbaren Versuches derselben aus (vgl. oben §. 33 Note 4), gestattet aber die strafbare Teilnahme dritter Personen (vgl. oben §. 37 I 2 c). Einen Fall der Teilnahme hebt der Gesetzgeber besonders hervor, indem er (in §. 203) diejenigen, welche den Auftrag zu einer Herausforderung übernehmen und ausrichten (die Kartellträger) mit Festungshaft bis 6 Monaten bedroht.

Die Strafe der Herausforderung und der Annahme derselben, sowie die Strafe der Kartellträger fällt weg (StGB. §. 204), wenn die Parteien den Zweikampf vor dessen Beginn freiwillig aufgegeben haben. Entgegen der allgemeinen Regel (vgl. oben §. 37 III 3), daß Strafaufhebungsgründe nur demjenigen zu Gute kommen, in dessen Person sie sich ereignen, wirkt hier die „thätige Reue" der Hauptthäter zu Gunsten aller Beteiligten.

Kommt der Zweikampf wirklich zu Stande, so wird dadurch nach dem oben §. 40 II c Gesagten die Strafbarkeit der Vorbereitungshandlungen für die beiden Parteien konsumirt; die übrigen Beteiligten, auch die Kartellträger (arg. StGB. §. 209) haften nach den allgemeinen Grundsätzen über Teilnahme; aber nunmehr wegen ihrer Beteiligung am Zweikampfe selbst.

3. Die Strafe des Zweikampfes ist im Gesetze verschieden abgestuft:

a) Regelmäßiger Strafrahmen (StGB. §. 205): Festungshaft von 3 Monaten bis zu 5 Jahren.

b) Wer seinen Gegner im Zweikampfe durch eine vorsätzlich zugefügte Verletzung tötet (StGB. §. 206), wird mit Festungshaft nicht unter 2 Jahren, und wenn der Zweikampf den Tod des einen von Beiden herbeiführen sollte, mit Festungshaft nicht unter 3 Jahren bestraft.

c) Ist eine Tötung oder Körperverletzung mittelst vorsätzlicher Uebertretung der vereinbarten oder hergebrachten Regeln des Zweikampfes bewirkt worden, so ist der Uebertreter (StGB. §. 207), sofern nicht nach den oben erwähnten Bestimmungen eine härtere Strafe verwirkt ist, nach den allgemeinen Vorschriften über das Verbrechen der Tötung und der Körperverletzung zu bestrafen. Das singuläre dieser im übrigen selbstverständlichen Anordnung liegt darin, daß die Zweikampfstrafen, wenn höher, eintreten sollen, obwohl der Zweikampf in dem Augenblick aufgehört hat, Zweikampf zu sein, in welchem die Ueberschreitung der Kampfesregeln stattgefunden hat.

d) Hat der Zweikampf ohne Sekundanten stattgefunden, so kann die verwirkte Strafe bis um die Hälfte, jedoch nicht über 15 Jahre erhöht werden (StGB. §. 208).

Die Behandlung der Teilnehmer richtet sich nach den allgemeinen Regeln. Einen Fall hat auch hier der Gesetzgeber als delictum sui generis besonders hervorgehoben (StGB. §. 210), und damit für unabhängig von den sonstigen Voraussetzungen der Teilnahme (vgl. oben §. 35 II) erklärt. Wer einen Andern zum Zweikampf mit einem Dritten absichtlich, insbesondere durch Bezeigung oder Androhung von Verachtung anreizt, wird, falls der Zweikampf (wenn auch nicht in Folge seiner Aufreizung) stattgefunden hat, mit Gefängnis (also nicht mit Festungshaft, der poena ordinaria des Zweikampfes) nicht unter 3 Monaten bestraft.

Straflos bleiben (StGB. §. 209) Kartellträger, welche ernstlich bemüht gewesen sind, den Zweikampf zu verhindern,[16] Sekundanten,[17] sowie zum Zweikampf zugezogene Zeugen, Aerzte und Wundärzte.[18]

II.

§. 63. Strafbare Handlungen gegen die persönliche Freiheit.[1]

Das durch die hieher gehörenden Delikte angegriffene Rechtsgut ist die Freiheit der Bewegung im Raume, die Freiheit des Handelns, nicht die des Entschließens (nicht die sogenannte Willensfreiheit).

---

[16] Thätige Reue als Strafaufhebungsgrund, oben §. 57.

[17] Subjektiver Strafausschließungsgrund; vgl. oben §. 30 III 3.

[18] Selbstverständlich, weil eine Beteiligung an der strafbaren Handlung hier überhaupt nicht vorliegt.

[1] Lit. bei Meyer S. 410 Note 1.

I. Die partielle Verletzung (Beschränkung) der persönlichen Freiheit, oder die Nötigung.

1. Die Nötigung des RStGB. (§. 240), d. h. die Nötigung zu irgend einer Handlung, Duldung oder Unterlassung, wenn durch gewisse Mittel bewirkt. Diese Mittel sind:

a) physische Gewalt,[2] nicht notwendig an der Person des zu Nötigenden (in homine), aber gegen denselben (Vergewaltigung anderer Personen oder Gewalt an Sachen) gerichtet (in hominem), als Mittel, seine Entschließung zu bestimmen.

b) psychische Gewalt oder Bedrohung, und zwar: Bedrohung mit einem Verbrechen oder Vergehen. Die Drohung braucht keine ernstlich gemeinte, d. h. die Ausführung derselben braucht nicht beabsichtigt zu sein, sie muß aber dem Bedrohten als eine ernstliche erscheinen.[3] Die Drohung muß gegen den zu Nötigenden gerichtet, d. h. zur Beeinflussung seiner Entschließung bestimmt und geeignet sein; nicht erforderlich ist, daß das angedrohte Verbrechen oder Vergehen an dem zu Nötigenden begangen werden soll. Die Drohung kann sich vielmehr, ganz wie die Gewalt, auf andere Personen oder auf Sachen beziehen. Sie kann ausdrücklich ausgesprochen oder durch symbolische Handlungen (Erheben der Faust, Anlegen des Gewehrs usw.) angedeutet sein.

Das an sich selbstverständliche Merkmal der Widerrechtlichkeit der Nötigung ist in den Thatbestand auf-

---

[2] Vgl. Wanjek GA. XXVII; auch RGR. 17. Juni 1880, E II 184, R II 81.

[3] Vgl. RGR. 24. Dezember 1879, R I 173; 9. Februar 1880, R I 325.

genommen; mithin zum Vorsatze Bewußtsein derselben erforderlich (vgl. oben §. 28 II). Durch die Berechtigung zur Nötigung an sich wird die Berechtigung zur Nötigung durch die vom Gesetze verpönten Mittel, durch Gewalt oder Bedrohung mit Verbrechen oder Vergehen selbstverständlich nicht gegeben.[4]

Die Vollendung der Nötigung tritt erst mit der erzwungenen Handlung, Duldung, Unterlassung ein; der Versuch, der hier trotz der Vergehensnatur des Deliktes strafbar ist, beginnt schon mit der Anwendung von Gewalt oder Drohung, als der Mittel zur Herbeiführung der Handlung usw.

Strafe: Gefängnis bis zu 1 Jahr oder Geld bis zu 600 Mark.

2. Einen besonderen Fall der Nötigung enthält §. 153 der Gewerbeordnung: Wer andere durch Anwendung körperlichen Zwanges, durch Drohungen, durch Ehrverletzung, oder durch Verrufserklärung bestimmt oder zu bestimmen versucht, an Verabredungen zum Behufe der Erlangung günstigerer Lohn- und Arbeitsbedingungen, insbesondere mittels Einstellung der Arbeit oder Entlassung der Arbeiter, teilzunehmen oder ihnen Folge zu leisten, oder Andere durch gleiche Mittel hindert oder zu hindern versucht, von solchen Verabredungen zurückzutreten, wird mit Gefängnis bis zu 3 Monaten bestraft, sofern nach dem allgemeinen Strafgesetz nicht eine härtere Strafe eintritt. Die Erweiterung des Kreises der strafbarmachenden Nötigungsmittel sowie die Gleichstellung von Versuch und Vollendung unterscheiden — ganz abgesehen von dem Inhalt der Nötigung — diesen Thatbestand von dem des §. 240 StGB.

---

[4] Vgl. RGR. 21. Oktober 1879, E I 5, R I 9; 26. Juni 1880, R II 124.

II. Die **totale** (wenn auch vorübergehende)[5] Verletzung (Entziehung) der persönlichen Freiheit oder die **Freiheitsberaubung** (StGB. §. 239: „wer einen Menschen einsperrt[6] oder auf andere Weise des Gebrauches der persönlichen Freiheit beraubt")[7] Auch hier ist das Merkmal der Widerrechtlichkeit in den Thatbestand aufgenommen (vgl. oben § 28 II). Die Vollendung tritt mit der Entziehung der Freiheit ein; länger dauernde Freiheitsentziehung begründet ein fortdauerndes Delikt (vgl. oben §. 39 II 1).

Strafe:

a) Normalsatz: Gefängnis von 1 Tag bis zu 5 Jahren.

b) Wenn die Freiheitsentziehung über eine Woche gedauert hat, oder wenn eine schwere Körperverletzung (StGB. §. 224) des der Freiheit Beraubten durch die Freiheitsentziehung oder die ihm während derselben widerfahrene Behandlung verursacht (oben S. 237 c) worden ist: Zuchthaus bis zu 10 Jahren, bei mildernden Umständen Gefängnis nicht unter einem Monat.

c) Ist auf die zu b angegebene Weise der Tod verursacht worden, Zuchthaus nicht unter 3 Jahren, bei mildernden Umständen Gefängnis nicht unter 3 Monaten.

d) Ueber das Amtsdelikt des §. 341 vgl. unten §. 93 II 4d.

---

[5] RGR. 7. Juli 1880, R II 167.

[6] Ihn in einem umschlossenen Raume festhält.

[7] Die Mittel, welche der Thäter anwendet, sind an sich gleichgültig; doch muß das Verhalten des der Freiheit Beraubten durch diese Mittel herbeigeführt sein und darf nicht als dessen freies und vorsätzliches Thun (oben §. 19 III) erscheinen. Zu weit geht RGR. 7. Juli 1880, R II 167 (in den Gründen). Die Sache liegt hier eben anders als bei der Nötigung.

III. **Die qualifizierte totale Entziehung der persönlichen Freiheit oder der Menschenraub.** Das qualifizierende Moment liegt darin, daß der Thäter, nicht zufrieden damit, dem Verletzten den Gebrauch seiner persönlichen Freiheit entzogen zu haben, sich eine positive und unmittelbare **Herrschaft**, eine Verfügungsgewalt über denselben anmaßt. Es gehören hierher:

1. **Der eigentliche Menschenraub** (StGB. §. 234); **Objekt: jeder Mensch**; die Erlangung der Herrschaft („Bemächtigung" sagt das Gesetz) muß erfolgen durch a) **Gewalt** (vgl. oben §. 63 I 1a); b) **Drohung** (vgl. oben §. 63 I 1b), die aber hier nicht Drohung mit einem Verbrechen oder Vergehen zu sein braucht; c) **List**, d. i. Täuschung des zu Verletzenden über die Kausalität der von ihm vorzunehmenden Handlung. Die **Absicht** (hier gleich erweiterter Vorsatz oben §. 28 III) muß darauf gerichtet sein, den Angegriffenen in hülfloser Lage auszusetzen oder in Sklaverei, Leibeigenschaft oder in auswärtige Kriegs- oder Schiffsdienste zu bringen. Das Verbrechen ist **vollendet** mit der (positiven) Erlangung der Herrschaft; der **Versuch** beginnt mit dem (negativen) Eingriff in die persönliche Freiheit. **Strafe**: Zuchthaus.

2. **Kinderraub** (StGB. §. 235) begangen dadurch, daß eine **minderjährige Person** ihren Eltern oder ihrem Vormund durch Gewalt, Drohung, List entzogen wird. Angegriffen ist die persönliche Freiheit des Minderjährigen; aber die Dispositionsbefugnis über dieses Rechtsgut steht nicht ihm, sondern den Eltern oder dem Vormunde zu. Darum schließt die Einwilligung der letztgenannten Personen die Normwidrigkeit des Thuns aus, während die des Minderjährigen selbst irrelevant ist. **Vollendet** ist das Delikt,

sobald die Gewalt der Machthaber gebrochen und eine fremde Gewalt begründet ist; der Versuch beginnt mit dem ersten dieser beiden Stadien. Strafe: regelmäßig Gefängnis; wenn die Handlung in der Absicht geschieht (Absicht gleich erweiterter Vorsatz oben §. 28 III), die Person zum Betteln oder zu gewinnsüchtigen oder unsittlichen Zwecken oder Beschäftigungen zu gebrauchen, Zuchthaus bis zu 10 Jahren.

3. Frauenraub oder Entführung[8] (StGB. §§. 236 bis 238), charakterisiert einerseits durch das Objekt, andrerseits durch die geschlechtliche Absicht. Das Gesetz unterscheidet zwei Arten:

a) Entführung der Frauensperson gegen ihren Willen durch List, Drohung, Gewalt, um sie entweder zur Unzucht (Strafe: Zuchthaus bis zu 10 Jahren) oder zur Ehe zu bringen (Strafe: Gefängnis). Absicht auch hier gleich erweiterter Vorsatz (oben §. 28 III). Vollendet mit der Begründung der Herrschaft des Entführers (StGB. §. 236).

b) Entführung einer minderjährigen, unverehelichten Frauensperson mit ihrem Willen, aber ohne Einwilligung der Eltern oder des Vormundes, um sie zur Unzucht oder zur Ehe zu bringen. Strafe: Gefängnis. Auch ist hier die persönliche Freiheit der Entführten das angegriffene Rechtsgut;[9] daran wird durch den Umstand nichts geändert, daß die Disposition über das Rechtsgut einer andern Person als dem Träger desselben zusteht. Auch der Diebstahl ändert seinen Charakter nicht, wenn er mit Einwilligung des nicht verfügungsfähigen Eigentümers

[8] Vgl. Wahlberg H. R. „Entführung".

[9] Bestritten.

begangen wird. Jedes Mittel genügt; List, Drohung, Gewalt sind nicht erforderlich. Die Entführte selbst kann, als Trägerin des angegriffenen Rechtsgutes, nicht Teilnehmerin an dem Delikte sein. Ueber Vollendung gilt das zu a Gesagte (StGB. §. 237).

Die Entführung ist in beiden Fällen Antragsdelikt: antragsberechtigt im ersten Falle die Entführte, im zweiten der Gewalthaber. Hat der Entführer die Entführte geheiratet, so findet die Verfolgung nur statt (StGB. §. 238), nachdem die Ehe für ungültig erklärt worden ist. Diese Erklärung ist Bedingung der Strafbarkeit in dem oben §. 30 angegebenen Sinne.

III. Strafbare Handlungen gegen das Vermögen.

A. Gegen das Eigentum.

1.

§. 64. Der Diebstahl.[1]

I. Begriff.

1. Diebstahl ist Eigentumsverletzung durch rechtswidrige Aneignung einer fremden beweglichen Sache, wenn letztere zu diesem Zwecke erst in den Gewahrsam des Thäters gebracht werden muß. Das letzterwähnte Moment unterscheidet Diebstahl und Unterschlagung. Nach dieser Definition wären Diebstahl und Unterschlagung erst mit der Aneignung vollendet. Das

[1] Lit. bei Meyer S. 444 Anm. 1. Dazu Merkel in HR. „Diebstahl“; Bachem, der Unterschied zwischen dem Furtum des römischen Rechts und dem Diebstahl nach RStGB. 1880.

positive Recht hat aber den Zeitpunkt der Vollendung zurückgeschoben (vgl. oben §. 32 I 2); Diebstahl ist demnach (StGB. §. 242): Wegnahme einer fremden beweglichen Sache in der Absicht rechtswidriger Aneignung.

2. Objekt ist eine bewegliche oder beweglich gemachte Sache, mag diese auch keinen Tauschwert haben; und zwar eine fremde, d. h. in dem Eigentume eines Anderen stehende Sache. An Sachen, die in niemandes Eigentum stehen, an herrenlosen, derelinquierten usw. Sachen ist Diebstahl nicht möglich, mag auch ein ausschließliches Okkupationsrecht auf dieselben vorhanden sein; wohl aber an Wild im eingefriedeten Gehege, Fischen in Privatteichen, an den der Leiche in's Grab mitgegebenen Gegenständen (wenn sie nicht als derelinquierte zu betrachten sind) usw. Diebstahl wird unmöglich, wenn der Eigentümer das Eigentum ganz aufgiebt oder dem Thäter überträgt; dagegen schließt die Einwilligung des Eigentümers in die Wegnahme der Sache den Diebstahlsbegriff nicht aus. Der Eigentümer selbst kann sich des Diebstahls an der eigenen Sache nicht schuldig machen, wohl aber der Miteigentümer an der ihm nicht ausschließlich gehörenden.

3. Die Handlung besteht in dem Wegnehmen, d. h. in dem Brechen des fremden und der Begründung des eigenen Gewahrsams. Gewahrsam (nicht gleich Besitz im civilrechtlichen Sinne) bedeutet aber die Möglichkeit über die Sache thatsächlich zu verfügen, verbunden mit dem Willen diese Möglichkeit aufrecht zu erhalten.[3] Diebstahl kann demnach nicht begangen werden an Sachen, die in keines Menschen Gewahrsam stehen, wie an vom Hochwasser fort-

[3] Vgl. RGR. 24. Mai 1880, E II 65, R I 818 (bedenkliche Anwendung des richtigen Satzes).

geschwemmten oder verlorenen Gegenständen, wohl aber an vergessenen oder verlegten Sachen. Durch Aufgeben des Gewahrsams[3] von Seiten des Gewahrsams-Inhabers wird die Möglichkeit des Diebstahls ausgeschlossen; nicht notwendig aber schon durch Einwilligung in die Ergreifung der Sache. Der Gewahrsams-Inhaber selbst kann sich des Diebstahls nicht (wohl aber der Unterschlagung) schuldig machen; der Mitgewahrsams-Inhaber begeht Diebstahl, wenn er sich rechtswidrig die ausschließliche Verfügungsgewalt verschafft (vgl. das zu 2 über den Miteigentümer Gesagte). Der letzte Satz ist von großer praktischer Bedeutung, da in zahlreichen Fällen mehrfacher Gewahrsam an derselben Sache — sei es gleichgestellten, sei es einander untergeordneten Personen zustehend — vorkommt.[4] Demnach ist die Aneignung mitvermieteter Sachen durch den Mieter eines meublierten Zimmers als Diebstahl zu betrachten, da der Thäter nur Mit-Gewahrsamsinhaber ist.[5]

4. Nicht erfolgte, wohl aber beabsichtigte Aneignung der Sache gehört zu den Merkmalen des Diebstahlsbegriffes. Aneignung aber besteht darin, daß die Sache, gleichsam als wäre sie Eigentum, den Zwecken des Thäters dauernd und ausschließlich dienstbar gemacht wird. Sofortige Vernichtung der Sache ist nicht Aneignung, ebensowenig vorübergehender Gebrauch derselben; eben darum ist Verpfändung der Sache nicht Aneignung, wenn die Absicht und

[3] Innehaben und Aufgeben des Gewahrsams durch einen Wahnsinnigen hat (mit Recht) RGR. 19. Juni 1880, R II 85 als nach Umständen möglich angenommen.

[4] RGR. 5. April 1880, R I 540, E II 1 (Entwendung von Ladenvorräten durch einen im Geschäfte angestellten Verkäufer).

[5] Dagegen (aber ohne überzeugende Motivierung) RGR. 12. Juli 1880, R II 184.

zugleich die gegründete Aussicht rechtzeitiger Wiedereinlösung besteht.[6] Auch die Ausübung eines vermeintlichen Retentionsrechtes kann nicht als Aneignung betrachtet werden.[7]

Die Absicht (auch hier gleich erweiterter Vorsatz, oben §. 28 III) muß auf rechtswidrige Zueignung gehen. Diebstahl liegt also nicht vor, wenn ein Anspruch auf Uebertragung des Eigentums an der Sache selbst besteht, wohl aber dann, wenn ein anderer Anspruch durch die weggenommene Sache gesichert werden soll;[8] Wegnahme von Geld, um sich für eine begründete Geldforderung bezahlt zu machen, ist demnach nur dann nicht Diebstahl, wenn, was zu den seltensten Fällen gehören dürfte, ein Anspruch auf Uebertragung gerade der weggenommenen Geldstücke bestand.[9]

Gewinnsüchtige Absicht, also Absicht auf Erlangung eines Vermögensvorteils (animus lucri faciendi) ist nach heutigem Recht nicht erforderlich. Der Diebstahl ist kein Bereicherungsdelikt.

5. Der Diebstahl ist vollendet mit der vollendeten Wegnahme, also sobald der eigene Gewahrsam an der Sache durch den Thäter begründet ist. Die alten zum Teil abweichenden Ansichten — Kontrektations-, Ablations-, Apprehensions-Theorien — sind heute allgemein aufgegeben. Der Versuch — strafbar, auch wenn der Diebstahl Vergehen ist — beginnt mit dem Brechen des fremden Gewahrsams; daher in verschiedenen Zeitpunkten je nach der verschiedenen Erscheinung und Sicherung dieses Gewahrsams;[10] mit dem Einbrechen, Einsteigen, Einschleichen bei

[6] RGR. 22. April 1880, R I 659 u. 664, E II 22.

[7] Vgl. RGR. 5. Mai 1880, E II 48.

[8] RGR. 9. Februar 1880, E I 193.

[9] A. A. RGR. 17. Juni 1880, E II 184, R II 73.

[10] Bestritten.

Sachen, die sich in umschlossenen Räumen befinden; erst mit der Ergreifung von Vieh auf der Weide, geschlagenem Holz im Forste; mit dem Ausstrecken der Hand, wenn damit schon die Herrschaft des Eigentümers beeinträchtigt wird[11] usw.

6. Beim Diebstahl bildet die Verletzung des einen Rechtsgutes — des Gewahrsams — das Mittel zur Verletzung des anderen: des Eigentums. Halten wir an dem theoretischen Begriffe des Diebstahls fest (oben unter 1), so erscheinen Eigentümer wie Gewahrsams-Inhaber als Verletzte im Sinne des gewöhnlichen Sprachgebrauchs. Verletzter im technischen Sinne des Wortes (oben §. 31 III 1) aber ist nur der Träger des unmittelbar angegriffenen Rechtsgutes: mithin der Gewahrsams-Inhaber.[12] Noch sicherer ist dieses Resultat von dem Standpunkte des positiven Rechtes aus, welches die Verletzung des Gewahrsams so sehr in den Vordergrund stellt, daß es sogar die bloß beabsichtigte Eigentumsverletzung zum Begriffe des Diebstahls genügen läßt. Eine wichtige Anwendung dieses Satzes siehe unten.

II. Arten des Diebstahls.

1. Einfacher Diebstahl (StGB. §. 242). Strafe: Gefängnis.

2. Qualifizierter Diebstahl (StGB. §. 243) in folgenden Fällen:

a) Wenn aus einem zum Gottesdienste bestimmten Gebäude Gegenstände gestohlen werden, welche dem Gottesdienste gewidmet sind.

---

[11] Vgl. den Fall bei RGR. 9. Juli 1880, R II 142 (in der Begründung wohl zu weit gehend).

[12] Vgl. GA. XXV S. 177. Damit sei das oben §. 31 III 1 b Gesagte berichtigt.

b)[13] Wenn aus einem Gebäude oder umschlossenen (d. h. von der Außenwelt[14] in einer das Eindringen abhaltenden Weise getrennten, wenn auch nicht mit der Bodenfläche verbundenen[15]) Raum mittels Einbruchs (gewaltsamer Beseitigung der Hindernisse), Einsteigens (Umgehen der Hindernisse durch Eindringen auf einem nicht dazu bestimmten Wege[16]) oder Erbrechens von Behältnissen[17] gestohlen wird.

c) Wenn zur Eröffnung eines Gebäudes oder der Zugänge eines umschlossenen Raumes, oder zur Eröffnung der im Innern befindlichen Thüren oder Behältnisse falsche Schlüssel oder andere zur ordnungsmäßigen Eröffnung nicht bestimmte Werkzeuge angewendet werden.

d) Wenn auf einem öffentlichen (d. h. zum Gebrauche des Publikums bestimmten) Wege, einer Straße, einem öffentlichen Platze, einer Wasserstraße oder einer Eisenbahn (mit Naturkräften, wenn auch nicht gerade mit Dampf betrieben, nicht aber Pferde-Eisenbahnen; hier nur öffentliche nicht private Eisenbahnen), oder in einem Postgebäude oder dem dazu gehörigen Hofraume, oder auf einem Eisenbahnhofe eine zum Reisegepäck oder zu anderen Gegenständen der Beförderung

---

13 Vgl. Haager GS. XXX.

14 Also nicht aus einzelnen abgeschlossenen Räumen im Innern eines Gebäudes (RGR. 23. Februar 1880, R I 379, E I 216.)

15 RGR. 21. Januar 1880, R I 252.

16 RGR. 13. März 1880, R I 470; 27. April 1880, R I 685; 9. Juni 1880, R II 47.

17 Aufschneiden eines Sackes: RGR. 29. Mai 1880, R I 832; Erbrechen eines Behältnisses, in dem sich der zum Diebstahl notwendige Schlüssel befindet: RGR. 26. August 1880, R II 102.

gehörende Sache mittels Abschneidens oder Ablösens der Befestigungs- oder Verwahrungsmittel, oder durch Anwendung falscher Schlüssel oder anderer zur ordnungsmäßigen Eröffnung nicht bestimmter Werkzeuge gestohlen wird.

e) Wenn der Dieb oder einer der Teilnehmer bei Begehung der That Waffen (in dem oben §. 62 Note 14 angegebenen engeren Sinne) bei sich führt. Absicht von denselben zu Angriff und Verteidigung Gebrauch zu machen, ist nicht erforderlich; es genügt, wenn der Bestohlene diese Absicht als vorhanden annimmt (vgl. das oben §. 63 Note 3 bezüglich der Drohung Gesagte).

f) Wenn zu dem Diebstahle Mehrere mitwirken (oben §. 61 Note 5), welche sich zur fortgesetzten Begehung von Raub oder Diebstahl verbunden haben (Bande, vgl. oben §. 38 II 5).

g)[18] Wenn der Diebstahl zur Nachtzeit (d. i. die Zeit der Nachtruhe) in einem bewohnten Gebäude, in welches sich der Thäter in diebischer Absicht eingeschlichen, oder in welchem er sich in gleicher Absicht verborgen hatte, begangen wird, auch wenn zur Zeit des Diebstahls Bewohner in dem Gebäude nicht anwesend sind. Einem bewohnten Gebäude werden der zu einem solchen gehörende umschlossene Raum und die in einem solchen befindlichen Gebäude jeder Art, sowie Schiffe, welche bewohnt werden, gleich geachtet.

Strafe in allen Fällen: Zuchthaus bis zu 10 Jahren, bei mildernden Umständen Gefängnis nicht unter 3 Monaten.

---

[18] Vgl. Haager GS. XXIX.

3. Diebstahl im 2. Rückfall[19] (StGB. §§. 244 und 245). Voraussetzung: zweimalige frühere Bestrafung im Inlande[20] wegen Diebstahl, Raub, räuberischen Diebstahls und räuberischer Erpressung und Hehlerei. Die Vorstrafen müssen ganz oder teilweise verbüßt oder erlassen sein. Ein 10jähriger Zeitraum von Verbüßung oder Erlaß der letzten[21] Strafe bis zur Begehung des neuen Diebstahls schützt vor der Rückfallsstrafe (sogenannte Rückfallsverjährung). Die Strafe beträgt:

a) für einfachen Diebstahl (StGB. §. 242) Zuchthaus bis zu 10 Jahren, bei mildernden Umständen Gefängnis nicht unter 3 Monaten;
b) für schweren Diebstahl (StGB. §. 243) Zuchthaus nicht unter 2 Jahren, bei mildernden Umständen Gefängnis nicht unter einem Jahre.

4. Räuberischer Diebstahl (StGB. §. 252), wenn der Dieb auf frischer That betroffen, gegen eine Person (in hominem) Gewalt verübt (vgl. oben §. 63 I 1 a) oder Drohungen (vgl. oben §. 63 I 1 b) mit gegenwärtiger Gefahr für Leib oder Leben anwendet, um sich im Besitze des gestohlenen Gutes zu erhalten.

Strafe: die des Raubes (vgl. unten §. 66).

5. Privilegierte Fälle[22] (StGB. §. 247):

a) Diebstahl von Verwandten aufsteigender Linie gegen Verwandte absteigender Linie oder zwischen Ehegatten begangen (§. 257 Abs. 2), bleibt straflos (subjektiver Strafausschließungsgrund, vgl. oben §. 30 III 3);

---

[19] Begriff oben §. 41 I. Behandlung oben §. 54 I 1.

[20] Begriff oben §. 13 III.

[21] Der zwischen der ersten und zweiten Verurteilung verstrichene Zeitraum ist gleichgültig: vgl. RGR. 4. März 1880, R I 425, E I 246; 29. Mai 1880, R I 833.

[22] Vgl. Voitus GS. XXX.

b) Diebstahl gegen Angehörige (StGB. §. 52 Abs. 2), Vormünder oder Erzieher; Diebstahl an Sachen von unbedeutendem Werte gegen Personen, zu welchen der Thäter im Lehrlingsverhältnisse steht oder in deren häuslicher Gemeinschaft er als Gesinde sich befindet: auf Antrag zu verfolgen; Antrag rücknehmbar (§. 247 Abs. 1). Maßgebend ist hier lediglich die Eigenschaft des Bestohlenen, d. i. nach dem oben I 6 Gesagten des Gewahrsams-Inhabers, nicht die des Eigentümers.[23] Der Diebstahl bleibt Antragsdelikt, wenn auch die vom Sohne bei seinem Vater gestohlenen Gegenstände Eigentum eines Dritten sind.

Beide Bestimmungen (a und b) finden auf Teilnehmer oder Begünstiger, welche nicht in einem der vorbezeichneten Verhältnisse stehen, keine Anwendung (StGB. §. 247 Abs. 3).

III. Neben der wegen Diebstahls erkannten Gefängnisstrafe kann auf Verlust der bürgerlichen Ehrenrechte; neben der Zuchthausstrafe auf Zulässigkeit von Polizeiaufsicht erkannt werden (StGB. §. 248).

§. 65.

Dem Diebstahl verwandte Fälle.

Aus dem Begriffe des Diebstahls haben sich im Laufe der historischen Entwicklung eine Reihe von Delikten losgelöst und selbständige Bedeutung erlangt, die hier der besseren Uebersicht wegen zusammengestellt und dem Diebstahle angeschlossen werden sollen, wenn sie auch, einzeln betrachtet, eine andere Stellung im Systeme des besonderen Teiles bean-

[23] Dagegen RGR. 29. Mai 1880, E II 73, R I 839.

sprechen könnten. Es sei betont, daß wir es hier mit selbständigen Deliktsbegriffen zu thun haben, auf welche daher das über den Diebstahl Gesagte nicht ohne weiteres Anwendung findet.

1. Das sogenannte furtum usus, richtiger Gebrauchsanmaßung, wegen fehlender Aneignung nicht Diebstahl, ist nach Reichsrecht nur in dem einen besonderen Falle (StGB. §. 290) strafbar, wenn öffentliche Pfandleiher die von ihnen in Pfand genommenen Gegenstände unbefugt (vgl. oben §. 28 II) gebrauchen. Strafe: Gefängnis bis einem Jahre, das nach Ermessen mit Geldstrafe bis 900 Mark verbunden werden kann.

2. Das sogenannte furtum possessionis (StGB. §. 289), Wegnahme der eigenen beweglichen Sache oder einer fremden beweglichen Sache zu Gunsten des Eigentümers derselben, aus dem Gewahrsam des Nutznießers, Pfandgläubigers oder des Gebrauchs- oder Retentionsberechtigten,[1] in rechtswidriger Absicht.[2] Strafe: Gefängnis bis zu 3 Jahren (daneben nach Ermessen Verlust der bürgerlichen Ehrenrechte) oder Geldstrafe bis zu 900 Mark. Versuch strafbar. Antragsdelikt. StGB. §. 247 Abs. 2 und 3 (oben §. 64 II 5) findet auch hier Anwendung.

3. Der Forst- und Felddiebstahl, durch Einführungsgesetz §. 2 der Partikular-Gesetzgebung überlassen (vgl. oben §. 11 Note 6).

4. Die widerrechtliche Zueignung von bei den Uebungen der Artillerie verschossener Munition oder von Bleikugeln

[1] Ausräumung der invecta et illata gegen das Verbot des Vermieters: RGR. 8. Mai 1880, E I 429, R I 748.

[2] D. h. in der Absicht, das Innehabungsrecht des Berechtigten zu verletzen: RGR. 28. Juni 1880, R II 131.

aus den Kugelfängen der Truppen-Schießstände (StGB. §. 291). Strafe: Gefängnis bis zu einem Jahre oder Geldstrafe bis zu 900 Mark.

5. Unbefugte Verringerung eines fremden Grundstücks, eines öffentlichen oder Privatweges oder eines Grenzrains durch Abgraben oder Abpflügen (StGB. §. 370 Ziff. 1) Strafe: Geld bis 150 Mark oder Haft.

6. Unbefugte Wegnahme von Erde, Steinen, Rasen aus öffentlichen oder Privatwegen; Graben von Erde, Lehm, Sand, Grand, Mergel aus fremden Grundstücken; Hauen von Plaggen oder Bülten; Wegnahme von Rasen, Steinen, Mineralien aus fremden Grundstücken, zu deren Gewinnung es einer Verleihung, einer Konzession oder einer Erlaubnis einer Behörde nicht bedarf oder von ähnlichen Gegenständen (StGB. §. 370 Ziff. 2).

Strafe: wie zu 5.

7. Entwendung von Nahrungs- oder Genußmitteln von unbedeutendem Werte oder in geringer Menge zum alsbaldigen Gebrauche (sogenannter Mundraub StGB. §. 370 Ziff. 5). Tabak, Cigarren, Parfüms, Saatkartoffeln;[3] nicht aber Brennmaterialien gehören hierher. Strafe: wie zu 5. Antragsdelikt; Rücknahme zulässig. Entwendungen von Verwandten aufsteigender gegen Verwandten absteigender Linie und zwischen Ehegatten bleiben straflos.

8. Der sogenannte Futterdiebstahl (StGB. §. 370 Ziff. 6): Wegnahme von Getreide oder anderen zur Fütterung des Viehs bestimmten oder geeigneten Gegenständen wider Willen des Eigentümers, um dessen Vieh damit zu füttern.

Strafe: wie zu 5. Antragsdelikt; Rücknahme zulässig.

---

[3]) Vgl. RGR. 24. Februar 1880, R I 385, E I 223.

2.

§. 66. Der Raub.[1]

I. Begriff (StGB. §. 249).

Raub ist gewaltsamer Diebstahl. Er hat alle Merkmale des Diebstahlsbegriffes: Wegnahme einer fremden beweglichen Sache in der Absicht rechtswidriger Zueignung (vgl. das oben §. 64 über diese Merkmale Gesagte); unterscheidet sich aber von dem Diebstahle durch die Mittel der Wegnahme. Diese sind:

a) Gewalt gegen eine Person (oben §. 63 I 1 a), sei es gegen die Person des Gewahrsamsinhabers selbst oder gegen eine andere den Gewahrsam des Inhabers schützende Person;

b) Anwendung von Drohungen (oben §. 63 I 1 b) mit gegenwärtiger Gefahr für Leib oder Leben.

Gewalt und Drohung sind Mittel der Wegnahme, d. h. der Begründung des eigenen Gewahrsams auf Seiten des Thäters, mag diese unmittelbar durch den Thäter oder durch Vermittlung einer Entschließung von seiten des Angegriffenen erfolgen; vorausgesetzt, daß diese Entschließung nicht als eine freie und vorsätzliche (oben §. 20 III) den Kausalzusammenhang zwischen dem Handeln des Thäters und dem eingetretenen Erfolge aufhebt. Ueber das Verhältnis des Raubes zur Erpressung vgl. das unten §. 74 bei dieser Gesagte.

Der Raub ist vollendet (wie der Diebstahl) mit der

[1] Lit. bei Meyer S. 477 Anm. 1.

vollendeten Wegnahme der Sache; der strafbare Versuch beginnt bereits mit der Anwendung von Gewalt oder Drohung.

II. Fälle des Raubes.

1. Einfacher Raub (StGB. §. 249). Strafe: Zuchthaus; bei mildernden Umständen Gefängnis nicht unter 6 Monaten.

2. Qualifizierter Raub (StGB. §. 250):

a) Wenn der Räuber oder einer der Teilnehmer am Raube bei Begehung der That Waffen bei sich führt (oben §. 64 II 2 e).

b) Wenn zu dem Raube Mehrere mitwirken, welche sich zur fortgesetzten Begehung von Raub oder Diebstahl verbunden haben (oben §. 64 II 2 f).

c) Wenn der Raub auf einem öffentlichen Wege, einer Straße, einer Eisenbahn, einem öffentlichen Platze, auf offener See oder einer Wasserstraße begangen wird (Straßenraub).

d) Wenn der Raub zur Nachtzeit in einem bewohnten Gebäude (StGB. §. 247 Ziff. 3) begangen wird, in welches sich der Thäter zur Begehung eines Raubes oder Diebstahls eingeschlichen oder sich gewaltsam Eingang verschafft oder in welchem er sich in gleicher Absicht verborgen hatte.

e) Wenn der Räuber bereits einmal als Räuber oder wegen räuberischen Diebstahls (StGB. §. 252) oder räuberischer Erpressung (StGB. §. 255) im Inlande bestraft worden ist (Raub im ersten Rückfall). StGB. §. 245 findet auch hier Anwendung (oben §. 64 II 3).

Strafe: Zuchthaus nicht unter 5 Jahren; bei

mildernden Umständen Gefängnis nicht unter einem Jahre.

f) Schwerster Fall (StGB. §. 251): Raub, bei dem ein Mensch gemartert oder bei dem durch die verübte Gewalt eine schwere Körperverletzung (StGB. §. 224) oder der Tod eines Menschen verursacht (oben §. 61 II 1 c) worden ist; gleichgültig, ob die gemarterte, verletzte, getötete Person der Beraubte selbst oder ein Dritter ist.

Strafe: Zuchthaus nicht unter 10 Jahren oder lebenslängliches Zuchthaus.

III. Neben der Zuchthausstrafe kann in allen Fällen auf Zulässigkeit von Polizeiaufsicht erkannt werden (StGB. §. 256).

3.

§. 67. Die Unterschlagung.[1]

I. Begriff.

Unterschlagung ist Eigentumsverletzung durch rechtswidrige Aneignung einer fremden beweglichen Sache, welche der Thäter bereits in seinem Gewahrsame hat. Durch letzteres Merkmal unterscheidet sich die Unterschlagung vom Diebstahl, mit dem sie die übrigen Begriffs-Elemente gemein hat. Es ist daher das oben §. 64 I Gesagte auch hier anzuwenden. Dazu sei noch Folgendes bemerkt.

1. Eine fremde Sache ist auch hier Objekt des Deliktes. Durch den Uebergang des Eigentums an den Gewahrsams-

[1] Lit. bei Meyer S. 483 Note 1. Dazu Kapff, die Unterschlagung 1879.

inhaber wird demnach die Möglichkeit einer Unterschlagung unbedingt ausgeschlossen, mag auch eine (obligatorische) Verpflichtung zur Rückgabe[2] oder zur Verwendung nach einer ganz bestimmten Richtung hin[3] bestehen. Wichtig wird dieser Satz bei Uebergabe von Geld oder anderen vertretbaren Sachen.

An einem Schatze ist Unterschlagung durch den Finder dann möglich, wenn nach dem maßgebenden Civilrecht[4] durch das Finden selbst einem Dritten (dem Eigentümer des Grundstückes oder dem Staate) sofort Eigentum an einem Teile des Schatzes, nicht bloß ein Anspruch auf Herausgabe erworben wird. Für das Gebiet des preußischen Rechts nimmt Unterschlagung an: RGR. 17. November 1879, R I 78, E I 16.

An Forderungen kann Unterschlagung ebensowenig wie Diebstahl begangen werden; vgl. StGB. §. 266 Ziff. 2, (unten §. 71 II 1).

2. Der Thäter muß die Sache in seinem Gewahrsam haben. Auf welche Weise er diesen erlangt, ob durch Zufall, durch ein Anvertrauen von seiten des bisherigen Gewahrsamsinhabers oder durch eine strafbare Handlung, ist gleichgültig. Doch wird in dem letzten dieser Fälle, in Anwendung des oben §. 40 III über Gesetzeskonkurrenz Gesagten, die Aneignung regelmäßig hinter dem strafbaren Inden-Gewahrsam-Bringen zurücktreten. Auch die Fundverhehlung (unrichtig sprach man früher von Funddiebstahl) ist Unterschlagung.

[2] Vgl. RGR. 10. März 1880, E II 132; 2. April 1880, R I 530, E I 243; 24. Mai 1880, E II 65, R I 815.

[3] Vgl. RGR. 16. Januar 1880, E I 75; 8. Mai 1880, R I 745.

[4] Ueber das römische Recht vgl. Windscheid §. 184.

3. Die deliktische Thätigkeit besteht in dem Aneignen. Das Gesetz sieht von einer kasuistischen Beschreibung dieses Begriffes ab. Jeder (äußere oder innere) Akt, durch welchen die Sache, als wäre sie Eigentum, den Zwecken des Thäters dauernd und ausschließlich dienstbar gemacht wird, gehört hieher; Beiseiteschaffen, Ableugnen des Besitzes, Veräußern, Verbrauchen, Verpfänden[5] kann Aneignung sein. Die Aneignung muß auch hier eine rechtswidrige sein.

4. Die Vollendung tritt ein mit der geschehenen Aneignung (anders beim Diebstahl). Der Versuch — trotz der Vergehensnatur strafbar — beginnt mit der beginnenden Aneignung.

5. Verletzt ist der Eigentümer, und nur er, nicht etwa derjenige, der die Sache dem Thäter übergeben (anvertraut) hatte.

II. Arten der Unterschlagung:

1. Einfache Unterschlagung. Strafe: Gefängnis bis zu 3 Jahren; bei mildernden Umständen Geldstrafe bis zu 900 Mark.
2. Die Veruntreuung oder Unterschlagung anvertrauter, d. h. auf Grund eines Rechtsgeschäftes mit der Verpflichtung zur Rückgabe oder Weiterbeförderung[6] übernommener Sachen.

   Strafe: Gefängnis bis zu 5 Jahren; bei mildernden Umständen Geld bis zu 900 Mark.
3. Privilegierte Fälle (StGB. §. 247); dieselben wie

[5] Diskontierung von in Verwahrung übernommenen Wechseln: RGR. 20. Mai 1880, R I 808

[6] Vgl. RGR. 12. Januar 1880, E I 61 (Uebergabe zur Prüfung der Ehrlichkeit).

beim Diebstahl; vgl. oben §. 64 II 5. Entscheidend hier immer die Qualität des verletzten Eigentümers.

4. Die Unterschlagung im Amte (StGB. §§. 250 und 251, vgl. unten §. 93 II 7).

III. Neben Gefängnis kann auf Verlust der bürgerlichen Ehrenrechte erkannt werden (StGB. §. 248).

4.

§. 68. Die Sachbeschädigung.[1]

I. Begriff.

1. Sachbeschädigung ist Eigentumsverletzung durch rechtswidrige Verletzung oder Vernichtung der Sachsubstanz (Beschädigung oder Zerstörung der Sache, die auch als Sachganzes in Betracht kommen kann). Beispiele: Zerlegen einer Maschine, Fliegenlassen eines Bienenschwarmes, Ausströmenlassen von Gas, Ueberstreichen eines Gemäldes. Gebrauchsentziehung — selbst dauernde — gehört nicht hieher (Ausfliegenlassen eines Vogels; Versenken in die See).

2. Objekt ist auch hier eine fremde bewegliche Sache (vgl. oben §. 64 I 2); daß sie Tauschwert besitze, ist nicht erforderlich.[2]

3. Die Rechtswidrigkeit ist Begriffsmerkmal; daher Bewußtsein derselben zum Vorsatz erforderlich (oben §. 28 II).

4. Verletzt im technischen Sinne des Wortes (vgl.

[1] Lit. bei Meyer S. 440 Anm. 1.

[2] Vgl. RGR. 21. April 1880, R I 640.

oben §. 31 III 1 b), daher eventuell antragsberechtigt, ist immer nur der Eigentümer.[3]

5. Die **Vollendung** tritt mit der erfolgten Beschädigung oder Zerstörung der Sache ein; der Versuch ist — auch wenn Vergehen — strafbar.

II. **Arten.**

1. Die **einfache** Sachbeschädigung (StGB. §. 303). **Strafe**: Geld bis zu 1000 Mark oder Gefängnis bis zu 2 Jahren. Antragsdelikt. Antrag rücknehmbar, wenn gegen Angehörige (StGB. §. 52 Abs. 2) verübt.

2. **Beschädigung oder Zerstörung von res sacrae religiosae publicae** (StGB. §. 304). Das Gesetz nennt: Gegenstände der Verehrung einer im Staate bestehenden Religionsgesellschaft; Sachen, die dem Gottesdienste gewidmet sind; Grabmäler, öffentliche Denkmäler; Gegenstände der Kunst, Wissenschaft, des Gewerbes, welche in öffentlichen Sammlungen aufbewahrt werden oder öffentlich ausgestellt sind; Gegenstände, welche zum öffentlichen Nutzen oder zur Verschönerung öffentlicher Wege, Plätze oder Anlagen **dienen** (mögen sie auch nicht gerade zu diesem Zwecke bestimmt sein[4]). **Strafe**: Gefängnis bis zu 3 Jahren oder Geld bis zu 1500 Mark. Neben Gefängnis kann auf Verlust der bürgerlichen Ehrenrechte erkannt werden.

Nur des Zusammenhanges wegen — es sei dies ausdrücklich betont — ist dieser Fall mit der einfachen Sachbeschädigung unter den Eigentumsdelikten zu behandeln; die Richtung gegen den Einzelnen tritt völlig, die gegen das

---

[3] Dagegen RGR. 12. März 1880, E I 306, welches auch den zum Gebrauche der Sache persönlich Berechtigten für verletzt, bez. antragsberechtigt erklärt.

[4] Vgl. RGR. 10. Dezember 1879, R I 134.

Eigentum hinter der Verletzung des öffentlichen Gebrauchsrechtes zurück.

3. Gänzliche oder teilweise Zerstörung (nicht Beschädigung) von in fremdem Eigentum stehenden Gebäuden, Schiffen, Brücken, Dämmen, gebauten Straßen, Eisenbahnen (oben §. 64 II 2d[5]) oder anderen Bauwerken[6]. Strafe: Gefängnis nicht unter 1 Monat. Hier ist der Charakter der einfachen Sachbeschädigung als eines gegen den Einzelnen gerichteten Eigentumsdeliktes vollständig gewahrt; zugleich aber bildet dieser Fall den Uebergang von der Sachbeschädigung zu den gemeingefährlichen Delikten.

4. In einer ganzen Reihe von Fällen tritt die Bedeutung der Sachbeschädigung als eines Eigentumsdeliktes so sehr in den Hintergrund, daß die Einreihung dieser Fälle unter andere Deliktsbegriffe oder ihre selbständige Behandlung angezeigt erscheint. Vgl. StGB. §§. 90 Ziff. 2, 133 ff., 168, 265, 274, 315 ff.; Forst- und Feldfrevel usw.

B.

§. 69. Strafbare Handlungen gegen Okkupationsrechte.[1]

I. Verletzung des Jagdrechtes.

1. Begriff.

Jagdrecht ist das Recht auf ausschließliche Okkupation jagdbarer Tiere. Diebstahl und nicht Verletzung des Jagd-

---

[5]) Doch sind hier den öffentlichen die privaten Zwecken dienenden Eisenbahnen gleichzustellen.

[6] Kasuistik: RGR. 30. Juni 1880, R II 140. (Herausreißen eines fest mit dem Boden verbundenen Hofthores.)

[1] Lit. bei Meyer S. 491 Note 1.

rechtes ist anzunehmen, wenn die Tiere — wie bei Wild im umschlossenen Gehege — bereits okkupirt sind[2].

Die Verletzung erfolgt durch unbefugte (Begriffsmerkmal! vgl. oben §. 28 II) Ausübung der Jagd. Dieser Begriff umfaßt ein Doppeltes.

a) Schon das einfache dem-Wilde-Nachstellen (Auf-dem-Anstande-stehen; Anschleichen; das Schlingenlegen usw.). Schon mit diesen Handlungen ist die Vollendung des Deliktes eingetreten.

b) Die wirkliche Okkupation jagdbarer Tiere (auch von Fallwild, nicht aber von abgeworfenen Hirschstangen u. dgl.; auch die Jagdfolge usw.). Mit der Okkupation, d. h. der Begründung des eigenen Gewahrsams, also nicht notwendig erst mit dem Herausschaffen aus dem Forste[3], tritt hier die Vollendung ein.

2. Arten.

a) Einfacher Fall (StGB. §. 292). Strafe: Geld bis zu 300 Mark oder Gefängnis bis zu 3 Monaten. Antragsdelikt, wenn gegen einen Angehörigen (StGB. §. 52 Abs. 2) begangen. Antrag rücknehmbar.

b) Qualifizierter Fall (StGB. §. 293), wenn dem Wilde nicht mit Schießgewehr oder Hunden, sondern mit Schlingen, Netzen, Fallen oder anderen Vorrichtungen nachgestellt, oder wenn das Vergehen während der gesetzlichen Schonzeit, in Wäldern, zur Nachtzeit (Zeit von Sonnenaufgang bis Sonnenuntergang) oder gemeinschaftlich von Mehreren (oben §. 61 Note 5) begangen wird. Strafe: Geld bis zu 600 Mark oder Ge-

---

[2] Vgl. RGR. 6. Dezember 1879, R I 120.

[3] A. A. RGR. 13. April 1880, R I 589.

fängnis bis zu 6 Monaten. Antrag nicht erforderlich (bestritten).

c) Wilddieberei (StGB. §. 294): gewerbsmäßiges (Begriff oben §. 39 II 3) Betreiben des unberechtigten Jagens. Strafe: Gefängnis nicht unter 3 Monaten, neben welchem auf Verlust der bürgerlichen Ehrenrechte sowie auf Zulässigkeit von Polizeiaufsicht erkannt werden kann.

In allen 3 Fällen ist (StGB. §. 295) auf Einziehung des Gewehrs, des Jagdgerätes und der Hunde, welche der Thäter bei sich geführt hat, ingleichen der Schlingen, Netze, Fallen und anderen Vorrichtungen zu erkennen, ohne Unterschied, ob sie dem Verurteilten gehören oder nicht (vgl. oben §. 50 II), und ohne Unterschied ferner, ob diese Gegenstände zur Jagdausübung bestimmt waren oder nicht[4].

d) Vgl. noch StGB. §. 368 Ziff. 10 u. 11: Geldstrafe bis zu 60 Mark oder Haft bis zu 14 Tagen trifft denjenigen, der

α) ohne Genehmigung des Jagdberechtigten oder ohne sonstige Befugnis auf einem fremden Jagdgebiete außerhalb des öffentlichen, zum gemeinen Gebrauche bestimmten Weges, wenn auch nicht jagend, doch zur Jagd ausgerüstet, betroffen wird;

β) denjenigen, der unbefugt Eier oder Junge von jagdbarem Federvieh (oder von Singvögeln) ausnimmt.

II. Verletzung des Rechts zur Okkupation von Fischen und Krebsen (auch die Perlmuschelfischerei gehört hierher).

---

[4] Vgl. RGR. 6. Dezember 1879, R I 119, E I 28.

1. Einfaches unberechtigtes Fischen oder Krebsen (StGB. §. 370 Ziff. 4). Strafe: Geld bis zu 150 Mark oder Haft.

2. Unberechtigtes (Begriffsmerkmal! oben §. 28 II) Fischen oder Krebsen zur Nachtzeit (wie oben I 2) oder unter Anwendung schädlicher oder explodierender Stoffe (StGB. §. 296). Strafe: Geld bis zu 600 Mark oder Gefängnis bis zu 6 Monaten.

3. Ausländer, welche in den deutschen Küstengewässern unbefugt fischen, trifft die unter 2. angegebene Strafe, auch wenn keiner der erschwerenden Umstände des §. 296 vorliegt (StGB. §. 296 a).

C. Strafbare Handlungen gegen obligatorische Ansprüche.

1.

§. 70. Der Bankbruch.[1]

Geregelt durch die §§. 209—212 der Konk.-Odg., die an Stelle der §§. 281—283 StGB. getreten sind. Ueber das Verhältnis des Reichsrechtes zum Landesrechte vgl. Einf.Ges. zur Konk.-Odg. §§. 4 u. 5.

I. Begriff.

Der Bankbruch gehört zu denjenigen Delikten, deren begriffliche Entwicklung eben im Flusse begriffen ist, ohne daß Gesetzgebung und Wissenschaft zu abschließenden Resultaten gelangt wären. Eben darum bietet er der juristischen Kon-

[1] Lit. bei Meyer S. 520 Note 1; dazu Merkel HR. „Bankrutt".

struktion wie der praktischen Anwendung der gesetzlichen Bestimmungen größere Schwierigkeiten als andere, zu endgültiger Gestaltung gelangte, Verbrechensbegriffe.

1. Bankbruch ist — wenn wir vom positiven Rechte absehen — Gefährdung der obligatorischen Ansprüche der Gläubiger durch Mißbrauch des Kredites. Die Gesammtforderungen der Gläubiger sind das nächste Angriffsobjekt des Bankbruches, mag er auch in seinen Folgewirkungen, über die Vermögensinteressen der Nächstbeteiligten hinausgreifend, eine Erschütterung der publica fides, der Sicherheit des Kreditwesens in weiteren, nicht abgegrenzten und nicht abzugrenzenden Kreisen herbeiführen. Der Mißbrauch des Kredites aber würde bei dieser Fassung des Begriffes in jeder Vernachlässigung derjenigen Sorgfalt bestehen, zu welcher der Kreditnehmer dem Kreditgeber gegenüber, wenn auch nicht rechtlich, so doch als gewissenhafter Hauswirt, verpflichtet ist. Allerdings hätte diesem erweiterten Begriffe gegenüber der Name „Bankbruch“ nur mehr historische Berechtigung.

2. Im positiven Rechte ist der Begriff des Bankbruches wesentlich eingeschränkt.

a) Das Gesetz macht die Zahlungseinstellung oder die Eröffnung des Konkursverfahrens zur Bedingung der Strafbarkeit (in dem oben §. 30 angegebenen Sinne). Es bedarf nach Ansicht des Gesetzgebers einer scharfen, greifbaren Bezeichnung des Augenblickes, in welchem die Interessen der Gläubiger als definitiv gefährdet anzusehen sind. Zahlungseinstellung aber ist die Nichterfüllung einer fälligen Verpflichtung auf Grund wirklicher, vermeintlicher oder fingierter Zahlungsunfähigkeit, daher zu unterscheiden einerseits von der wirklichen **Unfähigkeit** zur Erfüllung der schwebenden Verbindlichkeiten, andrerseits von der Ueberschuldung, dem Ueberstiegensein der Passiva durch die Aktiva.

b) Das Gesetz hebt in kasuistischer Weise, jedes andere etwa gleichwertige Verhalten ausschließend, jene Handlungen des Schuldners hervor, in welchen regelmäßig (nicht notwendig immer) ein Mißbrauchen des Kredites gelegen ist; die regelmäßig, wenn auch nicht notwendig im Einzelfalle, zur eingetretenen Zahlungseinstellung, mithin zu der vom Gesetze in dieser erblickten Gefährdung der Vermögensinteressen der Gläubiger, in kausaler Beziehung stehen.

c) Nach dieser Einengung des Begriffes konnte das Gesetz davon absehen, ob die — im Allgemeinen vorhandene — **Gefährdung** der Gläubigeransprüche auch im konkreten Falle eingetreten ist oder nicht.

So erhält der Begriff des Bankbruches eine wesentlich veränderte Gestalt. Er liegt vor, wenn ein Schuldner:
1. seine Zahlungen eingestellt (den Konkurs eröffnet) und
2. gewisse vom Gesetze bezeichnete Handlungen begangen hat.

3. Trotz dieser veränderten Gestalt behält unsere ursprüngliche Definition ihre Bedeutung. Immer liegt in der auf bestimmte Weise herbeigeführten, in einem bestimmten Augenblicke als gegeben angenommenen Gefährdung der vermögensrechtlichen Ansprüche der Gläubiger der Kern des Deliktes. Die Gesammtheit der an derselben Zahlungseinstellung beteiligten Gläubiger ist Trägerin des angegriffenen Rechtsgutes. Daraus folgt:

a) Wenn ein Schuldner mit **Rücksicht** auf **dieselbe Zahlungseinstellung** (Konkurseröffnung) **mehrere** der vom Gesetze bezeichneten Handlungen begangen hat

(z. B. Differenzspiel und Vernichtung der Handelsbücher), so liegt nur eine strafbare Handlung, nicht Realkonkurrenz mehrerer vor.[2]

b) So lange es sich um dieselbe Zahlungseinstellung (Konkurseröffnung) handelt, können nicht zwei Bankbrüche angenommen werden, mag auch der Thatbestand des einfachen wie der des qualifizierten Falles vorliegen; der Schuldner hat sich vielmehr nur eines Bankbruches und zwar des schwereren Falles schuldig gemacht.[3]

In beiden Fällen ist mit der Einheit des Erfolges die Einheit der Handlung, und zwar nicht eine nur juristische, sondern eine natürliche Handlungseinheit (oben §. 39 I 2) gegeben.

4. Die vom Gesetze bezeichneten Handlungen können der Zahlungseinstellung (Konkurseröffnung) zeitlich vorangehen oder ihr nachfolgen; im ersten Falle ist das Delikt mit der Zahlungseinstellung, im letzteren mit der Vornahme der betreffenden Handlung vollendet. Diese Möglichkeit, Bankbruch anzunehmen, obwohl die Zahlungseinstellung vorausgegangen ist, tritt erst damit ein, daß in dem positiv-rechtlichen Begriffe des Bankbruches von dem Vorliegen des Kausalzusammenhanges zwischen den einzelnen Handlungen und der Zahlungseinstellung im konkreten Falle abgesehen ist.

5. Subjekt des Deliktes ist nach der Konkursordnung jeder Schuldner, nicht bloß der Kaufmann. Auch Mitglieder

[2] Bestritten. Richtige Ansicht: RGR. 15. November 1879, R I 77, E I 101; 20. April 1880, R I 627. Vgl. auch RGR. 5. Juni 1880, R II 32) mehrfacher Unterlassung der Bilanzziehung).

[3] Bestritten. Lit. bei Meyer S. 529 Note 1. RGR. 22. Juni 1880, E II 198 hat die Frage prinzipiell nicht entschieden, aber Unmöglichkeit realer Konkurrenz zwischen §. 209 Ziff. 3 bez. 4 u. §. 210 Ziff. 2 bez. 3 angenommen.

des Vorstandes einer Aktiengesellschaft oder eingetragenen Genossenschaft, sowie die Liquidatoren einer Handelsgesellschaft oder eingetragenen Genossenschaft, welche ihre Zahlungen eingestellt hat oder über deren Vermögen das Konkursverfahren eröffnet worden ist, können sich des Bankbruches schuldig machen, wenn sie in dieser Eigenschaft die mit Strafe bedrohten Handlungen begangen haben (Konk.-Odg. §. 214).

6. Ort der begangenen That ist — auch hier wird unsere theoretische Definition von Wichtigkeit — nicht derjenige, an welchem die einzelnen im Gesetze bezeichneten Handlungen begangen sind, sondern derjenige, an welchem der Schuldner im Augenblicke der Zahlungseinstellung oder Konkurseröffnung seinen *wirtschaftlichen* Wohnsitz hat (vgl. oben §. 19 IV); Schuld dagegen muß auf seiten des Angeklagten in dem Augenblicke vorliegen, in welchem er die Einzelhandlungen gesetzt hat (oben §. 19 III 1).

II. *Arten.*

1. *Der einfache Bankbruch* (Konk.-Odg. §. 210). Er liegt, die Zahlungseinstellung oder Konkurseröffnung vorausgesetzt, vor, wenn der Schuldner:

a) durch Aufwand, Spiel oder Differenzhandel mit Waaren oder Börsenpapieren (nicht bloß das eigentliche Differenzgeschäft, sondern auch effektive Lieferungsgeschäfte, wenn auf unsolider Spekulation beruhend, gehören hieher)[4] übermäßige Summen verbraucht hat oder schuldig geworden ist;

b) wenn er Handelsbücher zu führen unterlassen hat, deren Führung ihm gesetzlich oblag, oder dieselben verheim-

---

[4] Vgl. RGR. 31. März 1880, R I 526, E I 282; 10. April 1880, R I 563.

licht, vernichtet oder so unordentlich geführt hat, daß sie keine Uebersicht des Vermögenszustandes gewähren;

c) wenn er es gegen die Bestimmung des Handelsgesetzbuchs unterlassen hat, die Bilanz seines Vermögens in der vorgeschriebenen Zeit zu ziehen.

Strafe: Gefängnis bis zu 2 Jahren.

Ganz verkehrt ist es, diesen Fall des Bankbruchs als fahrlässigen Bankbruch zu bezeichnen. Die einzelnen Handlungen müssen vielmehr alle vorsätzlich, d. h. mit dem Bewußtsein ihrer Kausalität begangen sein. Der Schuldner muß wissen, daß er Handelsbücher zu führen hat, daß er sie vernichtet usw.

2. Der sogenannte betrügerische Bankbruch (Konk.-Odg. §. 209). Zu der Thatsache der Zahlungseinstellung oder Konkurseröffnung muß — außer den vom Gesetz bezeichneten Handlungen — die Absicht, die Gläubiger zu benachteiligen, d. h. in ihren Ansprüchen zu schädigen, hinzutreten. Das Schema dieses Falles wäre also: Gefährdung in Verletzungsabsicht, wie wir dasselbe oben §. 62 II bei der Vergiftung gefunden haben. Erreichung der Absicht ist ebensowenig wie Eintritt der Gefährdung im konkreten Falle erforderlich.

Die Strafe — Zuchthaus, bei mildernden Umständen Gefängnis nicht unter 3 Monaten — trifft jenen Schuldner, welcher:

a) Vermögensstücke verheimlicht oder bei Seite geschafft, d. h. den Gläubigern entzogen hat. Auch Veräußerung von unbeweglichen Sachen gehört hierher;[5]

---

[5] RGR. 22. Juni 1880, E II 118, R II 97.

b) Schulden oder Rechtsgeschäfte anerkannt oder aufgestellt hat, welche ganz oder teilweise erdichtet sind;
c) Handelsbücher zu führen unterlassen hat, deren Führung ihm gesetzlich oblag;
d) seine Handelsbücher (auch wenn er zur Führung nicht verpflichtet war) vernichtet, verheimlicht oder so geführt oder verändert hat, daß dieselben keine Uebersicht des Vermögensstandes gewähren.

3. Die sogenannte Gratifikation (Konk.-Odg. §. 210). Gefängnis bis zu 2 Jahren trifft jenen Schuldner, welcher — Zahlungseinstellung oder Konkurseröffnung vorausgesetzt — obwohl er seine Zahlungsunfähigkeit kannte, einem Gläubiger in der Absicht, ihn vor den übrigen zu begünstigen, eine Sicherung oder Befriedigung gewährt hat, welche derselbe nicht oder nicht in der Art oder nicht zu der Zeit zu beanspruchen hatte.

III. Die Teilnahme dritter Personen wird zunächst nach den allgemeinen Grundsätzen behandelt. Doch hat das Gesetz (Konk.-Odg. §. 212) gewisse Fälle als delicta sui generis unter besondere Strafe gestellt und damit von den sonstigen Voraussetzungen der Teilnahme losgelöst: mit Zuchthaus bis zu 10 Jahren, bei mildernden Umständen mit Gefängnis oder mit Geld bis zu 6000 Mark wird bestraft, wer:

1. im Interesse des Schuldners — Zahlungseinstellung oder Konkurseröffnung auch hier vorausgesetzt — Vermögensstücke desselben verheimlicht oder bei Seite geschafft hat; oder
2. im Interesse eines solchen Schuldners, oder um sich oder einem andern einen (nicht notwendig rechtswidrigen) Vermögensvorteil[6] zu verschaffen, in dem Verfahren er-

[6] Begriff unten §. 73 I 3.

dichtete Forderungen im eigenen Namen oder durch vorgeschobene Personen geltend gemacht hat.

Versuch und Teilnahme an diesem selbständigen Delikte sind der allgemeinen Regel gemäß möglich.

IV. An den Bankbruch des Schuldners reiht das Gesetz ein besonderes Delikt des Konkursgläubigers an (Konk.-Odg. §. 213): Ein Gläubiger, welcher sich von dem Gemeinschuldner oder anderen Personen besondere Vorteile dafür hat gewähren oder versprechen lassen, daß er bei den Abstimmungen der Konkursgläubiger in einem gewissen Sinne stimme, wird mit Geldstrafe bis zu 3000 Mark oder mit Gefängnis bis zu einem Jahre bestraft.

Bevorstehende Abstimmung ist vorausgesetzt; mit dem Gewähren oder Versprechen tritt die Vollendung ein, mag auch die spätere Abstimmung der Verabredung nicht entsprechen; Teilnahme dritter Personen ist möglich.

2.

§. 71. Die Untreue.[1]

I. Begriff.

Von der Untreue gilt das oben §. 70 vom Bankbruch Gesagte in erhöhtem Maße. Wir finden in der modernen Gesetzgebung nur schwache, meist kasuistische, Ansätze zu begrifflicher Entwicklung dieses Deliktes, das zur Ausfüllung einer der fühlbarsten Lücken unseres Strafrechtes berufen ist.

Auch die Untreue ist gerichtet gegen obligatorische, aus Verträgen oder vertragsähnlichen Verhältnissen ent-

[1] Lit. bei Meyer S. 545 Note 1.

springende Ansprüche. Sie gehört darum zweifelsohne zu den Delikten gegen das Vermögen, wenn wir dieses als die Gesammtheit der dinglichen und persönlichen Ansprüche auffassen. Daß die in Frage stehenden Ansprüche der Abschätzung in Geld nicht immer zugänglich sind, ist kein Grund gegen die Richtigkeit der systematischen Stellung, die wir hier der Untreue gegeben haben.

Aber nicht alle obligatorischen Ansprüche sind der Verletzung durch Untreue fähig, sondern nur jene, welche auf gewissenhafte Geschäftsführung oder überhaupt auf gewissenhafte Wahrnehmung fremder Interessen gehen.

Somit gewinnen wir den Begriff: Untreue ist die Verletzung der aus Verträgen oder vertragsähnlichen Verhältnissen entspringenden Pflicht zur Wahrnehmung anvertrauter fremder Interessen.

II. Das Gesetz bestraft die Untreue in folgenden Fällen.

1. Untreue im engeren Sinne (StGB. §. 266). Gefängnis mit fakultativer Aberkennung der bürgerlichen Ehrenrechte trifft:

a) Vormünder, Kuratoren, Güterpfleger, Sequester, Massenverwalter, Vollstrecker letztwilliger Verfügungen und Verwalter von Stiftungen, wenn sie absichtlich (Absicht gleich Vorsatz,[2] nicht gleich Motiv; oben §. 28 III) zum Nachteile der ihnen anvertrauten Personen oder Sachen handeln.

b) Bevollmächtigte, welche über Forderungen oder andere Vermögensstücke des Auftraggebers absichtlich zum Nachteile desselben verfügen.

[2] Vgl. RGR. 28. Januar 1880, E I 172, R I 287; 23. März 1880, E I 329; 2. Juli 1880, R II 155.

c) Feldmesser, Versteigerer, Mäkler, Güterbestätiger, Schaffner, Wäger, Messer, Bracker, Schauer, Stauer und andere zur Betreibung ihres Gewerbes von der Obrigkeit verpflichtete Personen, wenn sie bei den ihnen übertragenen Geschäften absichtlich diejenigen benachteiligen, deren Geschäfte sie besorgen.

Die Untreue ist qualifiziert — neben Gefängnis fakultativ Geldstrafe bis zu 3000 Mark — wenn sie begangen wird, um sich oder einem Anderen einen rechtswidrigen Vermögensvorteil zu verschaffen (über diesen Begriff vgl. unten §. 73 I 3).

2. Nach dem Gesetz über eingeschriebene Hülfskassen vom 7. April 1876 §. 34 unterliegen Mitglieder des Vorstandes oder des Ausschusses, welche absichtlich zum Nachteile der Kasse gehandelt haben, der Strafbestimmung des §. 266 StGB.

3. Die sogenannte Prävarikation des Rechtsfreundes, im Gesetz (StGB. §. 356) unrichtig unter die Amtsdelikte gestellt. Gefängnis nicht unter 3 Monaten trifft den Advokaten, Anwalt oder anderen Rechtsbeistand, der bei den ihm vermöge seiner amtlichen (?) Stellung anvertrauten Angelegenheiten in derselben Rechtssache beiden Parteien durch Rat oder Beistand pflichtwidrig dient. Handelt er im Einverständnisse mit der Gegenpartei zum Nachteile seiner Partei, so tritt Zuchthaus bis zu 5 Jahren ein.

4. Das Gesetz vom 11. Juni 1870, die Kommanditgesellschaften auf Aktien und die Aktiengesellschaften betreffend, enthält mehrere strafbare Handlungen, die zum Teile allerdings als gegen die staatliche Oberaufsicht gerichtet erscheinen, mithin dem 3. Abschnitte des besonderen Teiles einzureihen wären, zum Teile aber den Charakter der

strafbaren Untreue, der Vernachlässigung anvertrauter Interessen tragen.

Es gehören hieher:

a) Art. 206. Die persönlich haftenden Mitglieder und die Mitglieder des Aufsichtsrates einer Kommanditgesellschaft auf Aktien werden mit Gefängnis bis zu 3 Monaten bestraft:

1. Wenn sie vorsätzlich behufs Eintragung des Gesellschaftsvertrages in das Handelsregister falsche Angaben über Zeichnung oder Einzahlung des Kapitals der Kommanditisten machen.
2. Wenn durch ihre Schuld (Fahrlässigkeit genügt) länger als 3 Monate die Gesellschaft ohne Aufsichtsrat geblieben ist, oder in dem letzteren die zur Beschlußfähigkeit erforderliche Zahl von Mitgliedern gefehlt hat.
3. Wenn sie in ihren Darstellungen, in ihren Uebersichten über den Vermögensstand der Gesellschaft oder in den in der Generalversammlung gehaltenen Vorträgen wissentlich den Stand der Verhältnisse der Gesellschaft unwahr darstellen oder verschleiern.

Bei mildernden Umständen in den Fällen 2 und 3 tritt Geldstrafe bis zu 3000 Mark ein.

b) Art. 249. Unter den gleichen Voraussetzungen trifft die gleiche Strafe die Mitglieder des Aufsichtsrates und des Vorstandes einer Aktiengesellschaft.

c) Art. 249a. Mitglieder des Vorstandes einer Aktiengesellschaft werden mit Gefängnis bis zu 3 Monaten bestraft, wenn sie der Vorschrift des Art. 240 HGB. zuwider dem Gericht die Anzeige zu machen unterlassen, daß das Vermögen der Gesellschaft nicht mehr die Schulden deckt. Die Strafe tritt nicht ein, wenn von ihnen nachgewiesen wird (vgl. oben §. 27 Note 3), daß die Anzeige ohne ihr Verschulden unterblieben ist. Fahrlässigkeit genügt also auch hier.

3.

§. 72. Andere Fälle.

I. Die Exekutionsvereitlung (StGB. §. 288), vorliegend, wenn jemand bei einer ihm drohenden Zwangsvollstreckung, in der Absicht (gleich Vorsatz[1] oben §. 28 III) die Befriedigung des Gläubigers (aus dieser Zwangsvollstreckung, nicht notwendig überhaupt[2]) zu vereiteln, Bestandteile seines Vermögens veräußert oder bei Seite schafft (oben §. 70 II 2 a). Strafe: Gefängnis bis zu 2 Jahren. Antragsdelikt.

Die Zwangsvollstreckung ist eine drohende, sobald der Gläubiger Schritte zur gerichtlichen Eintreibung seiner Forderung gemacht hat; Klagerhebung kann genügen, Beginn des Vollstreckungsverfahrens ist nicht erforderlich.[3]

II. Der einfache Vertragsbruch[4] ist, wenn wir von dem gemeingefährlichen Delikte des §. 329 StGB. absehen,

[1] Daher liegt §. 288 vor, auch wenn die Absicht (gleich treibendes Motiv, oben §. 28 III) auf Befriedigung eines anderen Gläubigers gerichtet war: RGR. 5. November 1879, E I 96, R I 37.

[2] Vgl. RGR. 8. April 1880, E I 560.

[3] Vgl. RGR. 1. November 1879, R I 31; 16. Dezember 1879, E I 37, R I 151; 1. Mai 1880, E II 145; 25. Mai 1880, E II 67, R I 824.

[4] Lit. — insbesondere über die Strafbarkeit des Arbeiterkontraktsbruches — bei Meyer S. 516 Note 1 u. 518 Note 4.

nach dem, noch immer von falschen Vorstellungen über die Natur des kriminellen Unrechtes beherrschten, Reichsstrafrecht nur in einem einzigen Falle unter Strafe gestellt. Es ist dies der Bruch des Heuervertrages. Dieser wird:

1. Mit Gefängnis bis zu einem Jahre bestraft, wenn die Heuer bereits gegeben war, und der Schiffsmann mit derselben entläuft oder sich verborgen hält, um sich dem übernommenen Dienste zu entziehen, und zwar ohne Unterschied, ob das Vergehen im Inlande oder im Auslande begangen ist (StGB. §. 298). Durch den letzteren Zusatz wird der Eintritt der Strafe unabhängig gemacht von der sonst nach §. 4.StGB. erforderlichen Strafbarkeit der Handlung am Orte der That (vgl. oben §. 13 S. 56). Der gesetzgeberische Grund liegt in der Straflosigkeit dieses Deliktes nach englischem und amerikanischem Recht.
2. Die anderen Fälle des Bruches des Heuervertrages werden nach §. 81 Seemannsordnung vom 27. Dezember 1872 auf Antrag des Schiffers mit Geldstrafe bis zu 300 Mark (bez. 60 Mark) oder Gefängnis bis zu 3 Monaten bestraft.

III. Nach StGB. §. 297 trifft den Reisenden oder Schiffsmann, welcher ohne Vorwissen des Schiffers, ingleichen den Schiffer, welcher ohne Vorwissen des Rheders Gegenstände an Bord nimmt, welche das Schiff oder die Ladung gefährden, indem sie die Beschlagnahme oder Einziehung des Schiffes oder der Ladung veranlassen können, Geldstrafe bis zu 1500 Mark oder Gefängnis bis zu 2 Jahren.

D. Strafbare Handlungen gegen das Vermögen überhaupt.

1.

§. 73. Der Betrug.[1]

I. Begriff.

Betrug ist Vermögensbeschädigung in Bereicherungsabsicht, herbeigeführt durch arglistige Erregung und Unterhaltung eines Irrtums. Der zu Beschädigende handelt selbst, aber ohne sich der Kausalität seines Thuns bewußt zu sein; juristisch betrachtet (oben §. 20 III) ist es also nicht der Beschädigte, der sich selbst, sondern der Täuschende, der einem Anderen die Beschädigung zufügt. Die Merkmale des Betrugsbegriffes bedürfen der näheren Erläuterung.

1. Die arglistige Täuschung besteht in der Vorspiegelung falscher oder in der Entstellung oder Unterdrückung wahrer Thatsachen als Mittel zur Erregung und Unterhaltung des Irrtums.

Thatsache ist Alles, was der Gegenwart oder Vergangenheit, nicht aber was der Zukunft angehört; Vorgänge der Außenwelt und im Inneren des Täuschenden, physische wie psychische Thatsachen stehen einander gleich.[2] Auch Täuschung über Ansichten und Absichten des Thäters, nicht aber

[1] Lit. bei Meyer S. 498 Note 1. Dazu Zimmermann GS. XXIX. Merkel HR. „Betrug".

[2] Sehr bestritten. Die richtige Ansicht vertritt: RGR. 24. Januar 1880, R I 272; 8. März 1880, E I 305; 3. April 1880, R I 535; 10. August 1880, R II 54.

z. B. über die Aussichten des ins Leben zu rufenden Unternehmens gehören hieher.

2. Die Erregung und die Unterhaltung des Irrtums stehen einander gleich. Beide können durch Verschweigen von Thatsachen begangen werden. Dieses Nichtreden ist aber nur dann dem Reden gleichwertig, wenn der Getäuschte berechtigt war, das Reden zu erwarten;[3] wenn also eine Verpflichtung zum Reden bestand, die nicht notwendig eine Rechtspflicht zu sein braucht,[4] sondern auch in den geschäftlichen Gewohnheiten begründet sein oder aber auch aus dem vorhergegangenen positiven Verhalten folgen kann.[5] Es gelten hier ohne Ausnahme dieselben Grundsätze, die oben §. 21 über die Bedeutung der scheinbaren Unterlassungen überhaupt entwickelt wurden.

Nach dem Gesagten ist auch der sogenannte Kreditbetrug, d. h. die Erschleichung des Kredites durch einen Zahlungsunfähigen, zu beurteilen. Nur dann liegt arglistige Täuschung vor, wenn der Getäuschte die Benachrichtigung von der vorhandenen Zahlungsunfähigkeit zu erwarten berechtigt war.[6]

3. Die Täuschung muß erfolgen in Bereicherungsabsicht, d. i. in der Absicht (gleich erweiterter Vorsatz, oben §. 28 III) sich oder einem Dritten einen rechtswidrigen Vermögensvorteil[7] zu verschaffen.

---

[3] Richtig RGR. 13. März 1880, E I 309.

[4] Rechtspflicht verlangt RGR. 4. November 1879, R I 36.

[5] Dieses vorhergegangene Verhalten giebt nicht etwa dem Schweigen die Bedeutung des Sprechens, sondern läßt es eben als ein unberechtigtes erscheinen. Schief RGR. 15. März 1880, E I 314.

[6] Vgl. RGR. 7. April 1880, R I 558, E II 5.

[7] Vgl. darüber Waag GS. XXXI.

Vermögensvorteil ist nicht bloß die Vermehrung des Vermögens, also die Gewinnung eines neuen dinglichen oder persönlichen Anspruches, sondern jede Verbesserung der Vermögenslage, also die Sicherung oder Erweiterung der vorhandenen Ansprüche oder die Abwehr einer ihnen drohenden Schädigung.[8] Erlangung des Besitzes,[9] eines Darlehns[10] gehört hieher; ebenso die Sicherung eines bereits erlangten Vorteils.[11] Erwirkung der Zahlung oder Verbürgung durch einen Dritten kann unter Umständen Vermögensvorteil sein.[12]

Rechtswidrig aber ist jeder Vorteil, auf welchen der Handelnde keinen rechtlich begründeten Anspruch hatte;[13] nicht nur der dem Gesetze zuwiderlaufende Vermögensvorteil gehört hieher, sondern die ganze, überaus große und praktisch hochwichtige Gruppe der dem Rechte indifferenten Vermögensvorteile. Rechtswidrig hat demnach nicht positive, sondern rein negative Bedeutung; am entsprechendsten wäre der Ausdruck „nicht rechtlich begründet". Der Betrug entfällt also nur dann, wenn die arglistige Täuschung das Mittel zur Durchsetzung eines wohl erworbenen und bereits fälligen Anspruchs ist.

---

[8] Beseitigung eines ungünstigen Civilprozeßurteils: RGR. 5. Februar 1880, E I 186. Auch Abwendung der Zahlung einer Schuld, selbst wenn diese als Geldstrafe aus einem Delikte entspringt; dagegen RGR. 1. Mai 1880, E II 34, R I 713 (aber ohne überzeugende Begründung).

[9] RGR. 10. Januar 1880, E I 55.

[10] RGR. 3. Mai 1880, R I 716.

[11] RGR. 7. Mai 1880, E II 53.

[12] RGR. 17. März 1880, E I 318, R I 481.

[13] Sehr bestritten. Für die richtige Ansicht hat sich ausgesprochen: RGR. 10. November 1879, R I 49; 22. Januar 1880, R I 261; 17. März 1880, E I 318.

Es ist gleichgültig, ob der Thäter den Vorteil sich oder einem Dritten zuwenden will; die beabsichtigte Zuwendung an die Armenkasse z. B. würde die Strafbarkeit nicht beseitigen.[14]

4. Der vollendete Betrug setzt eingetretene Vermögensbeschädigung voraus. Vermögensbeschädigung ist aber nicht nur die Verminderung des Vermögens, also der Verlust eines dinglichen oder persönlichen Anspruches, sondern jede Verschlechterung der Vermögenslage. So die Cession einer unsicheren Hypothek an Zahlungsstatt;[15] die Prolongation eines Wechsels[16] usw. Vereitelung zu erwartenden Gewinnes gehört nur dann hieher, wenn bereits ein Anspruch auf denselben vorhanden war.[17] Die Vermögensbeschädigung kann eine bleibende oder vorübergehende sein; durch die Möglichkeit künftiger Ausgleichung wird der Begriff nicht ausgeschlossen.

5. Die Täuschung muß das Mittel der Vermögensbeschädigung sein; beide müssen im Kausalzusammenhange zu einander stehen.[18] Der Täuschende ist es ja, der selbst das Vermögen des Getäuschten beschädigt. Dies schließt die Möglichkeit mehrerer als Mittel benutzter Zwischenglieder nicht aus; wie des Beschädigten selbst, ebenso kann sich der Betrüger schon nach allgemeinen Grundsätzen (oben §. 20 III) auch anderer Personen als Mittel für seine Zwecke bedienen. Mit anderen Worten: Identität der getäuschten und der be-

[14] RGR. 19. März 1880, R I 495.

[15] RGR. 13. März 1880, E I 267, R I 444.

[16] RGR. 21. Oktober 1879, R I 12.

[17] Dagegen stellt RGR. 14. Januar 1880, E I 68 das lucrum cessans dem damnum emergens durchaus gleich.

[18] Vgl. darüber Feige GA. XXVI.

schädigten Person ist nicht erforderlich. Insbesondere kann die Beschädigung des Prozeßgegners durch eine Täuschung des Richters herbeigeführt werden; vorausgesetzt, daß es sich nicht um einfach unwahre, durch Vernehmung der Gegenpartei in dieser Eigenschaft erkennbare, Parteibehauptungen, sondern um ein Fälschen der Beweismittel handelt.[19]

Das Erschleichen von Liberalitäten ist nur dann Betrug, wenn sie durch eine wirkliche Irreführung des Schenkgebers erlangt wurden; nicht aber dann, wenn der Kausalzusammenhang fehlt und nicht die Täuschung, sondern der Wunsch den lästigen Bewerber loszuwerden oder Gutmütigkeit usw. die Ursache waren, welche den der Kausalität seines Thuns sich bewußten Schenkgeber zur Schenkung bestimmten.

6. Der Versuch — der auch, wenn Vergehen, strafbar — beginnt bereits mit der Vorspiegelung, Entstellung, Unterdrückung der Thatsachen. Ist die angestrebte Vermögensbeschädigung auf dem vom Thäter gewählten Wege nicht zu erreichen, so liegt Versuch mit untauglichem Mittel vor, der nach den allgemeinen Regeln (oben §. 32 V) zu beurteilen ist.[20]

II. Die Arten des Betruges.

1. Der einfache Betrug (StGB. §. 263). Strafe: Gefängnis; daneben fakultativ Geldstrafe bis zu 3000 Mark, sowie Verlust der bürgerlichen Ehrenrechte. Bei mildernden Umständen kann ausschließlich auf Geldstrafe erkannt werden.

---

[19] Der richtigen Ansicht folgt RGR. 25. Februar 1880, E I 227, R I 387; 17. März 1880, R I 479; 22. Mai 1880, R I 808; 8. Juni 1880, E II 91.

[20] Uebersehen in RGR. 8. Mai 1880, R I 744; richtig (mit Bezug auf StGB. §. 268) RGR. 5. Februar 1880, E I 186.

Antragsdelikt, wenn gegen Angehörige (StGB. §. 52 Abs. 2) Vormünder oder Erzieher begangen; Antrag rücknehmbar.

2. Betrug im 2. Rückfall (StGB. §§. 264 und 245) Voraussetzungen:

a) Zwei inländische Vorstrafen wegen Betrugs.

b) Gänzliche oder teilweise Verbüßung oder Erlassung dieser Strafen.

c) Nichteintritt der (10jährigen) Rückfallsverjährung.[21]

Strafe: Zuchthaus bis zu 10 Jahren und zugleich Geldstrafe von 150 bis zu 6000 Mark, bei mildernden Umständen Gefängnis nicht unter 3 Monaten, daneben fakultativ Geldstrafe bis zu 3000 Mark.

3. Der sogenannte Versicherungsbetrug (StGB. §. 265) vorliegend, wenn Jemand in betrügerischer Absicht eine gegen Feuersgefahr versicherte Sache in Brand setzt, oder ein Schiff, welches als solches oder in seiner Ladung oder in seinem Frachtlohn versichert ist, sinken oder stranden macht. Strafe: Zuchthaus bis zu 10 Jahren und zugleich Geldstrafe von 150 bis zu 6000 Mark, bei mildernden Umständen Gefängnis nicht unter 6 Monaten, daneben fakultative Geldstrafe bis zu 3000 Mark.

Betrügerische Absicht bedeutet den Vorsatz, auf Grund des Geschehenen an dem Versicherer einen Betrug zu begehen. Vom Standpunkte der Betrugsdefinition in StGB. §. 263 erscheint die Brandlegung usw. als Vorbereitungshandlung zum Betrug, die hier — wie in anderen Fällen, vgl. oben §. 33 IV — vom Gesetzgeber als besonderes Delikt unter Strafe gestellt ist, so daß wir getreu der allgemeinen Regel (oben §. 33 II) auch hier die Unmöglichkeit eines straf-

---

[21] Vgl. überhaupt das oben §. 64 II 3 Gesagte.

baren Versuches, ebenso wie die Möglichkeit strafbarer Teilnahme (§. 37 I 2c und II 2) behaupten müssen. Wird der geplante Betrug wirklich ausgeführt, so kann nach dem oben §. 40 II c Gesagten nicht etwa Konkurrenz von Versicherungsbetrug und einfachem Betrug angenommen werden; die auf die Vorbereitungshandlung gesetzte Strafe ist, der Betrugsstrafe gegenüber, eine so hohe, daß wir vielmehr zu dem Resultate gelangen müssen, die Ausführungshandlung komme der Vorbereitungshandlung gegenüber strafrechtlich gar nicht mehr in Betracht.

2.

§. 74. Die Erpressung.[1]

I. Begriff.

1. Erpressung ist Vermögensbeschädigung in Bereicherungsabsicht durch Nötigung. Das Mittel der Vermögensbeschädigung scheidet die Erpressung vom Betrug. Negativ: hier aber nicht dort das mangelnde Bewußtsein von der Kausalität des Thuns auf Seiten des Beschädigten; positiv: dort aber nicht hier das Bewußtsein von der Unfreiwilligkeit des Thuns. Das Vorhalten einer nicht geladenen Pistole, die Behauptung Vertreter einer gefürchteten Räuberbande zu sein usw., können als Mittel der Erpressung wie des Raubes, nicht des Betruges, in Betracht kommen.

2. Das positive Recht hat den Begriff der Erpressung teilweise abweichend gestaltet.

a) Es hat die Vermögensbeschädigung aus der Deliktsdefinition entfernt, und sich mit der Bereicherungs-

[1] Lit. bei Meyer S. 512 Note 1. Dazu Katz GS. XXXI.

absicht begnügt. Demnach ist Erpressung: Nötigung in Bereicherungsabsicht.

b) Die Nötigung als Erpressung und die Nötigung als selbständiges Delikt (StGB. §. 240; oben §. 63 I) decken sich nicht. Ersteres ist der weitere Begriff. Erpressung ist Nötigung zu Handlung, Duldung, Unterlassung, begangen

1. durch Gewalt (wie bei der Nötigung) und zwar gegen eine, nicht notwendig an einer, Person;
2. durch Drohung irgend welcher Art, also nicht notwendig mit strafbaren oder auch nur rechtswidrigen[2] Handlungen; während zur Nötigung als selbständigem Delikte Drohung mit Verbrechen oder Vergehen erforderlich ist.

3. Zu den einzelnen Begriffsmerkmalen vgl. das oben §. 63 I bei der Nötigung und §. 73 I beim Betrug Gesagte. Die Vollendung tritt mit der erzwungenen Handlung, Duldung, Unterlassung ein; Versuch immer strafbar.

4. Das Verhältnis der Erpressung zum Raube bedarf noch einiger Bemerkungen.

a) Die Erpressung ist Vermögensdelikt überhaupt, der Raub Eigentumsdelikt. Der letztere ist auf Wegnahme fremder beweglicher Sachen gerichtet, der ersteren ist eine solche Beschränkung fremd. Nach dieser Richtung erscheint der Betrugsbegriff als der speziellere, und geht mithin in der Anwendung dem der Erpressung vor (vgl. oben §. 40 I a).

b) Der Raub charakterisiert sich als Wegnehmen, mithin als unmittelbare oder mittelbare Selbstthätigkeit des

[2] RGR. 12. Februar 1880, E I 205, R I 345.

Räubers; die Erpressung dagegen als Nötigung, mithin nicht notwendig als Selbstthätigkeit des Erpressers, sondern — und zwar sogar regelmäßig — als Herbeiführung der Entschließung und Thätigkeit des zu Beschädigenden. Auch nach dieser Richtung hin erscheint mithin der Raub als der engere Begriff. Diesem Unterschiede entsprechen die Mittel zur Begehung der beiden Delikte.

1. Gewalt ist beim Raube Mittel der Wegnahme, bei der Erpressung möglicherweise Mittel der Selbstthätigkeit des Erpressers, regelmäßig aber Mittel der Einwirkung auf den zu Beschädigenden.
2. Die Drohung muß beim Raube so geartet sein, um die Handlung des Beraubten (Herausgabe) als eine unfreie, mithin (vgl. oben §. 20 III) als eine den Kausalzusammenhang zwischen dem Thun des Räubers und dem Enderfolge nicht unterbrechende erscheinen zu lassen; demgemäß verlangt das Gesetz beim Raube „Drohung mit gegenwärtiger Gefahr für Leib und Leben", während bei der Erpressung die Drohung diesen Grad von Intensität nicht zu erreichen braucht und regelmäßig auch nicht erreicht (vgl. aber unten die „räuberische Erpressung").

Fassen wir das unter a und b Gesagte zusammen, so ergiebt sich:

1. Erpressung liegt vor, wenn es sich nicht um Wegnahme einer fremden beweglichen Sache handelt, mag auch Gewalt oder Drohung den Mitteln des Raubes entsprechen, also Selbsthandeln auf Seiten des Thäters gegeben sein.

2. Erpressung liegt vor, auch wenn es sich um Wegnahme einer fremden beweglichen Sache handelt, wenn Gewalt und Drohung diesem Erfordernisse nicht entsprechen.

3. Raub ist nur dann anzunehmen, wenn α) die Wegnahme einer fremden beweglichen Sache vorliegt und β) Gewalt oder Drohung die Erlangung der Sache als eigene Handlung des Thäters erscheinen lassen.

II. Die Arten der Erpressung.

1. Die einfache Erpressung (StGB. §. 253). Strafe: Gefängnis nicht unter einem Monat.

2. Die qualifizierte Erpressung (StGB. §. 254), wenn durch Bedrohung mit Mord, Brandstiftung oder Ueberschwemmung begangen. Strafe: Zuchthaus bis zu 5 Jahren.

3. Die räuberische Erpressung (StGB. §. 255), von der einfachen durch die Intensität der Mittel, vom Raube dadurch unterschieden, daß es sich nicht um Wegnahme einer fremden beweglichen Sache handelt (während die Mittel denen des Raubes entsprechen). Die Mittel sind:

a) Gewalt an[3] einer Person (in homine vgl. oben §. 63 I 1 a) wenn auch nicht gerade an der Person des Genötigten.

---

[3] Ich nehme, um zu diesem Resultate zu gelangen, zwei Textänderungen im Gesetze vor, die mir dem Sinne des Gesetzes vollkommen zu entsprechen scheinen. Ich sage a) in §. 253 statt „Gewalt“: „Gewalt gegen eine Person“ (da es gar keine andere für die Nötigung relevante Gewalt giebt, ist diese Aenderung unbedenklich); b) in §. 255 statt „Gewalt gegen eine Person“: „Gewalt an einer Person.“ Die ganze Frage nach dem Verhalten zwischen einfacher und räuberischer Erpressung ist übrigens äußerst bestritten.

b) Drohung mit gegenwärtiger Gefahr für Leib oder Leben.

Strafe: die des Raubes.

4. Ueber die Erpressung im Amte (StGB. §. 339) vgl. unten §. 93 II 4b.

Neben der wegen Erpressung erkannten Gefängnisstrafe (in den Fällen 1 und 3) kann auf Verlust der bürgerlichen Ehrenrechte; neben der Zuchthausstrafe (in den Fällen 2 und 3) auf Zulässigkeit von Polizeiaufsicht erkannt werden (StGB. §. 256).

3.

§. 75. Strafbare Ausbeutung Anderer.

Als Mittel der Vermögensbeschädigung kennt die Reichsgesetzgebung ferner die Ausbeutung des Leichtsinns, der Unerfahrenheit oder der Notlage Anderer. Auch in diesen Fällen ist, mag auch eine scheinbar freie und bewußte Handlung des Beschädigten selbst dazwischen liegen, der eingetretene Erfolg auf Rechnung des Thäters zu setzen; Unerfahrenheit und Leichtsinn schließen nach Ansicht des Gesetzgebers das Bewußtsein von der Kausalität der Handlung auf Seite des Beschädigten, die Notlage schließt die Freiheit seiner Bestimmung, ganz oder wenigstens teilweise, aus. Der Gesetzgeber nimmt somit kraft einer durchaus berechtigten Analogie Kausalzusammenhang zwischen dem Thun des Thäters und der erfolgten Vermögensbeschädignng an, wo derselbe, bei strengem Festhalten des allgemeinen Grundsatzes (oben §. 20 III) eigentlich in Abrede gestellt werden müßte. Er thut dies aber nur unter besonderen, genau bezeichneten,

Voraussetzungen, und verwendet die angedeutete Konstruktion zur Bildung von nur zwei, eng umschriebenen Deliktsbegriffen.

I. Vermögensbeschädigung in Bereicherungsabsicht durch Benutzung des Leichtsinns und der Unerfahrenheit Minderjähriger. Ueber die Bereicherungsabsicht siehe oben §. 73 I 3. An Stelle der in unsere Definition aufgenommenen „Vermögensbeschädigung" führt das Gesetz die einzelnen Handlungen ausschließend auf, in welchen es ein für allemale und ohne sich in eine Untersuchung des konkreten Falles einzulassen, dieselbe erblicken zu wollen erklärt. Demnach liegt das fragliche Delikt vor:

1. Wenn Jemand in gewinnsüchtiger Absicht[1] und unter Benutzung des Leichtsinnes und der Unerfahrenheit eines Minderjährigen sich von demselben Schuldscheine, Wechsel, Empfangsbekenntnisse, Bürgschaftsinstrumente oder eine andere, eine Verpflichtung enthaltende Urkunde ausstellen oder auch nur mündlich ein Zahlungsversprechen erteilen läßt (StGB. §. 301). Strafe: Gefängnis bis zu 6 Monaten oder Geldstrafe bis zu 1500 Mark. Antragsdelikt.

2. Wenn Jemand in gleicher Absicht und auf gleiche Weise sich von dem Minderjährigen unter Verpfändung der Ehre, auf Ehrenwort, eidlich oder unter ähnlichen Versicherungen oder Beteuerungen die Zahlung einer Geldsumme oder die Erfüllung einer anderen, auf Gewährung geldwerter Sachen gerichteten Verpflichtung aus einem Rechtsgeschäfte versprechen läßt (StGB. §. 302). Strafe: Gefängnis bis zu einem Jahre oder Geldstrafe bis zu 3000 Mark.

---

[1] Soviel wie Bereicherungsabsicht.

Neben Gefängnis Aberkennung der bürgerlichen Ehrenrechte zulässig. Antragsdelikt.

Gleiche Strafe trifft denjenigen, welcher sich eine Forderung, von der er weiß, daß deren Berichtigung ein Minderjähriger in der vorbezeichneten Weise versprochen hat, abtreten läßt. Antragsdelikt.

II. Wucher,[2] strafbar nach dem Gesetz vom 24. Mai 1880; ausgegeben am 31. Mai 1880; in Kraft vom 14. Juni 1880.

Wucher liegt vor, wenn Jemand unter Ausbeutung der Notlage, des Leichtsinns oder der Unerfahrenheit eines Anderen[3] für ein Darlehen oder im Falle der Stundung einer Geldforderung sich oder einem Dritten Vermögensvorteile versprechen oder gewähren läßt, welche den üblichen Zinsfuß dergestalt überschreiten, daß nach den Umständen des Falles die Vermögensvorteile in auffälligem Mißverhältnisse zu der Leistung stehen.

Fälle des Wuchers.

1. Einfacher Fall (StGB. §. 302a). Gefängnis bis zu 6 Monaten und Geldstrafe bis zu 3000 Mark. Aberkennung der Ehrenrechte fakultativ.

2. Qualifizierter Fall (StGB. §. 302 b); vorliegend, wenn Jemand sich oder einem Dritten die wucherlichen Vermögensvorteile verschleiert oder wechselmäßig oder unter Verpfändung der Ehre, auf Ehrenwort, eidlich oder unter ähnlichen Versicherungen oder Beteuerungen versprechen läßt. Strafe: Gefängnis bis zu einem Jahre und Geldstrafe bis zu 6000 Mark. Aberkennung der Ehrenrechte fakultativ.

---

[2] Vgl. v. Lilienthal Jahrb. f. Nationalökonomie 1880. Daselbst die Litt.

[3] Feststellung der Bereicherungsabsicht hier nicht erforderlich, weil aus den übrigen Begriffsmerkmalen folgend.

3. **Gewerbs- oder gewohnheitsmäßiger** (Begriffe oben §. 39 II 3) **Wucher** (StGB. §. 302 d). **Strafe:** Gefängnis nicht unter 3 Monaten und Geldstrafe von 150 bis zu 15000 Mark. Aberkennung der Ehrenrechte obligatorisch (vgl. oben §. 51 I S. 202).

4. Die unter 1 und 2 angeführten Strafen treffen auch denjenigen, welcher mit Kenntnis des Sachverhaltes eine (wenn auch vor dem 14. Juni 1880 entstandene) Forderung der angegebenen Art (nach dem 14. Juni 1880) erwirbt und entweder a) dieselbe weiter veräußert, oder b) die wucherlichen Vermögensvorteile geltend macht[4] (StGB. §. 302 c).

5. Im Zusammenhange mit den Strafbestimmungen gegen Wucher steht §. 360 Ziff. 12 StGB. in der neuen, durch das Gesetz vom 24. Mai 1880 bestimmten Fassung:

Wer als Pfandleiher oder Rückkaufshändler bei Ausübung seines Gewerbes den darüber erlassenen Anordnungen zuwiderhandelt, **insbesondere** den durch Landesgesetz oder Anordnung der zuständigen Behörde **bestimmten Zinsfuß überschreitet**, wird mit Geldstrafe bis zu 150 Mark oder Haft bestraft.[5]

---

[4] Die Fassung des Gesetzes ist eine unglückliche. Zu beachten außer dem im Texte Gesagten: a) Wer eine vor dem 14. Juni 1880 von einem Anderen **erworbene** wucherliche Forderung nach dem 14. Juni 1880 geltend macht, kann nicht nach §. 302 c gestraft werden. b) Die Bestimmung bezieht sich nur auf die **von einem Anderen** erworbenen Forderungen; Geltendmachung einer vor dem 14. Juni 1880 entstandenen wucherlichen Forderung durch den Wucherer selbst fällt wenn, auch nach dem 14. Juni 1880 stattfindend, nicht unter das Gesetz.

[5] Ueber die civilrechtl. Nicht-Wirksamkeit wucherlicher Geschäfte vgl. Art. 3 des Gesetzes vom 24. Mai 1880.

4.

§. 76. Das Glücksspiel.

Als eine Gefährdung eigenen und fremden Vermögens reiht sich das Glücksspiel an die übrigen Vermögensdelikte. Der Gesetzgeber wacht über den Vermögensinteressen der Staatsbürger, wenn diese selbst die nötige Vorsicht aus den Augen lassen. Aber, sich wohl bewußt, daß es sich dabei um eine polizeiliche Bevormundung der freien Selbstbestimmung Mündiger handle, bedroht das moderne Recht nicht das einfache Selbstspielen, sondern — wenn wir von der Bestrafung des gewerbsmäßigen Glücksspiels absehen — nur die Gewährung der Gelegenheit zum Glücksspiel durch dritte Personen unter gewissen Voraussetzungen mit Strafe. Strafbar ist:

I. Das unbefugte Halten von Glücksspielen auf einem öffentlichen Wege, einer Straße, einem öffentlichen Platze oder in einem öffentlichen Versammlungsorte (StGB. §. 360 Ziff. 14). Strafe: Geld bis zu 150 Mark oder Haft; Einziehung der auf dem Spieltische oder in der Bank befindlichen Gelder, ohne Unterschied, ob sie dem Verurteilten gehören oder nicht, fakultativ (vgl. oben §. 50 II).

II. Das gewerbsmäßige (Begriff oben §. 39 II c) Glücksspiel (StGB. §. 284). Strafe: Gefängnis bis zu 2 Jahren, daneben fakultativ Geldstrafe von 300 bis zu 6000 Mark und Verlust der bürgerlichen Ehrenrechte. Ist der Verurteilte ein Ausländer, so ist die Landespolizeibehörde befugt, denselben aus dem Reichsgebiete auszuweisen (oben §. 49 III); Rückkehr des Verwiesenen ist (nach StGB. §. 361 Ziff. 2) strafbar.

III. Der Inhaber eines öffentlichen Versammlungsortes, welcher Glücksspiele daselbst gestattet oder zur Verheimlichung solcher Spiele mitwirkt (StGB. §. 285). Strafe: Geld bis zu 1500 Mark.

IV. Das öffentliche Veranstalten von Ausspielungen beweglicher oder unbeweglicher Sachen ohne obrigkeitliche Erlaubnis; insbesondere das Veranstalten von öffentlichen Lotterien,[1] d. i. das Ausspielen von Geldpreisen (StGB. §. 286). Strafe: Gefängnis bis zu 2 Jahren oder Geldstrafe bis zu 3000 Mark.

Die Ausspielung ist eine öffentliche, wenn die Beteiligung einer, wenn auch ziffermäßig abgegrenzten Zahl von individuell nicht bestimmten Personen zugänglich ist.[2]

Eine Ausspielung liegt auch dann vor, wenn der Preis für den Hoffnungskauf mit dem Preis für eine wirkliche Gegenleistung in eine einheitliche Summe zusammengeschmolzen ist; z. B. Verbindung der Ausspielung mit einer Theatervorstellung,[3] mit der Subscription auf ein Lieferungswerk usw.

Auch die durch Beteiligung an einer anderen (vielleicht sogar gestatteten) Lotterie erworbene Gewinnsthoffnung kann zum Gegenstande weiterer (strafbarer) Ausspielung gemacht werden (Partialscheine, Promessen u. dgl.).[4]

Bewußtsein der Rechtswidrigkeit im Allgemeinen ist auch hier nicht erforderlich (oben §. 28 II), wohl aber das Bewußtsein, ohne obrigkeitliche Genehmigung eine öffentliche Lotterie zu veranstalten.

Das Delikt ist vollendet in dem Augenblicke, in

[1] Vgl. die Artt. „Lotterie" von Gareis u. Liszt in HR.

[2] RGR. 20. April 1880, E I 357, R I 576.

[3] RGR. 9. Januar 1880, E I 53, R I 205.

[4] RGR. 5. Januar 1880, E I 133, R I 194.

welchem die Anteilsscheine dem Publikum zugänglich gemacht sind.[5]

Die landesgesetzlichen Vorschriften, welche das Spielen in auswärtigen[6] Lotterien, das Auffordern hiezu, das Ankündigen derselben usw. mit Strafe bedrohen, sind durch die, durchaus nicht abschließende Regelung dieser Materie im RStGB. (oben §. 11 I) nicht berührt worden. So bleiben z. B. in Kraft die preußischen Verordnungen vom 5. Juli 1847 (für die alten) und vom 25. Juni 1867 Art. IV (für die neuen Provinzen).[7] Ueber den Begehungsort dieser Delikte vgl. oben §. 19 IV.

V. Das Gesetz vom 8. Juni 1871 betreffend die Inhaberpapiere mit Prämien verbietet in §. 6:

1. Das Ausgeben von auf den Inhaber lautenden Schuldverschreibungen, in welchen allen Gläubigern oder einem Teile derselben außer der Zahlung der verschriebenen Geldsumme eine Prämie dergestalt zugesichert wird, daß durch Auslosung oder durch eine andere auf den Zufall gestellte Art der Ermittlung die zu prämiirenden Schuldverschreibungen und die Höhe der ihnen zufallenden Prämie bestimmt werden sollen, innerhalb des deutschen Reiches, wenn das Ausgeben nicht auf Grund eines Reichsgesetzes und zum Zwecke der Anleihe eines Bundesstaates oder des Reiches erfolgt.

Strafe: Geldstrafe, welche dem 5. Teile des Nenn-

---

[5] RGR. 20. April 1880, E I 357, R I 576.

[6] Ausland ist hier auch ein Bundesstaat dem anderen gegenüber (vgl. oben §. 13 Note 3).

[7] RGR. 10. Januar 1880, R I 209; 24. Februar 1880, E I 219, R I 380; 13. März 1880, E I 274, R I 460.

wertes der den Gegenstand der Zuwiderhandlung bildenden Papiere gleichkommt, mindestens aber 300 Mark betragen soll.

2. Das Weiterbegeben solcher Papiere, welche

a) im Inlande nach Verkündigung des Gesetzes vom 8. Juni 1871,

b) im Auslande nach dem 30. April 1871

ausgegeben worden sind. Gleichgestellt ist der Fall, wenn solche Papiere an den Börsen oder an anderen zum Verkehre mit Wertpapieren bestimmten Versammlungsorten zum Gegenstande eines Geschäfts oder einer Geschäftsvermittlung gemacht werden.

Strafe: wie zu 1.

3. Das Weiterbegeben von solchen Papieren, die im Auslande vor dem 1. Mai 1871 ausgegeben und nicht abgestempelt sind. Derselbe Fall wie zu 2 gleichgestellt. Die Strafbarkeit beginnt mit dem 14. Juli 1871.

Strafe: wie zu 1.

4. Die öffentliche Ankündigung, Ausbietung, Empfehlung von den unter 2 und 3 angeführten Papieren sowie die Notierung derselben zur Feststellung eines Kurswertes.

Strafe: Geldstrafe bis zu 300 Mark oder Gefängnis bis zu 3 Monaten.

5.

§. 77. Die Partiererei.[1]

I. Begriff.

1. Von der Reichsgesetzgebung in eine durchaus ungerechtfertigte Verbindung mit der Begünstigung — durch Auf-

[1] Lit. bei Meyer S. 533 Note 1.

stellung des Zwitterbegriffs der Hehlerei — gebracht, beansprucht die Partiererei selbständige Stellung unter den Vermögensdelikten. Sie ist Perpetuierung, in den meisten Fällen sogar Vertiefung, einer rechtswidrigen Vermögenslage.

Sie tritt zu einer bereits erfolgten Vermögensbeschädigung[2] hinzu, setzt diese begrifflich voraus, bringt aber das dem Berechtigten entzogene Vermögensobjekt in noch weitere Entfernung von seiner Verfügungsgewalt.

2. Die Partiererei (StGB. §. 259) besteht entweder in dem Verheimlichen,[3] Ankaufen, Zum-Pfande-Nehmen, An-Sich-Bringen von mittels einer strafbaren Handlung erlangten Sachen um des eigenen Vorteils[4] (nicht notwendig, wenn auch regelmäßig Vermögensvorteils) willen, oder aber darin, daß in gleicher Absicht zu deren Absatz bei Anderen mitgewirkt wird.

Das Delikt erstreckt sich lediglich auf jene individuell bestimmten Sachen, die unmittelbar durch die betreffende strafbare Handlung erlangt wurden;[5] nicht aber auf andere an deren Stelle getretene Sachen, wie den aus denselben gewonnenen Erlös,[6] oder Forderungen, deren Cession z. B. durch Betrug bewirkt worden usw.

Die Sachen müssen durch eine strafbare Handlung erlangt sein, sie müssen den Charakter ihres strafbaren

[2] Die durchaus nicht Vermögensdelikt im eigentlichen Sinne zu sein braucht.

[3] So viel wie unterdrücken, beiseiteschaffen; also der Verfügung des Berechtigten entziehen.

[4] Es genügt der gewöhnliche, durch den Geschäftsbetrieb erzielte Vorteil, außergewöhnlich großer Vorteil ist nicht erforderlich: RGR. 28. Mai 1880, R I 830.

[5] RGR. 6. Juli 1880, R II 164.

[6] Dagegen RGR. 16. Juni 1880, R II 72.

Erwerbes bereits an sich tragen, diese strafbare Erwerbungs-Handlung muß demnach zeitlich der Partiererei vorangehen.[7]

Die Natur der strafbaren Handlung ist gleichgültig; sie kann Eigentumsdelikt oder irgend ein anderes Vermögensdelikt sein; sie braucht aber überhaupt nicht gegen das Vermögen gerichtet sein (z. B. Verheimlichung von durch einen Mord erlangten Sachen). Feststellung der strafbaren Handlung, wenigstens der Gattung nach, im Urteile ist selbstverständlich erforderlich.[8]

Ist die Sache durch ein Antragsdelikt erlangt worden, so haben wir die Bedeutung des Antrages als einer Bedingung der Strafbarkeit (oben §. 31) im Auge zu behalten. Wird der Antrag nicht gestellt, so liegt eine durch eine strafbare Handlung erlangte Sache nicht vor, mithin auch keine Partiererei; wird er nachträglich gestellt, so ist die Erlangungshandlung ex tunc eine strafbare, und eben darum das in der Zwischenzeit erfolgte Verheimlichen als strafbare Partiererei zu betrachten.

3. Die Partiererei kann vorsätzlich oder fahrlässig begangen werden:

a) Der Vorsatz besteht in dem Bewußtsein von der Kausalität des Thuns; der Thäter muß wissen, nicht nur daß er Sachen verheimlicht, verkauft usw., sondern auch daß diese Sachen durch eine strafbare Handlung erlangt sind. Kenntnis dieser Handlung nach Art und Umständen kann dagegen nicht gefordert werden.[9]

---

[7] RGR. 28. Mai 1880, E II 69, R I 831.

[8] RGR. 31. Januar 1880, E I 180; 5. April 1880, R I 537.

[9] RGR. 5. April u. 8. April 1880, R I 537.

b) Auch die fahrlässige Partiererei ist strafbar. Aber nicht jede Fahrlässigkeit, auch nicht nur die culpa lata[10] fällt unter das Gesetz; sondern nur ein ganz bestimmter Fall des fahrlässigen Verhaltens: „wenn der Thäter den Umständen nach annehmen muß, daß die Sache durch eine strafbare Handlung erlangt ist". Straflos bliebe z. B. derjenige, der nicht weiß, daß er zum Absatze der (wie ihm bekannt) gestohlenen Sache mitwirkt, obwohl er bei einiger Aufmerksamkeit dies hätte bemerken können.[11]

4. Die Partiererei ist vollendet, sobald eine der im Gesetze angeführten Thätigkeiten gesetzt ist, sobald die Sache einen weiteren Schritt aus dem Machtbereiche des Berechtigten gemacht hat. Die folgenden Kreuz- und Querläufe der Sache sind juristisch irrelevant. Wenn also A eine gestohlene Sache am 1. Januar in Frankreich angekauft und am 1. Juli in Deutschland weiter verkauft hat, so kann er nur wegen jenes Ankaufes, nicht wegen dieses Verkaufes zur Verantwortung gezogen werden.[12]

II. Die Arten der Partiererei.

1. Die einfache Partiererei (StGB. §. 259). Strafe: Gefängnis.

---

[10] Dies die Ansicht von RGR. 28. April 1880, R I 691, E II 140; vgl. überhaupt das oben §. 29 a. E. Gesagte.

[11] Der Einwand, daß solche Fälle praktisch nicht vorkommen, trifft nicht die Richtigkeit der im Texte versuchten Konstruktion; wohl aber beweist er die praktische Wichtigkeit der Kontroverse: nach Ansicht des RGR. ist nur culpa lata, nach der im Texte vertretenen jede strafrechtliche relevante culpa in weitaus den meisten praktisch vorkommenden Fällen strafbar.

[12] RGR. 15. März 1880, E I 279, R I 471.

2. Die **gewerbs- oder gewohnheitsmäßige** (Begriff oben §. 39 II 3) Partiererei (StGB. §. 260). **Strafe:** Zuchthaus bis zu 10 Jahren.

3. **Partiererei im 2. Rückfall** (StGB. §. 261). **Strafe:**

a) Zuchthaus nicht unter 2 Jahren, bei mildernden Umständen Gefängnis nicht unter einem Jahre, wenn sich die letzte Handlung auf einen schweren Diebstahl (StGB. §. 243), einen Raub, oder ein dem Raube gleich zu bestrafendes Verbrechen (räuberischer Diebstahl, räuberische Erpressung) bezieht.

b) Zuchthaus bis zu 10 Jahren, bei mildernden Umständen Gefängnis nicht unter 3 Monaten in allen anderen Fällen.

In Bezug auf die **Vorstrafen** stehen Partiererei und Hehlerei einander gleich. Im Uebrigen ist das oben §. 64 II 3 Gesagte (StGB. §. 245) auch hier anzuwenden.

4. Ein der Partiererei verwandtes Delikt bedroht StGB. §. 370 Ziff. 3: Geldstrafe bis zu 150 Mark oder Haft trifft denjenigen, der von einem zum Dienststande gehörenden Unteroffizier oder Gemeinen des Heeres oder der Marine ohne schriftliche Erlaubnis des vorgesetzten Kommandeurs Montierungs- oder Armaturstücke kauft oder zum Pfande nimmt.

IV. Verletzung der Individualrechte.[1]

1.

§. 78. Verletzung des Autorrechtes.

Quelle: Gesetz betreffend das Urheberrecht an Schriftwerken, Abbildungen, musikalischen Kompositionen und dramatischen Werken vom 11. Juni 1870.

Das Gesetz findet Anwendung (§. 61) 1. auf alle Werke inländischer Urheber, mögen sie im Inlande oder Auslande erschienen[2] oder überhaupt noch nicht veröffentlicht sein; 2. auf Werke ausländischer Urheber, wenn sie bei Verlegern erscheinen, die im Gebiete des deutschen Reiches ihre Handelsniederlassung haben (vgl. oben §. 13 III).

I. Der eigentliche Nachdruck.

1. Nachdruck ist die mechanische Vervielfältigung a) eines Schriftwerkes; b) geographischer, topographi-

---

[1] Ueber diesen Begriff vgl. Gareis Grundriß zu Vorlesungen über das deutsche bürgerliche Recht 1877. §§. 40 ff., u. die hier angeführte Lit. — Die Individualrechte bilden das Mittelglied zwischen den reinen Vermögensrechten und den rein immateriellen Rechtsgütern. Mit ersteren haben sie gemein nicht nur die Abschätzbarkeit in Geld, sondern vor Allem die Ausbildung zu subjektiven Rechten und die Negoziabilität. Aber damit ist ihre Bedeutung nicht erschöpft: es ist die sichbethätigende Persönlichkeit selbst, die schaffende Individualität, die in ihnen geschützt wird.

[2] Erscheinen ist soviel wie Ausgeben; vgl. darüber Liszt Preßrecht §. 42 V. Wenn dasselbe Werk zuerst im Auslande und später im Inlande erscheint, so liegen juristisch zwei selbständige Werke vor, deren zweites den Schutz des Gesetzes genießt. A. A. (gewiß unrichtig) RGR. 12. Juni 1880, E II 180, R II 62.

scher, naturwissenschaftlicher, architektonischer, technischer und ähnlicher Zeichnungen und Abbildungen, welche nach ihrem Hauptzwecke nicht als Kunstwerke zu betrachten sind; c) musikalischer Kompositionen; ohne Genehmigung des Berechtigten, in der Absicht, den Nachdruck innerhalb oder außerhalb des deutschen Reiches zu verbreiten (§§. 4—7, 18; 43 f., 45 ff.).

Dem Nachdrucke steht gleich die unbefugte öffentliche Aufführung eines dramatischen, musikalischen oder dramatisch-musikalischen Werkes, mag die Aufführung eine vollständige sein oder mit unwesentlichen Aenderungen vor sich gehen (§§. 50 und 54).

2. Strafbar ist die vorsätzliche oder fahrlässige Veranstaltung eines Nachdrucks (Thäterschaft), sowie die vorsätzliche oder fahrlässige Veranlassung (Anstiftung) eines Anderen zur — sei es vorsätzlichen oder fahrlässigen, sei es schuldlosen — Veranstaltung eines Nachdrucks (§§. 18, 20, 54). Daß wir es hier mit einer durchaus singulären Abweichung von den allgemeinen Grundsätzen über Teilnahme zu thun haben (fahrlässige Anstiftung einerseits, Anstiftung zu fahrlässigem Delikt andererseits), wurde bereits oben §. 35 Note 3 bemerkt.

3. Strafe für Veranstaltung wie Veranlassung: Geldstrafe bis zu 3000 Mark, die im Falle der Uneinbringlichkeit nach Maßgabe der allgemeinen Strafgesetze in eine entsprechende Freiheitsstrafe bis zu 6 Monaten umzuwandeln ist. Rückfallsschärfung ist ausgeschlossen (§. 23).

4. Der Veranstalter bleibt straffrei, wenn er auf Grund entschuldbaren, thatsächlichen oder rechtlichen Irrtums in gutem Glauben gehandelt hat (§. 18 Abs. 2). Somit schließt auch der Mangel des Bewußtseins der Rechtswidrigkeit,

wenn derselbe auf einem entschuldbaren Irrtume beruht, die Strafbarkeit aus (vgl. oben §. 28 II).

5. Statt der Entschädigung kann neben der Strafe auf Verlangen des Beschädigten auf eine an diesen zu erlegende Geldbuße bis zum Betrage von 6000 Mark erkannt werden. Die zu derselben Verurteilten haften als Gesammtschuldner. Zuerkennung der Buße schließt die Geltendmachung eines weiteren Entschädigungsanspruches aus (§§. 18 und 54).

Dagegen besteht die Entschädigung, welche dem Berechtigten im Falle der unbefugten öffentlichen Aufführung eines dramatischen usw. Werkes zu gewähren ist, in dem ganzen Betrage der Einnahme von jeder Aufführung ohne Abzug der auf dieselbe verwendeten Kosten (§. 55); vgl. oben §. 42 II a. E.).

6. Die vorrätigen Nachdrucksexemplare und die zur widerrechtlichen Vervielfältigung ausschließlich bestimmten Vorrichtungen unterliegen der Einziehung (§. 21), und sind nachdem auf diese rechtskräftig erkannt worden ist, entweder zu vernichten oder ihrer gefährdenden Form zu entkleiden und alsdann dem Eigentümer zurückzugeben. Die Einziehung erstreckt sich auf alle Exemplare und Vorrichtungen, die sich im Eigentume des Veranstalters des Nachdruckes, des Druckers, der Sortimentsbuchhändler, der gewerbsmäßigen Verbreiter und desjenigen, der den Nachdruck veranlaßt hat, befinden.

Die Einziehung tritt auch dann ein, wenn der Veranstalter oder Veranlasser des Nachdruckes weder vorsätzlich noch fahrlässig gehandelt hat. Sie erfolgt auch gegen die Erben desselben.

Der Antrag auf Einziehung ist so lange zulässig (§. 36), als solche Exemplare oder Vorrichtungen vorhanden sind.

7. Das Vergehen des Nachdruckes ist vollendet, sobald ein Nachdrucksexemplar hergestellt worden ist (§. 22). Im Falle des Versuches tritt weder Bestrafung noch Entschädigungsverbindlichkeit ein. Die Einziehung der Vorrichtungen erfolgt jedoch auch in diesem Falle.

8. Der Nachdruck ist Antragsdelikt. Antrag rücknehmbar bis zur Verkündigung eines auf Strafe lautenden Erkenntnisses (§. 27). Antragsberechtigt ist jeder in seinem Urheber- oder Verlagsrechte Beeinträchtigte (§. 28). Das Antragsrecht entfällt, wenn der Antrag nicht binnen 3 Monaten nach erlangter Kenntnis von dem begangenen Vergehen und von der Person des Thäters gestellt wird (§. 36).

9. Das Vergehen des Nachdruckes verjährt in 3 Jahren, von dem Tage, an welchem die Verbreitung der Nachdrucksexemplare zuerst stattgefunden hat (§. 33).

II. Vorsätzliche oder fahrlässige Unterlassung der Quellenangabe (§. 24), soweit diese bei gestattetem Abdrucke bereits veröffentlichter Schriften vorgeschrieben ist (§. 7 a), wird an dem Veranstalter und Veranlasser des Abdruckes mit Geldstrafe bis zu 60 Mark geahndet. Umwandlung in Freiheitsstrafe ausgeschlossen (vgl. oben §. 55 I a. E.). Eine Entschädigungspflicht tritt nicht ein. Antragsdelikt; das oben I 8 Gesagte findet auch hier Anwendung. Das Delikt verjährt in 3 Monaten von dem Tage, an welchem der Abdruck zuerst verbreitet worden ist (§. 37).

III. Das vorsätzliche Verbreiten von Nachdrucksexemplaren (das gewerbsmäßige Feilhalten, Verkaufen usw.). Strafe: wie oben I 3; Geldbuße wie oben I 5. Einziehung findet auch dann statt, wenn der Verbreiter nicht vorsätzlich gehandelt hat. Veranstalter und Veranlasser des Nachdruckes trifft Entschädigungspflicht und Strafe, wenn sie nicht schon als solche entschädigungspflichtig und strafbar sind (§. 25).

Antragsdelikt: wie oben I 8. Die Verjährung tritt in 3 Jahren von dem Tage ein, an welchem die Verbreitung zuletzt stattgefunden hat.

2.

§. 79. Die übrigen Fälle.

I. Verletzung des Urheberrechtes an Werken der bildenden Künste, nach dem Gesetz vom 9. Januar 1876 §. 5 begangen durch unbefugte Nachbildung eines solchen Werkes in der Absicht, dieselbe zu verbreiten. Das oben §. 78 I 2—9, II und III Gesagte, findet auch hier Anwendung (§. 16).

II. Verletzung der Urheberrechtes an Photographien, nach dem Gesetz vem 10. Januar 1876 §. 3 begangen durch unbefugte mechanische Nachbildung eines photographischen Werkes in Verbreitungsabsicht. Auch hier gelten die oben §§. 78 I 2—9, II und III angeführten Grundsätze (§. 9).

III. Verletzung des Urheberrechtes an Mustern und Modellen, nach dem Gesetz vom 11. Januar 1876 §. 5 begangen durch unbefugte Nachbildung eines Musters oder Modelles in Verbreitungsabsicht. Das oben §. 78 I 2—9, II und III Gesagte ist auch hier anzuwenden (§. 14).

IV. Verletzung des Namen-, Firmen- oder

Markenrechtes.[1] Nach §. 14 des Gesetzes vom 30. November 1874, der an Stelle des §. 287 StGB. getreten ist, wird derjenige, welcher:

a) Waaren oder deren Verpackung wissentlich mit einem nach Maßgabe dieses Gesetzes zu schützenden Waarenzeichen, oder mit dem Namen oder der Firma eines inländischen Produzenten oder Handeltreibenden widerrechtlich bezeichnet, oder

b) dergleichen widerrechtlich bezeichnete Waaren in Verkehr bringt oder feilhält,

mit Geldstrafe von 150 bis zu 3000 Mark oder mit Gefängnis bis zu 6 Monaten bestraft.

Die Verfolgung tritt nur auf Antrag des verletzten Produzenten oder Handeltreibenden ein.[2]

Statt der Entschädigung kann neben der Strafe auf Verlangen des Beschädigten auf eine an diesen zu erlegende Buße bis zum Betrage von 5000 Mark erkannt werden. Die zu derselben Verurteilten haften als Gesammtschuldner. Die Zuerkennung schließt die Geltendmachung eines weiteren Entschädigungsanspruches aus (§. 15).

In dem verurteilenden Erkenntnisse ist (§. 17) auf Antrag des Verletzten bezüglich der im Besitze des Verurteilten befindlichen Waaren auf Vernichtung der Zeichen auf der Verpackung oder den Waaren, oder wenn die Beseitigung der Zeichen in anderer Weise nicht möglich ist, auf Ver-

---

[1] Vgl. Merkel HR. „Fabriks- und Waarenzeichenfälschung".

[2] Schon dies beweist, daß der Gesetzgeber in erster Linie den Schutz des Individualrechtes und nicht jenen des Publikums im Auge hat, daß es also unrichtig ist, hier von einem Fälschungs-Delikte zu sprechen, und die Verletzung der publica fides an erster Stelle zu betonen.

nichtung der Verpackung oder der Waaren selbst zu erkennen.

Ferner ist (§. 17) dem Verletzten die Befugnis zuzusprechen, die Verurteilung auf Kosten des Verurteilten öffentlich bekannt zu machen. Die Art der Bekanntmachung und die Frist zu derselben ist in dem Urteile zu bestimmen (vgl. oben §. 42 II 2).

V. Die Verletzung des Patentrechtes.[3] Gesetz vom 25. Mai 1877. Die Erteilung eines Patentes (sie findet nach §. 1 statt für neue Erfindungen, welche eine gewerbliche Verwertung gestatten) hat die Wirkung, daß niemand befugt ist, ohne Erlaubnis des Patentinhabers den Gegenstand der Erfindung gewerbsmäßig herzustellen, in Verkehr zu bringen oder feilzuhalten, bez. das erfundene Verfahren anzuwenden oder den Gegenstand der Erfindung zu gebrauchen (§. 4).

1. Wer unbefugt und wissentlich eine patentierte Erfindung in Gebrauch nimmt, wird (§. 34) mit Geldstrafe bis zu 5000 Mark oder mit Gefängnis bis zu einem Jahre bestraft. Antragsdelikt.

Oeffentliche Bekanntmachung der Verurteilung (§. 35) wie oben unter IV. Statt der Entschädigung kann (§. 36) auf Buße bis zu 10000 Mark erkannt werden. Weiterer Entschädigungsanspruch in diesem Falle ausgeschlossen. Mehrere Verurteilte haften als Gesammtschuldner.

Die Klagen wegen Verletzung des Patentrechtes verjähren (§. 38) rücksichtlich jeder einzelnen dieselbe begründenden Handlung in drei Jahren.

2. Nicht als die Verletzung eines Individualrechtes, sondern als eine Gefährdung der Interessen des Pu-

---

[3] Vgl. Ernst Meier HR. „Erfinderpatente".

blikums haben wir die — nur des Zusammenhanges wegen an dieser Stelle behandelte — Simulierung des Patentschutzes (§. 40) zu betrachten. Mit Geldstrafe bis zu 150 Mark oder Haft wird bestraft:

a) Wer Gegenstände oder deren Verpackung mit einer Bezeichnung versieht, welche geeignet ist, den Irrtum zu erregen, daß die Gegenstände durch ein Patent geschützt seien;

b) wer in öffentlichen Anzeigen, auf Aushängeschildern, auf Empfehlungskarten oder in ähnlichen Kundgebungen eine Bezeichnung anwendet, welche geeignet ist, den gleichen Irrtum zu erregen.

V. Strafbare Handlungen gegen immaterielle Rechtsgüter.

1.

§. 80. Gegen die Ehre.[1]

I. Begriff.

Ehre als Rechtsgut ist das rechtlich geschützte Interesse des Einzelindividuums oder der Individuengruppe, als die eingenommene Stellung vollkommen ausfüllend betrachtet und behandelt zu werden.

In dieser Definition liegt — im Gegensatze zu der herrschenden Ansicht — ausgedrückt, daß Ehre im Rechtssinne und „Menschenwürde" oder „bürgerliche Achtung" nicht

[1] Lit. bei Meyer S. 420 Note 1. Dazu Freudenthal System des Rechts der Ehrenkränkungen. 1880. John HR. „Beleidigung".

identische Begriffe sind. Die Ehre trägt vielmehr einen höchst-persönlichen, durchaus individuellen Charakter; und gerade in dieser subjektiven Basis unseres modernen Ehrgefühles (welche durch eine gewisse Ueberspannung desselben bedingt ist und umgekehrt wieder diese fördert) liegt der charakteristische Unterschied des heutigen Ehrbegriffes gegenüber der römischen Bürgerehre wie der germanischen Genossenehre. Der Inhalt der Ehre ist nach der hier vertretenen Auffassung ein anderer, wenn es sich um den Bauer oder den Handwerker, den Offizier oder den Fabriksherrn, den Staatsmann oder den Gelehrten, den Beamten oder den Studenten handelt. Mit Recht hat das RGR. (1. November 1879, R I 28) in der Aeußerung über eine Rede Bismarcks: „eine solche Rede könne jeder Schornsteinfeger halten" eine Beleidigung des Reichskanzlers erblickt, ohne damit der Menschenwürde oder bürgerlichen Ehrenhaftigkeit der Schornsteinfeger nahezutreten.

Die Ehre ist ein Rechtsgut, aber kein subjektives Recht. Der Rechtsschutz der Ehre erschöpft sich in dem Schutze gegen Verletzung. Der Ehre steht rechtlich kein positiver Anspruch auf Achtung, sondern nur ein negativer Anspruch auf Nichtausdruck der Nichtachtung, auf Nichtverletzung gegenüber. Sie ist in Geld nicht abschätzbar (die Buße ist Genugthuung für den Angriff, nicht Wiederherstellung der verminderten Ehre), nicht negoziabel: ein rein immaterielles Rechtsgut.

Das positive Recht schützt regelmäßig, von besonderer Anordnung abgesehen, nur die Ehre des Einzelindividuums, nicht die der Individuengruppen.[3] Ausnahmen finden sich:

[3] Vgl. Zimmermann GA. XXV; Bolze GA. XXVI. Die herrschende Ansicht vertritt auch RGR. 31. Januar 1880, E I 178, R I 302.

1. StGB. §§. 196, 197 Beleidigung von Behörden und politischen Körperschaften;
2. StGB. §. 187 Gefährdung des Kredits von Handelsgesellschaften;
3. StGB. §. 189 Schutz der Familienehre.

II. Arten der strafbaren Handlungen gegen die Ehre.

1. Die Ehrverletzung (StGB. §. 185) oder die Beleidigung im eigentlichen Sinne; der Ausdruck der Nichtachtung, mag derselbe in der Form eines Urteils oder in der Form einer das Urteil in sich schließenden Thatsachenbehauptung erfolgen.

Der Vorsatz (fahrlässige Beleidigung ist denkbar, aber nicht strafbar) besteht auch hier lediglich in dem Bewußtsein von der Kausalität des Thuns; eine darüber hinausgehende Absicht, ein sogenannter animus injuriandi, ist nicht erforderlich.[3]

Die Beleidigung ist vollendet, sobald der Ausdruck der Nichtachtung zur Kenntnis des Beleidigten oder einer dritten Person gelangt ist. Der Versuch ist nicht strafbar. War der gewählte Ausdruck nicht geeignet, das Auszudrückende auszudrücken, so würde nur (strafloser) Versuch vorliegen. Dabei muß aber die Anschauungsweise der betreffenden Kreise, darf nicht etwa ein objektiver Maßstab zu Grunde gelegt werden.[4]

Strafe:

a) Geldstrafe bis zu 600 Mark, oder Haft oder Gefängnis bis zu einem Jahre;

---

[3] Ueber diese Frage herrscht noch vielfache, durch §. 193 StGB. gesteigerte Unklarheit. Auch die einschlagenden Entscheidungen des RGR. enthalten manche recht bedenkliche Bemerkung.

[4] RGR. 22. April 1880, E I 390.

b) wenn mittels einer Thätlichkeit, d. h. mittels eines unmittelbar gegen den Körper des zu Beleidigenden gerichteten, wenn auch fehlgeschlagenen Angriffes begangen, Geldstrafe bis zu 1500 Mark oder Gefängnis bis zu 2 Jahren. Der verschiedene Vorsatz scheidet die Realinjurie und die Körperverletzung; ist — was wohl in der Regel der Fall sein dürfte — das Bewußtsein vorhanden, daß die Handlung nach beiden Richtungen hin kausal sein werde, so giebt nach dem oben §. 40 III Gesagten der höhere Strafsatz den Ausschlag.

2. Die Gefährdung der Ehre durch üble Nachrede (StGB. §. 186), d. i. das Behaupten oder Verbreiten von nicht erweislich wahren Thatsachen („Thatsache" vgl. oben §. 73 S. 290) in Beziehung auf einen Anderen, welche denselben verächtlich zu machen oder in der öffentlichen Meinung herabzuwürdigen geeignet sind. Die üble Nachrede ist nicht Verletzung, sondern Gefährdung der Ehre; nicht Ausdruck der Nichtachtung, sondern Mitteilung des Materiales, das Andere zur Nichtachtung veranlassen kann. Sie kann daher nicht gegenüber dem Betroffenen,[5] sondern nur in Bezug auf ihn gegenüber dritten Personen, begangen werden; und ist vollendet mit der Behauptung oder Verbreitung der Thatsachen. Daher ist ferner — im Gegensatze zu dem oben unter 1 Gesagten — nicht die Anschauung derjenigen Kreise, für welche die Aeußerung zunächst berechnet ist, sondern die des objektiv urteilenden Publikums maßgebend.[6] Der Vorsatz muß auch das Bewußtsein, die Thatsachen seien nicht erweislich wahr umfassen. Hält der Behauptende die Thatsachen für

[5] RGR. 24. Oktober 1879, R I 14.

[6] Vgl. RGR. 23. Januar 1880, E I 161 (zunächst mit Bezug auf §. 131 StGB. gefällt).

erweislich wahr, während sie es in Wirklichkeit nicht sind, so kann Fahrlässigkeit vorliegen, die nach der Fassung des §. 186 ebenfalls strafbar ist.

Strafe:

a) Geldstrafe bis zu 600 Mark oder Haft oder Gefängnis bis zu einem Jahre;

b) wenn

α) öffentlich, d. i. vor unbestimmt welchen und unbestimmt wie vielen Personen oder

β) durch Verbreitung von Schriften, Abbildungen oder Darstellungen[7] begangen,

Geldstrafe bis zu 1500 Mark oder Gefängnis bis zu 2 Jahren.

3. Die Gefährdung der Ehre durch Verleumdung (StGB. §. 187), von der üblen Nachrede unterschieden:

a) dadurch, daß an Stelle der „nicht erweislich wahren" Thatsachen „unwahre" Thatsachen treten;

b) durch das Hinzukommen der mala fides, des Wissens von der Unwahrheit der behaupteten oder verbreiteten Thatsachen (kann daher nur vorsätzlich begangen werden).

Im Uebrigen deckt sich der Thatbestand der Verleumdung mit jenem der üblen Nachrede.

Strafe: Gefängnis bis zu 2 Jahren; wenn die oben zu 2 b angeführten Qualifikationen vorliegen, Gefängnis nicht unter einem Monate. Bei mildernden Umständen kann die Strafe bis auf einen Tag Gefängnis ermäßigt, oder auf Geldstrafe bis zu 900 Mark erkannt werden.

4. Die Gefährdung des Kredites durch Verleum-

---

[7] Vgl. Liszt Preßrecht §. 42.

dung (StGB. §. 187), d. i. die wider besseres Wissen in Bezug auf einen Anderen erfolgende Behauptung oder Verbreitung von Thatsachen, welche dessen Kredit zu gefährden geeignet sind. Der persönliche Kredit ist nichts als die wirtschaftliche Seite der Ehre, das Interesse desjenigen, dessen Stellung das Kreditnehmen mit sich bringt, als zahlungsfähig und zahlungswillig betrachtet und behandelt zu werden. Daß diese Seite der Ehre auch in Bezug auf Handelsgesellschaften, also Kollektivpersönlichkeiten, durch §. 187 StGB. geschützt werden soll, wird allgemein zugegeben.

Strafe wie zu 4.

5. Gefährdung der Familienehre durch Verleumdung Verstorbener (StGB. §. 189), d. h. Beschimpfung des Andenkens eines Verstorbenen durch wider besseres Wissen erfolgende Behauptung oder Verbreitung von Thatsachen, welche denselben bei seinen Lebzeiten verächtlich zu machen oder in der öffentlichen Meinung herabzuwürdigen geeignet gewesen wären. Der Tote ist nicht mehr Rechtssubjekt; er kann in seiner Ehre ebensowenig wie in seinem Leben verletzt werden, da er jene ebensowenig mehr besitzt wie diese. Aber die Interessen der Familie als einer Individuengruppe, einer Kollektivpersönlichkeit erstrecken sich über das Leben der einzelnen Generation hinaus. Die Familienehre wird verletzt durch Beschimpfung eines verstorbenen Gliedes, und diese Familienehre schützt der Gesetzgeber.[8] Daher die Antragsberechtigung der Angehörigen

[8] Die Konstruktion des §. 189 StGB. ist eine sehr bestrittene. Für meine Auffassung scheint mir nicht nur Stellung und Fassung des §. 189, sondern auch das natürliche Gefühl zu sprechen. Die Solidarität der Interessen der Familienglieder

(Eltern, Kinder, Ehegatten), daher die Beschränkung des rechtlichen Schutzes auf jene wenigen Generationen, die als im unmittelbaren Zusammenhange mit dem Verstorbenen befindlich betrachtet werden können, die daher durch das Urteil über den Verstorbenen mit berührt werden.

Strafe: Gefängnis bis zu 6 Monaten, bei mildernden Umständen Geldstrafe bis zu 900 Mark.

III. Die allgemeinen Grundsätze über Rechtswidrigkeit und Wegfall derselben (oben §. 22) beanspruchen uneingeschränkte Geltung auch auf dem Gebiete der Beleidigungen. Hatte der Handelnde ein Recht zur Vornahme der Handlung, so liegt eben kein Delikt vor. Der Gesetzgeber wollte diese allgemeine Regel dem Richter gerade hier ins Gedächtnis rufen und zugleich durch Beispiele illustrieren, hat aber gerade dadurch die Praxis vielfach irregeführt. Die hieher gehörigen Bestimmungen sind:

1. StGB. §. 193. Tadelnde Urteile über wissenschaftliche, künstlerische oder gewerbliche Leistungen, ingleichen Aeußerungen, welche zur Ausführung oder Verteidigung von Rechten oder zur Wahrnehmung berechtigter Interessen[9] gemacht werden, sowie Vorhaltungen und Rügen der Vorgesetzten gegen ihre Untergebenen, dienstliche Anzeigen oder Urteile von Seiten eines Beamten und ähnliche Fälle sind nur insofern strafbar, als das Vorhandensein einer Beleidigung aus der Form der Aeußerung oder aus den Umständen,

---

kann wohl nicht geleugnet werden, und sie ist es, welche die Familie hier wie sonst zur Kollektivpersönlichkeit erhebt.

[9] Durch den Berechtigten selbst oder durch einen zur Wahrnehmung derselben berufenen Dritten; vgl. RGR. 24. Dezember 1879, E I 128, R I 171; 22. Januar 1880, R I 260.

unter welchen sie geschah, hervorgeht. Dieser letzte Zusatz sagt nur, daß mit dem Ueberschreiten der Grenzen der Berechtigung die Rechtswidrigkeit beginnt.[10] Falsch ist es, die Absicht zu betonen und diese als etwas vom Vorsatze verschiedenes aufzufassen.[11]

2. Mit dem Beweise der Wahrheit entfällt ohne Weiteres die Annahme der in den §§. 186, 187, 189 (oben II 2—5) enthaltenen Delikte, welche begrifflich Unwahrheit oder wenigstens Nicht-Beweisbarkeit der behaupteten oder verbreiteten Thatsachen erfordern. Aber auch im Falle des §. 185 (oben II 1) schließt die Wahrheit der Thatsachen (soweit solche überhaupt in Frage stehen) die Rechtswidrigkeit aus; es sei denn, daß die durch das Recht die Wahrheit zu sagen gezogenen Grenzen überschritten wurden, und der Thäter dem Vorbringen der Thatsachen etwas Weiteres, eine Beleidigung enthaltendes, hinzugefügt hat. Dies und nichts Anderes sagt §. 192 mit den Worten: „Der Wahrheitsbeweis schließt die Bestrafung nach §. 185 nicht aus, wenn das Vorhandensein einer Beleidigung aus der Form der Behauptung oder Verbreitung oder aus den Umständen, unter welchen sie geschah, hervorgeht."

Ist die Thatsache eine strafbare Handlung, so ist (§. 190 StGB.) der Wahrheitsbeweis:

a) als erbracht anzusehen, wenn der Beleidigte wegen dieser Handlung rechtskräftig verurteilt;

[10] Bei dieser Auffassung des §. 193 kann es keinem Zweifel unterliegen, daß derselbe auch auf die Fälle der Verleumdung prinzipiell anzuwenden ist. Freilich wird Berechtigung zur Verleumdung nur ganz ausnahmsweise (z. B. im Notstande) vorliegen.

[11] Bedenklich RGR. 5. Dezember 1879, R I 116; 16. März 1880, E I 317, R I 475; 30. April 1880, E I 406.

b) **ausgeschlossen**, wenn er wegen derselben **vor** der Behauptung oder Verbreitung rechtskräftig freigesprochen worden ist.[12]

IV. Auf Buße bis zu 6000 Mark kann (StGB. §. 188) auf Verlangen in den Fällen der §§. 186 und 187 (oben II, 2, 3, 4) erkannt werden, **wenn** die Beleidigung nachteilige Folgen für die Vermögensverhältnisse, den Erwerb oder das Fortkommen des Beleidigten mit sich bringt. Damit ist die Geltendmachung eines weiteren Entschädigungsanspruches ausgeschlossen.

V. Die Beleidigung ist **Antragsdelikt** (StGB. §. 194). Rücknahme des Antrages zulässig. Antragsberechtigt im Falle des §. 189 (oben II 5) sind die Eltern, Kinder und der Ehegatte des Verstorbenen; im übrigen gelten die allgemeinen Regeln (oben §. 31 II 1). Ueber das selbständige Antragsrecht des Vaters und Ehemannes im Falle des §. 195 StGB.'s, sowie des Amtsvorgesetzten im Falle des §. 196 vgl. oben §. 61 III 1 und 2. Nicht Antrags-, sondern **Ermächtigungsdelikt** (oben §. 30 III 2) ist die Beleidigung (StGB. §. 197), wenn dieselbe begangen worden ist gegen eine gesetzgebende Versammlung des Reichs oder eines Bundesstaats oder gegen eine andere politische Körperschaft.

Die Modifikationen der Antragsfrist bei **wechselseitigen Beleidigungen** siehe oben §. 61 III.

VI. **Retorsion** (§. 199 StGB.). Wenn eine Beleidigung auf der Stelle erwidert wird, so kann der Richter beide Beleidiger oder einen derselben für straffrei erklären. Vgl. auch hier das oben §. 61 V Gesagte.

[12] Es handelt sich hier nicht um eine Beschränkung der freien **Beweiswürdigung**, sondern um eine solche des Beweis**thema's** (der beweispflichtigen oder beweisfähigen Thatsachen).

VII. Neben der Buße kennt das Gesetz (StGB. §. 200) bei der Beleidigung noch zwei andere Formen der Privat-Genugthuung (oben §. 42 II 2), die an Stelle der aufgehobenen Institute der Abbitte, des Widerrufes, der Ehrenerklärung getreten sind:

1. Die Ausfertigung des Schuldurteiles an den Beleidigten auf Kosten des Verurteilten (obligatorisch in allen Fällen).

2. Die Befugnis der Beleidigten[13] zur öffentlichen Bekanntmachung der Verurteilung auf Kosten des Verurteilten.

Diese ist zuzusprechen bei öffentlich oder durch Verbreitung von Schriften, Darstellungen, Abbildungen[14] begangenen Beleidigungen. Art der Bekanntmachung und Frist zu derselben ist im Urteile zu bestimmen. Erfolgte die Beleidigung in einer Zeitung oder Zeitschrift, so ist der verfügende Teil des Urteils auf Antrag[15] des Beleidigten durch die öffentlichen Blätter bekannt zu machen, und zwar wenn möglich durch dieselbe Zeitung oder Zeitschrift und mit derselben Schrift, wie der Abdruck der Beleidigung geschehen.[16]

---

[13] Auch den selbständig Antragsberechtigten (StGB. §. 195 und §. 196) ist diese Befugnis zuzusprechen: RGR. 18. Februar 1880, R I 360.

[14] Ueber diese Begriffe siehe oben S. 323.

[15] Der Antrag kann auch im Vollstreckungsverfahren gestellt werden.

[16] Es bedarf keiner Festsetzung dieser besonderen Art der Bekanntmachung im Urteile: RGR. 14. April 1880, R I 598. Vgl. im Uebrigen Liszt Preßrecht §. 27 III.

2.

§. 81. Die übrigen Verletzungen immaterieller Rechtsgüter.

I. Die Störung der Rechtssicherheit des Einzelnen (seines Vertrauens auf ungeschmälerten Genuß der ihm zustehenden Rechtsgüter) durch Bedrohung mit der Begehung eines unmittelbar oder mittelbar gegen ihn gerichteten Verbrechens (StGB. §. 241).[1] Zur Vollendung ist Kenntnisnahme des Bedrohten[2] und thatsächlich erfolgte Störung in seiner Rechtssicherheit[3] erforderlich; sollte es daran fehlen, so läge nur (strafloser) Versuch vor. Vgl. über Drohung im übrigen das oben §. 63 S. 251 Gesagte.

Strafe: Gefängnis bis zu 6 Monaten, oder Geldstrafe bis zu 300 Mark.

II. Verletzung des Hausrechtes, das ist des rechtlich geschützten Interesses an ungestörter Bethätigung des eigenen Willens in der eigenen Wohnung, durch Hausfriedensbruch[4] (StGB. §§. 123 und 124). Als die Objekte, auf welche das Hausrecht sich erstreckt, nennt das Gesetz: die Wohnung, die Geschäftsräume, das befriedete[5] Besitztum des Einzelnen; es stellt ihnen gleich: abgeschlossene[6] Räume, die zum öffentlichen Dienste bestimmt sind.

---

[1] Lit. bei Meyer S. 536 Note 1.

[2] Ebenso RGR. 15. November 1879, R I 73.

[3] Dagegen RGR. 15. November 1879, R I 73.

[4] Lit. bei Meyer S. 537 Note 1.

[5] Nicht abgeschlossene, sondern als von dem Hausrechte ergriffen bezeichnete Räume: RGR. 6. April 1880, E I 547.

[6] Begriff oben §. 64 bei Note 14.

Das Hausrecht steht dem Inhaber der Wohnung, bez. seinen Stellvertretern zu; bei Räumen, welche wie Flure, Treppen, Vorräume u. dgl. zur Benutzung der Inhaber mehrerer Wohnungen bestimmt sind, jedem von diesen;[7] bezüglich der öffentlichen Räume demjenigen, der über diese zu verfügen berechtigt ist.

Die Fälle des Hausfriedensbruches.

1. Der einfache Hausfriedensbruch (StGB. §. 123 1. Abs.) begangen entweder

a) durch widerrechtliches (oben §. 28 II)[8] Eindringen in die genannten Räume; oder

b) dadurch, daß derjenige, der in solchen Räumen ohne Befugnis verweilt, sich trotz Aufforderung des Berechtigten nicht entfernt.[9]

Antragsdelikt. Antragsberechtigt ist der Träger des Hausrechtes; und zwar auch dann, wenn er in der Person seines Stellvertreters in seinem Hausrechte verletzt worden ist.

Strafe: Gefängnis bis zu 3 Monaten oder Geldstrafe bis zu 300 Mark.

2. Qualifizierter Fall (StGB. §. 123 3. Abs.); vorliegend, wenn eine der unter 1 angeführten Handlungen von einer mit Waffen versehenen (vgl. oben §. 64 II 2 c) Person oder von Mehreren gemeinschaftlich (oben §. 61 Note 5) begangen wird.

---

[7] RGR. 3. November 1879, R I 33; 10. Dezember 1879, E I 121, R I 138.

[8] Ueberschreitung einer gegebenen Berechtigung hat die Widerrechtlichkeit des Plus zur Folge: RGR. 24. November 1879, E I 21, R I 92.

[9] Kündigung der Wohnung, des Dienstes usw. macht das Verweilen in den bisher innegehabten Räumen nicht notwendig zu einem widerrechtlichen: RGR. 24. Februar 1880, E I 222; 27. April 1880, E I 398.

Von Amtswegen zu verfolgen. Strafe: Gefängnis von einer Woche bis zu einem Jahre.

3. Gewaltsamer Hausfriedensbruch (StGB. §. 124). Wenn sich eine Menschenmenge öffentlich zusammenrottet und in der Absicht, Gewaltthätigkeiten gegen Personen oder Sachen mit vereinten Kräften zu begehen, in die oben genannten Räume widerrechtlich eindringt, so wird jeder, welcher an diesen Handlungen teilnimmt, mit Gefängnis von einem Monat bis zu zwei Jahren bestraft. — Zusammenrottung ist die durch gemeinsame rechtswidrige Absicht zusammengehaltene, nach außen als geschlossene Gruppe hervortretende, räumliche Vereinigung mehrerer Menschen (vgl. RGR. 1. Juni 1880, E II 80, R II 5).

Oeffentlich erfolgt die Zusammenrottung, wenn der Anschluß dem Publikum, also unbestimmt wie vielen und unbestimmt welchen Personen, freisteht.

Auf Seiten des Teilnehmers muß Vorsatz vorliegen, d. i. hier das Bewußtsein, Teil einer strafbare Zwecke verfolgenden Zusammenrottung zu sein (RGR. 1. Juli 1880, R II 150).

4. Ueber das Amtsdelikt des §. 342 StGB. vgl. unten §. 93 II 4 e.

III. Verletzung des Brief- und Urkundengeheimnisses (StGB. §. 299), begangen durch unbefugte (oben §. 28 II) Eröffnung eines verschlossenen Briefes oder einer anderen verschlossenen Urkunde,[10] die nicht zur Kenntnisnahme des Thäters bestimmt ist. Erfolgte oder auch nur beabsichtigte Kenntnisnahme ist nicht erforderlich.

[10] Urkunde hat hier nicht technische Bedeutung (unten §. 89 I 1), sondern umfaßt jedes Schriftstück.

Antragsdelikt; antragsberechtigt ist der Absender, so lange er über die Sendung zu verfügen in der Lage ist; später der Adressat. Strafe: Geldstrafe bis zu 300 Mark oder Gefängnis bis zu 3 Monaten. Ueber das Amtsdelikt des §. 354 StGB. vgl. unten §. 93 II 10.

IV. Unbefugte (oben §. 28 II) Offenbarung von Privatgeheimnissen durch Rechtsanwälte, Advokaten, Notare, Verteidiger in Strafsachen, Aerzte, Wundärzte, Hebammen, Apotheker, sowie die Gehülfen dieser Personen, wenn ihnen diese Geheimnisse kraft ihres Amtes, Standes oder Gewerbes anvertraut sind (StGB. §. 300). Vorsatz erforderlich.[11] Antragsdelikt; antragsberechtigt ist derjenige, dessen Geheimnis in Frage steht, d. h. derjenige, der das Geheimnis anvertraut hat, oder, wenn es an einem solchen fehlt, derjenige, den es betrifft.

Strafe: Geldstrafe bis zu 1500 Mark oder Gefängnis bis zu 3 Monaten.

---

[11] Bestritten; auch Fahrlässigkeit soll nach Manchen genügen.

Zweites Buch.

Strafbare Handlungen gegen rechtlich geschützte Interessen des Publikums.

I. Die gemeingefährlichen Delikte des Strafgesetzbuches.

§. 82.

Allgemeines. Brandstiftung und Ueberschwemmung.

I. Das scheinbar charakteristische Merkmal dieser Gruppe, die durch die hieher gehörigen Delikte herbeigeführte Gefährdung von Leib, Leben, Eigentum des Publikums kommt auch anderen strafbaren Handlungen zu. Demnach empfiehlt es sich aus praktischen Gründen, die Bezeichnung „gemeingefährliche Delikte" auf die im 27. Abschnitt des StGB.'s enthaltenen Fälle zu beschränken.

Jenes Merkmal erfordert im Einzelnen:

1. Gefährdung, d. i. (in dem oben entwickelten Sinne) die Herbeiführung eines Zustandes, der nach unserer Erfahrung in der Mehrzahl der Fälle zu dem rechtswidrigen Erfolge führt.

2. Gefährdung von Leib, Leben, Eigentum; nicht aber der übrigen privaten oder öffentlichen Rechtsgüter. Es entspricht dem gewöhnlichen Sprachgebrauche der Gesetzgebung nicht, z. B. auch die Preß-Delikte als gemeingefährliche zu bezeichnen.

3. Gemeingefährdung, d. i. Herbeiführung eines Zustandes, in welchem nicht ein einzelner Träger der genannten Rechtsgüter, oder mehrere, nach Zahl und Individualität bestimmte Träger derselben, sondern das Publikum, die Oeffentlichkeit, ein nach Zahl und Individualität nicht abgeschlossener Personenkreis, als gefährdet erscheint. Darum gehört insbesondere die rechtswidrige Entfesselung der Naturkräfte, deren Wirkung jeder Berechnung wie jeder Beherrschung spottet, die der Thäter, hat er sie einmal gerufen, nicht mehr bannen kann — in die Gruppe der gemeingefährlichen Delikte.

Das genannte Merkmal wird vom Gesetzgeber in verschiedener Weise zur Bildung der einzelnen Deliktsbegriffe verwertet.

a) In manchen Fällen ist der regelmäßige, wenn auch im konkreten Falle nicht gegebene, Charakter der Handlung für den Gesetzgeber maßgebend; dann ist die Gemeingefährlichkeit nicht Begriffsmerkmal. Beispiel: Die Brandstiftung.

b) In anderen Fällen hat der Gesetzgeber die Gemeingefährlichkeit, wie bei der Ueberschwemmung, zum Begriffsmerkmal erhoben, und somit ihr Vorliegen im konkreten Falle zur Bedingung für den Eintritt der Strafbarkeit gemacht.

c) Endlich finden sich Fälle — ein Beispiel bietet §. 323 StGB., — in welchen die regelmäßige Gemeingefährlichkeit genügt, die konkrete Handlung also diese Eigenschaft nicht an sich zu tragen braucht, wohl aber die Gefährdung eines oder mehrerer Einzelner (nicht Gemeingefährdung) Bedingung der Strafbarkeit ist.

Bei der Handhabung der einzelnen Deliktsbegriffe ist diese verschiedene Verwertung des Merkmals der Gemeingefährlichkeit wohl ins Auge zu fassen.

II. Den ersten Rang unter den gemeingefährlichen Delikten nimmt die Brandstiftung[1] ein. Sie unterscheidet sich durch ihre Gemeingefährlichkeit von der Sachbeschädigung. Aber nicht jede im konkreten Falle gemeingefährliche Sachbeschädigung durch Brandlegung ist Brandstiftung im Sinne des Gesetzgebers; dieser hat vielmehr die Fälle der gemeingefährlichen Brandstiftung ausschließend aufgezählt, und damit die Untersuchung nach dem Vorliegen jenes Merkmales im Einzelfalle einfürallemale abgeschnitten.

Die Brandstiftung ist vollendet, sobald nicht nur der Zündstoff oder ein Teil des Brandobjektes in Brand gesetzt, sondern das Feuer ausgebrochen, d. h. ein solcher Brand entstanden ist, der die Gefahr eines wenigstens teilweisen Abbrennens in sich schließt, und erhöhte Kraftanstrengung, sowie fremde Hülfe zur Bewältigung fordert.[2]

Die thätige Reue (oben §. 57 III) ist als Strafaufhebungsgrund anerkannt (StGB. §. 310). Sie liegt vor, wenn der Thäter, sei es auch durch Herbeirufung fremder Hülfe,[3] den Brand wieder gelöscht hat, bevor derselbe entdeckt[4] und ein weiterer als der durch die bloße Inbrandsetzung bewirkte Schade entstanden ist.

---

[1] Lit. bei Meyer S. 555 Note 1. Dazu Ullmann GS. XXX; Wanjek GS. XXX; John HR. „Brandstiftung".

[2] RGR. 3. Mai 1880, E I 375, R I 720.

[3] RGR. 3. Mai 1880, E I 375, R I 720.

[4] Nach derselben RGR. ist Entdeckung nicht anzunehmen, wenn nur der zur Hülfeleistung Herbeigerufene allein die Brandstiftung wahrgenommen hat.

Fälle der Brandstiftung.

A. Vorsätzliche.

1. Mit (abstrakter) Gemeingefahr für das Leben.

a) Einfacher Fall (StGB. §. 306): wenn in Brand gesetzt wird:

1. Ein zu gottesdienstlichen Versammlungen bestimmtes Gebäude;
2. ein Gebäude, ein Schiff oder eine Hütte, welche zur Wohnung von Menschen dienen;
3. eine Räumlichkeit, welche zeitweise zum Aufenthalte von Menschen dient, und zwar zu einer Zeit, während welcher Menschen in derselben sich aufzuhalten pflegen.

Strafe: Zuchthaus.

b) Qualifizierter Fall (StGB. §. 307).

1. Wenn der Brand den Tod eines Menschen dadurch verursacht (oben §. 61 II 1 c) hat, daß dieser zur Zeit der That in einer der in Brand gesetzten Räumlichkeiten sich befand;
2. wenn die Brandstiftung in der Absicht (gleichtreibendes Motiv, oben §. 28 III) begangen worden ist, um unter Begünstigung derselben Mord oder Raub zu begehen oder einen Aufruhr zu erregen;
3. wenn der Brandstifter, um das Löschen des Feuers zu verhindern oder zu erschweren, Löschgerätschaften entfernt oder unbrauchbar gemacht hat.

Strafe: Zuchthaus nicht unter 10 Jahren oder lebenslängliches Zuchthaus.

2. Mit (abstrakter) Gemeingefahr für Eigentum oder Leben (StGB. §. 308); wenn Gebäude, Schiffe, Hütten,

Bergwerke, Magazine, Waarenvorräte, welche auf dazu bestimmten öffentlichen Plätzen lagern, Vorräte von landwirtschaftlichen Erzeugnissen[5] oder von Bau- oder Brennmaterialien, Früchte auf dem Felde, Waldungen oder Torfmoore in Brand gesetzt werden, und diese Gegenstände entweder a) fremdes Eigentum sind, oder b) zwar dem Brandstifter eigentümlich gehören, jedoch ihrer Beschaffenheit und Lage nach geeignet sind, das Feuer einer der im §. 306 Nr. 1—3 bezeichneten Räumlichkeiten oder einem der vorstehend bezeichneten fremden Gegenstände mitzuteilen.

Strafe: Zuchthaus bis zu 10 Jahren, bei mildernden Umständen Gefängnis nicht unter 6 Monaten.

B. Fahrlässige Brandstiftung (StGB. §. 309), wenn an einem der in den §§. 306 und 308 bezeichneten Gegenstände begangen. Strafe: Gefängnis bis zu einem Jahre, oder Geldstrafe bis zu 900 Mark; wenn durch den Brand der Tod eines Menschen verursacht worden, Gefängnis von einem Monate bis zu 3 Jahren.

Neben Zuchthaus kann in allen Fällen der Brandstiftung auf Zulässigkeit von Polizeiaufsicht erkannt werden (StGB. §. 325).

C. Der Brandstiftung ist gleichgestellt (StGB. §. 311) die gänzliche oder teilweise Zerstörung einer Sache durch den Gebrauch von Pulver oder anderen explodierenden Stoffen.

III. Die Herbeiführnng einer Ueberschwemmung.[6]

---

[5]) Düngerhaufen gehören wegen der eingetretenen Veränderung der ursprünglichen Bestandteile derselben (Stroh usw.) nicht hieher; RGR. 19. Juni 1880, R II 82.

[6] Wanjek GS. XXXI.

1. Vorsätzliche.

a) Mit Gemeingefahr (im konkreten Fall) für Menschenleben (StGB. §. 312). Strafe: Zuchthaus nicht unter 3 Jahren; wenn der Tod eines Menschen verursacht (oben §. 61 II 1 c) worden, Zuchthaus nicht unter 10 Jahren oder lebenslängliches Zuchthaus.

b) Mit Gemeingefahr (im konkreten Falle) für das Eigentum (StGB. §. 313). Strafe: Zuchthaus; wenn die Absicht des Thäters nur auf Schutz seines Eigentums gerichtet gewesen (vgl. oben §. 24 II 2), Gefängnis nicht unter einem Jahre.

2. Fahrlässige (StGB. §. 314) Ueberschwemmung mit konkreter Gemeingefahr für Leben oder Eigentum. Strafe: Gefängnis bis zu einem Jahre; wenn der Tod eines Menschen verursacht worden, Gefängnis von einem Monate bis zu 3 Jahren.

Neben Zuchthaus kann auf Polizeiaufsicht erkannt werden (StGB. §. 325).

§. 83.

Fortsetzung. Die übrigen gemeingefährlichen Delikte des Strafgesetzbuches.

I. Gefährdung des Eisenbahn-Transportes[1] (StGB. §§. 315 und 316) durch Beschädigung von Eisenbahnanlagen, Beförderungsmitteln oder sonstigem Zubehör, durch Bereitung von Hindernissen mittels falscher Zeichen oder Signale oder auf andere Weise (Gemeingefahr in abstracto).

---

[1] Begriff oben §. 64 II 2 d.

1. Vorsätzlich begangen (§. 315). Strafe: Zuchthaus bis zu 10 Jahren; bei Verursachung (oben §. 61 II 1 c) einer schweren Körperverletzung (StGB. §. 224) Zuchthaus nicht unter 5 Jahren; bei Verursachung des Todes nicht unter 10 Jahren oder lebenslänglich. Polizeiaufsicht kann erkannt werden (§. 325).

2. Fahrlässig begangen (§. 316). Strafe: Gefängnis bis zu einem Jahre; bei Verursachung des Todes Gefängnis von einem Monate bis zu 3 Jahren.

3. Die unter 2 bezeichnete Strafe trifft die zur Leitung der Eisenbahnfahrten und zur Aufsicht über Bahn und Beförderungsbetrieb angestellten Personen, wenn sie durch Vernachlässigung der ihnen obliegenden Pflichten[1] einen Transport in Gefahr setzen.

II. Verhinderung oder Störung der Benutzung einer zu öffentlichen Zwecken dienenden Telegraphenanstalt (Gemeingefahr in abstracto).

1. Vorsätzlich begangen (StGB. §. 317). Strafe: Gefängnis von einem Monate bis zu 3 Jahren.

2. Fahrlässig begangen (§. 318). Strafe: Gefängnis bis zu einem Jahre oder Geldstrafe bis zu 900 Mark.

3. Die zu 2 bezeichnete Strafe trifft die zur Beaufsichtigung und Bedienung der Telegraphenanstalten und ihrer Zubehörungen angestellten Personen, wenn sie durch Pflichtvernachlässigung die Benutzung der Anstalt verhindern oder stören.

Zu I und II.

Die wegen einer der angeführten Handlungen verurteilten

---

[1] Also auch, wenn nicht durch Beschädigung von Eisenbahnanlagen usw.

Angestellten (I 3 und II 3) können zugleich für unfähig zu einer Beschäftigung im Eisenbahn- oder Telegraphendienste oder in bestimmten Zweigen dieser Dienste erklärt werden (StGB. §. 319).

Die Vorsteher der Eisenbahngesellschaft oder Telegraphenanstalt, welche nicht sofort nach Mitteilung des rechtskräftigen Erkenntnisses die Entfernung des Verurteilten bewirken, werden mit Geldstrafe bis zu 300 Mark oder Gefängnis bis zu 3 Monaten bestraft. Gleiche Strafe trifft den für unfähig Erklärten, der sich nachher wieder anstellen läßt, sowie diejenigen, die ihn trotz Kenntnis der Unfähigkeitserklärung wieder angestellt haben.

III. Zerstörung oder Beschädigung von Wasserleitungen, Schleusen, Wehren, Deichen, Dämmen oder anderen Wasserbauten; von Brücken, Fähren, Wegen, Schutzwehren; von Bergwerksvorrichtungen zur Wasserhaltung, Wetterführung, zum Ein- und Ausfahren der Arbeiter; Störung des Fahrwassers in schiffbaren Strömen, Flüssen oder Kanälen: wenn dadurch Gefahr für Leben oder Gesundheit Anderer herbeigeführt wurde (Gefährdung, wenn auch nicht Gemeingefährdung im konkreten Fall erforderlich).

1. Vorsätzlich begangen (StGB. §. 321). Strafe: Gefängnis nicht unter 3 Monaten; bei Verursachung einer schweren Körperverletzung (StGB. §. 224) Zuchthaus bis zu 5 Jahren; des Todes, Zuchthaus nicht unter 5 Jahren. Neben Zuchthaus Polizeiaufsicht fakultativ (§. 325).

2. Fahrlässig begangen (§. 326). Strafe: Bei Verursachung eines Schadens, Gefängnis bis zu einem Jahre; bei Verursachung des Todes, Gefängnis von einem Monat bis zu 3 Jahren.

IV. Strafbare Handlungen an zur Sicherung der Schiffahrt bestimmten Feuerzeichen oder anderen zu diesem Zwecke aufgestellten Zeichen; und zwar Zerstören, Wegschaffen, Unbrauchbarmachen, Auslöschen, dienstpflichtwidriges Nicht-Aufstellen; Aufstellen eines falschen Zeichens, welches geeignet ist, die Schiffahrt unsicher zu machen; insbesondere nächtliches Anzünden von Feuer auf der Strandhöhe, welches die Schiffahrt zu gefährden geeignet ist (abstrakte Gemeingefährdung genügt).

1. Vorsätzlich begangen (StGB. §. 322). Strafe: Zuchthaus bis zu 10 Jahren; bei Verursachung der Strandung eines Schiffes, Zuchthaus nicht unter 5 Jahren; des Todes eines Menschen, Zuchthaus nicht unter 10 Jahren oder lebenslängliches Zuchthaus. Polizeiaufsicht fakultativ (§. 325).

2. Fahrlässig begangen (§. 326). Strafe: wie oben zu III 2.

V. Bewirkung des Strandens oder Sinkens eines Schiffes, wenn dadurch Gefahr für das Leben eines anderen herbeigeführt wird (konkrete Gefährdung, nicht aber Gemeingefährdung erforderlich).

1. Vorsätzlich begangen (StGB. §. 323). Strafe: Zuchthaus nicht unter 5 Jahren; bei Verursachung des Todes eines Menschen, Zuchthaus nicht unter 10 Jahren oder lebenslängliches Zuchthaus. Polizeiaufsicht fakultativ (§. 325).

2. Fahrlässig begangen (§. 326). Strafe wie oben zu III 2.

VI. Vergiftung von Brunnen oder Wasserbehältern, die zum Gebrauche Anderer dienen; Vergiftung von Gegenständen, welche zum öffentlichen Verkaufe oder

Verbrauche bestimmt sind, oder Beimischung von Stoffen, von welchen dem Thäter bekannt ist, daß sie die menschliche Gesundheit zu zerstören geeignet sind; wissentliches Verkaufen, Feilhalten, In-Verkehr-Bringen solcher vergifteter oder mit gefährlichen Stoffen vermischter Sachen mit Verschweigung dieser Eigenschaft.[3] (Abstrakte Gemeingefährdung genügt).

1. Vorsätzlich begangen (StGB. §. 324). Strafe: Zuchthaus bis zu 10 Jahren; bei Verursachung des Todes Zuchthaus nicht unter 10 Jahren oder lebenslänglich Zuchthaus. Polizeiaufsicht fakultativ (§. 325).

2. Fahrlässig begangen (§. 326). Strafe: wie oben III 2.

VII. Verletzung der zur Verhütung von ansteckenden Krankheiten oder Viehseuchen getroffenen Vorsichtsmaßregeln (StGB. §. 327 und 328). Siehe darüber unten §. 107 I und II.

VIII. Nichterfüllung (oder Erfüllung nicht zur bestimmten Zeit oder nicht in der vorbedungenen Weise) von mit einer Behörde geschlossenen Lieferungsverträgen:

a) über Bedürfnisse des Heeres oder der Marine zur Zeit eines Krieges; oder

b) über Lebensmittel zur Abwendung oder Beseitigung eines Notstandes (StGB. §. 329; abstrakte Gemeingefährlichkeit genügt).

1. Vorsätzlich begangen. Strafe: Gefängnis nicht unter 6 Monaten; Ehrverlust fakultativ.

---

[3] Vgl. Nahrungsmittelgesetz im nächsten §. Dieses ist Spezialgesetz mit Bezug auf gewisse Gegenstände, und geht somit dem §. 324 StGB. vor.

2. Fahrlässig begangen. Strafe: wenn durch die Handlung ein Schaden verursacht worden, Gefängnis bis zu 2 Jahren.

Dieselben Strafen finden auch gegen Unterlieferanten, Vermittler und Bevollmächtigte des Lieferanten Anwendung, welche mit Kenntnis des Zweckes der Lieferung die Nichterfüllung vorsätzlich oder fahrlässig verursachen.

IX. Verletzung der allgemein anerkannten Regeln der Baukunst bei Leitung oder Ausführung eines Baues, wenn dadurch für andere eine (nicht notwendig gemeine) Gefahr entsteht (StGB. §. 330).

Strafe: Geldstrafe bis zu 900 Mark oder Gefängnis bis zu einem Jahre.

II. Uebertretungen des Gesetzes vom 14. Mai 1879, betreffend den Verkehr mit Nahrungsmitteln, Genußmitteln, Gebrauchsgegenständen.[1]

§. 84.

Das Gesetz bezieht sich (§. 1) auf Nahrungs- und Genußmittel, sowie auf Spielwaren, Tapeten, Farben, Eß-, Trink- und Kochgeschirr und Petroleum, und schließt sich mit dem schwersten von ihm mit Strafe bedrohten Falle unmittelbar an den Thatbestand des §. 324 StGB. an.

[1] Außer den oben §. 9 Nr. 50 angeführten Kommentaren zu vgl. v. Schwarze GS. XXXI (daselbst S. 83 Lit.); Liebreich Bemerkungen 1879; Hofmann in der deutschen Vierteljahrsschrift für öffentliche Gesundheitspflege XI. Die Materialien in GA. XXVII.

I. Der Verkehr mit den genannten Gegenständen ist der staatlichen Beaufsichtigung unterstellt (§§. 1—4). Widerstand gegen dieselbe (Verweigerung des Eintrittes in die Geschäftsräumlichkeiten, der Entnahme von Proben, der Revision gegenüber den zuständigen Polizeibeamten) unterliegt (§. 9) einer Geldstrafe von 50—150 Mark oder der Strafe der Haft. Ueberdies ist dem Kaiser (mit Zustimmung des Bundesrates) ein weitgehendes Verordnungsrecht zum Schutze der Gesundheit eingeräumt (§§. 5—7), kraft dessen Herstellung, Aufbewahrung, Verpackung, Verkauf, Verwendung gewisser Gegenstände verboten werden kann. Uebertretung dieser Verordnungen wird mit Geldstrafe bis zu 150 Mark oder mit Haft bestraft (§. 8).

II. 1. Die Nachmachung oder Verfälschung von Nahrungs- oder Genußmitteln zum Zwecke der Täuschung im Handel und Verkehr;

2. Das Verkaufen von verdorbenen, nachgemachten, verfälschten Nahrungs- oder Genußmitteln unter Verschweigung dieses Umstandes, sowie das Feilhalten derselben unter einer zur Täuschung geeigneten Bezeichnung

wird (§. 10) mit Gefängnis bis zu 6 Monaten und Geldstrafe bis zu 1500 Mark, oder mit einer dieser Strafen; die fahrlässige Begehung der unter 2 bezeichneten Handlungen aber (§. 11) mit Geldstrafe bis zu 150 Mark oder mit Haft bestraft.

III. 1. Herstellung von Gegenständen, welche bestimmt sind, Anderen als Nahrungs- oder Genußmittel zu dienen, in solcher Weise, daß der (bestimmungsgemäße)[2] Genuß

[2] Nicht übermäßige. Entspricht Genuß einer größeren Menge, oder wiederholter Genuß der Bestimmung und Natur des Gegenstandes, so ist der strafbare Thatbestand gegeben, auch

derselben die menschliche Gesundheit zu beschädigen geeignet ist; sowie das Verkaufen, Feilhalten, In-Verkehr-Bringen von Gegenständen, deren Genuß die menschliche Gesundheit zu beschädigen geeignet ist, als Nahrungs- oder Genußmittel;

2. Die Herstellung von Bekleidungsgegenständen, Spielwaren, Tapeten, Eß-, Trink- und Kochgeschirr oder Petroleum in einer solchen Weise, daß der bestimmungsgemäße oder vorauszusehende Gebrauch derselben die menschliche Gesundheit zu beschädigen geeignet ist; sowie das Verkaufen, Feilhalten, In-Verkehr-Bringen solcher Gegenstände.

Strafe:

a) Vorsätzliche Begehung.

α) Einfacher Fall (§. 12): Gefängnis mit fakultativem Ehrverlust. Versuch strafbar. Bei Verursachung einer schweren Körperverletzung (StGB. §. 224) oder des Todes, Zuchthaus bis zu fünf Jahren.

β) Schwerer Fall (§. 13), vorliegend, wenn der Genuß oder Gebrauch der genannten Gegenstände die menschliche Gesundheit zu zerstören geeignet, und diese Eigenschaft dem Thäter bekannt war. Zuchthaus bis zu 10 Jahren; bei Verursachung des Todes Zuchthaus nicht unter 10 Jahren oder lebenslängliches Zuchthaus. Polizeiaufsicht fakultativ.

b) Fahrlässige Begehung (§. 14). Geldstrafe bis zu 1000 Mark oder Gefängnis bis zu 6 Monaten; bei

---

wenn der nur einmalige Genuß einer geringeren Menge eine Gefahr nicht herbeiführt (RGR. 9. Juni 1880, E II 178).

Verursachung eines Schadens an der Gesundheit eines Menschen, Gefängnis bis zu einem Jahre; des Todes, Gefängnis von einem Monat bis zu drei Jahren.

Einziehung der fraglichen Gegenstände ist in den unter III behandelten Fällen ohne Unterschied ob sie dem Verurteilten gehören oder nicht (vgl. oben §. 42 III 1 b) neben der Strafe obligatorisch, als objektive Maßregel (vgl. oben §. 42 III 1 a) fakultativ. In den übrigen Fällen (unter I und II) kann neben der Strafe auf Einziehung erkannt werden (§. 15).

Die öffentliche Bekanntmachung der Verurteilung (hier Nebenstrafe, vgl. oben §. 44 I C) auf Kosten der Schuldigen kann, die der Freisprechung auf Kosten der Staatskasse, bez. des Anzeigers, muß auf Antrag der Freigesprochenen, angeordnet werden (§. 16).

Ueber die Verwendung der Geldstrafen (§. 17) vgl. oben §. 47 III.

III. Strafbare Handlungen gegen den öffentlichen Frieden.[1]

§. 85.

I. Störung des öffentlichen Friedens durch Landzwang, d. i. durch Bedrohung mit einem gemeingefährlichen[2] Verbrechen (StGB. §. 126).[3] Vollendet, sobald die Bedrohung zu öffentlicher Kenntnis gelangt ist.

[1] Es handelt sich um dasselbe Rechtsgut, wie in dem oben §. 81 I angeführten Falle; aber als Träger desselben erscheint hier nicht ein Einzelner oder eine Summe von solchen, sondern das Publikum in dem uns bekannten Sinne.

[2] StGB. 27. Abschnitt.

[3] Lit. bei Meyer S. 605 Note 1.

Strafe: Gefängnis bis zu einem Jahre.

II. Landfriedensbruch (StGB. §. 125):[4] Teilnahme an einer öffentlichen Zusammenrottung, wenn von der zusammengerotteten Menschenmenge mit vereinten Kräften Gewaltthätigkeiten an Personen oder Sachen begangen werden.[5]

Der Unterschied von dem gewaltsamen Hausfriedensbruch (StGB. §. 124; oben §. 81 II 3) liegt in einem Doppelten:

a) Beim Hausfriedensbruch, nicht aber hier, ist Eindringen in fremde Wohnräume erforderlich;
b) Beim Hausfriedensbruch genügt die auf Begehung von Gewaltthätigkeiten gerichtete Absicht, hier ist wirkliche Begehung von solchen erforderlich.

Strafe: Gefängnis nicht unter 3 Monaten; die Rädelsführer (vgl. oben §. 37 I 5) sowie diejenigen, welche Gewaltthätigkeiten gegen Personen begangen oder Sachen geplündert, vernichtet oder zerstört haben, trifft Zuchthaus bis zu 10 Jahren mit fakultativer Stellung unter Polizeiaufsicht, bei mildernden Umständen Gefängnis nicht unter 6 Monaten.

III. Ansammeln von Waffen und Streitkräften. Strafbar ist:

a) Wer unbefugter Weise einen bewaffneten Haufen bildet oder befehligt, oder eine Mannschaft, von der er weiß, daß sie ohne gesetzliche Befugnis gesammelt ist, mit Waffen oder Kriegsbedürfnissen versieht (StGB. §. 127 Abs. 1). Strafe: Gefängnis bis zu 2 Jahren.
b) Wer sich einem solchen bewaffneten Haufen anschließt

[4] Lit. bei Meyer S. 602 Note 1.

[5] Ueber den Begriff der Zusammenrottung s. oben §. 81 II 3.

(StGB. §. 127 Abs. 2); Strafe: Gefängnis bis zu einem Jahre;

c) wer außerhalb seines Gewerbebetriebes heimlich oder wider das Verbot der Behörde Vorräte von Waffen oder Schießbedarf aufsammelt (StGB. §. 360 Ziff. 2); Strafe: Geldstrafe bis zu 150 Mark oder Haft. Einziehung zulässig, ohne Rücksicht darauf, ob die Gegenstände dem Verurteilten gehören oder nicht (vgl. oben §. 50 II).

IV. Gefährdung des öffentlichen Friedens durch öffentliche Anreizung verschiedener Klassen der Bevölkerung, d. i. verschiedener durch gemeinsame Interessen mit einander verbundener und von anderen deutlich abgegrenzter Personenkreise,[6] zu Gewaltthätigkeiten gegen einander (StGB. §. 130).[7]

Strafe: Geldstrafe bis zu 600 Mark oder Gefängnis bis zu 2 Jahren.

V. Gefährdung des öffentlichen Friedens durch Mißbrauch der geistlichen Stellung (in Ausübung oder in Veranlassung der Ausübung des Berufes als Religionsdiener); begangen (StGB. §. 130 a)

1.[8] durch

a) öffentlich vor einer Menschenmenge, oder

b) in einer Kirche oder einem anderen zu religiösen Versammlungen bestimmten Orte vor Mehreren

---

[6] Z. B. die Bourgeoisie, die Infallibilisten, die Nationalliberalen, die Großgrundbesitzer usw.

[7] Lit. bei Meyer S. 607 Note 3.

[8] Erster Abs. des sog. Kanzelparagraphen, aufgenommen durch Gesetz vom 10. Dezember 1871.

erfolgende Verkündigung oder Erörterung von Angelegenheiten des Staates;

2.[9] durch Ausgabe oder Verbreitung von Schriftstücken, in welchen solche Angelegenheiten zum Gegenstande einer Verkündigung oder Erörterung gemacht sind.

Strafe (zu 1 und 2): Gefängnis oder Festungshaft bis zu 2 Jahren.

IV. Andere gegen die Interessen des Publikums gerichtete strafbare Handlungen.

§. 86.

I. Die geschäftsmäßige (Begriff oben §. 39 II 3 b) Verleitung von Deutschen zur Auswanderung unter Vorspiegelung falscher Thatsachen (Begriff oben §. 73 I 2) oder mit wissentlich unbegründeten Angaben oder durch andere auf Täuschung berechnete Mittel (StGB. §. 144). Strafe: Gefängnis von einem Monat bis zu zwei Jahren. Wie aus der Fassung des §. 144 (Geschäftsmäßigkeit; Deutsche im Plural) sowie aus seiner Stellung im Systeme des StGB. (Verletzung der öffentlichen Ordnung) zur Genüge hervorgeht, haben wir es mit einem gegen das Publikum und nicht mit einem gegen den Einzelnen gerichteten Delikte zu thun.

II. Es gehört hieher ferner eine große Anzahl der im letzten (29.) Abschnitte des Reichsstrafgesetzbuches enthaltenen Uebertretungen.

So §. 360 Ziff. 10: verweigerte Hülfeleistung bei Un-

---

[9] Zweiter Abs., aufgenommen durch die Novelle vom 26. Februar 1876.

glücksfällen oder gemeiner Gefahr oder Not (dazu Strandungsordnung vom 17. Mai 1874 §. 9).

§. 360 Ziff. 11: ruhestörender Lärm und grober Unfug;[1]

§. 360 Ziff. 13: Tierquälerei.

§. 361: Uebertretung der in Folge der Stellung unter Polizeiaufsicht auferlegten Beschränkungen;[2] Rückkehr Ausgewiesener;[3] Landstreicherei, Bettelei, Spiel, Trunk, Müssiggang; Prostitution;[4] Arbeitsscheu; Unterstandslosigkeit;[5] Nichtabhaltung der Gewaltuntergebenen von der Begehung von Diebstählen und gewissen anderen Delikten;[6]

§. 365: Ueberschreitung der Polizeistunde;

§. 366 Ziff. 1: Verletzung der Sonntagsfeier;

§. 366 Ziff. 2—9: schnelles und unvorsichtiges Fahren und Reiten; Nichtbeaufsichtigen von Tieren; Hetzen von Hunden; Werfen von Steinen; unvorsichtiges Aufhängen, Aufstellen, Ausgießen, Auswerfen, Liegenlassen;

§. 366 Ziff. 10: Verletzung der zur Erhaltung von Sicherheit, Bequemlichkeit, Reinlichkeit, Ruhe an öffentlichen Orten erlassenen Anordnungen;

§. 366a: Uebertretung der zum Schutze der Dünen, Fluß- und Meeresufer erlassenen Verordnungen;

§. 367: vorzeitige oder heimliche Beerdigung von Leich-

---

[1] Daß hier öffentliche Interessen, nicht solche einzelner Personen oder individuell begrenzter Personenkreise in Frage stehen, betont RGR. 27. April 1880, E I 400, R I 677.

[2] Vgl. oben §. 49 I.

[3] Vgl. oben §. 49 II.

[4] Daß es sich hier im Sinne der Reichsgesetzgebung um den Schutz der Gesundheit, der öffentlichen Ordnung, des öffentlichen Anstandes, nicht aber um den der Sittlichkeit handelt, sollte der Fassung des §. 361 Ziff. 6 gegenüber nicht bezweifelt werden.

[5] Ueber das in den Fällen des §. 361 Nr. 3—8 zulässige Arbeitshaus vgl. §. 49 II.

[6]) Vgl. oben §. 26 I 1.

namen; unbefugter Handel mit Gift; unbefugte Zubereitung von explodierenden Stoffen; Unvorsichtigkeit bei Zubereitung, Aufbewahrung, Verkauf von Giftwaren, Schießpulver u. dgl., beim Legen von Selbstgeschossen, Gebrauch von Feuergewehr; unbefugtes Führen von Waffen; unbefugtes oder unvorsichtiges Halten wilder oder bösartiger Tiere; Unvorsichtigkeit in Bezug auf Brunnen, Keller, Gebäude und dgl.

§. 368: Nicht-Schließung der Weinberge; Unterlassung des Raupens; Unvorsichtigkeit in Bezug auf feuergefährliche Gegenstände und Anlagen; unberechtigtes Betreten fremder Gärten, Weinberge, Wiesen, Aecker usw.

§. 369 Ziff. 1: unbefugtes Anfertigen von Schlüsseln, Verabfolgen von Nachschlüsseln oder Dietrichen;

§. 369 Ziff. 3: Uebertretung der Vorschriften über Anlegung, Verwahrung, Benützung von Feuerstätten durch in Feuer arbeitende Gewerbetreibende.

Drittes Buch.

Strafbare Handlungen gegen „uneigentliche" Rechtsgüter (durch die Art des Angriffes charakterisierte Delikte).

I. Strafbare Handlungen an Geld.[1]

§. 87.

I. Begriff.

Das Angriffsobjekt für die hieher gehörigen Delikte bilden:

1. Geld; und zwar Metallgeld wie Papiergeld; inländisches wie ausländisches Geld (StGB. §. 146);

2. die im StGB. §. 149 angeführten geldvertretenden Wertzeichen; nämlich auf den Inhaber lautende Schuldverschreibungen, Banknoten, Aktien oder deren Stelle vertretende Interimsscheine oder Quittungen, sowie die zu diesen Papieren gehörenden Zins-, Gewinnanteils- oder Erneuerungsscheine (Coupons und Talons); wenn von dem Reich, dem norddeutschen Bunde, einem Bundesstaate oder fremden Staate oder von einer zur Ausgabe solcher Papiere berechtigten Gemeinde, Korporation, Gesellschaft oder Privatperson ausgestellt.

---

[1] Lit. bei Meyer S. 572 Note 1.

Die an Geld oder geldvertretenden Wertzeichen begangenen strafbaren Handlungen (regelmäßig wenn auch viel zu eng Münzdelikte genannt) sind als solche, ohne jede Rücksicht auf ihre konkrete Richtung gegen ein bestimmtes Rechtsgut, strafbar. Die Norm, durch welche sie verboten werden, gehört zu den oben §. 3 II 4 erwähnten Normen, welche zum mittelbaren Schutze nicht eines, sondern verschiedener Rechtsgüter bestimmt, durch die Art des Angriffes nicht durch seine Richtung Charakter und Inhalt bekommen. Die Münzhoheit des Staates, das Interesse des Publikums an Sicherheit des rechtlichen Verkehrs und die Vermögensinteressen des Einzelnen verlangen in gleich gebieterischer Weise nach strafrechtlichem Schutze für die Integrität der Geldzeichen. So entstehen die allen konkurrierenden Interessen Genüge leistenden Normen zum Schutze der Geldzeichen, deren Uebertretungen uns hier beschäftigen. Falsch ist es, die sogenannten Münzdelikte als lediglich gegen den Staat, oder bloß gegen das Publikum, oder nur gegen das Privatvermögen gerichtet, aufzufassen; bequem aber bedenklich, den kriminalistischen Nothelfer aus allen systematischen Bedrängnissen, die publica fides, anzurufen; denn der Staat und die Einzelnen sind ebenso interessiert wie das „Publikum"; schief endlich, die „Integrität der Geldzeichen" selbst zu einem Rechtsgute zu erheben, als schütze der Staat das Geld um des Geldes und nicht um anderer Rechtsgüter willen. In einem lediglich das „Rechtsgut" und nicht zugleich die „Norm" berücksichtigenden Systeme kann den Münzdelikten kein ihnen entsprechender Platz angewiesen werden.

Die internationale Bedeutung der Geldzeichen der modernen Kulturstaaten hat das StGB. in §. 4 Ziff. 1 anerkannt: Münzverbrechen werden, auch wenn im Auslande, sei es von einem Inländer, sei es von einem Ausländer begangen, ohne weiteres nach heimischem Recht bestraft.

II. Die Arten.

1. Die eigentliche Münzfälschung (StGB. §. 146); und zwar:

a) das Nachmachen[2] von unechtem Gelde (Falschmünzerei);

b) das Verfälschen von echtem Gelde, d. h. die Vornahme einer solchen Veränderung an den Geldzeichen, durch welche echtem Gelde der Schein höheren Wertes oder verrufenem Gelde das Ansehen eines noch geltenden gegeben wird;

beides (a und b) in Verbreitungsabsicht, d. h. in der Absicht, das nachgemachte oder verfälschte Geld als echtes zu gebrauchen oder sonst als echtes[3] in Verkehr zu bringen.

Die Vollendung tritt nicht erst mit dem Verbreiten, sondern schon mit dem Fälschen ein.

Strafe: Zuchthaus nicht unter 2 Jahren, mit fakultativer Polizeiaufsicht; bei mildernden Umständen Gefängnis.

2. Das Verbreiten gefälschten (nachgemachten oder verfälschten) Geldes; und zwar:

a) wenn die Fälschung von dem Verbreiter selbst, aber ohne Verbreitungsabsicht vorgenommen worden;

b) wenn der Verbreiter sich das gefälschte Geld anderweitig verschafft hat.

---

[2] Ein gewisser Grad von Aehnlichkeit, so daß die Möglichkeit einer, wenn auch kurzen Cirkulation gegeben ist, muß gefordert werden.

[3] Doch genügt hier im Urteil die Feststellung der Absicht „in Verkehr zu bringen"; die Worte „als echt", die als selbstverständlich im Gesetze fehlen, brauchen nicht ausdrücklich festgestellt zu werden; RGR. 30. April 1880, E I 408, R I 703.

In beiden Fällen ist die Vollendung erst mit der Verbreitung gegeben. Strafe: wie zu 1 (StGB. §. 247).

c) Wenn der Thäter das gefälschte Geld als echtes empfängt, und nach erkannter Unechtheit weiter giebt (StGB. §. 148). Vollendet mit der Verbreitung; Strafe: Gefängnis bis zu 3 Monaten oder Geldstrafe bis zu 300 Mark; Versuch strafbar.

3. Das Einführen von gefälschtem Gelde aus dem Auslande zum Zwecke der Verbreitung (§. 147 StGB.). Vollendet mit der Einfuhr. Strafe wie zu 1.

4. Das In-Verkehr-Bringen von echten, zum Umlaufe bestimmten Metallgeldstücken, die durch Beschneiden, Abfeilen oder auf andere Art verringert sind, als vollgültigen (das „Kippen und Wippen"); wenn der Thäter:

a) die Verringerung selbst vorgenommen hat, oder
b) die von einem anderen verringerten Münzen gewohnheitsmäßig oder
c) im Einverständnisse mit dem Verringerer in Verkehr bringt (StGB. §. 150).

Strafe: Gefängnis, daneben fakultativ Geldstrafe bis zu 3000 Mark, sowie Ehrverlust. Versuch strafbar.

5. Das Anschaffen oder Anfertigen von Stempeln, Siegeln, Stichen, Platten oder anderen zur Anfertigung von Geldzeichen dienlichen Formen zum Zwecke eines Münzverbrechens wird (StGB. §. 151) mit Gefängnis bis zu 2 Jahren bestraft. Das Gesetz stellt hier gewisse Vorbereitungshandlungen als delictum sui generis unter besondere Strafe, es wird daher durch die Begehung des geplanten Münzverbrechens selbst die Strafbarkeit jener Handlungen konsumiert (vgl. oben §. 40 II c).

In allen bisher erwähnten Fällen ist auf Einziehung des gefälschten Geldes, sowie der unter 5 bezeichneten Gegenstände zu erkennen, auch wenn die Verfolgung oder Verurteilung einer bestimmten Person nicht stattfindet (StGB. §. 152; vgl. oben §. 50 II).

6. Im Zusammenhange mit den eigentlichen Münzdelikten stehen die im §. 360 Ziff. 4, 5, 6 StGB. enthaltenen Uebertretungen (Strafe: Geldstrafe bis zu 150 Mark oder Haft); nämlich

a) die Anfertigung der oben unter 5 genannten Gegenstände ohne schriftlichen Auftrag einer Behörde oder die Verabfolgung derselben an einen andern als die Behörde;

b) das Unternehmen eines Abdruckes von diesen Gegenständen oder des Druckes von Formularen zu derartigen Papieren ohne schriftlichen Auftrag der Behörde, oder die Verabfolgung von Abdrücken an Andere als die Behörde;

c) die Anfertigung oder Verbreitung von Drucksachen oder Abbildungen, welche in Form oder Verzierung den Geldzeichen ähnlich sind; sowie das Anfertigen von Formen, welche zur Erzeugung derartiger Drucksachen oder Abbildungen dienen können.

Auf Einziehung der Vervielfältigungsmittel, Abdrücke, Abbildungen kann neben der Strafe erkannt werden, ohne Unterschied, ob sie dem Verurteilten gehören oder nicht.

II. Strafbare Handlungen an Urkunden.[1]

§. 88.

I. Begriff.

1. Urkunde im strafbaren Sinne ist jeder der Sinnenwelt angehörige Gegenstand (nicht bloß Schriftstück), der zur Feststellung rechtlich erheblicher Thatsachen bestimmt ist (Eignung dazu ist begrifflich weder genügend noch erforderlich).[2]

Die Urkunden zerfallen in öffentliche und private. Oeffentliche Urkunden sind nach §. 380 CPO. diejenigen, welche von einer öffentlichen Behörde innerhalb der Grenzen ihrer Amtsbefugnisse oder von einer mit öffentlichem Glauben versehenen Person innerhalb des ihr zugewiesenen Geschäftskreises in der vorgeschriebenen Form aufgenommen sind. Alle übrigen Urkunden sind private.

Auch die öffentliche Urkunde muß Urkunde sein, also der obigen Definition entsprechen. Damit ist sie aber auch ohne weiteres unter den Schutz des Strafgesetzes gestellt. Anders bei Privaturkunden. Diese genießen den vollen Schutz des Gesetzes nur dann, wenn sie zum Beweise von Rechten oder Rechtsverhältnissen von Erheblichkeit sind. Es ist dies kein in dem Begriffe der Urkunde liegendes, sondern ein zu den Begriffsmerkmalen hinzutretendes Merkmal. Ein zur Feststellung einer Thatsache bestimmter Gegenstand kann dennoch für den Beweis dieser Thatsache durchaus unerheblich sein; die

---

[1] Lit. bei Meyer S. 591 Note 1.

[2] Bestritten.

Gestaltung des Prozeßverfahrens (freie Beweiswürdigung!) kann diesen Gegensatz auf wenige Fälle einschränken, ohne ihn ganz zu beseitigen.[3]

2. Die strafbaren Handlungen an Urkunden teilen den oben §. 87 I erörterten Charakter der Münzdelikte. Möglicher Weise (in abstracto) gerichtet gegen die Sicherheit des öffentlichen (im Sinne von publicus) Rechtsverkehrs, gegen die verschiedensten (nicht bloß das Vermögen bildenden) Rechtsgüter des Einzelnen oder gegen die Staatsverwaltung (insbesondere die staatliche Rechtspflege) sind sie wegen dieser möglichen Beziehung unter Strafe gestellt ohne Rücksicht darauf, ob im konkreten Falle eine dieser Beziehungen und welche gegeben ist. Auch hier entscheidet die Art und nicht die Richtung des Angriffes; auch hier müssen wir es vermeiden, von einer Verletzung der „publica fides" zu sprechen, außer wenn es uns eben darum zu thun ist, durch den Gebrauch eines möglichst dehnbaren Ausdruckes uns tieferes Eindringen in die Natur dieser Delikte zu ersparen.

II. Die Arten.

1. Die eigentliche Urkundenfälschung, zerfallend in die Nachmachung einer unechten, und die Verfälschung einer echten Urkunde. Gleich geachtet wird es (StGB. §. 269), wenn Jemand einem mit der Unterschrift eines Anderen versehenen Papiere ohne dessen Willen oder dessen Anordnungen zuwider durch Ausfüllung einen urkundlichen Inhalt giebt.

Das Gebrauchmachen zum Zwecke der Täuschung,

[3] Ein Punkt, der allgemein übersehen wird. — Kasuistik über „Beweiserheblichkeit" in RGR. 20. Januar 1880, E I 159; 15. Januar 1880, R I 233; 4. Februar 1880, E I 293; 8. Mai 1880, R I 751; 24. Mai 1880, R I 810; 3. Juni 1880, E II 174, R II 26.

sei es a) (StGB. §. 267), daß der Thäter selbst die Urkunde in rechtswidriger Absicht (d. h.[4] in der Absicht, von ihr zum Zwecke einer Täuschung Gebrauch zu machen), gefälscht hat; sei es b) daß er wissentlich von einer durch ihn selbst ohne diese Absicht oder durch einen Dritten gefälschten Urkunde Gebrauch macht (StGB. §. 269), bildet nach positivem Recht den Kern der eigentlichen Urkundenfälschung. Erst mit dem Gebrauchen (d. h. mit dem Vorzeigen der Urkunde, um durch die ihr innewohnende Beweiskraft auf den Anderen zu wirken)[5] tritt die Vollendung ein. Der strafbare Versuch beginnt dagegen im Falle a schon mit dem Beginne des Fälschens, im Falle b erst mit dem Beginne des Gebrauchens. Daß der zu Täuschende und der zu Beschädigende nicht identisch zu sein brauchen, dürfte zweifellos sein.

Strafe: Gefängnis.

Erhöhte Strafe tritt ein (StGB. §. 268), wenn die Fälschung in der Absicht (gleich erweiterter Vorsatz, oben §. 28 III) begangen wird, sich oder einem Anderen einen nicht notwendig rechtswidrigen[6] Vermögensvorteil (Begriff oben §. 73 I 3) zu verschaffen, oder einem Anderen Schaden (nicht notwendig an seinem Vermögen) zuzufügen; und zwar:

---

[4] Häufig anders gefaßt; mit der Fassung des Textes übereinstimmend RGR. 3. Juni 1880, E II 174. (Gebrauch eines gefälschten Beweismittels zum Zwecke der Ausübung eines dem Thäter zustehenden Rechts.). Beispiele in RGR. 4. Februar 1880, E I 293; 12. Februar 1880, R I 350; 1. Mai 1880, E II 34, R I 713.

[5] Vgl. RGR. 28. Februar 1880, E I 230, R I 400. Das Aufgeben eines Telegramms unter falschem Namen ist daher nicht Urkundenfälschung: RGR. 15. Mai 1880, R I 793; 31. März 1880, R 1 513.

[6] RGR. 3. Mai 1880, E II 41.

a) bei Privaturkunden Zuchthaus bis zu 5 Jahren mit fakultativer Geldstrafe bis zu 3000 Mark;
b) bei öffentlichen Urkunden Zuchthaus bis zu 10 Jahren mit fakultativer Geldstrafe von 150 bis zu 6000 Mark.

Bei mildernden Umständen zu a Gefängnis nicht unter 1 Woche, zu b nicht unter 3 Monaten; daneben fakultative Geldstrafe bis zu 3000 Mark.

Neben Gefängnis ist Ehrverlust fakultativ (§. 280).

2. Die Bewirkung einer materiell unrichtigen öffentlichen Beurkundung, d. h. der Beurkundung von Erklärungen oder Thatsachen, welche für Rechte oder Rechtsverhältnisse von Erheblichkeit sind, in öffentlichen (zur Feststellung im öffentlichen Interesse, nicht bloß im Interesse des inneren Dienstes[7] bestimmten) Büchern, Urkunden, Registern als abgegeben oder geschehen, während sie überhaupt nicht oder in anderer Weise oder von einer Person in einer ihr nicht zustehenden Eigenschaft[8] oder von einer anderen Person[9] abgegeben oder geschehen sind.

Der Beamte, der die falsche Beurkundung wissentlich vornimmt, macht sich eines Amtsdeliktes (StGB. §. 348; unten §. 93 II 6) schuldig;[10] der Nichtbeamte wird, abgesehen von einer etwaigen Teilnahme an dem Amtsdelikte, bestraft, wenn er:

a) die falsche Beurkundung bewirkt (StGB. §. 271) oder

[7] RGR. 23. Dezember 1879, E I 42, R I 168; 13. März 1880, E I 312, R I 458.

[8] Abgabe der Vaterschaftserklärung vor dem Standesamte durch den Nicht-Vater: RGR. 10. November 1879, E I 9, R I 55.

[9] Strafantritt für den Verurteilten; Erscheinen statt des Angeklagten (RGR. 27. April 1880, R I 686).

[10] Vgl. auch Seemannsordnung vom 27. Dezember 1873 §§. 93 Ziff. 1, 99 Ziff. 2.

b) von einer solchen falschen Beurkundung zum Zwecke einer Täuschung Gebrauch macht (§. 273).

Strafe in beiden Fällen: Gefängnis bis zu 6 Monaten oder Geldstrafe bis zu 300 Mark; wenn in Bereicherungs- oder Schadensabsicht (wie oben §. 73 I 3) begangen, Zuchthaus bis zu 10 Jahren mit fakultativer Geldstrafe von 150 bis zu 6000 Mark, oder bei mildernden Umständen Gefängnis mit fakultativer Geldstrafe bis zu 3000 Mark (StGB. §§. 272 und 273).

3. Vernichtung, Beschädigung,[11] Unterdrückung[12] einer Urkunde,[13] die dem Thäter nicht oder nicht ausschließlich gehört, in der Absicht, einem Anderen Nachteil zuzufügen (StGB. §. 274 Ziff. 1).

Strafe: Gefängnis mit fakultativer Geldstrafe bis zu 3000 Mark. Ehrverlust fakultativ (§. 280).

4. Die Grenzverrückung (StGB. §. 274 Ziff. 2), d. i. das Wegnehmen, Vernichten, Unkenntlichmachen, Verrücken oder fälschlich Setzen von Grenzsteinen oder anderen zur Bezeichnung einer Grenze oder eines Wasserstandes[14] bestimmten Merkmalen in Schädigungsabsicht. Als Spezial-

---

[11] Beeinträchtigung der Beweiskraft, mag auch die Substanz der Urkunde unverletzt geblieben sein (z. B. Durchstreichen der Unterschrift: RGR. 29. Juni 1880, R II 135).

[12] D. h. Entziehung aus der Verfügungsgewalt des Berechtigten, mag auch die Absicht, selbst gelegentlich von der Urkunde Gebrauch zu machen, vorhanden sein; dagegen RGR. 22. Januar 1880, E I 159, R I 258.

[13] Begriff: oben am Eingang dieses §. Beweiserheblichkeit ist hier nicht erforderlich, wohl aber nach dem Begriffe der Urkunde Beweisbestimmung; RGR. 23. Januar 1880, E I 162, R I 263 im ersten Punkt derselben, im zweiten anderer Ansicht; vgl. auch OT. 20. Oktober 1875, c. Arnim.

[14] Sei es dauernd oder nur provisorisch: RGR. 22. Mai 1880, R I 811.

fall vom Gesetze besonders hervorgehoben, obwohl die genannten Merkzeichen unter den allgemeinen Begriff der Urkunden fallen.

Strafe: wie zu 3.

5. Strafbare Handlungen an und mit Stempelpapier, Stempelmarken, Stempelblanketten, Stempelabdrücken, Post- oder Telegraphenfreimarken, gestempelten Briefcouverts und zwar:

a) das Nachmachen und Verfälschen in Gebrauchsabsicht,[15] sowie das Gebrauchen von gefälschten Gegenständen dieser Art, mag auch die Fälschung nicht von dem Thäter herrühren (§. 275).

Strafe: Gefängnis nicht unter 3 Monaten, daneben Ehrverlust fakultativ (§. 280).

b) Die wissentliche Wiederverwendung verwendeter Stempel[16] (von Marken, Blanketten, Papier, Abdrücken) zu stempelpflichtigen Schriftstücken (StGB. §. 276).

Strafe (neben der Defraudationsstrafe): Geldstrafe bis zu 600 Mark.

c) Das wissentliche Veräußern oder Feilhalten von bereits verwendetem Stempelpapier nach Entfernung der darauf gesetzten Schriftzeichen, sowie von bereits verwendeten Stempelmarken, Stempelblanketten, ausgeschnittenen oder sonst abgetrennten Stempelabdrücken (StGB. §. 364). Strafe: Geldstrafe bis zu 150 Mark.

[15] Die Vollendung tritt hier — im Gegensatze zu der eigentlichen Urkundenfälschung — schon mit der Fälschung ein.

[16] Wiederverwendung von Post- und Telegraphenzeichen unterliegt nur der Defraudationsstrafe; vgl. unten §. 114.

d) Anfertigung von Formen, welche zur Erzeugung von Stempelpapier usw. dienen können, ohne schriftlichen Auftrag der Behörde, oder Verabfolgung an einen anderen als die Behörde (StGB. §. 360 Ziff. 4).

Strafe: Geldstrafe bis zu 150 Mark oder Haft.

e) Das unbefugte Unternehmen oder Verabfolgen eines Abdruckes von den unter d genannten Formen (StGB. §. 360 Ziff. 5). Strafe: wie zu d.

Einziehung zu d und e, ohne Unterschied, ob die Gegenstände dem Verurteilten gehören oder nicht, fakultativ.

6. Strafbare Handlungen an und mit Legitimationspapieren (StGB. §. 363 nennt: Pässe, Militärabschiede, Wanderbücher oder sonstige Legitimationspapiere; Dienst- und Arbeitsbücher oder sonstige auf Grund besonderer Vorschriften auszustellende Zeugnisse; Führungs- und Fähigkeitszeugnisse) in der Absicht, Behörden oder Privatpersonen zum Zwecke eigenen oder fremden besseren Fortkommens; und zwar:

a) Fälschung derselben;

b) wissentliches Gebrauchmachen von denselben;

c) Gebrauch machen von echten, aber für einen Anderen ausgestellten Papieren;

d) Ueberlassen solcher Papiere an Andere.

Spezialdelikt gegenüber der eigentlichen Urkundenfälschung.

Strafe: Haft oder Geldstrafe bis zu 150 Mark.

7. Uebertretung der Vorschriften über Maß- und Gewichtspolizei (StGB. §. 369 Ziff. 2). Strafe: Geld bis zu 100 Mark oder Haft bis zu 4 Wochen.

8. Strafbare Handlungen in Bezug auf Gesundheitszeugnisse.

a) Ausstellung von unrichtigen Zeugnissen durch Aerzte und andere approbierte Medizinalpersonen wider besseres Wissen zum Gebrauche bei einer Behörde oder Versicherungsgesellschaft (§. 278).

Strafe: Gefängnis von einem Monat bis zu zwei Jahren mit fakultativem Ehrverlust (§. 280).

b) Ausstellung von Zeugnissen über eigenen oder fremden Gesundheitszustand unter der dem Thäter nicht zustehenden Bezeichnung als Arzt oder als eine andere nicht approbierte Medizinalperson; oder unberechtigte Ausstellung unter dem Namen dieser Personen; oder Verfälschung echter Gesundheitszeugnisse: wenn der Thäter von denselben zur Täuschung von Behörden oder Versicherungsgesellschaften Gebrauch macht[17] (StGB. §. 277). Strafe: Gefängnis bis zu einem Jahre mit fakultativem Ehrverlust (§. 280).

c) Das Gebrauchen von Zeugnissen der unter a und b bezeichneten Art zum Zwecke der Täuschung von Behörden oder Versicherungsgesellschaften (§. 279). Strafe: Gefängnis bis zu einem Jahre mit fakultativem Ehrverlust (§. 280).

III. Strafbare Handlungen gegen die Religion.[1]

§. 89.

Die Religion wird von dem modernen Staate nicht als solche, nicht um ihrer selbst, sondern um anderer Interessen

[17] Vollendet erst mit dem Gebrauchen.

[1] Lit. bei Meyer S. 632 Note 1. Dazu Villnov GS. XXXI.

willen geschützt. Das staatliche Interesse an dem Vorhandensein der richtigen staatsbürgerlichen Gesinnung, als deren Fundament religiöser Sinn von maßgebender Seite betrachtet wird; das Recht der Religionsgenossenschaften auf ungestörte Religionsübung; das Interesse des Einzelnen und des Publikums an Nichtverletzung des religiösen Gefühles: alle diese verschiedenen Interessen hat der Staat im Auge, wenn er Angriffe auf die Religion unter Strafe stellt. Um jener eigentlichen Rechtsgüter willen erhebt er die Religion zum uneigentlichen, juristischen Rechtsgut. Nach Reichsrecht ist strafbar:

I. Die Erregung eines Aergernisses (d. i. die Verletzung des religiösen Gefühls,[2] wobei nicht der Standpunkt der Zuhörenden, sondern der objektive Maßstab des Richters entscheidet) durch öffentlich[3] (unbestimmt wie vielen und unbestimmt welchen Personen zugänglich) und in beschimpfenden Aeußerungen erfolgende Lästerung Gottes (StGB. §. 166). Dabei ist der Gottesbegriff im Sinne der anerkannten Religionsgesellschaften, also im streng konfessionellen Sinne zu interpretieren.[4] Mangelnde Rechtswidrigkeit (man denke z. B. an wissenschaftliche Untersuchungen) schließt die Annahme eines Deliktes hier wie überall aus.

---

[2] RGR. 12. Juli 1880, E II 196, R II 183 (bez. §. 183 StGB.).

[3] Nicht Erregung eines öffentlichen Aergernisses, sondern Erregung eines Aergernisses durch öffentliche Lästerung bildet den Thatbestand des Deliktes. Wenn daher zur Vollendung auch gefordert werden muß, daß irgend jemand thatsächlich Aergernis genommen hat, in seinem religiösen Gefühle verletzt worden ist, so genügt es doch, wenn dies nur bei einer einzigen Person der Fall war (RGR. 12. Juli 1880, E II 196, R II 183).

[4] Lästerung Jesu ist Gotteslästerung: RGR. 13. Dezember 1879, R I 144.

Strafe: Gefängnis bis zu 3 Jahren.

II. Oeffentliche (wie zu I) Beschimpfung einer der christlichen Kirchen oder einer anderen mit Korporationsrechten innerhalb des Bundesgebietes bestehenden Religionsgesellschaft als solcher sowie ihrer Einrichtungen oder Gebräuche, von welchen die Glaubenssätze einerseits, die einzelnen konkreten historischen Vorgänge andererseits zu unterscheiden sind.[5] (StGB. §. 166.) Berechtigter Kritik fehlt das Merkmal der Rechtswidrigkeit.[6] Strafe: wie zu I.

III. Die Verübung beschimpfenden Unfugs in Kirchen oder in einem anderen zu religiösen Versammlungen (nicht nur der anerkannten, sondern aller bestehenden Religionsgesellschaften) bestimmten Orte (StGB. §. 166).

Strafe: wie zu I.

IV. Durch Thätlichkeit[7] oder Drohung[8] begangene Hinderung eines Anderen an der Ausübung des Gottesdienstes einer im Staate bestehenden Religionsgesellschaft; sowie die vorsätzliche Verhinderung oder Störung des Gottesdienstes oder einzelner gottesdienstlicher Verrichtungen einer solchen Religionsgesellschaft durch Erregung von Lärm oder Unordnung in einem der oben III genannten Orte (StGB. §. 167). Strafe: wie zu I. Ueber das Amtsdelikt des §. 339 Abs. 3 StGB. vgl. unten §. 93 II 4 b.

V. Frevel an Leichen und Gräbern (StGB. §. 168); und zwar:

[5] RGR. 31. März 1880, R I 521.

[6] RGR. 31. März 1880, R I 521.

[7] Ueber diesen Begriff siehe oben §. 80 II 1 b.

[8] Begriff oben §. 63 I 1 b.

a) Unbefugte Wegnahme einer Leiche aus dem Gewahrsame der dazu berechtigten Person (Wegnahme von Leichenteilen ist nach §. 367 Ziff. 1 als Uebertretung strafbar);

b) unbefugte Zerstörung oder Beschädigung von Gräbern;[9]

c) Verübung beschimpfenden Unfugs an einem Grabe.[10]

Strafe: Gefängnis bis zu 2 Jahren mit fakultativem Ehrverlust.

IV. Strafbare Handlungen an Personenstand und Ehe.

§. 90.

Der Personenstand einer Person bestimmt deren Stellung im öffentlichen wie im Privatrechte nach allen Richtungen; das Interesse des Beteiligten selbst und das aller übrigen Rechtsgenossen, sowie das Interesse des Staates verlangen gebieterisch die Integrität des Personenstandes. Er ist kein eigentliches aber eines der wichtigsten uneigentlichen Rechtsgüter. Das Gleiche gilt von dem Rechtsinstitute der Ehe.

I. Der strafrechtliche Schutz des Personenstandes.

1. Das Gesetz vom 6. Februar 1875 über die Beurkundung des Personenstandes und die Eheschließung bedroht im §. 68 mit einer Uebertretungsstrafe (Geldstrafe bis zu 150 Mark oder Haft) die Verletzung der in den §§. 17—20, 22—24, 56—58 dieses Gesetzes begründeten Anzeigepflichten. Doch tritt die Strafverfolgung nicht ein,

---

[9] Ueber Sachbeschädigung an Grabdenkmälern siehe oben §. 68 II 2.

[10] Ueber Diebstahl aus Gräbern usw. siehe oben §. 64 I 2.

wenn die Anzeige, **obwohl nicht von den zunächst Verpflichteten**, doch rechtzeitig gemacht worden ist: ein ganz singulärer Strafaufhebungsgrund.

Ueber die in den §§. 67 und 69 desselben Gesetzes enthaltenen **Amtsdelikte** vgl. unten §. 93 II. 3 a. Eine besondere Bestimmung über die **Verwendung der Geldstrafen** (vgl. oben §. 47 III) enthält §. 70 des Gesetzes.

2. Die **vorsätzliche Veränderung oder Unterdrückung des Personenstandes eines anderen**[1] (nicht also des Thäters selbst); insbesondere die **Unterschiebung** oder **vorsätzliche Verwechslung eines Kindes** (StGB. §. 169).[2] Absicht, Andere zu schädigen, ist, da es sich um ein uneigentliches Rechtsgut handelt, nicht erforderlich; wohl aber die, wenn auch nicht dauernde, Herbeiführung eines Zustandes, die Begründung eines status, als der Basis der rechtlichen Stellung des Individuums, so daß also das einmalige, nur für den konkreten Fall erfolgende Sich-Ausgeben für einen Anderen nicht hieher gehört.

Strafe: Gefängnis bis zu 3 Jahren; wenn in gewinnsüchtiger Absicht (Absicht, sich oder einem Anderen einen rechtswidrigen Vermögensvorteil zu verschaffen)[3] begangen, Zuchthaus bis zu 10 Jahren. **Versuch** strafbar.

II. Strafrechtlicher Schutz der Ehe.

1. Der **Ehebetrug** (StGB. §. 170), begangen durch arglistige[4] Verschweigung eines gesetzlichen Ehehindernisses bei

[1] Auch eines Verstorbenen. Darin liegt zugleich ein sicherer Beweis, daß die Richtung gegen Rechtsgüter **Einzelner** das Wesen dieses Deliktes nicht erschöpft: denn der Verstorbene ist nicht mehr Rechtssubjekt.

[2] Lit. bei **Meyer** S. 540 Note 1.

[3] Ueber die hier in Frage kommenden Begriffe siehe oben §. 73 I 3.

[4] Begriff der Arglist oben §. 73 I 2.

Eingehung einer Ehe dem anderen Teile gegenüber; oder durch arglistige Verleitung des anderen Teiles zur Eheschließung mittels einer solchen Täuschung, welche den Getäuschten berechtigt, die Gültigkeit der Ehe anzufechten. Auflösung der Ehe aus einem dieser Gründe ist Bedingung der Strafbarkeit (vgl. oben §. 30).

Antragsdelikt; die Antragsfrist beginnt zu laufen erst mit dem die Ehe lösenden rechtskräftigen Erkenntnisse (vgl. oben §. 30 II). Dagegen läuft die Verjährungsfrist schon von dem Tage, an welchem die Handlung begangen ist, also von dem Tage der Eheschließung (vgl. oben §. 58 II 2).

2. Die Bigamie oder Doppelehe (StGB. §. 171);[5] begangen durch Schließung einer Ehe von einem oder mit einem[6] Ehegatten, bevor die frühere Ehe aufgelöst, für ungültig oder nichtig erklärt worden ist. Vollendet mit der vollendeten Eheschließung; der strafbare Versuch beginnt mit dem Beginne des Eheschließungsaktes.

Strafe: Zuchthaus bis zu 5 Jahren, bei mildernden Umständen Gefängnis nicht unter 6 Monaten.

Die Verjährung beginnt, kraft singulärer, aus allgemeinen Grundsätzen nicht abzuleitender, daher auf andere Fälle nicht auszudehnender, Vorschrift des Gesetzes erst mit dem Tage, an welchem eine der beiden Ehen aufgelöst, für ungültig oder nichtig erklärt worden ist.

[5] Lit. bei Meyer S. 612 Note 1. Dazu Wahlberg HR. „Bigamie“.

[6] Wer wissentlich mit einem Ehegatten eine Ehe schließt, begeht das Delikt als Thäter. Im Uebrigen finden die Grundsätze über Teilnahme uneingeschränkte Anwendung. Ueber das Amtsdelikt des §. 338 StGB. vgl. unten §. 92 II 3b.

3. Der **Ehebruch** (StGB. §. 172),[7] begangen nur durch eigentlichen **Beischlaf**, d. i. die naturgemäße Vereinigung der Geschlechtsteile; nicht durch **beischlafsähnliche Handlungen**, d. i. durch Mißbrauch des **Körpers** eines Andern zur **Befriedigung** des eigenen Geschlechtstriebes; nicht durch **unzüchtige**, d. i. auf **Erregung** des Geschlechtstriebes gerichtete Handlungen. Der Ehebruch ist **Antragsdelikt**. **Strafe**: Gefängnis bis zu 6 Monaten. Scheidung der Ehe wegen des betreffenden Ehebruches ist **Bedingung der Strafbarkeit**; erst mit ihr beginnt daher der Lauf der **Antragsfrist**,[8] während die **Verjährung** der Strafverfolgung nach allgemeiner Regel (vgl. oben §. 58 II 2) schon mit der Begehung des Ehebruches beginnt, allerdings aber nach §. 69 StGB. während der Dauer des Scheidungsverfahrens **ruht** (vgl. oben §. 58 II 4).

V. Strafbare Handlungen gegen die Sittlichkeit.

§. 91.

Auch die Sittlichkeit ist ein uneigentliches Rechtsgut. Sie ist kein rechtlich geschütztes Interesse des Staates, sie ist auch im modernen Rechte kein Rechtsgut des Einzelnen, wenn wir nicht, gewissen Sittlichkeitsdelikten wie der Notzucht gegenüber, die Sittlichkeit auffassen wollen als das Rechtsgut der persönlichen Freiheit in ihrer Bethätigung nach einer be-

[7] Lit. bei **Meyer** S. 615 Note 7. Dazu **Wahlberg** HR. „Ehebruch“, **Rosenthal**, die Rechtsfolgen des Ehebruchs 1880 (historisch).

[8] Ebenso RGR. 31. Januar 1880, E I 44, R I 180; 23. März 1880, R I 505. Vgl. auch oben §. 30 II, und **Fischer** GS. XXXI.

[1] Lit. bei **Meyer** S. 610 Note 1. Dazu **Villnow** GS. XXX.

stimmten, die Vornahme oder Duldung geschlechtlicher Akte umfassenden, Richtung. Wohl aber haben der Staat, der Einzelne, das Publikum ein indirektes, mittelbares Interesse daran, daß die Ausübung des Geschlechtstriebes in geregelter Weise, innerhalb gewisser Schranken erfolgt und so wird auch die Sittlichkeit, nicht um ihrer selbst sondern um anderer Interessen willen, nicht als selbständiges Rechtsgut sondern anderen Rechtsgütern zu Liebe unter Strafschutz gestellt. Die Sittlichkeit, die im Sinne des modernen Strafrechtes nicht mehr bedeutet, als die Vermeidung jener Ausschreitungen, die das Gesetz als solche bezeichnet hat. Diese strafbaren Ausschreitungen sind:

I. Der Incest oder die Blutschande (StGB. §. 173), d. i. der Beischlaf (Begriff oben S. 370):

1. zwischen Verwandten auf- und absteigender Linie;[2]
2. zwischen Verschwägerten, auf- und absteigender Linie (mag auch die das Schwägerschaftsverhältnis begründende Ehe gelöst sein);[3]
3. zwischen Geschwistern.

Strafe:

zu 1. Zuchthaus bis zu 5 Jahren gegen die Ascendenten; Gefängnis bis zu 2 Jahren gegen die Descendenten;

zu 2. und 3. Gefängnis bis zu 2 Jahren.

In allen Fällen Ehrverlust fakultativ. Verwandte absteigender Linie bleiben straflos, wenn sie das 18. Lebensjahr nicht vollendet haben (subjektiver Strafausschließungsgrund in dem oben §. 30 III 3 erörterten Sinne).

[2] Ehelichkeit der Verwandtschaft nicht erforderlich: RGR. 21. 9. 80, R II 223.

[3] RGR. 7. April 1880, R I 548.

II. Die widernatürliche Unzucht (StGB. §. 175), d. h. Beischlaf oder beischlafsähnliche Handlungen[4] zwischen Personen desselben Geschlechtes oder von Menschen mit Tieren vorgenommen.

Strafe: Gefängnis mit fakultativem Verlust der Ehrenrechte.

III. Unzucht mit Verletzung eines besonderen Vertrauens- oder Gewaltverhältnisses (StGB. §. 174); nämlich Vornahme unzüchtiger Handlungen (Begriff oben S. 370):

1. von Vormündern mit ihren Pflegebefohlenen, Adoptiv- und Pflegeeltern mit ihren Kindern, Geistlichen, Lehrern, Erziehern mit ihren minderjährigen Schülern oder Zöglingen;

2. von Beamten[5] mit Personen, gegen welche sie eine Untersuchung zu führen haben oder welche ihrer Obhut anvertraut sind;

3. von Beamten, Aerzten oder anderen Medizinalpersonen, welche in Gefängnissen oder in öffentlichen, zur Pflege von Kranken, Armen oder anderen Hülflosen bestimmten Anstalten beschäftigt oder angestellt sind, mit den in das Gefängnis oder die Anstalt aufgenommenen Personen.

Strafe: Zuchthaus bis zu 5 Jahren, bei mildernden Umständen Gefängnis nicht unter 6 Monaten.

IV. Nötigung zur Unzucht und gleichgestellte Fälle (StGB. §. 176):

[4] Begriff oben S. 370. Vgl. auch RGR. 23. April 1880, E I 395, R I 652; 24. April 1880, R I 662; 20. 9. 80, R II 220. Wenn leibliche Eltern mit ihren Kindern einfach unzüchtige Handlungen vornehmen, so können sie weder nach §. 173 noch nach §. 174 gestraft werden.

[5] Nicht im technisch-juristischen Sinne; vgl. unten §. 92 I 2.

1. Nötigung einer Frauensperson zur Duldung unzüchtiger Handlungen (vgl. oben S. 370) durch Gewalt oder durch Drohung mit gegenwärtiger Gefahr für Leib oder Leben.[6]

Strafe:

a) für den einfachen Fall: Zuchthaus bis zu 10 Jahren, bei mildernden Umständen Gefängnis nicht unter 6 Monaten.[7]

b) Als besonderen Deliktsbegriff hebt das Gesetz (§. 177) aus den hieher gehörigen Fällen die auf die angegebene Art bewirkte Nötigung zur Duldung des außerehelichen Beischlafes oder die Notzucht hervor. Strafe: Zuchthaus, bei mildernden Umständen Gefängnis nicht unter einem Jahre.

c) Zuchthaus nicht unter 10 Jahren oder lebenslängliches Zuchthaus tritt (StGB. §. 178) in den Fällen a wie b ein, wenn durch die Handlung der Tod der verletzten Person verursacht (oben §. 61 II 1 c) worden ist.

2. Mißbrauch einer in einem willenlosen oder bewußtlosen Zustande befindlichen oder einer geisteskranken Frauensperson zum außerehelichen Beischlaf.[8]

Strafe:

a) für den einfachen Fall: wie oben 1a;

b) wenn der Thäter die Frauensperson mißbraucht, nachdem er sie zu diesem Zwecke in einen willenlosen oder bewußtlosen Zustand versetzt hat, so liegt (StGB. §. 177) Notzucht vor und tritt die oben 1 b bezeichnete Strafe ein.

---

[6] Ueber diese Begriffe vgl. oben §. 63 I 1 a und b.

[7] Goeb GA. XXVII.

[8] Jessen GS. XXXI.

c) Qualifizierter Fall wie oben 1 c.

3. Vornahme unzüchtiger Handlungen mit Personen unter 14 Jahren, oder Verleitung derselben zur Duldung solcher Handlungen; wegen des vom Gesetze angenommenen Mangels der Verfügungsfähigkeit dieser Personen den Nötigungsfällen gleichgestellt.

Strafen: wie 1 a und c.

V. Die Erschleichung des Beischlafes (StGB. §. 179), d. i. die Verleitung einer Frauensperson zur Gestattung des Beischlafes durch Vorspiegelung einer Trauung oder durch Erregung oder Benutzung eines anderen Irrtums, in welchem sie den Beischlaf für einen ehelichen hielt. Vollendet mit dem Beischlaf, nicht mit der ihm etwa zeitlich vorangehenden „Gestattung“. Antragsdelikt.

Strafe: Zuchthaus bis zu 5 Jahren, bei mildernden Umständen Gefängnis nicht unter 6 Monaten.

VI. Verführung eines unbescholtenen Mädchens, welches das 16. Lebensjahr nicht vollendet hat, zum Beischlafe (StGB. §. 182). Unbescholtenheit darf dabei nicht als gleichbedeutend mit Jungfräulichkeit genommen werden; diese kann vorhanden sein, während jene fehlt und umgekehrt. Die Verfolgung tritt nur auf Antrag der Eltern oder des Vormundes der Verführten ein.

Strafe: Gefängnis bis zu einem Jahre.

VII. Das öffentliche[9] Geben eines Aergernisses[10]

---

[9] d. h. so vorgenommen, daß die Handlung von unbestimmt wie vielen und unbestimmt welchen Personen wahrgenommen werden konnte; RGR. 10. Februar 1880, E I 199, R I 327.

[10] Vgl. oben S. 365. Auch hier ist nicht „öffentl. Aergernis“ gefordert; es genügt, wenn eine Person Anstoß genommen hat, mag dies auch derjenige sein, gegen den die unzüchtige Handlung gerichtet war (RGR. 12. Juli 1880, E II 196, R II 183.

(d. i. Verletzung des Sittlichkeitsgefühles) durch unzüchtige Handlungen[11] (StGB. §. 183). Auch mündliche Aeußerungen sind unbedenklich hieher zu rechnen (bestritten).

Strafe: Gefängnis bis zu 2 Jahren, oder Geldstrafe bis zu 500 Mark; neben Gefängnis Aberkennung der Ehrenrechte fakultativ.

VIII. Das Verbreiten von unzüchtigen Schriften, Abbildungen, Darstellungen[12] (StGB. §. 184). Verbreiten setzt Zugänglichmachen für das Publikum, also für einen nicht abgeschlossenen Kreis individuell nicht bestimmter Personen voraus;[13] das Gesetz selbst nennt „Verkaufen, Verteilen oder sonst Verbreiten; sowie Ausstellen oder Anschlagen an Orten, welche dem Publikum zugänglich sind."

Strafe: Geldstrafe bis zu 300 Mark oder Gefängnis bis zu 6 Monaten.

IX. Die Kuppelei, oder die Vorschubleistung zur Unzucht durch Vermittlung oder durch Gewährung oder Verschaffung von Gelegenheit. Dabei haben wir als Unzucht zu betrachten: a) den außerehelichen Beischlaf überhaupt; b) die von dem Gesetze mit Strafe bedrohten beischlafsähnlichen oder einfach unzüchtigen Handlungen.

Die Kuppelei ist nicht als Teilnahme im Sinne des Strafrechts, sondern als selbständiges Delikt aufzufassen. Denn:

a) sie setzt keine strafbare Handlung, zu welcher Hülfe geleistet wird, voraus;

---

[11] Ueber den Begriff vgl. oben S. 370. u. RGR. 28. Februar 1880, R I 404.

[12] Ueber Ankündigung von Preservativs, Specialitäten usw. vgl. RGR. 15. Dezember 1879, R I 149.

[13] Das Nähere über den Begriff der Verbreitung bei Liszt Preßrecht §. 42.

b) die Strafbarkeit der Kuppelei ist, auch wenn die unterstützte Unzuchtshandlung selbst vom Gesetze mit Strafe bedroht sein sollte, durchaus unabhängig von dem Vorliegen einer Schuld auf Seiten derjenigen, welche diese Unzuchtshandlung vorgenommen haben;

c) nicht jede Hülfeleistung (z. B. Rat) zur Unzucht, sondern nur die Vermittlung, die Gewährung oder Verschaffung von Gelegenheit, d. i. die Herbeiführung eines solchen Zustandes, welcher der Ausübung der Unzucht günstigere Bedingungen bietet als früher vorhanden waren,[14] ist Kuppelei.

d) Die Kuppelei ist vollendet mit dem Vermitteln usw., mag es auch zu einem Unzuchtsakte selbst nicht gekommen sein[15] (eine Ausnahme siehe unten). Kuppelei kann liegen in dem Vermieten von Wohnungen an Prostituierte;[16] sie liegt in dem Halten von Bordellen, und daran wird durch polizeiliche Konzessionierung der Bordelle nicht das Geringste geändert, so lange Reichsrecht nicht durch Landesrecht, Gesetz nicht durch Verfügung der administrativen Gewalt gebrochen werden kann.[17]

Die Kuppelei ist nicht an sich, sondern nur bei dem Hinzutreten gewisser Umstände, die wir als Bedingungen

---

[14] Sehr bestritten. Wenn RGR. 15. Mai 1880, E II 164, R I 782 zum Begriffe des „Verschaffens von Gelegenheit“ die Erklärung von Seiten des Dritten, zur Benützung dieser Gelegenheit geneigt zu sein, fordert, so kann dem nicht beigetreten werden.

[15] Ebenso RGR. 15. Mai 1880, E II 164, R I 782.

[16] Vgl. RGR. 28. Februar 1880, R I 402; 27. April 1880, R I 680; 28. Mai 1880, R I 828.

[17] Im gleichen Sinne ist diese berühmte Kontroverse entschieden worden in RGR. 29. Januar 1880, E I 88, R I 291.

der Strafbarkeit (vgl. oben §. 30) aufzufassen haben, vom Gesetze, mit Strafe bedroht.

Diese Umstände sind:

1. Gewohnheitsmäßiges (Begriff oben §. 39 II 3) oder aus Eigennutz[18] erfolgendes Betreiben der Kuppelei (StGB. §. 180).

Strafe: Gefängnis; Ehrverlust und Polizeiaufsicht fakultativ.

2. Anwendung hinterlistiger Kunstgriffe, um der Unzucht Vorschub zu leisten; gleichgestellt ist der Fall, wenn Eltern ihre Kinder, Vormünder ihre Pflegebefohlenen, Geistliche, Lehrer, Erzieher die von ihnen zu unterrichtenden oder zu erziehenden Personen verkuppelt haben (StGB. §. 181). In diesem letzterwähnten Falle muß es, damit die Kuppelei strafbar wird,[19] zur Vornahme unzüchtiger Handlungen gekommen sein.

Strafe: Zuchthaus bis zu 5 Jahren; Aberkennung der bürgerlichen Ehrenrechte obligatorisch (vgl. oben §. 51 I S. 202); Polizeiaufsicht fakultativ.

---

[18] d. h. in der Absicht, sich oder einem Dritten einen Vermögensvorteil (oben §. 73 I 3) zu verschaffen. (RGR. 28. Mai 1880, R I 828).

[19] Oder damit, da §. 181 zugleich dem §. 180 gegenüber als qualifizierter Fall erscheint, gegen gewerbsmäßige oder eigennützige Kuppelei auf die schwerere Strafe des §. 181 erkannt werden kann.

VI. Die Amtsdelikte.[1]

§. 92.

I. Allgemeines.

1. Die Amtsdelikte charakterisieren sich, ebenso wie die in den vorhergehenden Paragraphen besprochenen Gruppen von strafbaren Handlungen, nicht durch die Richtung des Angriffes gegen bestimmte Rechtsgüter, sondern durch die Art, durch das Mittel des Angriffes. Der Mißbrauch der Amtsgewalt zur Begehung strafbarer Handlungen ist das gemeinsame Merkmal, das die sämmtlichen Amtsdelikte zu einer Gruppe vereinigt. Damit ist die ihnen hier gegebene Stellung gerechtfertigt. Wollte man die Natur des angegriffenen Rechtsgutes als maßgebenden Einteilungsgrund betrachten, so würden die Amtsdelikte als einheitliche Gruppe verschwinden.

2. Amtsdelikte sind die öffentlich-strafbaren, also nicht bloß disziplinar zu ahndenden (oben §. 42 VI)[2] Handlungen der Beamten, also nicht die Delikte im Amte, sondern die Delikte der Beamten im Amte. Die Begriffe Amt (oben §. 51 Note 2) und Beamter decken sich nicht. Beamter ist derjenige,[3] der auf Grund staatlicher Bestallung als Organ der Staatsgewalt (mithin unter staatlicher Autorität) für Staatszwecke thätig zu sein berufen ist. StGB. §. 359 giebt keine Definition, wenn er es für gleichgültig erklärt, ob es sich um den unmittelbaren oder

[1] Lit. bei Meyer S. 693 Note 1; dazu Schütze HR. „Amtsverbrechen“.

[2] Zu der dort angeführten Lit. vgl. noch Zorn Staatsrecht S. 243.

[3] Vgl. Zorn Staatsrecht S. 225.

mittelbaren Dienst des Reiches oder eines Bundesstaates; um vorläufige oder definitive, zeitweilige oder lebenslange Anstellung handle; ob der Angestellte einen festen Gehalt oder ausschließlich Gebühren beziehe; ob ein Diensteid geleistet worden oder nicht.[4] Wohl aber rechnet er ausdrücklich, über unseren Begriff hinausgreifend, auch die Notare zu den Beamten, ohne Rücksicht auf die landesrechtliche Verschiedenheit ihrer Stellung. Advokaten und Anwälte, Geschworene, Schiedsrichter und Schöffen sind keine Beamten, wenn auch die drei letztgenannten Personen ein Amt im Sinne des Gesetzes (StGB. §. 31, Abs. 2) ausüben.[5]

3. Man teilt die Amtsdelikte ein in eigentliche und uneigentliche, je nach dem die Beamten-Eigenschaft als Bedingung der Strafbarkeit (oben §. 30), oder aber als Strafschärfungsgrund erscheint. Zu den uneigentlichen Amtsdelikten gehören auch die in StGB. §§. 128, 129, 174, 222, 230, 300 behandelten Fälle. Die Einteilung ist von Wichtigkeit für die Behandlung der Teilnahme dritter Personen; es sei in dieser Beziehung auf das oben §. 37 III Gesagte verwiesen.

4. Die im Auslande, sei es von Inländern, sei es von Ausländern, begangenen Amtsdelikte können ohne weiteres nach inländischem Rechte verfolgt werden (vgl. oben §. 13 IV).

5. Die Beamtenqualität muß im Augenblicke der That (oben §. 19 III 1) vorhanden sein (RGR. vom 9. Juli 1880, R II 181).

6. Neben der wegen einer Reihe von Amtsdelikten (StGB.

---

[4] Vgl. RGR. 13. November 1879, R I 64; 19. Januar 1880, E I 153; 18. März 1880, E I 327, R I 494; 24. Juni 1880, R II 109; 1. Juli 1880, E II 189, R II 144.

[5] Vgl. noch Mil.StGB. §. 145.

§§. 331, 339—341, 352—355, 357) erkannten Gefängnisstrafe kann, wenn dieselbe auch die Dauer von drei Monaten nicht erreicht, gegen Beamte (nie gegen etwa beteiligte Nichtbeamte) auf Verlust der Fähigkeit zur Bekleidung öffentlicher Aemter auf die Dauer von 1 bis zu 5 Jahren erkannt werden (StGB. §. 358; vgl. oben §. 51 II 4).

II. Die einzelnen Amtsdelikte.

1. Geschenkannahme in Amtssachen (Bestechung).[6]

a) Das Annehmen, Fordern oder Sichversprechenlassen von Geschenken oder anderen (nicht notwendig Vermögens-) Vorteilen von Seiten eines Beamten für eine an sich nicht pflichtwidrige Amtshandlung (StGB. §. 331).[7] Das Geschenk muß Aequivalent für die Amtshandlung sein; wird es gegeben, um einem allgemeinen Gebrauche zu entsprechen (wie Trinkgelder, Neujahrsgeschenke), um besondere nicht in das Amt einschlagende Gefälligkeiten zu entlohnen, oder um dem Gefühle persönlicher Dankbarkeit oder Verehrung Ausdruck zu geben usw., so liegt Bestechung nicht vor.[8] Die Praxis hat hier im Einzelfalle die richtige Grenze zu ziehen.

Strafe: Geld bis zu 300 Mark oder Gefängnis bis zu 6 Monaten.

Der Geschenkgeber kann nicht nach §. 331 bestraft werden: arg. §§. 333 und 334 Abs. 2; doch trifft

---

[6] Vgl. Teichmann HR. „Bestechung"; Zorn Staatsrecht S. 238.

[7] Vgl. auch Mil.StGB. §. 140; Salzsteuergesetz vom 12. Oktober 1867 §. 17; Branntweinsteuergesetz v. 8. Juli 1868 §. 68.

[8] Vgl. RGR. 19. November 1879, R I 83, E II 129.

ihn nach einzelnen Nebengesetzen[9] eine Ordnungsstrafe.

b) Das Annehmen, Fordern, Sichversprechenlassen von Geschenken oder anderen Vorteilen von Seiten eines Beamten für eine Handlung, die eine Verletzung einer Amts- oder Dienstpflicht[10] enthält (StGB. §. 332). Strafe: Zuchthaus bis zu fünf Jahren; bei mildernden Umständen Gefängnis.

Wer einem Beamten oder einem Mitgliede der bewaffneten Macht Vorteile anbietet, verspricht, oder gewährt, um ihn[11] zu einer solchen Handlung zu bestimmen, wird nach §. 333 mit Gefängnis (mit fakultativem Ehrverlust), bei mildernden Umständen mit Geldstrafe bis zu 1500 Mark bestraft.

c) Das Annehmen, Fordern, Sichversprechenlassen von Geschenken oder anderen Vorteilen von Seiten eines Richters, Schiedsrichters, Geschworenen oder Schöffen,[12] um eine Rechtssache, deren Leitung oder Entscheidung ihm obliegt, zu Gunsten oder zum Nachteile eines Beteiligten zu entscheiden (StGB. §. 334). Strafe: Zuchthaus.

Denjenigen, der die Geschenke oder Vorteile anbietet, verspricht oder gewährt, trifft ebenfalls Zuchthaus, an dessen Stelle jedoch bei mildernden Umständen Gefängnis treten kann.

---

[9] Vereinszollgesetz v. 1. Juli 1869 §. 160; Brausteuergesetz vom 31. Mai 1872 §. 36; Tabaksteuergesetz vom 16. Juli 1879 §. 41.

[10] Auch Mißbrauch des freien Ermessens gehört hierher: RGR. 29. April 1880, E I 404.

[11] Es stehen mithin hier nur künftige Handlungen in Frage.

[12] Das Gesetz greift hier weit über den Begriff des Beamten hinaus.

In allen Fällen (a—c) ist im Urteile das Empfangen oder der Wert desselben für dem Staate verfallen zu erklären (StGB. §. 335).

2. Die Beugung des Rechts zu Gunsten oder zum Nachteile einer Partei durch einen Beamten oder Schiedsrichter[13] bei Leitung oder Entscheidung einer Rechtssache (StGB. §. 336). Strafe: Zuchthaus bis zu 5 Jahren.

3. Strafbare Handlungen bei Trauung und Eheschließung.

a) Ein Geistlicher oder Religionsdiener,[14] welcher zur Trauung schreitet, bevor ihm nachgewiesen worden ist, daß die Ehe vor dem Standesbeamten geschlossen sei, wird mit Geldstrafe bis zu 300 Mark oder mit Gefängnis bis zu 3 Monaten bestraft (§. 67 des Personenstandsgesetzes vom 6. Februar 1875; an Stelle des §. 337 StGB. getreten).

b) Zuchthaus bis zu 5 Jahren trifft den Religionsdiener oder Personenstandsbeamten, welcher, wissend daß eine Person verheiratet ist, eine neue Ehe derselben schließt (StGB. §. 338; vgl. oben §. 90 II 2).

4. Mißbrauch der Amtsgewalt zur Bedrückung Privater.

a) Widerrechtliche Nötigung zu einer Handlung, Duldung, Unterlassung durch Mißbrauch der Amtsgewalt oder durch Androhung eines bestimmten Mißbrauches derselben (StGB. §. 339; vgl. oben §. 63 I). Strafe: Gefängnis. Versuch strafbar.

b) Der Thatbestand gewisser Delikte, die sich als Spezialfälle dem allgemeinen Begriffe der Nötigung gegenüber-

[13] Vgl. vorige Anmerkung. | [14] Vgl. Anmerkung. 12.

stellen lassen (es sind die §§. 106, 107, 167, 253 StGB.; vgl. unten §. 98, oben §. 89 IV, §. 74), erfährt durch §. 339 Abs. 3 insofern eine Erweiterung, als **Mißbrauch der Amtsgewalt oder Androhung eines bestimmten Mißbrauches derselben**, wenn von einem Beamten ausgehend, für an sich schon geeignete Begehungsmittel erklärt werden.

c) **Körperverletzung**, die der Beamte in Ausübung oder in Veranlassung der Ausübung seines Amtes vorsätzlich begeht oder begehen läßt[15] (StGB. §. 340; vgl. oben §. 61).[16]

Strafe:

1. Gefängnis nicht unter 3 Monaten; bei mildernden Umständen Gefängnis von einem Tage bis zu fünf Jahren oder Geldstrafe bis zu 900 Mark;
2. wenn die Körperverletzung eine schwere (StGB. §. 224) war, Zuchthaus nicht unter 2 Jahren; bei mildernden Umständen Gefängnis nicht unter 3 Monaten.

d) **Beschränkung der persönlichen Freiheit** durch Verhaftung, vorläufige Ergreifung und Festnahme oder Zwangsgestellung, die der Beamte vorsätzlich und widerrechtlich vornimmt oder vornehmen läßt,[17] oder durch

---

[15] Das „Begehenlassen" umfaßt ein Doppeltes: a) das (passive) Geschehenlassen, wobei einfach die oben §. 21 II a gegebene Konstruktion der Unterlassungsdelikte zur Anwendung zu bringen ist; b) das (positive) Anordnen der Vollziehung, wobei, mag der Vollziehende das Bewußtsein der Kausalität seines Thuns haben oder nicht (vgl. oben §. 35 I), immer der Beamte als **Thäter** aufgefaßt wird.

[16] Vgl. noch Mil.StGB. §§. 122, 123, 148.

[17] Vgl. Anmerkung 15.

vorsätzliche und widerrechtliche Verlängerung der Dauer einer Freiheitsentziehung (StGB. §. 341; vgl. oben §. 63 II).

Strafe: die des §. 239 StGB. (oben §. 63 II); mindestens aber Gefängnis von 3 Monaten.

e) Hausfriedensbruch durch einen Beamten in Ausübung oder in Veranlassung der Ausübung seines Amtes (StGB. §. 342; vgl. oben §. 81 II). Strafe: Gefängnis bis zu einem Jahre oder Geldstrafe bis zu 900 Mark.[18]

5. Mißbrauch der Amtsgewalt im Strafverfahren.

a) Die Anwendung (oder das Anwendenlassen)[19] von Zwangsmitteln, um Geständnisse oder Aussagen zu erpressen (StGB. §. 343). Strafe: Zuchthaus bis zu 5 Jahren.

b) Vorsätzliche Beantragung oder Beschließung der Eröffnung oder Fortsetzung einer Untersuchung zum Nachteile einer Person, deren Unschuld dem betreffenden Beamten bekannt ist (StGB. §. 344). Strafe: Zuchthaus.

c) Das Vollstreckenlassen[20] einer Strafe, von welcher der Beamte weiß, daß sie überhaupt nicht oder nicht der Art oder dem Maße nach vollstreckt werden darf (StGB. §. 345).

Strafe:

1. bei vorsätzlicher Begehung, Zuchthaus;
2. bei fahrlässiger Begehung Gefängnis oder Festung

[18] Vgl. Vereinszollgesetz vom 1. Juli 1869 §. 126.

[19] Vgl. oben Anmerkung 15.

[20] Vgl. oben Anmerkung 15.

bis zu einem Jahre oder Geldstrafe bis zu 900 Mark.

d) Begünstigung von Verbrechern; und zwar: die Unterlassung der Verfolgung einer strafbaren Handlung; oder die Begehung einer Handlung, die geeignet ist, eine Freisprechung oder eine dem Gesetze nicht entsprechende Bestrafung zu bewirken; oder das Nichtbetreiben der Vollstreckung einer ausgesprochenen Strafe; oder endlich die Vollstreckung einer gelinderen als der ausgesprochenen Strafe: wenn von einem vermöge seines Amtes zur Mitwirkung bei Ausübung der Strafgewalt oder bei Vollstreckung der Strafe berufenen Beamten in der Absicht begangen, Jemanden der gesetzlichen Strafe rechtswidrig zu entziehen (StGB. §. 346).[21]

Strafe: Zuchthaus bis zu 5 Jahren; bei mildernden Umständen Gefängnis nicht unter einem Monate.

e) Das Entweichenlassen, die Bewirkung oder Beförderung[22] der Befreiung eines Gefangenen durch den Beamten, dessen Beaufsichtigung, Begleitung oder Bewachung der Gefangene anvertraut ist (StGB. §. 347; vgl. unten §. 100 IV).[23]

Strafe:

1. bei vorsätzlicher Begehung Zuchthaus bis zu 5 Jahren, bei mildernden Umständen Gefängnis nicht unter einem Monate;

[21] Vgl. Mil.StGB. §§. 118, 119.

[22] Hier ist Versuch der Beihülfe (Beförderung) strafbar; vgl. oben §. 37 II 2.

[23] Vgl. Mil.StGB. §. 144.

2. bei fahrlässiger Begehung Gefängnis bis zu 6 Monaten oder Geldstrafe bis zu 600 Mark.

6. Strafbare Handlungen in Beziehung auf Urkunden (StGB. §. 348).

a) Die vorsätzliche Falsch-Beurkundung einer rechtlich erheblichen Thatsache, oder das Falsch-Eintragen einer solchen in öffentliche Register oder Bücher durch einen zur Aufnahme[24] öffentlicher Urkunden befugten Beamten innerhalb seiner Zuständigkeit (vgl. oben §. 88 II 2).
Strafe: Gefängnis nicht unter einem Monate.

b) die vorsätzliche Vernichtung, Bei-Seite-Schaffung, Beschädigung oder Verfälschung einer dem Beamten amtlich anvertrauten oder zugänglichen Urkunde durch diesen. Urkunde ist auch hier (vgl. oben §. 88 I) jeder zur Feststellung rechtlich erheblicher Thatsachen bestimmte[25] Gegenstand; Privaturkunden gehören auch dann hieher, wenn sie nicht beweiserheblich sind.
Strafe: wie zu a.

In beiden Fällen (a und b) tritt Zuchthaus bis zu 10 Jahren mit obligatorischer Geldstrafe von 150 bis zu 3000 Mark ein (StGB. §. 349), wenn der Thäter die Handlung in der Absicht begangen hat, sich oder einem Anderen einen Vermögensvorteil zu verschaffen oder einem Anderen Schaden zuzufügen.[26]

7. Die Amtsunterschlagung, also die von einem Beamten begangene Unterschlagung (vgl. oben §. 67) von

---

[24] Aufnahme (verschieden von der Ausstellung) der Urkunde ist die beweiskräftige Feststellung der Thatsache: RGR. 13. März 1880, E I 312, R I 458.

[25] RGR. 23. Januar 1880, E I 162, R I 263 hält die Eignung für diesen Zweck für genügend und erforderlich.

[26] Ueber diese Begriffe vgl. oben §. 73 I 3.

Geldern oder anderen Sachen, die er in amtlicher Eigenschaft,[27] wenn auch mit Ueberschreitung der Grenzen seiner Zuständigkeit,[28] empfangen oder in Gewahrsam hat (StGB. §. 350). Strafe: Gefängnis nicht unter 3 Monaten mit fakultativem Ehrverlust. Versuch strafbar.

Die Strafe wird geschärft (Zuchthaus bis zu 10 Jahren; bei mildernden Umständen Gefängnis nicht unter 6 Monaten), wenn der Beamte in Beziehung auf die Unterschlagung die zur Eintragung oder Kontrolle der Einnahmen oder Ausgaben bestimmten Rechnungen, Register oder Bücher unrichtig geführt, verfälscht oder unterdrückt, oder unrichtige Abschlüsse oder Auszüge aus diesen Rechnungen, Registern oder Büchern, oder unrichtige Belege zu denselben vorgelegt hat, oder wenn in Beziehung auf die Unterschlagung auf Fässern, Beuteln oder Paketen der Geldinhalt fälschlich bezeichnet ist (StGB. §. 351).

8. Erhebung von Gebühren, Abgaben, Steuern, Vergütungen, von welchen der Erhebende weiß, daß der Zahlende sie überhaupt nicht oder nur in geringerem Betrage schuldet;[29] und zwar:

a) wenn von einem Beamten, Advokaten, Anwalt oder sonstigen Rechtsbeistand[30] vorgenommen, der Gebühren usw. für amtliche Verrichtungen zu seinem Vorteile zu erheben hat (StGB. §. 352). Strafe: Geld-

[27] Also nicht als besonders vertrauenswürdige Privatperson: RGR. 3. Juni 1880, E II 84, R II 22.

[28] Ebenso RGR. 17. Dezember 1879, E I 124, R I 159; 19. Januar 1880, E I 153, R I 247.

[29] Vorausgesetzt wird auf Seiten des Zahlenden die Meinung, es handle sich um eine bestehende Verpflichtung; anderen Falls kann Bestechung vorliegen: RGR. 24. Juni 1880, R II 109.

[30] Ueberschreitung des Beamtenbegriffes..

strafe bis zu 300 Mark oder Gefängnis bis zu einem Jahre. Versuch strafbar.

b) Wenn von einem Beamten begangen, der Gebühren usw. für eine öffentliche Kasse zu erheben hat, sofern er das rechtswidrig Erhobene ganz oder zum Teile nicht zur Kasse bringt (StGB. §. 353).

Strafe: Gefängnis nicht unter 3 Monaten.

Gleiche Strafe (wie zu b) trifft den Beamten, welcher bei amtlichen Ausgaben an Geld oder Naturalien dem Empfänger vorsätzlich und rechtswidrig Abzüge macht und die Ausgaben als vollständig geleistet in Rechnung stellt (StGB. §. 353 Abs. 2).

9. Strafbare Handlungen im diplomatischen Dienst des deutschen Reichs (StGB. §. 353a; „Arnimparagraph").

a) Verletzung der Amtsverschwiegenheit durch widerrechtliche Mitteilung von ihm amtlich anvertrauten oder zugänglichen Schriftstücken, oder von ihm durch seinen Vorgesetzten erteilten Anweisungen oder von deren Inhalt an Andere. Strafe: Gefängnis oder Geldstrafe bis zu 5000 Mark.

b) Vorsätzlicher Ungehorsam gegen amtlich erteilte Anweisungen des Vorgesetzten; Strafe: wie zu a.

c) Berichtung von erdichteten oder entstellten Thatsachen an den Vorgesetzten, in der Absicht (hier gleich Motiv), diesen in seinen amtlichen Handlungen irre zu leiten; Strafe: wie zu a.

10. Widerrechtliche Eröffnung oder Unterdrückung[31]

[31] Unterdrückung ist jede, wenn auch nur vorübergehende Entziehung aus dem Postverkehr; RGR. 8. Dezember 1879, E I 124, R I 114.

von der Post anvertrauten Briefen[32] oder Paketen durch Postbeamte. Gleichgestellt ist die Gestattung der Vornahme einer solchen Handlung durch Andere sowie die Beihülfe[33] hiezu (StGB. §. 354). Strafe: Gefängnis nicht unter 3 Monaten.

11. Strafbare Handlungen von Telegraphenbeamten oder anderen mit der Beaufsichtigung und Bedienung einer zu öffentlichen Zwecken dienenden Telegraphenanstalt betrauten Personen (StGB. §. 355).

a) Verfälschung von der Anstalt anvertrauten Depeschen;

b) Widerrechtliche Eröffnung oder Unterdrückung derselben;

c) Benachrichtigung Anderer von dem Inhalte der Depeschen.

Gleichgestellt ist auch hier[34] die Gestattung der Vornahme solcher Handlungen durch Dritte sowie die Hülfeleistung dazu.

Strafe: Gefängnis nicht unter 3 Monaten.

12. Die sogenannte Konnivenz des Amtsvorgesetzten (StGB. §. 357). Sie liegt vor:

a) wenn der Amtsvorgesetzte seinen Untergebenen zu einer strafbaren Handlung im Amte[35] vorsätzlich verleitet[36] oder zu verleiten unternimmt;[37]

---

[32] Auch Postanweisungen sind Briefe: RGR. 8. Dezember 1879, E I 124, R I 114.

[33] Ausnahme von der oben §. 37 III 2 aufgestellten Regel: obwohl nicht der Thäter, sondern nur der Gehülfe Beamte ist, liegt dennoch ein eigentliches Amtsdelikt vor.

[34] Vgl. oben Anmerkung 15.

[35] Nicht bloß die im 28. Abschn. StGB. enthaltenen „Amtsdelikte".

[36] Vorauszusetzen ist das Nichtvorliegen einer Anstiftung; sonst wäre nicht §. 357, sondern §. 48 StGB. anzuwenden.

[37] Vgl. oben §. 37 I 2 a.

b) wenn er eine solche Handlung seiner Untergebenen wissentlich geschehen läßt;[38]

c) wenn die von einem anderen Beamten begangene strafbare Handlung die zur Aufsicht oder Kontrolle des Angeklagten gehörenden Geschäfte betrifft.[39]

Als Strafe für die Konnivenz gilt die auf jene Handlung, zu welcher die Konnivenz geleistet wurde, gesetzte Strafe.

---

[38] Hier liegt, da die Verpflichtung zur Verhinderung vorhanden war, ein Unterlassungsdelikt aus der oben §. 21 II a besprochenen Gruppe vor.

[39] Auch hier gilt das in der vorigen Anmerkung Gesagte

Viertes Buch.

Strafbare Handlungen gegen das Gemeinwesen.

I. Gegen Bestand und Sicherheit des Staates.

1.

§. 93. Hochverrat.[1]

I. 1. Hochverrat — im Gegensatze zum Landesverrate — ist der Angriff auf Bestand und Sicherheit des Staates als eines Einzelindividuums. Die hochverräterischen Handlungen würden ihren Charakter nicht verlieren, auch wenn der Staat, gegen welchen sie gerichtet sind, der einzige auf Erden bestehende wäre.

2. Objekt des Hochverrates im eigentlichen Sinne ist aber nur das inländische Staatsganze, d. h. dasjenige, dessen Gesetzgebung in Frage steht; für uns das deutsche Reich, und jeder einzelne deutsche Bundesstaat.[2] Es bedarf besonderer Anordnung, wenn Bestand und Sicherheit auch ausländischer Gemeinwesen unter strafrechtlichen Schutz gestellt werden soll (vgl. StGB. §. 102 und unten II);[3] zur

[1] Lit. bei Meyer S. 639 Note 1; Zorn Staatsrecht S. 276 ff.

[2] Soweit es sich nicht um Angriffe auf den Monarchen handelt, ist kein Unterschied gemacht zwischen Reich und Einzelstaat, kein Unterschied zwischen den Einzelstaaten unter einander. Gegen jede derartige Unterscheidung vom staatsrechtlichen Standpunkte aus (wohl mit Unrecht) Zorn a. O.

[3] Vgl. oben §. 13 III S. 54.

Gewährung solchen Schutzes wird die heimische Gesetzgebung nicht nur durch ihr Interesse an Aufrechthaltung freundnachbarlicher Beziehungen bestimmt, sondern in erster Linie durch die immer stärker werdende Interessengemeinschaft sämmtlicher Kulturstaaten, welche jede Erschütterung des einen Gemeinwesens auf alle übrigen zu reflektieren droht.

3. Andererseits kommt dem Hochverrate gegenüber das inländische Strafrecht zur Anwendung, auch wenn die strafbare Handlung im Auslande, sei es von einem Inländer, sei es von einem Ausländer begangen wurde (StGB. §. 4 Ziff. 1, vgl. oben §. 13 III).

II. Die Reichsgesetzgebung bezeichnet in kasuistischer Weise, mit Ausschluß aller übrigen etwa gleichwertigen, jene Handlungen, in welchen sie einen Angriff auf Bestand und Sicherheit des Staates erblickt. Darnach ist Hochverrat im Sinne des positiven Rechtes:

1. Mord und Mordversuch an dem Kaiser, an dem eigenen Landesherrn oder während des Aufenthaltes in einem Bundesstaate an dem Landesherrn dieses Staates verübt. Strafe: der Tod (StGB. §. 80).

2. Das Unternehmen, einen Bundesfürsten (abgesehen von dem Falle unter 1) zu töten, gefangen zu nehmen, in Feindes Gewalt zu liefern oder zur Regierung unfähig zu machen (StGB. §. 81 Ziff. 1).

3. Das Unternehmen, die Verfassung des deutschen Reichs oder eines Bundesstaates oder die in demselben bestehende Thronfolge gewaltsam zu ändern (StGB. §. 81 Ziff. 2).

4. Das Unternehmen, das Bundesgebiet einem fremden Staate oder das Gebiet eines Bundesstaates einem anderen Bundesstaate ganz oder teilweise gewaltsam einzu-

verleiben; oder einen Teil des Bundesgebietes oder des Gebietes eines Bundesstaates vom Ganzen loszureißen (StGB. §. 81 Ziff. 3 und 4).[4]

Strafe zu 2—4: lebenslängliches Zuchthaus oder lebenslängliche Festungshaft, bei mildernden Umständen Festungshaft nicht unter 5 Jahren; neben Festungshaft kann auf Verlust der bekleideten öffentlichen Aemter, sowie der aus öffentlichen Wahlen hervorgegangenen Rechte erkannt werden (vgl. oben §. 51 II 3).

III. 1. Im Falle 1 unter II ist Versuch und Vollendung in der Bestrafung gleichgestellt (vgl. oben §. 33 III 4); in den Fällen 2—4 gilt dasselbe von dem Unternehmen (vgl. oben §. 33 III 3). StGB. §. 82 giebt uns eine, nicht notwendig über das Gebiet des Hochverrates hinaus anzuwendende, Definition dieses Unternehmens: „jede Handlung, durch welche das Vorhaben unmittelbar zur Ausführung gebracht werden soll." Also nicht die beginnende Ausführungshandlung (oben §. 33 IV) selbst, sondern die diesen Beginn unmittelbar vorbereitende Handlung.[5] Mit anderen Worten: das „Unternehmen" umfaßt ein weiteres Gebiet als der Versuch; umschließt auch Vorbereitungshandlungen; aber nur jene, die unmittelbar an das Versuchsgebiet angrenzen. Die §§. 81 und 82 lassen also den bei weitem größeren Teil der Vorbereitungshandlungen straflos.

2. Diese Lücke füllen die folgenden Paragraphen aus. Auch die Vorbereitungshandlungen zum Hochverrat

---

[4] Das Unternehmen, das ganze Gebiet eines Bundesstaates gewaltsam zum Reichslande zu machen, könnte nicht als Hochverrat betrachtet werden: Folge der kasuistischen Fassung des Gesetzes.

[5] Sehr bestritten.

sind unter Strafe gestellt; und zwar in der Weise, daß gewisse besonders gefährliche Vorbereitungshandlungen unter besondere höhere, alle übrigen unter gemeinsamen niederen Strafrahmen fallen.

a) Das hochverräterische Komplott (die Verabredung der Ausführung eines hochverräterischen Unternehmens zwischen Mehreren; vgl. oben §. 38 II 4) wird nach StGB. §. 83 mit Zuchthaus oder Festungshaft nicht unter 5 Jahren, bei mildernden Umständen mit Festungshaft nicht unter 2 Jahren bestraft. Neben Festungshaft ist teilweiser Ehrverlust fakultativ zugelassen (vgl. oben §. 51 II 3).

b) Dieselbe Strafe trifft (StGB. §. 84) denjenigen, welcher zur Vorbereitung eines Hochverrates

α) sich mit einer auswärtigen[6] Regierung einläßt, oder

β) die ihm vom Reiche oder einem Bundesstaate anvertraute Macht mißbraucht, oder

γ) Mannschaften anwirbt oder in den Waffen einübt.

c) Jede andere, ein hochverräterisches Unternehmen vorbereitende Handlung wird (StGB. §. 86) mit Zuchthaus oder Festungshaft bis zu 3 Jahren, bei mildernden Umständen mit Festungshaft von 6 Monaten bis zu 3 Jahren bestraft.

IV. Die öffentliche Aufforderung zum Hochverrat (StGB. §. 85) siehe unten §. 101 I.

V. In den Fällen der §§. 80, 81, 83, 84 StGB. (oben

[6] Es ist dies auch die Regierung eines deutschen Bundesstaates gegenüber der eines anderen Bundesstaates.

II 1—4, III 2a und b) kann bei Eröffnung der Untersuchung das Vermögen, welches der Angeschuldigte besitzt oder welches ihm später anfällt, bis zur rechtskräftigen Beendigung des Verfahrens mit Beschlag belegt werden (StGB. §. 93, vgl. mit StPO. §§. 480, 333 ff.).

VI. Wird eine der vorbezeichneten (II 2—4, III und V) Handlungen gegen ein ausländisches Gemeinwesen begangen, so liegt, wie bereits (oben I) bemerkt, zwar nicht eigentlicher Hochverrat, wohl aber ein diesem nächstverwandtes Delikt vor, das unter gewissen Voraussetzungen (StGB. §. 102) die Thätigkeit der inländischen Strafgewalt wachruft. Diese Voraussetzungen sind:

1. Verbürgte Gegenseitigkeit (nicht notwendig durch Staatsvertrag; ein die Gewähr künftiger Festhaltung bietender Gerichtsgebrauch genügt).

2. Während der deutsche Unterthan sowohl im Inlande wie im Auslande und hier ohne die Beschränkungen der §§. 4, 5 StGB. (oben §. 13 III) für die Begehung derartiger Handlungen verantwortlich gemacht wird, haftet der Ausländer nur während seines Aufenthaltes im Inlande,[7] also nur als subditus temporarius.

3. Die Verfolgung tritt nur auf Antrag der auswärtigen Regierung ein; der Antrag ist rücknehmbar.

Strafe:

a) In den oben II 2—4, III 2a und b angeführten Fällen Festungshaft von einem bis zu 10 Jahren, bei mildernden Umständen von 6 Monaten bis zu 10 Jahren;

---

[7] Der Aufenthaltsort des Thäters und der Begehungsort des Verbrechens (oben §. 19 IV) brauchen nicht notwendig zusammenzufallen. Nur der erstere ist maßgebend.

b) in den oben III 2 c und IV angeführten Fällen Festungshaft von einem Monat bis zu 3 Jahren.

2.

§. 94. Landesverrat.

I. 1. Landesverrat ist der Angriff auf Bestand und Sicherheit des Staates als eines Gliedes der Völkerfamilie. Er wird — im Gegensatze zum Hochverrat — erst möglich durch das Nebeneinanderbestehen mehrerer Gemeinwesen. Nicht die Benachteiligung des eigenen Gemeinwesens, sondern die damit verbundene Unterstützung eines fremden Staates bildet sein charakteristisches Merkmal. Der Staatsbürger wird nicht nur zum Feinde, er wird zugleich zum Verräter des Vaterlandes.[1]

2. Dieser Charakter des Landesverrates, der ihm zu Grunde liegende qualifizierte Treubruch, bringt es mit sich, daß der Kreis der möglichen Subjekte dieses Delikte seine Einschränkung erleidet. Der Deutsche haftet zwar auch, wenn er im Auslande einen Landesverrat gegen das deutsche Reich oder einen Bundesstaat begeht, ohne weiteres nach inländischem Rechte (StGB. §. 4 Ziff. 2, vgl. oben §. 13 III); aber der Ausländer kann sich des in §. 88 StGB. bedrohten Falles (unten II 2) gar nicht, der übrigen Fälle nur als subditus temporarius (während seines Aufenthaltes innerhalb des Bundesgebietes unter dem Schutze des deutschen

[1] Nur hier, nicht beim Hochverrat, kann von einer Verletzung der dem Staate schuldigen Treue, als dem charakteristischen Merkmale des Deliktes gesprochen, die Unterscheidung zwischen Inländern und Ausländern gebilligt werden. A. A. Zorn Staatsrecht S. 276 ff.

Reiches oder eines Bundesstaates) schuldig machen, und ist im übrigen nach Kriegsgebrauch zu behandeln (StGB. §. 91).

3. Das inländische Recht gewährt nur den inländischen Gemeinwesen (dem Reiche und seinen Gliedern) den Schutz seiner Strafgewalt.

4. Man teilt den Landesverrat ein in den militärischen und den diplomatischen. Ersterer besteht in der kriegerischen, letzterer (unter positiv-rechtlicher Beschränkung der Strafbarkeit auf gewisse Fälle) in jeder anderweitigen Unterstützung einer auswärtigen Macht.

II. Der militärische Landesverrat.

1. Die Konspiration („Sich-Einlassen" StGB. §.87) mit einer ausländischen (nicht deutschen) Regierung, um dieselbe zu einem Kriege gegen das deutsche Reich zu veranlassen.

Strafe:

a) Zuchthaus nicht unter 5 Jahren, bei mildernden Umständen Festungshaft von 6 Monaten bis zu 5 Jahren;
b) wenn der Krieg ausgebrochen ist, lebenslängliches Zuchthaus, bei mildernden Umständen Festungshaft nicht unter 5 Jahren.

Neben Festungshaft kann auf Verlust der bekleideten öffentlichen Aemter, sowie der aus öffentlichen Wahlen hervorgegangenen Rechte erkannt werden (vgl. oben §. 51 II 3).

2. Dienst in der feindlichen Kriegsmacht während eines gegen das deutsche Reich ausgebrochenen Krieges, oder Waffentragen gegen das deutsche Reich oder dessen Bundesgenossen (StGB. §. 88).

Strafe:

a) wenn der Thäter schon vor Ausbruch des Krieges in fremden Kriegsdiensten stand, Zuchthaus von 2 bis zu

10 Jahren, oder Festungshaft von gleicher Dauer; bei mildernden Umständen Festungshaft bis zu 10 Jahren;

b) wenn dies nicht der Fall, lebenslängliches Zuchthaus oder lebenslängliche Festungshaft, bei mildernden Umständen Festungshaft nicht unter 5 Jahren.

Neben Festungshaft ist Aberkennung der bekleideten öffentlichen Aemter, sowie der aus öffentlichen Wahlen hervorgegangenen Rechte zulässig (vgl. oben §. 51 II 3).

3. Vorsätzliche Begünstigung („wer ... Vorschub leistet" StGB. §. 89) einer feindlichen Macht[2] während eines gegen das deutsche Reich ausgebrochenen Krieges, oder Benachteiligung der Truppen des deutschen Reichs oder der Bundesgenossen desselben.

Strafe: Zuchthaus bis zu 10 Jahren oder Festungshaft von gleicher Dauer, bei mildernden Umständen Festungshaft bis zu 10 Jahren. Teilweiser Ehrverlust wie oben zu 2.

4. Aus dem in §. 89 StGB. (oben 3) aufgestellten Begriffe hebt §. 90 gewisse besonders schwere Fälle hervor, um sie einer verschärften Strafe zu unterwerfen. Lebenslängliches Zuchthaus, bei mildernden Umständen Festungshaft nicht unter 5 Jahren (teilweiser Ehrverlust wie oben zu 2) trifft den Deutschen, welcher während eines gegen das deutsche Reich ausgebrochenen Krieges vorsätzlich

a) Festungen, Pässe, besetzte Plätze oder andere Verteidigungsposten, ingleichen deutsche oder verbündete Truppen oder einzelne Offiziere oder Soldaten in feindliche Gewalt bringt;

---

[2] Beteiligung an einer Kriegsanleihe des Gegners kann gewiß hieher gehören. Der Vorsatz besteht auch hier nur in dem Bewußtsein von der Kausalität des Thuns.

b) Festungswerke, Schiffe oder andere Fahrzeuge der Kriegsmarine, Kassen, Zeughäuser, Magazine oder andere Vorräte von Waffen, Schießbedarf oder anderen Kriegsbedürfnissen in feindliche Gewalt bringt oder dieselben, sowie Brücken und Eisenbahnen zum Vorteile des Feindes zerstört oder unbrauchbar macht;

c) dem Feinde Mannschaften zuführt oder Soldaten des deutschen oder verbündeten Heeres verleitet, zum Feinde überzugehen;

d) Operationspläne oder Pläne von Festungen oder festen Stellungen dem Feinde mitteilt;

e) dem Feinde als Spion dient oder feindliche Spione aufnimmt, verbirgt oder ihnen Beistand leistet; oder

f) einen Aufstand unter den deutschen oder verbündeten Truppen erregt.

III. Der diplomatische Landesverrat; nach StGB. §. 92 vorliegend, wenn Jemand vorsätzlich

1. Staatsgeheimnisse oder Festungspläne, oder solche Urkunden, Aktenstücke oder Nachrichten, von denen er weiß, daß ihre Geheimhaltung einer anderen Regierung gegenüber für das Wohl des deutschen Reichs oder eines Bundesstaates erforderlich ist, dieser Regierung mitteilt oder öffentlich bekannt macht;

2. zur Gefährdung der Rechte des deutschen Reichs oder eines Bundesstaates im Verhältnis zu einer anderen Regierung die über solche Rechte sprechenden Urkunden oder Beweismittel vernichtet, verfälscht oder unterdrückt;

3. ein ihm von Seiten des deutschen Reichs oder eines Bundesstaates aufgetragenes Staatsgeschäft mit einer anderen Regierung zum Nachteil dessen führt, der ihm den Auftrag erteilt hat.

Strafe: Zuchthaus nicht unter 2 Jahren, bei mildernden Umständen Festungshaft nicht unter 6 Monaten.

IV. In allen Fällen des Landesverrates kann (StGB. §. 93) Beschlagnahme des Vermögens des Beschuldigten in der oben §. 93 V angegebenen Weise stattfinden.

3.

§. 95. Gefährdung der militärischen Sicherheit des Staates.

Die hieher gehörenden Delikte charakterisieren sich negativ durch den fehlenden animus hostilis (bei dessen Vorliegen sie in Landesverrat übergehen können), positiv durch die ihnen im allgemeinen (nicht notwendig im konkreten Falle) innewohnende Gefährdung der militärischen Interessen des Staates.

I. Das unbefugte Aufnehmen oder Veröffentlichen von Festungsrissen oder Rissen einzelner Festungswerke wird nach StGB. §. 360 Ziff. 1 als Uebertretung (mit Geldstrafe bis zu 150 Mark oder Haft) bestraft. Einziehung der Risse zulässig, ohne Unterschied, ob sie dem Verurteilten gehören oder nicht (vgl. oben §. 50 II).

II. Veröffentlichungen (in der Presse) über Truppenbewegungen oder Verteidigungsmittel in Zeiten der Kriegsgefahr oder des Krieges trotz des öffentlich bekannt gemachten Verbotes des Reichskanzlers (Preßgesetz §. 15).[1]

Strafe: (Preßgesetz §. 18 Ziff. 1): Geldstrafe bis zu 1000 Mark oder Haft oder Gefängnis bis zu 6 Monaten.

III. Auch die Nichterfüllung von Lieferungsver-

[1] Vgl. Liszt Preßr. §. 46 II.

trägen, die mit einer Behörde über Bedürfnisse des Heeres oder der Marine zur Zeit eines Krieges geschlossen wurden (StGB. §. 329), könnte hieher gestellt werden, wurde aber von uns des Zusammenhanges wegen bereits an anderer Stelle (vgl. oben §. 84 VIII) behandelt.

II. Strafbare Handlungen gegen die Staatsgewalt und ihre Organe.

1.

§. 96. Gegen den Monarchen: Majestätsbeleidigung.

I. 1. Die Ehre des Trägers der staatlichen Souveränität ist begrifflich keine andere als die des Privatmannes; der Ehrbegriff selbst, richtig gefaßt (vgl. oben §. 80 I) ist dehnbar genug, um sich jeder Lebensstellung des Individuums anzupassen. Wir bewegen uns innerhalb der allgemeinen Definition der Beleidigung, wenn wir die Majestätsbeleidigung bestimmen als die Verletzung der dem Souverän (nicht als Menschen, sondern eben als dem Repräsentanten der Souveränität) geschuldeten Achtung; und es bedarf nach dem oben §. 80 I Gesagten keiner weiteren Ausführungen darüber, daß diese Achtung nach Inhalt und Umfang die dem Privatmanne geschuldete ebensoweit überragt, als die Stellung des Souveräns im staatlichen Leben die des Privatmannes. Die Aufstellung des besonderen Deliktes Majestätsbeleidigung in der modernen Gesetzgebung hat demnach, wenn wir von den veränderten, der Schwere wie der politischen Natur des Deliktes rechnungtragenden Strafrahmen absehen, juristische Bedeutung nur nach der Richtung hin, als die für die gewöhnliche Beleidigung gegebenen besonderen (also nicht aus dem Begriffe des Verbrechens folgenden) Bestimmungen, so jene über Antragserfordernis, Buße, Retorsion usw., auf die Majestätsbeleidigung keine Anwendung finden.

2. Nur der monarchische Träger der Souveränität, sowie die Mitglieder seiner Familie und sein Repräsentant (der Regent) können nach heutigem deutschen Rechte Objekt der Majestätsbeleidigung sein; die Träger der Souveränität in den republikanischen Gemeinwesen Deutschlands entbehren des erhöhten strafrechtlichen Schutzes ihrer Ehre. Der staatsrechtlichen Gestaltung des deutschen Reiches entsprechend, hebt das Gesetz den Kaiser, den Landesherrn des Heimatsstaates und jenen des Aufenthaltsstaates des Thäters aus den übrigen Bundesfürsten hervor;[1] eigentümlicher Weise kommt die Familie des Kaisers (insbesondere der deutsche Kronprinz) nur als landesherrliche Familie (Kronprinz von Preußen) in Betracht.

3. Eigentliche Majestätsbeleidigung ist nur gegen einen deutschen Monarchen positiv rechtlich möglich; doch genießen auch die Landesherren und Regenten, sowie die diplomatischen Repräsentanten ausländischer Staatswesen unter gewissen Voraussetzungen eines — geringeren — Schutzes durch das deutsche Strafrecht (vgl. unten IV).

4. Die Strafen stufen sich ab, je nachdem es sich um eine Thätlichkeit (Begriff oben §. 80 S. 322) oder um eine einfache Beleidigung handelt. Als Beleidigung haben wir hier wohl die oben §. 80 II 1, 2, 3, 4 (StGB. §§. 185,

---

[1] Gegen diese Unterscheidungen Zorn Staatsrecht S. 276 ff.

186, 187)[2] angeführten Fälle, nicht aber den Fall des §. 189 StGB. (oben §. 80 II 5) zu betrachten.

5. Von einem Deutschen im Auslande gegen einen Bundesfürsten (nicht gegen eine landesherrliche Familie oder gegen den Regenten eines Bundesstaates) begangenen Beleidigungen sind ohne weiteres nach inländischem Strafrechte zu bestrafen (StGB. §. 4 Ziff. 2; vgl. oben §. 13 III).

II. Thätlichkeit

1. gegen den Kaiser, gegen die Landesherren des Thäters oder während dessen Aufenthalts in einem Bundesstaate gegen den Landesherrn dieses Staates: lebenslängliches Zuchthaus oder lebenslängliche Festungshaft, in minder schweren Fällen (oben §. 54 II 1) Zuchthaus nicht unter 5 Jahren oder Festungshaft von gleicher Dauer; neben Festungshaft teilweiser Ehrverlust (oben §. 51 II 3) zulässig; bei mildernden Umständen Festungshaft nicht unter 5 Jahren (StGB. §. 94);

2. gegen ein Mitglied des landesherrlichen Hauses oder den Regenten des Heimats- oder Aufenthaltsstaates: Zuchthaus nicht unter 5 Jahren oder Festungshaft von gleicher Dauer; in minder schweren Fällen (oben §. 54 II 1) Zuchthaus bis zu 5 Jahren oder Festungshaft von gleicher Dauer; bei mildernden Umständen Festungshaft von einem Jahre bis zu 5 Jahren (StGB. §. 96);

3. gegen einen anderen Bundesfürsten: Zuchthaus von 2 bis zu 10 Jahren oder Festungshaft von gleicher Dauer; bei mildernden Umständen Festungshaft von 6 Monaten bis zu 10 Jahren (StGB. §. 98);

4. gegen ein Mitglied des landesherrlichen Hauses

[2] Soweit diese §§. nicht schwerere Strafe androhen.

oder den Regenten eines anderen Bundesstaates: Zuchthaus bis zu 5 Jahren oder Festungshaft von gleicher Dauer; bei mildernden Umständen Festungshaft von einem Monate bis zu 3 Jahren (StGB. §. 100).

III. Einfache Beleidigung

1. gegen die oben II 1 genannten Personen: Gefängnis nicht unter 2 Monaten oder Festungshaft von 2 Monaten bis zu 5 Jahren; neben Gefängnis teilweiser Ehrverlust (oben §. 51 II 3) fakultativ (StGB. §. 95);

2. gegen die oben II 2 genannten Personen: Gefängnis von einem Monate bis zu 3 Jahren oder Festungshaft von gleicher Dauer (StGB. §. 97);

3. gegen die oben II 3 genannten Personen: Gefängnis von einem Monate bis zu 3 Jahren oder Festungshaft von gleicher Dauer; Verfolgung nur mit Ermächtigung des Beleidigten (StGB. §. 99);

4. gegen die Regenten (nicht gegen die Mitglieder des landesherrlichen Hauses) der oben II 4 genannten Staaten: Gefängnis von einer Woche bis zu 2 Jahren oder Festungshaft von gleicher Dauer; Verfolgung nur mit Ermächtigung des Beleidigten (StGB. §. 101).

IV. 1. Thätliche oder einfache Beleidigung gegen den Landesherrn oder den Regenten eines nicht zum deutschen Reiche gehörenden Staates; wird, sofern in diesem Staate dem deutschen Reiche die Gegenseitigkeit verbürgt ist (vgl. oben §. 93 VI), nach StGB. §. 103 mit Gefängnis von einer Woche bis zu 2 Jahren oder mit Festungshaft von gleicher Dauer bestraft. Antragsdelikt; antragsberechtigt die auswärtige Regierung; Antrag rücknehmbar.

2. Beleidigung (thätliche oder einfache) gegen einen bei dem Reich, einem bundesfürstlichen Hofe oder bei dem Senate

einer der freien Hansestädte beglaubigten Gesandten oder Geschäftsträger wird mit Gefängnis bis zu einem Jahre oder mit Festungshaft von gleicher Dauer bestraft (StGB. §. 104). Antragsdelikt; Antrag rücknehmbar.

2.

§. 97. Strafbare Handlungen gegen gesetzgebende Versammlungen und deren Mitglieder.

I. Das Unternehmen, den Senat oder die Bürgerschaft einer der freien Hansestädte, oder eine gesetzgebende Versammlung des Reiches oder eines Bundesstaates[1]

1. auseinanderzusprengen;
2. zur Fassung oder Unterlassung von Beschlüssen zu nötigen;
3. Mitglieder aus ihnen gewaltsam zu entfernen (StGB. §. 105).

Strafe: Zuchthaus nicht unter 5 Jahren oder Festungshaft von gleicher Dauer; bei mildernden Umständen Festungshaft nicht unter einem Jahre.

II. Die durch Gewalt oder durch Bedrohung mit einer strafbaren Handlung[2] begangene Verhinderung eines Mitgliedes einer der unter I bezeichneten Versammlungen,

1. sich an den Ort der Versammlung zu begeben, oder
2. zu stimmen (StGB. §. 106).

Positiver Zwang, insbesondere zur Abgabe der Stimme gehört nicht hieher, sondern fällt eventuell unter StGB. §. 240 (oben §. 63 I).

---

[1] Ausländische Versammlungen sind nicht geschützt.

[2] Ueber diese Begriffe oben §. 63 I 1 a und b.

Strafe: Zuchthaus bis zu 5 Jahren oder Festungshaft von gleicher Dauer; bei mildernden Umständen Festungshaft bis zu 2 Jahren.

Ueber das Amtsdelikt des §. 339 Abs. 3 StGB. vgl. oben §. 92 II 4 b.

3.

§. 98. Strafbare Handlungen in Beziehung auf das politische Wahl- oder Stimmrecht.

I. Durch Gewalt oder durch Bedrohung[1] mit einer strafbaren Handlung begangene Verhinderung (nicht positiver Zwang) eines Deutschen,[2] in Ausübung seiner staatsbürgerlichen Rechte[3] zu wählen oder zu stimmen (StGB. §. 107).

Strafe: Gefängnis nicht unter 6 Monaten oder Festungshaft bis zu 5 Jahren. Versuch strafbar.

Ueber das Amtsdelikt des §. 339 Abs. 3 StGB. vgl. oben §. 92 II 4 b.

II. Vorsätzliche Herbeiführung eines unrichtigen Ergebnisses bei Wahlhandlungen in öffentlichen Angelegenheiten, oder Verfälschung des Wahlergebnisses (StGB. §. 108).

Strafe:

1. Wenn der Thäter mit der Sammlung von Wahl- oder Stimm-Zetteln oder -Zeichen oder mit der Führung

---

[1] Siehe oben §. 63 I 1 a und b.

[2] Der Ausländer ist nicht geschützt.

[3] Nicht bloß zu oder in den im vorigen Paragraphen angeführten Versammlungen.

der Beurkundungsverhandlung beauftragt war, Gefängnis von einer Woche bis zu 3 Jahren;

2. wenn dies nicht der Fall, Gefängnis bis zu zwei Jahren.

In beiden Fällen kann auf Verlust der bürgerlichen Ehrenrechte erkannt werden.

III. Kauf oder Verkauf von Wahlstimmen in einer öffentlichen Angelegenheit (StGB. §. 109). Der civilrechtliche Begriff des Kaufes findet dabei keine Anwendung; wohl aber ist eine, wenn auch nicht ausdrückliche Vereinbarung über Abgabe der Stimme in einem bestimmten Sinne einerseits und über die Gegenleistung andererseits erforderlich. Mit dieser Vereinbarung ist das Vergehen vollendet, mag es auch gar nicht zur Abgabe der Stimme gekommen oder diese nicht der Verabredung gemäß erfolgt sein. Bestechung zum Zweck der Wahlenthaltung fällt nicht hieher.

Strafe: Gefängnis von einem Monate bis zu zwei Jahren; auch kann auf Verlust der bürgerlichen Ehrenrechte erkannt werden.

4.

§. 99. Widerstand gegen die Staatsgewalt.[1]

I. Gewalt gegen Beamte.[2]

1. Durch Gewalt oder durch Bedrohung mit Gewalt[3] geleisteter Widerstand gegen einen Beamten, welcher

---

[1] Nur die inländische Staatsgewalt wird geschützt. Zum Beweise dient, abgesehen von dem oben §§. 93 VI, 96 IV, 97 Note 1, 98 Note 1 Gesagten, insbes. §. 103a StGB. (unten S. 419).

[2] Lit. bei Meyer S. 664 Note 2. Dazu Kirchenheim GS. XXX.

[3] Ueber diese Begriffe oben §. 63 I 1 a und b.

zur Vollstreckung von Gesetzen, von Befehlen und Anordnungen der Verwaltungsbehörden, oder von Urteilen oder Verfügungen der Gerichte berufen, und in der rechtmäßigen Ausübung seines Amtes begriffen ist (StGB. §. 113).

Der Begriff des Beamten ist aus dem oben §. 92 I 2 Gesagten zu entnehmen; doch stellt das Gesetz (StGB. §. 113 Abs. 3) den Beamten gleich: jene Personen, welche zur Unterstützung des Beamten zugezogen waren; Mannschaften der bewaffneten Macht; endlich Mannschaften einer Gemeinde-, Schutz- oder Bürgerwehr.

Die Amtsausübung muß eine rechtmäßige sein; sie ist es, wenn die Amtshandlung nicht nur innerhalb der Grenzen der allgemeinen Zuständigkeit des Beamten sich bewegt, sondern auch im Einzelfalle ihre Vornahme bei pflichtgemäßer Berücksichtigung der dem Beamten im Augenblicke vorliegenden Umstände als geboten erscheint, mag sie sich auch nachträglich, bei Klärung der Sachlage, als überflüssig oder sogar ungerechtfertigt darstellen.[4]

Irrige Annahme der Rechtmäßigkeit von Seiten des Beamten kann den Mangel derselben nicht ersetzen.

Da das Vergehen des §. 113 StGB. nur vorsätzlich begangen werden kann, ist das Bewußtsein des Thäters von der Rechtmäßigkeit der Amtsausübung unerläßlich;[5] sein Mangel, sollte er auch auf grober Fahrlässigkeit beruhen, schließt die Strafbarkeit des Widerstandes aus.

Strafe: Gefängnis von 14 Tagen bis zu 2 Jahren; bei mildernden Umständen Gefängnis bis zu einem Jahre oder Geldstrafe bis zu 1000 Mark.[6]

---

[4] Kasuistik: RGR. 5. Dezember 1879, E I 26, R I 116; RGR. 3. Juni 1880, E II 82.

[5] Dagegen RGR. 22. April 1880, R I 642.

[6] Besondere Bestimmungen

2. Thätlicher Angriff[7] auf eine der unter 1 genannten Personen, während sie in der rechtmäßigen Ausübung ihres Amtes oder Dienstes begriffen ist (StGB. §. 113). Strafe wie unter 1.

3. Das Unternehmen, durch Gewalt oder Drohung eine Behörde oder einen Beamten zur Vornahme oder Unterlassung einer Amtshandlung zu nötigen (StGB. §. 114).[8]

Strafe: Gefängnis nicht unter 3 Monaten; bei mildernden Umständen Gefängnis bis zu 2 Jahren.

II. Aufruhr und Auflauf.

1. Aufruhr.[9] Die Teilnahme an einer öffentlichen Zusammenrottung,[10] bei welcher eine der unter I bezeichneten Handlungen mit vereinten Kräften begangen wird (StGB. §. 115).[11]

Strafe: Gefängnis nicht unter 6 Monaten; gegen die Rädelsführer (oben §. 37 I 5) sowie diejenigen Personen, welche eine der unter I bezeichneten Handlungen begangen haben, Zuchthaus bis zu 10 Jahren mit fakultativer Polizeiaufsicht, bei mildernden Umständen Gefängnis nicht unter 6 Monaten.

2. Auflauf: rechtswidriges Verweilen in einer auf

---

vielfach in den Nebengesetzen; so Vereinszollgesetz vom 1. Juli 1869 §§. 148, 161; Salzsteuergesetz vom 12. Oktober 1867 §. 17; Brau- und Branntweinsteuergesetz vom 4. u. 8. Juli 1868 §§. 37 u. 68; Braumalzsteuergesetz vom 31. Mai 1872 §. 36; Tabaksteuergesetz vom 16. Juli 1879 §. 41. Häufig sind insbesondere ergänzende Ordnungsstrafen angedroht.

[7] Begriff oben S. 322.

[8] Kasuistik: RGR. 13. Mai 1880, R I 770.

[9] Lit. bei Meyer S. 670 Note 1; dazu Teichmann HR. „Aufruhr".

[10] Begriff oben S. 331.

[11] Vgl. Milit.StGB. §§. 9 Ziff. 3, 103, 106—110.

öffentlichen Wegen, Straßen oder Plätzen versammelten Menschenmenge, welche von dem zuständigen Beamten oder Befehlshaber der bewaffneten Macht dreimal aufgefordert worden sich zu entfernen (StGB. §. 116).

Strafe: Gefängnis bis zu 3 Monaten oder Geldstrafe bis zu 1500 Mark.

Ist bei einem Auflaufe gegen die Beamten oder die bewaffnete Macht mit vereinten Kräften thätlicher Widerstand geleistet oder Gewalt verübt worden, so treten gegen diejenigen, welche an diesen Handlungen teilgenommen, die Strafen des Aufruhrs ein.

III. Gewalt gegen Forst- oder Jagdbeamte, Waldeigentümer, Forst- oder Jagdberechtigte oder gegen einen von diesen bestellten Aufseher (StGB. §§. 117—119). Der Autorität der Staatsgewalt ist hier die Autorität gewisser Privatpersonen wegen des Bedürfnisses derselben nach intensiverem strafrechtlichen Schutze gegen Angriffe gleichgestellt. Zwei Fälle gehören hieher:

1. Durch Gewalt oder durch Bedrohung mit Gewalt geleisteter Widerstand gegen die genannten Personen, wenn sie in der rechtmäßigen[12] Ausübung ihres Amtes oder Rechtes begriffen sind;

2. der thätliche Angriff gegen dieselben während der Ausübung ihres Amtes oder Rechtes.

Daß die rechtswidrige Handlung innerhalb des betreffenden Revieres oder zwar außerhalb desselben, aber in unmittelbarem Zusammenhange mit einer innerhalb des Revieres vorgenommenen Amtshandlung oder Rechtsausübung stattgefunden habe, ist zum Thatbestande des Vergehens nicht

---

[12] Begriff oben I.

erforderlich; es genügt die Richtung der Handlung gegen die genannten, eines höheren strafrechtlichen Schutzes bedürftigen Personen.[13] Ebensowenig läßt sich bei dem klaren Wortlaute des Gesetzes die[14] Ansicht rechtfertigen, daß nicht die Ausübung des Jagdrechtes oder anderer den angeführten Privatpersonen zustehender Rechte, sondern nur die zum Schutze der Waldungen und Jagden gegen Forst- und Jagdfrevler vorgenommenen Handlungen in §. 117 gemeint seien.

Die Strafe ist vielfach abgestuft.

a) Regelmäßiger Strafrahmen: Gefängnis von 14 Tagen bis zu 3 Jahren; bei mildernden Umständen Gefängnis bis zu einem Jahre (StGB. §. 117);

b) wenn der Widerstand oder der Angriff unter Drohung mit Schießgewehr, Aexten oddr anderen gefährlichen Werkzeugen erfolgt oder mit Gewalt an der Person[15] begangen worden ist: Gefängnis nicht unter 3 Monaten, bei mildernden Umständen nicht unter einem Monate (StGB. §. 117);

c) wenn durch den Widerstand oder den Angriff eine Körperverletzung dessen, gegen welchen die Handlung begangen ist, verursacht worden: Zuchthaus bis zu 10 Jahren, bei mildernden Umständen Gefängnis nicht unter 3 Monaten (StGB. §. 118);

d) wenn eine der Handlungen von Mehreren gemeinschaftlich[16] begangen worden ist, so kann die Strafe (a—c) bis um die Hälfte des angedrohten Höchstbe-

---

[13] Ebenso — im Gegensatze zur früheren preußischen Praxis — RGR. 15. Mai 1880, E II 167, R I 789.

[14] Vom RGR. 29. Mai 1880, E II 170, R I 835 aufgestellte.

[15] in homine, vgl oben §. 63 I 1 a.

[16] Vgl. oben §. 61 Note 5.

trages, die Gefängnisstrafe jedoch nicht über 5 Jahre erhöht werden (StGB. §. 120).

IV. Die Befreiung von Gefangenen (StGB. §§. 120—122)[17] voraussetzend, daß der „Gefangene" (Untersuchungs- wie Strafgefangene, der in civilprozessualer wie in polizeilicher Haft Befindliche) sich bereits thatsächlich in der Gewalt der Obrigkeit befunden hat, nicht erst in dieselbe gebracht werden soll, charakterisiert sich durch den Bruch dieser Gewalt und nicht durch den — allerdings auch in ihr gelegenen — Eingriff in die staatliche Rechtspflege, gehört mithin nicht zu den unten §. 103 behandelten Delikten, sondern an jene Stelle, welche auch die Systematik des RStGB. ihr angewiesen hat.

1. Die Selbstbefreiung, regelmäßig straflos, ist nach dem RStGB. §. 122 nur[18] strafbar als Meuterei:

a) wenn die Gefangenen sich zusammenrotten[19] und mit vereinten Kräften

α) die Anstaltsbeamten oder die mit der Beaufsichtigung Beauftragten angreifen, oder

β) denselben Widerstand leisten, oder

γ) es unternehmen, sie zu Handlungen oder Unterlassungen zu nötigen; oder wenn

b) Gefangene sich zusammenrotten und mit vereinten Kräften einen gewaltsamen Ausbruch unternehmen.

Strafe: Gefängnis nicht unter 6 Monaten; gegen diejenigen Meuterer, welche Gewaltthätigkeiten gegen die Anstaltsbeamten oder gegen die mit der Baufsichtigung Beauf-

---

[17] Vgl. auch Mil.StGB. §§. 58 Ziff. 11, 79, 80, 144, 159.

[18] Anders Mil.StGB. §§. 79, 80, 159.

[19] Begriff oben S. 331.

tragten verüben, Zuchthaus bis zu 10 Jahren mit fakultativer Polizeiaufsicht.

2. Die vorsätzliche Befreiung eines Gefangenen aus der Gefangenanstalt oder aus der Gewalt der bewaffneten Macht, des Beamten oder desjenigen, unter dessen Beaufsichtigung, Begleitung oder Bewachung er sich befindet (StGB. §. 120). Gleichgestellt ist die vorsätzliche Beihülfe zu der, wenn auch an sich straflosen Selbstbefreiung (vgl. oben §. 37 II. 2).

Strafe: Gefängnis bis zu 3 Jahren; Versuch strafbar.

3. Das vorsätzliche Entweichenlassen[20] eines Gefangenen oder die vorsätzliche oder fahrlässige Beförderung seiner Befreiung durch eine mit der Beaufsichtigung oder Begleitung des Gefangenen beauftragte Person.

Strafe (StGB. §. 121):

a) bei vorsätzlichem Handeln Gefängnis bis zu 3 Jahren;
b) bei fahrlässiger Beförderung der Befreiung Gefängnis bis zu 3 Monaten oder Geldstrafe bis zu 300 Mark.

Ueber das Amtsdelikt des §. 347 StGB. vgl. oben §. 92 II 5 e.

5.

§. 100. Die strafbaren Aufforderungen.

I. Die öffentlich[1] vor einer Menschenmenge oder durch Verbreitung oder öffentlichen Anschlag oder öffentliche Ausstellung von Schriften oder anderen Darstellungen erfolgte

---

[20] Hier bleibt Fahrlässigkeit straflos.

[1] Zur „Oeffentlichkeit“ (oben S. 323) muß das weitere Merkmal „vor einer Menschenmenge“ hinzutreten.

Aufforderung zu einem hochverräterischen Unternehmen (StGB. §. 85).[2]

Strafe: Zuchthaus bis zu 10 Jahren oder Festungshaft von gleicher Dauer; bei mildernden Umständen Festungshaft von einem Jahre bis zu 5 Jahren.

II. Die auf dem unter I bezeichneten Wege erfolgte Aufforderung zum Ungehorsam gegen Gesetze oder rechtsgültige Verordnungen oder gegen die von der Obrigkeit innerhalb ihrer Zuständigkeit getroffenen Anordnungen (StGB. §. 110).[3]

Strafe: Geldstrafe bis zu 600 Mark oder Gefängnis bis zu 2 Jahren.

III. Die auf dieselbe Weise erfolgte Aufforderung zu einer (wenn auch nur landesrechtlich) strafbaren Handlung (StGB. §. 111).

Strafe: Geldstrafe bis zu 600 Mark oder Gefängnis bis zu einem Jahre; doch darf die Strafe, der Art und dem Maße nach, keine schwerere sein, als die auf die Handlung selbst, zu welcher aufgefordert wurde, angedrohte. Wenn die Aufforderung die strafbare Handlung oder einen strafbaren Versuch derselben zur Folge gehabt hat, so ist der Auffordernde gleich einem Anstifter zu bestrafen. Er ist dagegen Anstifter im technischen Sinne des Wortes und nicht nach §. 111, sondern §. 48 StGB. strafbar, wenn die Merkmale des Anstiftungsbegriffes (Richtung des Vorsatzes auf Herbeiführung einer bestimmten, individualisierten Handlung durch eine bestimmte Person oder durch mehrere solche) gegeben sind; er wird „gleich einem Anstifter“ nach

---

[2] Vgl. StGB. §. 102 und oben §. 93 III.

[3] Vgl. Mil.StGB. §§. 99 bis 102.

§. 111 StGB. bestraft, wenn eines dieser Merkmale fehlt, wenn also z. B. die ausschließlich auf Einschüchterung der Regierung berechnete und nur ihr gegenüber ernst gemeinte Aufforderung die vom Thäter nicht vorhergesehene und noch weniger beabsichtigte Begehung der strafbaren Handlung durch einen Dritten zur Folge gehabt hat.

IV. Die öffentliche Aufforderung mittels der Presse zur Aufbringung der wegen einer strafbaren Handlung erkannten Geldstrafen und Kosten, sowie die öffentliche Bescheinigung mittels der Presse über den Empfang der zu solchen Zwecken gezahlten Beiträge[4] (Preßgesetz §. 16).[5]

Strafe: Geldstrafe bis zu 1000 Mark oder Haft oder Gefängnis bis zu 6 Monaten (Preßgesetz §. 18 Ziff. 1). Das zufolge solcher Aufforderung Empfangene oder der Wert desselben ist der Armenkasse des Orts der Sammlung für verfallen zu erklären.

V. Neben die öffentlichen Aufforderungen ist seit der Novelle vom 26. Februar 1876 das in StGB. §. 49 a (in dem, dem belgischen Gesetze vom 7. Juli 1875 nachgebildeten, Duchesne-Paragraphen) mit Strafe bedrohte selbständige (nicht als versuchte Anstiftung zu konstruierende) Delikt getreten.[6] StGB. §. 49 a umfaßt:

1. Die Aufforderung eines Anderen zur Begehung eines Verbrechens (im engeren Sinne) oder zur Teilnahme

---

[4] Vgl. Liszt Preßr. §. 46 III.

[5] Es ist hier die Aufforderung zu einer nicht einmal immer rechtswidrigen Handlung unter Strafe gestellt. Deutlicher als bei den übrigen öffentlichen Aufforderungen tritt hier als strafbegründender Umstand ihr demonstrativer Charakter gegenüber der Staatsgewalt in den Vordergrund.

[6] Vgl. Geyer HR. „Aufforderung“ mit Lit.

an einem Verbrechen, sowie die Annahme einer solchen Aufforderung.

2. Das Sich-Erbieten zur Begehung eines Verbrechens oder zur Teilnahme an einem Verbrechen, sowie die Annahme eines solchen Erbietens.

Es wird jedoch das lediglich mündlich ausgedrückte Auffordern oder Erbieten, sowie die Annahme eines solchen nur dann bestraft, wenn die Aufforderung oder das Erbieten an die Gewährung von Vorteilen irgend welcher Art (nicht notwendig pekuniärer Natur) geknüpft worden, und dadurch die Ernstlichkeit desjenigen, der die Initiative ergreift, bewiesen ist.[7]

Auch abgesehen von dieser ausdrücklichen Anordnung des Gesetzes ist Ernstlichkeit der Aufforderung und des Erbietens zur Strafbarkeit notwendig, bei Mangel derselben auch die Annahme straflos. Aufforderung und Erbieten müssen der Ausdruck eines (bedingt gefaßten) Entschlusses sein, der durch die Annahme zu einem unbedingten wird.[8]

Strafe:

a) Wenn das geplante Verbrechen mit dem Tode oder mit lebenslänglichem Zuchthause bedroht ist, Gefängnis nicht unter 3 Monaten;

b) wenn es mit einer geringeren Strafe bedroht ist, Gefängnis bis zu 2 Jahren oder Festungshaft von gleicher Dauer.

Neben Gefängnis kann auf Verlust der bürgerlichen Ehrenrechte, sowie auf Zulässigkeit von Polizeiaufsicht erkannt werden.

---

[7] Daß er selbst einen genau bestimmten Vorteil gewähren werde, braucht nicht in Aussicht gestellt worden zu sein (RGR. 2. Juli 1880, R II 153).

[8] Vgl. RGR. 31. März 1880, E I 338, R I 515.

6.

§. 101. Mißachtung der Autorität der Staatsgewalt.[1]

I. Die öffentliche wissentliche Behauptung oder Verbreitung von erdichteten oder entstellten Thatsachen,[2] um dadurch Staatseinrichtungen (d. i. dauernde Bestandteile der Staatsverfassung oder Staatsverwaltung,[3] nicht aber die allgemeinen Rechtsinstitute der Ehe, des Eigentums usw.) oder Anordnungen der Obrigkeit verächtlich zu machen[4] (StGB. §. 131).

Strafe: Geldstrafe bis zu 600 Mark oder Gefängnis bis zu 2 Jahren.

II. Die unbefugte Ausübung eines öffentlichen Amtes[5] oder die Vornahme einer Handlung, die nur kraft eines öffentlichen Amtes vorgenommen werden darf[6] (sogenannte „Amtsanmaßung"; StGB. §. 132).

Strafe: Gefängnis bis zu einem Jahre oder Geldstrafe bis zu 300 Mark.[7]

III. Die vorsätzliche Vernichtung, Bei-Seite-Schaffung oder Beschädigung von Urkunden, Registern, Akten

---

[1] Nur die inländische Staatsgewalt wird — von dem Falle in StGB. §. 103 a abgesehen — geschützt.

[2] Thatsachen: vgl. oben §. 73 S. 290. Dagegen RGR. 14. Juli 1880, R II 197.

[3] Z. B. der Bundesrat, die allgemeine Wehrpflicht, das Reichskanzleramt usw.

[4] Maßgebend die Anschauungen unbefangener Kreise; vgl. oben §. 80 Note 6.

[5] Begriff des „Amtes" hier weder nach §. 31 noch nach §. 359 StGB., sondern nach den Landesgesetzen zu bestimmen.

[6] Vgl. Zimmermann GS. XXX; RGR. 7. Juli 1880, R II 167.

[7] Vgl. §. 2 des Gesetzes zur Verhinderung der unbefugten Ausübung von Kirchenämtern vom 4. Mai 1874; auch StGB. §. 360 Ziff 8.

oder anderen Gegenständen, welche sich zur amtlichen Aufbewahrung an einem dazu bestimmten Orte befinden, oder welche einem Beamten oder einem Dritten amtlich übergeben worden sind (StGB. §. 133).

Zu dem Amtsdelikte des §. 348 StGB. (oben §. 92 S. 386) verhält sich dieses Vergehen ungefähr so, wie Diebstahl zur Unterschlagung; §. 133 setzt den Bruch eines fremden, §. 348 den Mißbrauch des eigenen Gewahrsams voraus. Derjenige Beamte, der den Gewahrsam hat, kann sich daher des in §. 133 StGB. enthaltenen Vergehens nicht schuldig machen.

Strafe: Gefängnis; wenn die Handlung in gewinnsüchtiger Absicht begangen worden, Gefängnis nicht unter 3 Monaten mit fakultativem Ehrverlust.

IV. Das böswillige Abreißen, Beschädigen oder Verunstalten von öffentlich angeschlagenen Bekanntmachungen, Verordnungen, Befehlen oder Anzeigen von Behörden oder Beamten (StGB. §. 134). „Böswillig" bezeichnet die auf Herbeiführung der Rechtsverletzung gerichtete Absicht als Motiv der Handlung (oben §. 28 III); diese muß erfolgen zu dem Zwecke, um die Mißachtung der Autorität der Staatsgewalt an den Tag zu legen.

Strafe: Geldstrafe bis zu 300 Mark oder Gefängnis bis zu 6 Monaten.

V. Die böswillige Wegnahme, Zerstörung oder Beschädigung von öffentlichen Zeichen der staatlichen Autorität (Zeichen, durch welche die Thatsache der Herrschaft der Staatsgewalt öffentlich kenntlich gemacht werden soll, wie Grenzpfähle u. dgl.) oder von Hoheitszeichen (Symbolen der Staatsgewalt, wie Fahnen,

Wappen u. dgl.) oder die Verübung an beschimpfendem Unfug an diesen Gegenständen.

Strafe:

1. Wenn gegen die inländische Staatsgewalt gerichtet, nach StGB. §. 135 Geldstrafe bis zu 600 Mark oder Gefängnis bis zu 2 Jahren.
2. Wenn gegen einen nicht zum deutschen Reiche gehörenden Staat gerichtet, nach §. 103a die gleiche Strafe.

Der unbefugte Gebrauch der Abbildung des kaiserlichen Wappens, oder der Wappen von Bundesfürsten oder eines Landeswappens ist in StGB. §. 360 Ziff. 7 mit einer Uebertretungsstrafe (Geldstrafe bis 150 Mark oder Haft) bedroht.

VI. Das vorsätzliche Erbrechen, Ablösen oder Beschädigen eines amtlichen Siegels, welches von einer Behörde oder einem Beamten angelegt ist, um Sachen zu verschließen, zu bezeichnen oder in Beschlag zu nehmen, oder die Aufhebung des durch ein solches Siegel bewirkten amtlichen Verschlusses (StGB. §. 136).[8]

Strafe: Gefängnis bis zu 6 Monaten.

VII. Arrestbruch. Wer Sachen (nicht Forderungen), welche durch die zuständigen Behörden oder Beamten gepfändet oder in Beschlag genommen worden sind (Subhastation, Sequestration, Observation,[9] Arrest, Veräußerungsverbot usw. gehören hieher) vorsätzlich, d. h. in Kenntnis der amtlichen Beschlagnahme,[10] bei Seite schafft, zerstört

[8] Vgl. Vereinszollgesetz vom 1. Juli 1869 §§. 144, 151; Salzsteuergesetz vom 12. Oktober 1867 §. 15.

[9] RGR. 2. April 1880, E I 287.

[10] Vgl. RGR. 16. April 1880, E I 368, R I 610.

oder in anderer Weise der Verstrickung ganz oder teilweise entzieht,[11] wird nach StGB. §. 137 mit Gefängnis bis zu einem Jahre bestraft.

III. Strafbare Handlungen gegen den Gang der Staatsverwaltung.

1.

§. 102. Gegen die Verwaltung überhaupt: die falsche Aussage.[1]

I. Allgemeines.

1. Nach Reichsrecht ist die falsche Aussage nicht an sich und ohne weitere Voraussetzung, sondern nur dann strafbar, wenn sie

1. durch Eid oder eine andere, diesem gleichgestellte oder angereihte Beteuerungsform bekräftigt[2] und
2. vor einer zur Abnahme dieser Beteuerungsformen zuständigen Behörde abgelegt wurde.

Beide Momente müssen zu der an sich normwidrigen falschen Aussage hinzutreten, ohne daß diese dadurch aufhören würde falsche Aussage zu sein. Durch das Erfordernis der Bekräftigung wird das Wesen des Deliktes nicht ver-

[11] Thäter kann sowol der Eigentümer oder der Gepfändete als auch ein Dritter, ja selbst der Gläubiger sein, zu dessen Gunsten die Beschlagnahme erfolgte (RGR. 1. Mai 1880, R I 705). — Vgl. noch RGR. 16. Sept. 1880, R II 213.

[1] Lit. bei Meyer S. 578 Note 1; dazu Jagemann GS. XXIX.

[2] Daß die landesrechtlichen Strafdrohungen gegen die unbeeidete falsche Aussage beseitigt sind, wurde bereits oben §. 11 Note 4 bemerkt.

ändert; wird der Mißbrauch der Beteuerungsform, der nur Strafbarkeitsmerkmal ist, nicht zum Normwidrigkeitsmerkmal gestempelt. Und andererseits ist damit zugleich nachgewiesen, daß die inkorrekt sogenannten Eidesdelikte ihren Platz im Systeme des Strafrechtes nicht neben Urkunden- und Münzfälschung haben können; denn während diese strafbar sind ohne jede weitere Rücksichtnahme auf ihre Richtung gegen ein bestimmtes Rechtsgut, ist der Mißbrauch des Eides und der verwandten Beteuerungsformen nur strafbar, wenn hinzutretend zu einer falschen Aussage vor Gericht oder vor einer anderen öffentlichen Behörde. Diese falsche bekräftigte Aussage aber hat unverkennbar die Richtung gegen ein bestimmtes Rechtsgut: sie gefährdet die Sicherheit nicht bloß der Rechtspflege, sondern des Ganges der Staatsverwaltung überhaupt, soweit diese ihren Entscheidungen die Aussagen der Staatsbürger zu Grunde legt. Selbst wenn also die „publica fides" ein Rechtsgut wäre — thatsächlich ist sie ein Wort, hinter dem ein Begriff nicht steckt, — wäre die falsche Aussage nicht als unmittelbar gegen sie gerichtet aufzufassen.[3]

2. Unter den eben besprochenen, sofort näher zu erläuternden Voraussetzungen ist die falsche beeidete oder bekräftigte Aussage strafbar. Sind sie gegeben, so darf weder die Rechtsgültigkeit der Beteuerungsform,[4] noch die Beachtung der für den Gebrauch derselben vorgezeichneten Formalitäten, noch auch die Erheblichkeit der einzelnen Aussage[5]

[3] Ich habe keine Veranlassung, von dieser schon 1877 in meiner „falschen Aussage" vertretenen Ansicht abzugehen.

[4] Ebenso RGR. 23. Februar 1880, E I 217.

[5] Auch falsche Beantwortung der Generalfragen kann strafbar machen, wenn sich die Beteue-

als Bedingung der Strafbarkeit gefordert werden. Selbst die Nichtzuständigkeit der Behörde im Einzelfalle hindert die Strafbarkeit der falschen Aussage nicht,[6] wenn die Behörde nur zur Entgegennahme von Versicherungen der fraglichen Art im allgemeinen berechtigt war.

II. Die Arten.

A. Vorsätzliche falsche Aussage.

1. Der eigentliche Meineid.

a) In eigener Sache, als zugeschobener, zurückgeschobener oder auferlegter Eid im Civilprozeß (StGB. §. 153).

Strafe: Zuchthaus bis zu 10 Jahren.

b) In fremder Sache, als eidlich bekräftigtes falsches Zeugnis oder falsches Gutachten, vor einer zur Abnahme von Eiden zuständigen Behörde abgelegt (StGB. §. 154), mag die Beeidigung der Aussage vorangehen oder ihr nachfolgen.

Strafe: Zuchthaus bis zu 10 Jahren; wenn die falsche Aussage in einer Strafsache zum Nachteile eines Angeschuldigten abgegeben und dieser zum Tode, zu Zuchthaus oder zu einer anderen mehr als 5 Jahre betragenden Freiheitsstrafe verurteilt worden ist, Zuchthaus nicht unter 3 Jahren.

2. Gleichgestellte Fälle (StGB. §. 155).

a) Falsche Aussage des Mitgliedes einer Religionsgesellschaft, welcher das Gesetz den Gebrauch gewisser Beteuerungsformeln an Stelle des Eides gestattet, unter der Beteuerungsformel seiner Gesellschaft;

---

rung auch auf diese erstreckte; in der Entscheidung, nicht aber in der Begründung richtig RGR. 5. Mai 1880, E II 45, R I 732.

[6] A. A. RGR. 25. Juni 1880, E II 123, R II 110.

b) falsche Aussage einer Partei, eines Zeugen oder Sachverständigen unter Berufung auf den bereits früher in derselben Angelegenheit geleisteten Eid;

c) falsche Aussage eines Sachverständigen, welcher als solcher ein- für allemal vereidet ist, unter Berufung auf diesen Eid;

d) falsche amtliche Aussage eines Beamten unter Berufung auf seinen Diensteid.

Strafe: wie unter 1 a und b.

3. Falsche Aussage vor einer zur Abnahme von Versicherungen an Eidesstatt zuständigen Behörde unter Versicherung an Eidesstatt oder unter Berufung auf eine solche (StGB. §. 156).

Strafe: Gefängnis von einem Monat bis zu 3 Jahren.

B. Fahrlässige Begehung einer der unter 1 bis 3 genannten Handlungen (StGB. §. 163). Notwendig ist hier: a) objektive Unwahrheit der Aussage; b) Unkenntnis des Aussagenden über diese Unwahrheit; c) die Unkenntnis muß durch Fahrlässigkeit verschuldet, Einsicht bei pflichtgemäßer Sorgfalt möglich gewesen sein.[7]

Strafe: Gefängnis bis zu einem Jahre.

III. Während im allgemeinen die erfolglos gebliebene Anstiftung straflos bleibt (vgl. oben §. 37 I 2 a), bedroht §. 159 StGB. die unternommene Verleitung zur falschen Aussage als selbständiges Delikt, an welchem mithin strafbare Teilnahme möglich ist (oben §. 37 I 2 c und II 2), mit Strafe, und zwar:

---

[7] Beispiele in RGR. 13. November 1879, E I 99, R I 61; 21. Juni 1880, R II 89; 24. Juni 1880, R II 104.

1. wenn es sich um eigentlichen Meineid oder um einen gleichgestellten Fall handelt (oben II A 1 und 2 mit Zuchthaus bis zu 5 Jahren;
2. wenn dagegen eine falsche Versicherung an Eides- statt (oben II A 3) in Frage steht, mit Gefängnis bis zu einem Jahre.

IV. Die Verleitung zur falschen Aussage (Vorsatz vorhanden beim Verleitenden, fehlend beim Schwörenden) ist in der Reichsgesetzgebung, mit Durchbrechung der allgemeinen Regeln über fingierte Thäterschaft (vgl. oben §. 36 I) eben- falls zum selbständigen Delikte gemacht (StGB. §. 160), und damit ein theoretisch wie praktisch gleich verkehrtes Privilegium zu Gunsten der Herbeiführung einer falschen Aussage geschaffen worden.

Strafe:
1. bei Verleitung zum Falscheid (oben II A 1 und 2) Gefängnis bis zu 2 Jahren mit fakultativem Verlust der bürgerlichen Ehrenrechte;
2. bei Verleitung zur falschen Versicherung an Eidesstatt (oben II A 3) Gefängnis bis zu 6 Monaten.

Der Versuch ist strafbar.

V. Strafmilderungs- und Strafaufhebungs- gründe.

1. Bei vorsätzlicher falscher Aussage des Zeugen oder Sachverständigen (oben II A 1 b, 2 und 3) ist die an sich verwirkte Strafe auf die Hälfte bis ein Viertel zu ermäßigen (StGB. §. 157), wobei Zuchthaus unter einem Jahre in Gefängnis umgerechnet werden muß (vgl. oben §. 55 I 2; §. 46 II 3), wenn

a) die Angabe der Wahrheit gegen den Aussagenden eine

Verfolgung wegen eines Verbrechens oder Vergehens nach sich ziehen konnte; oder

b) der Aussagende die falsche Aussage zu Gunsten einer Person, rücksichtlich welcher er die Aussage ablehnen durfte, erstattet hat, ohne über sein Recht, die Aussage ablehnen zu dürfen, belehrt worden zu sein.

2. Die gleiche Strafermäßigung tritt ein (StGB. §. 158), wenn derjenige, welcher sich einer vorsätzlichen falschen Aussage (oben II A 1—3, auch in eigener Sache) schuldig gemacht hat, bevor eine Anzeige gegen ihn erfolgt oder eine Untersuchung gegen ihn eingeleitet und bevor ein Rechtsnachteil für einen Anderen aus der falschen Aussage entstanden ist, diese bei derjenigen Behörde, bei welcher er sie abgegeben hat, widerruft.

3. Bei der fahrlässigen falschen Aussage (oben II B) ist dem rechtzeitigen Widerruf unter den zu 2 angegebenen Voraussetzungen die Wirkung eines Strafaufhebungsgrundes beigelegt (StGB. §. 163 Abs. 2).

VI. Bei jeder Verurteilung wegen vorsätzlicher falscher Aussage (oben II A 1—3, nicht aber III oder IV)[8] ist, soweit nicht Strafmilderung aus den oben V 1 und 2 angeführten Gründen eintritt, auf Verlust der bürgerlichen Ehrenrechte (obligatorisch, vgl. oben §. 51 I S. 202) und außerdem auf die dauernde Unfähigkeit des Verurteilten, als Zeuge oder Sachverständiger eidlich vernommen zu werden, zu erkennen (StGB. §. 161 Abs. 1).

In den Fällen der §§. 156—159 StGB. (oben II A 3; V 1 und 2, III) kann neben Gefängnis auf Ehrverlust erkannt werden (StGB. §. 161 Abs. 2).

---

[8] Jetzt auch vom RGR. 10. Juni 1880, E II 93, R II 46 anerkannt, und damit wohl definitiv entschieden.

2.

§. 103. Strafbare Handlungen gegen die Rechtspflege.

I. Der Eidesbruch, d. i. das vorsätzliche Zuwiderhandeln gegen eine durch eidliches Angelöbnis vor Gericht bestellte Sicherheit oder gegen das in einem Offenbarungseide gegebene Versprechen (StGB. §. 162).

Strafe: Gefängnis bis zu 2 Jahren.

II. Die mittels der Presse erfolgende Veröffentlichung der Anklageschrift oder anderer amtlicher Schriftstücke eines Strafprozesses, bevor dieselben in öffentlicher Sitzung kundgegeben worden sind oder das Verfahren sein Ende erreicht hat (Preßgesetz §. 17).[1]

Strafe: Geldstrafe bis zu 1000 Mark oder Haft oder Gefängnis bis zu 6 Monaten (Preßgesetz §. 18 Ziff. 1).

III. Verletzungen der Dingpflicht (der Pflicht, Recht zu sprechen und des Rechtes zu helfen).

1. Das Vorschützen unwahrer Thatsachen als Entschuldigung durch denjenigen, der als Zeuge, Geschworener oder Schöffe berufen oder als Sachverständiger zum Erscheinen gesetzlich verpflichtet ist (StGB. §. 138).

Strafe: Gefängnis bis zu 2 Monaten.

2. Einfache Nichterfüllung der Dingpflicht.[2]

a) Durch Schöffen, Geschworene, Vertrauens-

---

[1] Vgl. Liszt Preßr. §. 46 IV.

[2] Ich führe der Vollständigkeit wegen alle hieher gehörigen Fälle an, wenn auch Ger.-Verf.-Ges. §. 56 ausdrücklich von einer Ordnungsstrafe (oben §. 43 VII) spricht und auch in den übrigen Fällen die Auffassung des angedrohten Uebels als einer Ordnungsstrafe eine gewisse Berechtigung hat.

männer des zur Wahl derselben berufenen Ausschusses (Ger.-Verf.-Ges. §§. 56 und 96). Ordnungsstrafe von 5—1000 Mark.

b) Nichterscheinen des ordnungsmäßig geladenen Zeugen (StPO. §. 50, CPO. §. 345). Geldstrafe bis zu 300 Mark, bei Uneinbringlichkeit derselben Haft bis zu 6 Wochen; bei wiederholtem Ausbleiben kann die Strafe noch einmal erkannt werden.

c) Verweigerung der Zeugenaussage oder der Eidesleistung durch den Zeugen (StPO. §. 69, CPO. §. 355). Strafe wie zu b, aber ohne die Zulässigkeit abermaliger Verhängung derselben.

d) Nichterscheinen des Sachverständigen oder Verweigerung der Erstattung des Gutachtens (StPO. §. 77, CPO. §. 374). Geldstrafe bis zu 300 Mark, bei wiederholtem Ungehorsam bis zu 600 Mark.[3]

IV. Unterlassung der rechtzeitigen Anzeige von dem Vorhaben gewisser Verbrechen[4] (eines Hochverrates, Landesverrates, Münzverbrechens, Mordes, Raubes, Menschenraubes, gemeingefährlichen Verbrechens) bei der Behörde oder bei der durch das Verbrechen bedrohten Person, vorausgesetzt, a) daß der Unterlassende zu einer Zeit, in welcher die Verhütung des Verbrechens möglich ist, von dem Vorhaben glaubhafte Kenntnis erhielt, und b) daß das Verbrechen oder ein strafbarer Versuch desselben begangen worden ist (StGB. §. 139).[5] Die Verpflichtung zur Anzeige obliegt

[3] Vgl. §. 38 Postgesetz vom 28. Oktober 1871, welches die Vorladung vor die Postbehörde der gerichtlichen Vorladung gleichstellt.

[4] Vgl. Wolff GA. XXVII.

[5] Vgl. auch Mil.StGB. §§. 60 (Nichtanzeige als Mitthäterschaft), 77, 104.

auch, trotz §. 257 Abs. 2 StGB. den Angehörigen des Thäters.[6]

Strafe: Gefängnis.

V. Die falsche Anschuldigung,[7] d. i. die Anzeige bei einer Behörde, durch welche der Anzeigende wider besseres Wissen Jemanden der Begehung einer strafbaren Handlung oder der Verletzung einer Amtspflicht beschuldigt (StGB. §. 164).

Die Anzeige setzt voraus, daß ein Straf- oder Disziplinarverfahren wegen der angeschuldeten Handlung gegen den Beschuldigten noch nicht eingeleitet ist, und unterscheidet sich eben dadurch von dem falschen Zeugnisse, das in einem bereits eingeleiteten Verfahren zu Ungunsten des Angeschuldigten oder Angeklagten abgelegt wird; sie muß — das liegt in dem Worte „Anzeige" — mit dem Bewußtsein erfolgen, daß sie die Einleitung des Verfahrens zur Folge haben werde. In der Ueberreichung der Privatklage kann eine Anzeige im Sinne des Gesetzes gelegen sein.[8]

Anschuldigung einer strafbaren Handlung liegt auch dann vor, wenn der staatliche Strafanspruch infolge des Eintrittes eines Strafaufhebungsgrundes untergegangen ist;[9] sie liegt nicht vor, wenn der Strafanspruch wegen des Mangels einer Bedingung der Strafbarkeit (vgl. oben §. 30 II) gar nicht zur Entstehung gelangte.

Strafe: Gefängnis nicht unter einem Monat mit fakultativem Ehrverlust. Als Privatgenugthuung (oben §. 43

[6] RGR. 15. Mai 1880, E II 57, R I 785.

[7] Lit. bei Meyer S. 542 Note 1.

[8] RGR. 7. November 1879, R I 44.

[9] Bezüglich der Verjährung ausgesprochen von RGR. 25. Februar 1880, E I 229, R I 393.

II 2) ist im Falle der Verurteilung des Anzeigers (StGB. §. 165)

1. dem Verletzten die Befugnis zuzusprechen, das Schuldurteil auf Kosten des Schuldigen öffentlich bekannt zu machen (die Art der Bekanntmachung, sowie die Frist zu derselben ist in dem Urteile zu bestimmen);
2. dem Verletzten auf Kosten des Schuldigen eine Ausfertigung des Urteils zu erteilen.

So lange ein in Folge der gemachten Anzeige eingeleitetes Verfahren anhängig ist, soll mit dem Verfahren und mit der Entscheidung über die falsche Anschuldigung innegehalten werden (§. 164 2. Abs. StGB.).

VI. Begünstigung und Hehlerei.[10] Begünstigung (StGB. §. 257)[11] ist die wissentliche, nach Begehung eines Verbrechens oder Vergehens dem Thäter oder Teilnehmer gegenüber zu dem Zwecke erfolgende Beistandleistung, um entweder

a) den Schuldigen der Bestrafung zu entziehen[12] (persönliche Begünstigung), oder
b) demselben die Vorteile des Verbrechens oder Vergehens zu sichern (sachliche Begünstigung).

Die Begünstigung erscheint in ihren beiden Formen als eine Hemmung der staatlichen Rechtspflege; sie hindert, mag sie als persönliche der strafenden Gerechtigkeit in die Arme fallen, mag sie als sachliche die civilrechtliche Ausgleichung

---

[10] Lit. bei Meyer S. 236 Note 1; dazu Gretener Begünstigung und Hehlerei 1879; Geyer HR. „Begünstigung".

[11] Vgl. auch Vereinszollgesetz vom 1. Juli 1869 §. 149.

[12] Z. B. Verbüßung der Freiheitsstrafe oder Zahlung der Geldstrafe unter dem Namen eines Anderen, falsche Angaben in einem Zeugnisse oder Gnadengesuche usw.

unmöglich zu machen trachten, den Eintritt der Rechtsfolgen, welche der Staat an die Begehung des Verbrechens oder Vergehens geknüpft hat. Dieser Charakter bestimmt ihre Stellung im Systeme des besonderen Teils; die Begünstigung ist nicht Teilnahme an dem begangenen Delikte, weil nicht Setzen einer Bedingung zu dem eingetretenen Erfolge (vgl. oben §. 35 IV); sie hat aber auch mit der Partiererei (vgl. oben §. 77), die reines Vermögensdelikt ist, prinzipiell nichts gemein. Positiv rechtlich ist sie freilich mit dieser durch den verunglückten Mittelbegriff der Hehlerei in Verbindung gebracht.

Die Begünstigung setzt die Begehung eines Verbrechens oder Vergehens voraus, und da sie nur als vorsätzlich begangene strafbar ist, die Kenntnis dieses Umstandes auf Seiten des Thäters.[13]

Ist die Hauptthat Antragsdelikt, so kann auch die Begünstigung nur auf Antrag verfolgt werden; arg. StGB. §§. 63 und 247 Abs. 2 und 4.[14]

Strafe: Geldstrafe bis zu 600 Mark oder Gefängnis bis zu einem Jahre; wenn der Thäter den Beistand seines Vorteils wegen leistet, Gefängnis; doch darf die Strafe, der Art und dem Maße nach, keine schwerere sein, als die auf die Handlung selbst angedrohte.

Die Begünstigung bleibt straflos (subjektiver Strafausschließungsgrund in dem oben §. 30 III 3 besprochenen Sinne), wenn sie dem Thäter oder Teilnehmer von einem Angehörigen gewährt worden ist, um ihn der Bestrafung zu entziehen (StGB. §. 257 Abs. 2).

---

[13] Dagegen die herrschende Ansicht.

[14] Vgl. übrigens noch das oben §. 77 Gesagte.

„Die Begünstigung ist als Beihülfe zu bestrafen, wenn sie vor Begehung der That zugesagt worden ist. Diese Bestimmung leidet auch auf Angehörige Anwendung" (StGB. §. 257 Abs. 3). Die Bedeutung dieser Anordnung wird vielfach mißverstanden. Sie erweitert nicht den Begriff der Beihülfe und verengert nicht den Begriff der Begünstigung. Leistung des schon vorher zugesagten Beistandes wäre Beihülfe und Begünstigung in realer, unter Umständen in idealer Konkurrenz; diese Konsequenz weist §. 257 Abs. 3 zurück: nicht Begünstigung und Beihülfe, sondern nur Beihülfe ist anzunehmen. Darum sagt das Gesetz nicht: „Die Begünstigung ist Beihülfe," sondern: „sie ist als Beihülfe zu bestrafen."[15]

2. Hehlerei (StGB. §. 258): Begünstigung (persönliche oder sachliche) um des eigenen Vorteils[16] willen, wenn mit Bezug auf gewisse Eigentumsdelikte (Diebstahl, Unterschlagung, Raub, räuberischen Diebstahl, räuberische Erpressung) begangen.

Strafe:

a) wenn der Begünstigte einen einfachen Diebstahl oder eine Unterschlagung begangen hat, Gefängnis;
b) wenn er einen schweren Diebstahl, einen Raub oder ein dem Raube gleich zu bestrafendes Verbrechen begangen hat, Zuchthaus bis zu 5 Jahren.

Sind mildernde Umstände vorhanden, so tritt Gefängnis nicht unter 3 Monaten ein.

Die Hehlerei bleibt strafbar, auch wenn der Hehler ein Angehöriger des Begünstigten ist.

---

[15] Die Analogie mit dem oben §. 35 V besprochenen Rechtssatze liegt auf der Hand.

[16] Nicht notwendig Vermögensvorteil.

In Bezug auf die gewerbs- oder gewohnheitsmäßige Hehlerei (StGB. §. 260), die Hehlerei im zweiten Rückfalle (StGB. §. 261), die Aberkennung der bürgerlichen Ehrenrechte und die Stellung unter Polizeiaufsicht ist das oben §. 77 von der Partiererei Gesagte auch auf die eigentliche Hehlerei anzuwenden.

3.

§. 104. Strafbare Handlungen gegen die Verwaltung des Reichskriegswesens.[1]

I. Die Aufforderung oder Anreizung (StGB. §. 112):[2]

1. einer Person des Soldatenstandes,[3] sei es des deutschen Heeres, sei es der kaiserlichen Marine, zum Ungehorsam gegen Befehle des Oberen;
2. einer Person des Beurlaubtenstandes[4] zum Ungehorsam gegenüber der Einberufung zum Dienste.

Strafe: Gefängnis bis zu 2 Jahren.

II. Die Falschwerbung (StGB. §. 141), d. i. die Anwerbung eines Deutschen zum Militärdienste einer ausländischen Macht, oder die Zuführung an die Werber einer solchen.

Strafe: Gefängnis von 3 Monaten bis zu 3 Jahren; Versuch strafbar.

III. Die vorsätzliche Verleitung eines deutschen Soldaten zur Desertion oder die Beförderung derselben

[1] Vgl. Laband Staatsrecht III; Zorn Staatsrecht I.

[2] Vgl. Mil.StGB. §. 99 ff.

[3] Wehrgesetz vom 9. November 1867 §§. 6, 7, 15; Mil.-StGB. §§. 4—6.

[4] Wehrgesetz §. 15; Militärgesetz vom 2. Mai 1874 §. 56.

(StGB. §. 141). Desertion ist nach Mil.StGB. §. 69 die unerlaubte Entfernung in der Absicht, sich der gesetzlichen oder übernommenen Verpflichtung zum Dienste dauernd zu entziehen.

Beförderung der Desertion (Beihülfe und nicht Begünstigung) ist nur möglich, so lange diese selbst nicht als vollendetes Delikt vorliegt, so lange also der Flüchtling nicht die von ihm beabsichtigte Flucht von dem Dienstorte an einen anderen Ort vollendet hat.[5]

Strafe: Gefängnis von 3 Monaten bis zu 3 Jahren; Versuch strafbar.

IV. Die vorsätzliche Untauglichmachung zur Erfüllung der Wehrpflicht; mag sie von dem Wehrpflichtigen an sich selbst durch Selbstverstümmelung oder auf andere Weise, mag sie durch einen Dritten an dem Wehrpflichtigen auf dessen Verlangen begangen sein (StGB. §. 142). In dem letzterwähnten Falle erscheinen der Wehrpflichtige wie der Untauglichmachende als Thäter (nicht als Mitthäter); mit anderen Worten: es nimmt das Gesetz hier ausnahmsweise (vgl. oben §. 35 I) Unterbrechung des Kausalzusammenhanges nicht an, obwohl der als Zwischenursache handelnde Dritte das Bewußtsein von der Kausalität seines Thuns hat.

Strafe: Gefängnis nicht unter einem Jahre mit fakultativem Ehrverlust.

V. Die Anwendung von auf Täuschung berechneten Mitteln, in der Absicht sich der Erfüllung der Wehrpflicht ganz oder teilweise zu entziehen (StGB. §. 143).

Strafe: Gefängnis mit fakultativem Ehrverlust.

Thäterschaft und Teilnahme (mit Einschluß der Beihülfe)

---

[5] RGR. 31. März 1880, R I 511.

sind hier ausnahmsweise in der Bestrafung einander gleichgestellt (vgl. oben §. 37 II 4).

VI. Verletzung der Wehrpflicht durch Auswanderung.

1. Auswanderung eines Wehrpflichtigen im Widerspruche mit einer vom Kaiser für die Zeit eines Krieges oder einer Kriegsgefahr erlassenen und öffentlich bekannt gemachten besonderen Anordnung (StGB. §. 140 Ziff. 3).

Strafe: Gefängnis bis zu 2 Jahren mit fakultativer Geldstrafe bis zu 3000 Mark. Versuch strafbar.

2. Verlassen des Bundesgebietes ohne Erlaubnis durch einen Wehrpflichtigen in der Absicht (gleich Motiv) sich dem Eintritte in den Dienst des stehenden Heeres oder der Flotte zu entziehen; oder das Verbleiben außerhalb des Bundesgebietes nach erreichtem militärpflichtigen Alter in gleicher Absicht (StGB. §. 140 Ziff. 1). Strafe: Geldstrafe von 150 bis 3000 Mark oder Gefängnis von einem Monate bis zu einem Jahre; Versuch strafbar.

3. Auswanderung eines Offiziers oder im Offiziersrange stehenden Arztes des Beurlaubtenstandes ohne Erlaubnis (StGB. §. 140 Ziff. 2; wiederholt im RMil.G. vom 2. Mai 1874 §. 60 Ziff. 2). Strafe: Geldstrafe bis zu 3000 Mark oder Haft oder Gefängnis bis zu 6 Monaten. Versuch strafbar.

In allen drei Fällen kann das Vermögen des Angeschuldigten, insoweit als es nach dem Ermessen des Richters zur Deckung der den Angeschuldigten möglicherweise treffenden höchsten Geldstrafe und der Kosten des Verfahrens erforderlich ist, mit Beschlag belegt werden (StGB. 140 Abs. 3).

4. a) Auswanderung eines beurlaubten Reservisten oder Wehrmannes der Land- oder Seewehr ohne Erlaubnis;

b) eines Ersatzreservisten I. Klasse ohne vorhergehende Anzeige an die Militärbehörde (StGB. §. 310 Ziff. 3; vgl. mit RMilG. vom 2. Mai 1874 §. 69 Ziff. 8). Strafe: Geldstrafe bis zu 150 Mark oder Haft.[6] [7]

VII. Uebertretung der auf Grund des Gesetzes vom 13. Juni 1873 über die Kriegsleistungen hinsichtlich der Anmeldung und Stellung der Pferde zur Vormusterung, Musterung oder Aushebung getroffenen Anordnungen (§. 27 des Gesetzes). Strafe: Geldstrafe bis zu 150 Mark.

VIII. Uebertretungen des Gesetzes vom 21. Dezember 1871, betreffend die Beschränkungen des Grundeigentums in der Umgebung von Festungen (Festungsrayonsgesetz §. 32). Strafe: Geldbuße bis 15 bez. 150 Mark.

4.

§. 105. Strafbare Handlungen gegen die staatliche Ueberwachung des Geld- und Banknotenumlaufes.[1]

I. Nach Art. 13 des Münzgesetzes vom 9. Juli 1873 ist der Bundesrat befugt, den Wert zu bestimmen, über welchen hinaus fremde Gold- und Silbermünzen nicht in Zahlung angeboten und gegeben werden dürfen, sowie den Umlauf fremder Münzen gänzlich zu untersagen.

Gewohnheits- oder gewerbsmäßige (vgl. oben §. 39 II 3) Zuwiderhandlungen gegen die vom Bundesrate nach dieser Richtung hin getroffenen Anordnungen werden mit Geldstrafe bis zu 150 Mark oder mit Haft bestraft.

---

[6] Ueber das Prozeßverfahren in den Fällen 1—4 vgl. StPO. §§. 470—476.

[7] Vgl. noch die in RMil.Ges. vom 2. Mai 1874 §§. 33 und 69 Ziff. 6 enthaltenen Uebertretungen.

[1] Vgl. R.Verf. Art. 4 Ziff. 3 und 4.

II. Uebertretungen des **Reichsbankgesetzes** vom 14. März 1875.

1. Die **unbefugte**[3] **Ausgabe von Banknoten** oder sonstigen auf den Inhaber lautenden unverzinslichen Schuldverschreibungen (§. 55). **Strafe**: Geldstrafe, welche dem Zehnfachen des Betrages der ausgegebenen Wertzeichen gleich kommt, mindestens aber 5000 Mark beträgt.

2. Nach §. 43 des Gesetzes dürfen Noten einer Bank, die sich bei Erlaß des Gesetzes im Besitze der Befugnis zur Notenausgabe befand, **außerhalb desjenigen Staates**, welcher ihnen diese Befugnis erteilt hat, **zu Zahlungen nicht gebraucht werden**. Der Umtausch solcher Noten gegen andere Noten, Papiergeld oder Münzen unterliegt diesem Verbote nicht. Zuwiderhandlungen werden nach §. 56 mit Geldstrafe bis zu 150 Mark bestraft.

3. **Ausländische Banknoten** oder sonstige auf den Inhaber lautende unverzinsliche Schuldverschreibungen ausländischer Korporationen, Gesellschaften oder Privaten dürfen, **wenn sie** ausschließlich oder neben anderen Wertbestimmungen **in Reichswährung oder in einer deutschen Landeswährung** ausgestellt sind, innerhalb des Reichsgebietes zu Zahlungen nicht gebraucht werden (§. 11). Die Verletzung dieser Anordnung wird (§. 57) mit Geldstrafe von 50 bis zu 5000 Mark, bei gewerbsmäßiger Verwendung (oben §. 39 II 3) nebenbei mit Gefängnis bis zu einem Jahre bestraft. **Versuch** strafbar.

4. Den Notenbanken ist nicht gestattet (§. 7):

a) Wechsel zu acceptieren;

---

[3] Hieher gehört auch die Ausgabe von Banknoten, die auf einen Betrag unter 100 Mark lauten.

b) Waaren oder kurshabende Papiere für eigene oder für fremde Rechnung auf Zeit zu kaufen oder auf Zeit zu verkaufen, oder für die Erfüllung solcher Kaufs- oder Verkaufsgeschäfte Bürgschaft zu übernehmen.

Die Mitglieder des Vorstandes, welche dieser Bestimmung zuwiderhandeln, werden (§. 58) mit Geldstrafe bis zu 5000 Mark bestraft.

5. Banken, welche bei Erlaß des Gesetzes sich im Besitze der Befugnis zur Notenausgabe befanden, dürfen (§. 42) außerhalb desjenigen Staates, welcher ihnen diese Befugnis erteilt hat, Bankgeschäfte durch Zweiganstalten weder betreiben, noch durch Agenten für ihre Rechnung betreiben lassen, noch als Gesellschafter an Bankhäusern sich beteiligen.

Die Uebertretung dieser Anordnung wird (§. 58) an den Vorstehern der Zweiganstalt, an den Agenten und Gesellschaftern der Bank und an den Mitgliedern des Bankvorstandes mit Geldstrafe bis zu 5000 Mark bestraft.

6. Wissentlich unwahre Darstellung oder Verschleierung des Standes der Bankverhältnisse in den (durch §. 8) vorgeschriebenen Veröffentlichungen. Strafe (gegen die Mitglieder des Vorstandes): Gefängnis bis zu 3 Monaten (§. 59 Ziff. 1).

7. Wenn die Bank mehr Noten ausgiebt als sie auszugeben befugt ist; oder wenn eine Korporation, welche das Recht zur Ausgabe von auf den Inhaber lautenden unverzinslichen Schuldverschreibungen besitzt, mehr solche Geldzeichen ausgiebt, als sie auszugeben befugt ist, so trifft (§. 59 Ziff. 3) die Mitglieder des Vorstandes eine Geldstrafe, welche dem Zehnfachen des zuviel ausgegebenen Betrages gleichkommt, mindestens aber 5000 Mark beträgt.

5.

§. 106. Strafbare Handlungen gegen die staatliche Ueberwachung des Gesundheitswesens.

Die Reichsgesetzgebung hat die Befolgung sowohl der von den Einzelstaaten, als der von ihr selbst kraft Art. 4 Nr. 15 R.Verf.[1] erlassenen, das Gesundheitswesen betreffenden Anordnungen durch Androhung von teilweise sehr strengen Strafen zu sichern gesucht.

Es gehören hieher:

I. Die wissentliche Verletzung der Absperrungs- oder Aufsichtsmaßregeln oder Einfuhrverbote, welche von der zuständigen Behörde zur Verhütung des Einführens oder Verbreitens einer ansteckenden Krankheit angeordnet werden (StGB. §. 327).[2]

Vorausgesetzt sind nicht ständige Einrichtungen, sondern ad hoc, mit Rücksicht auf eine bestimmte bereits ausgebrochene oder drohende Epidemie, erlassene Anordnungen.

Strafe: Gefängnis bis zu 2 Jahren; wenn in Folge dieser Verletzung ein Mensch von der Krankheit ergriffen worden, Gefängnis von 3 Monaten bis zu 3 Jahren.

II. Verletzung der Anordnungen zur Verhütung des Einführens oder Verbreitens von Viehseuchen.

---

[1] Der Beaufsichtigung seitens des Reichs und der Gesetzgebung desselben unterliegen .... die Maßregeln der Medizinal- und Veterinärpolizei.

[2] Vom StGB. unter die gemeingefährlichen Delikte gestellt (oben §. 84), richtiger, da es sich um Uebertretung konkreter Anordnungen handelt, hier im Zusammenhange zu behandeln.

1. Wissentliche Verletzung der von der zuständigen[3] Behörde ad hoc (vgl. oben unter I) angeordneten Absperrungs- oder Aufsichtsmaßregeln oder Einfuhrverbote (StGB. §. 328).

Strafe: Gefängnis bis zu einem Jahre; wenn in Folge der Verletzung Vieh von der Seuche ergriffen worden, Gefängnis von einem Monat bis zu 2 Jahren.

2. Einen speziellen Fall hebt das Gesetz vom 21. Mai 1878, betreffend Zuwiderhandlungen gegen die zur Abwehr der Rinderpest erlassenen Vieheinfuhrverbote durch erhöhte Strafdrohungen, und teilweise Erweiterung des Thatbestandes besonders hervor, so daß §. 328 StGB. subsidiär anwendbar bleibt.

a) Die vorsätzliche Uebertretung der auf Grund des Gesetzes vom 7. April 1869 erlassenen Beschränkungen oder Verbote der Einfuhr[4] lebender Widerkäuer (§. 1). Strafe: Gefängnis von einem Monate bis zu zwei Jahren. Versuch strafbar.[5]

b) Qualifizierter Fall (§. 2); wenn in der Absicht (gleich erweiterter Vorsatz; oben §. 28 III) begangen, sich oder einem Anderen einen (nicht notwendig rechtswidrigen) Vermögensvorteil[6] zu verschaffen oder einem Anderen (nicht notwendig an dessen Vermögen)

---

[3] Bestimmt sich nach den Landesgesetzen: RGR. 21. Oktober 1879, E I 1, R I 5; 4. Mai 1880, E II. 151, R I 724.

[4] D. h. aus dem Auslande ins Reich, oder aus einem Bundesstaat in den andern; nicht aber Transport von einem Orte an einen anderen desselben Bundesstaates: RGR. 15. Juni 1880, E II 114; doch kann hier der Thatbestand des §. 328 StGB. gegeben sein.

[5] Im Falle des §. 328 bleibt der Versuch straflos.

[6] Ueber diesen Begriff oben §. 73 I 3.

Schaden zuzufügen. Strafe: Zuchthaus bis zu fünf Jahren oder Gefängnis nicht unter 6 Monaten.

c) Fahrlässige Uebertretung der unter a genannten Beschränkungen oder Verbote (§. 3).[7] Strafe: Geld bis zu 600 Mark oder Gefängnis bis zu 3 Monaten. Bei Personen, welche nicht weiter als 15 Kilometer von der Grenze ihren Wohnsitz oder gewöhnlichen Aufenthalt haben, oder welche mit den betroffenen Tieren gewerbsmäßig Handel treiben, ist die Unkenntnis der Verbote als durch Fahrlässigkeit verschuldet anzunehmen, wenn sie nicht den Nachweis führen, daß sie ohne ihr Verschulden durch besondere Umstände verhindert waren, von denselben Kenntnis zu erlangen (vgl. oben §. 27 Note 3).

d) Ist in Folge der Zuwiderhandlung Vieh von der Seuche ergriffen worden, so ist (§. 4)
   im Falle a auf Gefängnis nicht unter 3 Monaten;
   im Falle b auf Zuchthaus bis zu 10 Jahren oder Gefängnis nicht unter einem Jahre;
   im Falle c auf Geldstrafe bis zu 2000 Mark oder Gefängnis bis zu einem Jahre
   zu erkennen.

3. Vernachlässigung der den Eisenbahnverwaltungen obliegenden Verpflichtung zur Desinfektion bei Viehbeförderungen auf Eisenbahnen wird nach §. 5 des Gesetzes vom 25. Februar 1876 an denjenigen Personen, welchen vermöge ihrer dienstlichen Stellung oder eines ihnen erteilten Auftrages die Anordnung, Ausführung oder Ueberwachung der Desinfektion obliegt, mit Geldstrafe bis zu

---

[7] StGB. §. 328 bedroht nur die wissentliche Uebertretung.

1000 Mark; und wenn in Folge der Vernachlässigung Vieh von der Seuche ergriffen worden, mit Geldstrafe bis zu 3000 Mark oder Gefängnis bis zu einem Jahre bestraft.

4. Das Gesetz vom 23. Juni 1880 (ausgegeben 30. Juni 1880, in Kraft vom 1. April 1881) betreffend die Abwehr und Unterdrückung von Viehseuchen (mit Ausnahme der Rinderpest) hat eine Reihe von Anordnungen getroffen, deren Befolgung, soweit nicht nach den bestehenden gesetzlichen Vorschriften eine höhere Strafe verwirkt ist, mit Uebertretungsstrafen bedroht wird. Die Bedeutung des Gesetzes gegenüber §. 328 StGB. liegt darin, daß Kenntnis der erlassenen Anordnungen nicht Thatbestandsmerkmal ist, mithin auch fahrlässig verschuldete Unkenntnis unter die Strafdrohung fällt. Die vom Gesetzgeber beliebte Ausscheidung der Rinderpest hat zur Folge, daß die Uebertretung der zum Schutze gegen diese erlassenen Anordnungen, die nicht Beschränkungen oder Verbote der Einfuhr sind, nur wenn wissentlich übertreten, bestraft werden können (!).

III. Die Verletzungen des Reichsimpfgesetzes vom 8. April 1874 durch Eltern, Pflegeeltern, Vormünder, Schulvorsteher, sowie Denjenigen, der unbefugt Impfungen vornimmt, unterliegen Uebertretungsstrafen. Vergehensstrafe (Geldstrafe bis zu 500 Mark oder Gefängnis bis zu 3 Monaten) trifft (§. 17) Denjenigen, der bei Ausführung einer Impfung fahrlässig[8] handelt.

---

[8] Es liegt hier nicht Fahrlässigkeit in dem technischen Sinne des Strafrechts (oben §. 29) vor, da nicht ein rechtswidriger Erfolg vorausgesetzt, sondern die Unvorsichtigkeit bei der Impfung bestraft wird (nicht „fahrlässige Impfung", sondern Fahrlässigkeit — der Ausdruck wäre besser vermieden worden — bei Ausführung der Impfung).

6.

§. 107. Strafbare Handlungen gegen die staatliche Regelung des Preßwesens: die Preßpolizeidelikte.[1]

Quelle: Gesetz über die Presse vom 7. Mai 1874.

I. Verletzung der Verpflichtung zur Nennung von Namen und Wohnort des Druckers und des Verlegers (oder beim Selbstvertriebe des Verfassers oder Herausgebers) auf jeder Druckschrift; des verantwortlichen (mit den vom Gesetze geforderten Eigenschaften ausgestatteten) Redakteurs außerdem auf jeder periodischen Druckschrift (§§. 6—8):

1. durch wissentlich falsche Angaben (§. 18 Ziff. 2), wobei der Verleger einer periodischen Druckschrift schon dann haftet, wenn er die fälschliche Angabe des Redakteurs wissentlich „geschehen läßt“;
2. auf andere Weise (§. 19 Ziff. 1).

Strafe: zu 1 Geldstrafe bis zu 1000 Mark oder Haft oder Gefängnis bis zu 6 Monaten;
zu 2 Geldstrafe bis zu 150 Mark oder Haft.

II. Die Verletzung der Verpflichtung zur Ablieferung der Pflichtexemplare von jeder Nummer einer periodischen Druckschrift gleichzeitig mit dem Beginne der Austeilung oder Versendung (§. 9).

Strafe (§. 19 Ziff. 2): wie oben I 2.

III. Verletzung der Verpflichtung zur Aufnahme amtlicher Bekanntmachungen in periodischen Druckschriften (§. 10).

---

[1] Das Nähere bei Liszt Preßrecht. Daselbst auch die Litteratur.

Strafe (§. 19 Ziff. 3): wie oben I 2. Antragsdelikt. Mit der Verurteilung, bei unberechtigter Verweigerung der Aufnahme in gutem Glauben mit der Freisprechung, ist die Aufnahme des Schriftstückes in die nächstfolgende Nummer anzuordnen.

IV. Verletzung der Verpflichtung des verantwortlichen Redakteurs einer periodischen Druckschrift, Berichtigungen mitgeteilter Thatsachen auf Verlangen eines Beteiligten ohne Einschaltungen und Weglassungen aufzunehmen (§. 10).

Strafe (§. 19 Ziff. 3): wie oben I 2. Antragsdelikt. Anordnung der Aufnahme wie oben III.

V. Verbreitung ausländischer periodischer Druckschriften gegen das vom Reichskanzler auf Grund des §. 14 des Preßgesetzes erlassene Verbot.

Strafe (§. 18 Ziff. 1): wie oben I 1.

VI. Vorsätzliche Verbreitung oder Wiederabdruck von in Beschlag genommenen Druckschriften (§. 28).

Strafe: Geldstrafe bis zu 500 Mark oder Gefängnis bis zu 6 Monaten.

Eine besondere Verjährungsfrist für die Preßpolizeidelikte ordnet §. 22 des Preßgesetzes an (vgl. oben §. 58 II 1).

7.

§. 108. Strafbare Handlungen gegen das Sozialistengesetz.[1]

Quelle: Reichsgesetz vom 21. Oktober 1878 gegen die gemeingefährlichen Bestrebungen der Sozialdemokratie; genauer (§. 1 des Gesetzes) gegen sozialdemokratische, sozia-

[1] Vgl. Bunsen GS. XXX.

listische oder kommunistische, auf den Umsturz der bestehenden Staats- oder Gesellschaftsordnung gerichtete Bestrebungen.

I. 1. Die Beteiligung an einem verbotenen sozialistischen Vereine als Mitglied oder durch irgend eine Thätigkeit im Interesse des Vereines; oder die Teilnahme an einer verbotenen oder aufgelösten sozialistischen Versammlung (§. 17). Strafe: Geldstrafe bis zu 500 Mark oder Gefängnis bis zu 3 Monaten; gegen die Vorsteher, Leiter, Ordner, Agenten, Redner, Kassierer des Vereins oder der Versammlung, sowie gegen diejenigen, welche zu der Versammlung auffordern, Gefängnis von einem Monate bis zu einem Jahre. Das Hergeben von Räumlichkeiten für verbotene Vereine oder Versammlungen wird (§. 18) ebenfalls mit Gefängnis von einem Monate bis zu einem Jahre bestraft (vgl. oben §. 37 II 4).

2. Die Verbreitung, Fortsetzung, der Wiederabdruck einer verbotenen oder einer von der vorläufigen Beschlagnahme betroffenen Druckschrift (§. 19).[2]

Strafe: Geldstrafe bis zu 1000 Mark oder Gefängnis bis zu 6 Monaten.

3. Das Einsammeln von Beiträgen zur Förderung der oben genannten Bestrebungen, sowie die öffentliche Aufforderung zur Leistung solcher Beiträge trotz öffentlich bekannt gemachten polizeilichen Verbotes (§. 20).

Strafe: Geldstrafe bis zu 500 Mark oder Gefängnis bis zu 3 Monaten. Auch ist das zu Folge der verbotenen Sammlung oder Aufforderung Empfangene der Armenkasse des Orts der Sammlung für verfallen zu erklären.

In allen diesen Fällen hat der Strafrichter nicht die

---

[2] Liszt Preßrecht §§. 33 u. 39.

materielle, wohl aber die formelle Richtigkeit des polizeilichen Verbotes zu prüfen.[3]

II. Wer eine der unter I genannten Handlungen nach erfolgter Bekanntmachung des Verbotes durch den Reichsanzeiger, aber ohne Kenntnis desselben, begeht, ist mit Geldstrafe bis zu 150 Mark oder mit Haft zu bestrafen (§. 21).

III. Ueber die bei Verurteilung sogenannter Agitatoren wegen einer der unter I bezeichneten Handlungen zulässigen Nebenstrafe der Aufenthaltsbeschränkung vgl. oben §. 49 IV. Zuwiderhandlungen werden mit Gefängnis von einem Monate bis zu einem Jahre bestraft (§. 22).

IV. 1. Untersagung des Gewerbebetriebes kann (§. 23) als Nebenstrafe (siehe oben §. 50 IV 2) gegen gewisse Gewerbetreibende erkannt werden.

2. Personen, welche entweder sich die Agitation für sozialistische Bestrebungen zum Geschäfte machen, oder auf Grund einer Bestimmung des Sozialisten-Gesetzes rechtskräftig zu einer Strafe verurteilt sind, kann (§. 24) von der Landespolizeibehörde die Befugnis zur gewerbsmäßigen oder nicht gewerbsmäßigen öffentlichen Verbreitung von Druckschriften sowie die Befugnis zum Handel mit Druckschriften im Umherziehen entzogen werden.[4]

Zuwiderhandlungen gegen jenes Urteil (§. 23; oben 1) oder diese Verfügung (§. 24; oben 2) werden mit Geldstrafe bis zu 1000 Mark oder Haft oder Gefängnis bis zu sechs Monaten bestraft (§. 25).

V. Wer die bei Verhängung des sogenannten kleinen

[3] RGR. 2. Dezember 1879, E I 23, R I 130; 14. Juli 1880, R II 193.

[4] Vgl. Liszt Preßrecht §. 18 (ist keine Nebenstrafe, sondern eine polizeiliche Maßregel).

Belagerungszustandes (§. 28) getroffenen Anordnungen mit Kenntnis derselben oder nach erfolgter öffentlicher Bekanntmachung derselben auch ohne Kenntnis derselben[5] übertritt (§. 28 Abs. 4), wird mit Geldstrafe bis zu 1000 Mark oder mit Haft oder mit Gefängnis bis zu 6 Monaten bestraft.

8.

§. 109. Strafbare Handlungen gegen die staatliche Ueberwachung des Assoziationswesens.

I. Die Teilnahme an einer Verbindung, deren Dasein, Verfassung oder Zweck vor der Staatsregierung geheim gehalten werden soll, oder in welcher gegen unbekannte Obere Gehorsam oder gegen bekannte Obere unbedingter Gehorsam versprochen wird (StGB. §. 128).

Strafe: gegen die Mitglieder Gefängnis bis zu 6 Monaten; gegen Stifter und Vorsteher der Verbindung Gefängnis von einem Monate bis zu einem Jahre. Gegen Beamte kann auf Verlust der Fähigkeit zur Bekleidung öffentlicher Aemter auf die Dauer von einem Jahre bis zu 5 Jahren erkannt werden (vgl. oben §. 51 II 4).

II. Die Teilnahme an einer Verbindung, zu deren Zwecken oder Beschäftigungen es gehört, Maßregeln der Verwaltung oder die Vollziehung von Gesetzen durch ungesetzliche Mittel zu verhindern oder zu entkräften (StGB. §. 129).

Strafe: gegen die Mitglieder Gefängnis bis zu einem Jahre; gegen die Stifter und Vorsteher der Verbindung Gefängnis von 3 Monaten bis zu 2 Jahren; gegen Beamte

---

[5] RGR. 13. April 1880, E I 363, R I 584.

kann auf Verlust der Fähigkeit zur Bekleidung öffentlicher Aemter auf die Dauer von einem Jahre bis zu 5 Jahren erkannt werden (vgl. oben §. 51 II 4).

III. Zuwiderhandlungen gegen die (im öffentlichen Interesse getroffenen) Anordnungen des Gesetzes vom 7. April 1876 über die eingeschriebenen Hülfskassen werden (§. 34) an den Mitgliedern des Vorstandes oder des Ausschusses mit Geldstrafe bis zu 300 Mark bestraft.

IV. Uebertretungen des Gesetzes vom 4. Juni 1868, betreffend die privatrechtliche Stellung der Erwerbs- und Wirtschaftsgenossenschaften.

1. Geldstrafe bis zu 600 Mark trifft (§. 27 Abs. 2) die Mitglieder des Vorstandes, wenn ihre Handlungen auf andere als die in §. 1 des Gesetzes erwähnten geschäftlichen Zwecke (Förderung des Kredits, des Erwerbs oder der Wirtschaft der Mitglieder mittels gemeinschaftlichen Geschäftsbetriebes) gerichtet sind, oder wenn sie in der Generalversammlung die Erörterung von Anträgen gestatten oder nicht hindern, welche auf öffentliche Angelegenheiten gerichtet sind, deren Erörterung unter die Landesgesetze über das Vereins- und Versammlungsrecht fällt.

2. Unrichtigkeiten in den nach dem Gesetze dem Vorstande obliegenden Anzeigen oder sonstigen amtlichen Angaben werden (§. 67) gegen Vorstandsmitglieder mit Geldbuße bis zu 60 Mark geahndet.

9.

§. 110. Strafbare Handlungen gegen die staatliche Regelung des Gewerbewesens.

Quelle: Gewerbeordnung vom 21. Juni 1869.

I. Aus den in der Gew.-Odg. §§. 143—153 mit Strafe bedrohten Handlungen seien die folgenden hervorgehoben:

1. Verletzung der Verpflichtung der Gewerbetreibenden (§. 115), die Löhne ihrer Arbeiten bar in Reichswährung auszuzahlen (§. 146 Ziff. 1: Verbot des Trucksystems).

2. Uebertretung der in den §§. 135, 136 oder auf Grund der §§. 139, 139 a getroffenen Verfügungen über die Verwendung von jugendlichen Arbeitern und Arbeiterinnen in den Fabriken (§. 146 Ziff. 2); Verletzung der den Gewerbe-Unternehmern obliegenden Verpflichtung (§. 120), auf Gesundheit und Sittlichkeit, sowie auf die weitere Fortbildung ihrer Arbeiter unter 18 Jahren die erforderliche Rücksicht zu nehmen, und jene Einrichtungen zu treffen, welche zu thunlichster Sicherheit gegen Gefahr für Leben und Gesundheit notwendig sind — trotz Aufforderung der Behörde (§. 147 Ziff. 4) —; Verletzung der gesetzlichen Pflichten gegen die Lehrlinge (§. 148 Ziff. 9 und 10).

3. Betrieb eines Gewerbes, Errichtung einer gewerblichen Anlage ohne obrigkeitliche Genehmigung, soweit eine solche erforderlich ist (§. 147 Ziff. 1 und 2);[1]

4. Unbefugte Bezeichnung als Arzt oder Beilegung eines ähnlichen Titels, durch den der Glauben erweckt wird, der

---

[1] Vgl. auch StGB. §. 360 Ziff. 9.

Inhaber desselben sei eine geprüfte Medizinalperson (§. 147 Ziff. 3).

5. Gewerbebetrieb ohne die vorgeschriebene Anzeige oder den erforderlichen Legitimationsschein (§. 148 Ziff. 1—3, 7); Gewerbebetrieb trotz Untersagung desselben (§. 148 Ziff. 4); gewerbsmäßige öffentliche Verbreitung von Druckschriften ohne polizeiliche Erlaubnis (§. 148 Ziff. 5); Verletzung der Vorschriften über das Aufsuchen von Waarenbestellungen (§. 148 Ziff. 6); Ueberschreitung der Taxordnungen (§. 148 Ziff. 8).

6. Verletzung der gesetzlichen Anordnungen über das Mit-Sich-Führen des Legitimationsscheines (§. 149).

7. Verletzung der gesetzlichen Vorschriften über die Arbeitsbücher (§. 150).

II. Die Strafe beträgt:

1. im Falle des §. 146: Geldstrafe bis zu 2000 Mark und im Unvermögensfalle (oben §. 55 I 1) Gefängnis bis zu 6 Monaten;
2. im Falle des §. 147: Geldstrafe bis zu 300 Mark bez. Haft;
3. im Falle des §. 148: Geldstrafe bis zu 150 Mark bez. Haft bis zu 4 Wochen;
4. im Falle des §. 149: Geldstrafe bis zu 30 Mark bez. Haft bis zu 8 Tagen;
5. im Falle des §. 150: Geldstrafe bis zu 20 Mark bez. Haft bis zu 3 Tagen.

III. Ueber die Verjährungsfrist (§. 145) vgl. oben §. 58 II; über die Idealkonkurrenz der Uebertretungen der Gewerbeordnung mit Zuwiderhandlungen gegen die Steuergesetze (§§. 147 und 148) vgl. oben §. 40 II a; über die Mithaftung des verfügungsfähigen Gewerbe-Inhabers, mit dessen Vorwissen sein Stellvertreter eine strafbare Handlung begangen hat (§. 151) oben §. 43 III a. E.; endlich über Nötigung bei Arbeitseinstellungen oben §. 63 I 2.

10.

§. 111. Strafrechtlicher Schutz des Eisenbahn-[1] und Postwesens.[2]

I. Zuwiderhandlungen

1. gegen die in den §§. 53—61 des Bahnpolizei-Reglements vom 4. Januar 1875 enthaltenen „Bestimmungen für das Publikum" (Verpflichtung zum Gehorsam gegenüber der Bahnverwaltung und den Bahnpolizeibeamten, Verbot den Bahnkörper zu betreten, Anlagen und Betriebsmittel zu beschädigen, den Betrieb zu stören, eigenmächtiges Oeffnen der Thüren, Ein- und Aussteigen während des Fahrens);
2. gegen die in §. 62 daselbst angeführte Bestimmung des Eisenbahn-Betriebsreglements vom 11. Mai 1874 (Verbot des Mitnehmens feuergefährlicher Gegenstände in die Personenwagen)

werden nach §. 62 daselbst mit Geldstrafe bis zu 30 Mark bestraft.

II. Verletzung der „besonderen Vorrechte der Posten" (Verbot der Pfändung, Verpflichtung zum Ausweichen, zum Oeffnen der Thore und Schlagbäume, zur Bewirkung der Ueberfahrt) werden nach dem Postgesetze vom 28. Oktober 1871 (§§. 18, 19, 23) mit Geldstrafe (von höchstens 60 Mark) bedroht.

---

[1] Vgl. R.Verf. Art. 4 Ziff. 8, Art. 8 Ziff. 5.

[2] Vgl. R.Verf. Art. 4 Ziff. 10.

11.

§. 112. Strafrechtlicher Schutz des Schiffahrtswesens.[1]

I. Verletzung der Vorschriften des Gesetzes vom 25. Oktober 1867, betreffend die Nationalität der Kauffahrteischiffe und ihre Befugnis zur Führung der Bundesflagge (vgl. R.Verf. Art. 54 und 55).

1. Unberechtigte Führung der Bundesflagge (§. 13); Geldstrafe bis zu 1500 Mark oder Gefängnis bis zu 6 Monaten; Konfiskation des Schiffes zulässig.

2. Führung der Bundesflagge vor Eintragung in das Schiffsregister oder Ausfertigung des Certifikats (§. 14); Geldstrafe bis zu 300 Mark oder verhältnismäßiges Gefängnis. Präsumption der Schuld (vgl. oben §. 27 Note 3).

3. Nichtanmeldung der zum Schiffsregister anzumeldenden Thatsachen (§. 15). Strafe wie zu 2. Sie wird verdoppelt, wenn die Verpflichtung auch binnen 6 Wochen nach dem ersten Schuldurteile nicht erfüllt ist.

II. Verletzung des Gesetzes vom 28. Juni 1873, betreffend die Registrierung und Bezeichnung der Kauffahrteischiffe (das Schiff muß seinen Namen auf jeder Seite des Bugs, seinen Namen und den Namen des Heimatshafens am Heck tragen). Strafe: Geldstrafe bis zu 150 Mark oder Haft.

III. Verletzung des Gesetzes vom 25. März 1880 (und der dazu gehörigen Verordnung vom 28. Juli 1880), betreffend die Schiffsmeldungen bei den Konsulaten des deutschen Reichs. Geldstrafe bis zu 200 Mark.[2]

---

[1] Vgl. R.Verf. Art. 4 Ziff. 7 und Art. 54.

[2] In der Uebersicht über die Nebengesetze (oben §. 9) noch nicht erwähnt.

IV. Uebertretung

1. der vom Kaiser zur Verhütung des Zusammenstoßens der Schiffe auf See erlassenen Verordnung vom 7. Januar 1880,[3] in Kraft vom 1. September 1880 (über das Führen von Lichtern, Schallsignalen und Mäßigung der Geschwindigkeit bei Nebel, über das Ausweichen der Schiffe usw.);

2. der vom Kaiser über das Verhalten der Schiffer nach einem Zusammenstoße von Schiffen auf See erlassenen Verordnung vom 15. März 1876 (jeder Schiffer hat dem Anderen den zur Abwendung oder Verringerung der nachteiligen Folgen des Zusammenstoßes erforderlichen Beistand zu leisten, soweit er dazu ohne erhebliche Gefahr für das eigene Schiff und die darauf befindlichen Personen im Stande ist; und ihm unter derselben Voraussetzung die nötige Auskunft über Namen und Heimat wie Kurs des eigenen Schiffes zu geben);

3. der kaiserlichen Not- und Lootsen-Signalordnung für Schiffe auf See und auf den Küstengewässern vom 14. August 1876.

Strafe nach §. 145 StGB.: Geldstrafe bis zu 1500 Mark.

V. Verletzung der durch das Gesetz vom 27. Dezember 1872, betreffend die Verpflichtung deutscher Kauffahrteischiffe zur Mitnahme hülfsbedürftiger Seeleute, getroffenen Anordnungen. Strafe: Geldstrafe bis zu 150 Mark oder Haft.

VI. Uebertretung der Bestimmungen der Strandungsordnung vom 17. Mai 1876.

---

[3] Damit ist die Verordnung vom 23. Dezember 1871 beseitigt.

1. Unterlassene Anzeige eines Falles von Seenot (§. 7);

2. Nichtanzeige der Bergung von an das Land getriebenen Stücken des Schiffes, seiner Ladung usw. oder Nicht-Ablieferung dieser Gegenstände (§. 13);

3. Nichtanzeige der Bergung von Seeauswurf, strandtriftigen, versunkenen oder seetriftigen Gegenständen (§§. 20 und 21);

4. Bergung oder Hülfeleistung gegen den Willen des Schiffers (§§. 7 und 12).

Strafe (nach §. 43): Geldstrafe bis zu 150 Mark oder Haft.

VII. Strafbare Uebertretungen der Seemannsordnung vom 27. Dezember 1872.

1. Bruch des Heuervertrages (§§. 81, 82, Uebertretungsstrafe; vgl. ob. S. 289);

2. Diensteseentziehung (§. 83): Geldstrafe bis zum Betrage einer Monatsheuer;

3. Gröbliche Verletzung der Dienstpflicht durch den Schiffsmann (§. 84): Geldstrafe bis zum Betrage einer Monatsheuer;

4. Verweigerung des Gehorsams gegenüber wiederholten Befehlen des Vorgesetzten (§. 86): Gefängnis bis zu drei Monaten oder Geldstrafe bis zu 300 Mark. Qualifiziert bei gemeinschaftlicher verabredeter Verweigerung durch zwei oder mehrere Personen der Schiffsmannschaft (§. 87); mildernde Umstände hier zugelassen.

5. Unternommene Nötigung des Schiffsvorgesetzten zur Vornahme oder zur Unterlassung einer dienstlichen Verrichtung; unternommener gewaltsamer Widerstand gegen denselben oder thätlicher Angriff auf ihn (§§. 89 und 90). Strafe: Gefängnis bis zu 2 Jahren, bei mildernden Umständen

Geldstrafe bis zu 600 Mark. Qualifiziert, wenn von mehreren auf Verabredung gemeinschaftlich begangen (§. 91). Mildernde Umstände in allen Fällen zugelassen. Als Gehülfe wird derjenige bestraft (§. 92), der den auf Abwehr oder Unterdrückung dieser Handlungen gerichteten Befehlen des Vorgesetzten den Gehorsam verweigert (vgl. oben §. 37 II 5).

6. Aufforderung zweier oder mehrerer Personen der Schiffsmannschaft zur Begehung einer der unter 4 und 5 angeführten Handlungen (§. 88). Strafe: wenn die Aufforderung Erfolg gehabt, die der Anstiftung; wenn nicht, bei Aufforderung zu den unter 4 angeführten Handlungen Geldstrafe bis zu 300 Mark, bei Aufforderung zu den unter 5 angeführten Geldstrafe bis zu 600 Mark oder Gefängnis bis zu einem Jahre.

7. Entstellung, Unterdrückung, Vorspiegelung von Thatsachen bei Verhandlungen vor dem Seemannsamte; Unterlassung der Stellung zur Musterung; Unterlassung des Ausweises über ein dem Dienstantritte entgegenstehendes Hindernis gegenüber dem Seemannsamte (§. 93). Uebertretungsstrafe.

8. Vorsätzliches oder fahrlässiges Vorbringen einer auf unwahre Behauptungen gestützten Beschwerde über Seeuntüchtigkeit des Schiffes oder Mangelhaftigkeit des Proviantes bei einem Seemannsamte, wenn auf Grund dieser Behauptungen eine Untersuchung eingeleitet wurde (§. 94). Strafe: Bei vorsätzlicher Begehung Gefängnis bis zu 3 Monaten, bei fahrlässiger, Geldstrafe bis zu 300 Mark.

9. Mißbrauch der Disziplinargewalt durch den Schiffsvorgesetzten (§. 96): Geldstrafe bis zu 900 Mark oder Gefängnis bis zu einem Jahre.

10. Mangelhafte Verproviantierung des Schiffes (§. 97).

Strafe:

a) wenn vorsätzlich begangen, Gefängnis mit fakultativer Geldstrafe bis zu 1500 Mark und fakultativem Ehrverlust;

b) wenn fahrlässig begangen, und wenn in Folge dessen der Schiffsmannschaft die gebührende Kost nicht gewährt werden kann, Geldstrafe bis zu 600 Mark oder Gefängnis bis zu einem Jahre.

11. Zurücklassung eines Schiffsmannes im Auslande ohne Genehmigung des Seemannsamtes (§. 98 vgl. mit §. 71). Geldstrafe bis zu 300 Mark, Haft oder Gefängnis bis zu 3 Monaten.

12. Verschiedene kleinere Pflichtverletzungen von Seiten des Schiffers sind in §. 99 mit Uebertretungsstrafe belegt.

Diese Bestimmungen (1—12) finden auch dann Anwendung (§. 100), wenn die strafbaren Handlungen außerhalb des Bundesgebietes begangen sind (vgl. oben §. 13 III A c). Ueber den Beginn der Verjährung in diesem Falle vgl oben §. 58 II 2.

12.

§. 113. Strafbare Handlungen gegen das Reichsfinanzwesen.

I. Als Quellen kommen in Betracht:

1. Salzsteuergesetz vom 28. Oktober 1867 §§. 11—14;

2. Branntweinsteuergesetz vom 8. Juli 1868 §§. 50 bis 68;

3. Gesetz betreffend die Einführung von Telegraphenfreimarken vom 16. Mai 1869, §. 2;

4. Wechselstempelsteuergesetz vom 10. Juni 1869 §§. 15—17;

5. Zuckersteuergesetz vom 26. Juni 1869 §. 4;

6. Vereins-Zollgesetz vom 1. Juli 1869 §§. 134 bis 164;

7. Rübenzuckersteuergesetz vom 2. Mai 1870 (Verordnung vom 7. August 1846 §§. 17—30);

8. Reichspostgesetz vom 28. Oktober 1871 §§. 27—33;

9. Brausteuergesetz vom 31. Mai 1872 §§. 27—40;

10. Reichsbankgesetz vom 14. März 1875 §. 59 Ziff. 2;

11. Spielkartenstempelsteuergesetz vom 3. Juli 1878 §§. 10—20;

12. Tabaksteuergesetz vom 16. Juli 1879 §§. 32—45;

13. Waarenverkehrsstatistikgesetz vom 20. Juli 1879 §. 17.

II. Die in diesen Gesetzen mit Strafe bedrohten Handlungen lassen sich in folgende Kategorien bringen:

1. Die Kontrebande, d. i. nach der in §. 134 Vereinszollgesetz gegebenen Definition das Unternehmen, Gegenstände, deren Ein-, Aus- oder Durchfuhr verboten ist, diesem Verbote zuwider ein-, aus- oder durchzuführen.

2. Die Defraudation, oder die einfache Hinterziehung der schuldigen Abgabe, wobei meist schon das „Unternehmen" mit der vollen Strafe der Vollendung belegt ist. Hieher gehört auch die Verwendung entwerteter Post- oder Telegraphen-Freimarken, sowie die Umgehung des Postzwanges.

3. Die Erschleichung einer Steuer- oder Zoll-Rückvergütung, die überhaupt nicht, oder nicht in der geforderten Höhe beansprucht werden durfte; vgl. die oben I unter 5 und 12 angeführten Gesetze.

4. Die Verletzung derjenigen Anordnungen, die zum

Zwecke der Ueberwachung und Einhebung getroffen sind (in vielen Fällen nur mit Ordnungsstrafen belegt).

Wenn die in Frage stehende That sowohl unter einen der eben erwähnten Deliktsbegriffe als auch unter einen der im StGB. enthaltenen fällt, so gehen die Steuergesetze als lex specialis nach der oben §. 40 II a gegebenen Regel in der Anwendung vor. Paßt der Thatbestand dagegen nur unter das StGB., nicht unter einen jener Deliktsbegriffe, so ist eben das StGB. zur Anwendung zu bringen.[1]

III. Die Zoll- und Steuergesetze des Reichs bieten in ihren strafrechtlichen Bestimmungen gar manche Eigentümlichkeit. Hervortreten der rein fiskalischen Interessen; die Betonung des Abschreckungsprinzipes und doch andererseits wieder das Streben, zwischen Verbrechen und Strafe eine wenn möglich ziffermäßig auszudrückende Gleichung aufzustellen; der Anschluß an ältere gesetzgeberische Vorbilder und die damit zusammenhängende Neigung, durch kasuistische Bestimmungen das freie richterliche Ermessen zu beschränken: all' diese zusammenwirkenden Umstände machen die fraglichen Gesetze zu einer Fundgrube interessanter strafrechtlicher Sonderbestimmungen. Näheres Eingehen auf dieselben ist hier nicht möglich; doch sollen die wichtigsten Eigentümlichkeiten zur Uebersicht zusammengestellt werden. Als Paradigma kann das Vereinszollgesetz dienen.

1. Der Thatbestand, mit welchem die strafbare Handlung

[1] Die entgegengesetzte Ansicht in RGR. 26. Juni 1880 R II 114, daß die auf Steuerhinterziehung gerichteten Handlungen nur dann nach dem StGB. beurteilt werden dürfen, wenn das betreffende Steuergesetz ausdrücklich auf dieses verweist oder überhaupt nicht erschöpfend die Materie regeln will — kann nicht als richtig betrachtet werden.

„als vollbracht angenommen wird", ist vielfach in der detailliertesten Weise geschildert; man vgl. §. 136 Vereins-Zollgesetz mit seinen 9 Ziffern, die wieder mehrfach untergeteilt sind.

2. Häufig begegnen Schuldpräsumptionen (vgl. oben §. 27 Note 3); die „Thatsachen" sollen genügen, um die Strafe herbeizuführen, und dem Angeklagten obliegt es, durch die Führung des Beweises seiner Unschuld sich die Straffreiheit oder doch die Ersetzung der kriminellen Strafe durch eine Ordnungsstrafe zu sichern.

3. Die regelmäßig an erster Stelle verwendete Geldstrafe wird als Vielfaches oder als quoter Teil der im Einzelfalle hinterzogenen Abgabe bemessen (vgl. auch oben §. 47 II). Die Umwandlung in Freiheitsstrafe, in einem Falle (Wechselstempelgesetz) ausgeschlossen, findet häufig nach einem anderen als dem im StGB. aufgestellten Maßstabe statt (oben §. 55 I 1).

Die Nebenstrafe der Konfiskation wird reichlichst verwendet, und ihre Anwendung durch detaillierte Bestimmungen geregelt (z. B. Vereinszollgesetz §§. 154—157; vgl. auch oben §. 50 II).

Auch die Nebenstrafe der Entziehung der Gewerbeberechtigung spielt hier eine gewisse Rolle (vgl. oben §. 50 IV).

4. Eines der für den konstruierenden Theoretiker interessantesten Rechtsinstitute ist die regelmäßig wiederkehrende subsidiäre Haftung dritter unschuldiger Personen für die von dem Schuldigen verwirkte Geldstrafe (vgl. oben §. 42 III 2).

5. Mit größter, wir können sagen: dem ganzen Systeme der Reichsgesetzgebung gegenüber anormaler Strenge wird der Rückfall getroffen: die Geldstrafe verwandelt sich in

Freiheitsstrafe, die Maxima der Strafrahmen werden vervierfacht usw. (vgl. oben §. 54 I 1).

6. Aber auch sonst tritt das Streben, der richterlichen Tendenz zur Milde zu begegnen, in der Verwendung zahlreicher Schärfungsgründe hervor. Auch nach dieser Richtung hin bildet das Vereinszollgesetz in den §§. 144—148 ein lehrreiches Beispiel.

7. Besondere Bestimmungen über die Behandlung der idealen Konkurrenz vgl. oben §. 40 II a; der realen Konkurrenz oben §. 56 V.

8. Endlich sind die Verjährungsfristen regelmäßig abweichend vom StGB. bemessen (oben §. 58 II 1); und selbst über Beginn und Unterbrechung der Verjährung besondere Anordnungen getroffen (oben §. 58 II 2 und 3).

Paragraphenregister.

Einführungsgesetz zum Strafgesetzbuch.

Strafgesetzbuch.

Register zu den Nebengesetzen.

(Die Ziffern am Schlusse der Zeilen bedeuten die Seitenzahlen.)

Sachregister.

(Die Ziffern am Schlusse der Zeilen bedeuten die Seitenzahlen.)

Buchdruckerei von Gustav Schade (Otto Francke) in Berlin N.

Kolibri 360 GmbH
Ferdinand-Jühlke-Straße 7
99095 Erfurt, Deutschland
produktsicherheit@kolibri360.de